Richard Barber
Der Heilige Gral

Richard Barber

DER HEILIGE GRAL

Geschichte und Mythos

Aus dem Englischen
von Harald Ehrhardt

Albatros

Titel der englischen Originalausgabe:
The Holy Grail. Imagination and Belief
Penguin Books Ltd.
Copyright © 2004 by Richard Barber

Deutsche Ausgabe:
Copyright © 2004 Patmos Verlag GmbH & Co. KG
Artemis & Winkler Verlag, Düsseldorf und Zürich

Bibliographische Information der Deutschen Nationalbibliothek

Die Deutsche Nationalbibliothek verzeichnet diese Publikation
in der Deutschen Nationalbibliographie; detaillierte bibliographische
Daten sind im Internet unter http://dnb.d-nb.de abrufbar.

© 2010 Patmos Verlagsgruppe, Mannheim
Albatros Verlag, Mannheim
Alle Rechte vorbehalten.
Umschlaggestaltung: butenschoendesign.de
Printed in Germany
ISBN 978-3-538-07604-4
www.albatros-verlag.de

Inhalt

Einleitung 9

Erster Teil
Die Erschaffung des Grals
Autoren und Texte 17

Erstes Kapitel
Der Gral wird erdacht – Chrétien de Troyes 18

Zweites Kapitel
Die Vollendung des Grals –
Die Fortsetzungen Chrétiens 43

Drittes Kapitel
Die Weihe des Gralhelden –
Robert de Boron 58

Viertes Kapitel
Das Alte und das Neue Gesetz –
Das Hohe Buch vom Gral 68

Fünftes Kapitel
Die Erschaffung des Gralhelden –
Der Lancelot-Gral 77

Sechstes Kapitel
Von Engeln und Menschen –
Wolframs Parzival 102

Epilog 121

Zweiter Teil
Das Wesen des Grals
Apokryphen, Theologie, Romane 123

Erstes Kapitel
Der Gral 124

Zweites Kapitel
Die Inszenierung des Grals 141

Drittes Kapitel
Obskure Geschichten, zweifelhafte
Reliquien 151

Viertes Kapitel
Die Eucharistie und der Gral 169

Fünftes Kapitel
Der Heilige Gral 180

Sechstes Kapitel
Der Gral und die Kirche –
Reliquie oder Stein des Anstoßes? 191

Siebtes Kapitel
Wolframs Idee vom Gral 199

Achtes Kapitel
Die Aventüren des Grals –
Die späten deutschen Romane 218

Neuntes Kapitel
Die letzte Blüte 233

Epilog 264

Dritter Teil
Der Neue Gral
Gelehrte, Künstler, Gralsucher   267

Prolog   268

Erstes Kapitel
Die Forscher und der Gral   271

Zweites Kapitel
Die Wiedergeburt des Grals –
Von den Dichtern der Romantik
zu Richard Wagner   290

Drittes Kapitel
Der Gral als Spiegel –
Geheime Überlieferungen,
esoterische Lehren   317

Anhang   360

Anmerkungen   360

Bibliografie   378

Personenregister   409

Bildnachweis   415

Danksagung   416

Einleitung

Dieses Buch ist eine Reise. Sie nimmt ihren Anfang in einem Gebiet, das uns heute fremd und entlegen erscheinen mag. Wie viele moderne Autoren würden ein Werk der Literatur mit dem folgenden Prolog beginnen?

> Das hohe Buch vom Gral hebt an im Namen des Vaters, des Sohnes und des Heiligen Geistes. Diese drei sind eine Substanz, und diese Substanz ist Gott, und von Gott kommt die ehrwürdige Geschichte des Grals; und alle, die sie hören, müssen aufmerken und all ihre Niedrigkeit vergessen, denn diejenigen, die sie mit ihren Herzen hören, werden sie in hohem Maße nützlich finden ...[1]

Der Gral ist eine geheimnisvolle und faszinierende Metapher; sie weist über die Begrenzungen von Fiktion und Spiritualität hinaus und war achthundert Jahre lang ein immer wiederkehrendes Thema in der erzählenden Literatur des westlichen Europa. Das nun Folgende ist der Versuch nachzuzeichnen, was wir über den Gral wissen: Er ist – in all seinen Formen – Ausdruck einer schöpferischen Einbildungskraft, die jedoch die höchsten Ansprüche an religiöse Ideale und religiöses Erleben stellt. Nachdem der Gral für Jahrhunderte nahezu in Vergessenheit geraten war, kehrte er wieder in die europäische Vorstellungswelt zurück und zog mit erneuerter Kraft Künstler und Dichter in seinen Bann, und ausgehend von seiner ersten Gestalt als christliches Symbol schuf man ihn neu in einer Vielzahl unterschiedlicher Formen.

9

Ein solcher Gegenstand übt eine unwiderstehliche Anziehungskraft auf Freunde historischer Rätsel und Liebhaber des Esoterischen und Mysteriösen aus, gerade, weil die Schlüsselfrage – »Was ist der Heilige Gral«? – nicht beantwortet werden kann. Der erste Autor, der den Gral erwähnt und der vielleicht auch die Idee erfand, baut seine Geschichte um eine ähnliche Frage auf – »Wem dient der Gral?« –, und weil er an keiner Stelle sein eigenes Rätsel auflöst, bleibt die Frage weiterhin offen. Der von Anfang an geheimnisvolle und undurchschaubare »Gral« fand einen mächtigen Widerhall: Innerhalb einer kurzen Zeitspanne versuchte sich ein halbes Dutzend Autoren daran, die ursprünglichen Geschichten entweder zu vollenden oder neue zu erschaffen, und in diesem Prozess erfanden sie eine wahrhaft neue Kunstform, den Prosaroman, der viele Jahrhunderte später in die moderne Form der Prosaerzählung, des Romans, mündete. Und als wäre es damit nicht genug, erwies sich das Konzept des Grals als das unerwartete Produkt der jüngsten theologischen Debatte: Er war nichts Dunkles oder Fernes, sondern erwuchs aus dem dramatischsten Ereignis, das jeder Mensch selbst miterleben konnte: aus der Feier der Heiligen Eucharistie. Und diese Mischung aus dichterischer Phantasie und religiösem Glauben brachte Texte hervor, die sich in ihrer Eindringlichkeit durchaus mit den Schlussszenen in Dantes *Paradiso* und dem transzendentalen Finale in Goethes *Faust* messen können.

Große Fragen, große Herausforderungen! Wo also beginnen wir mit unserer Suche nach dem Heiligen Gral? In streng gegenständlichem Sinne finden wir den ersten Beleg auf den Seiten eines mittelalterlichen Manuskripts – ein so wenig vertrauter Gegenstand, dass er nach einer Beschreibung verlangt, als handelte es sich um ein Fundstück aus einer archäologischen Ausgrabung. Die einzige Gemeinsamkeit mit einem modernen Buch liegt in der äußeren Struktur: Auch das Manuskript besteht aus zusammengebundenen Seiten, ansonsten aber ist alles anders. Manuskripte wurden mit der Hand auf Pergament geschrieben, also auf Schafs- oder Kalbshäute, die man getrocknet und durch Schaben geschmeidig gemacht hatte. Die Schreiber bedienten sich einer Schrift, die heute eigentlich nur noch von Fachleuten gelesen werden kann; die Schwierigkeit besteht vornehmlich in den zahlreich verwendeten Abkürzungen, denn das Schreiben war eine mühsame Arbeit, und jeder Schreiber war bestrebt, mit solchen Zeichen wertvolle Zeit zu gewinnen. Nur in seltenen Fällen besitzen wir das Originalmanuskript eines mittelalterlichen Werkes, und der Vorgang des Abschreibens führte unausweichlich zu kleineren Veränderungen und bisweilen zu schweren Fehlern. Die auf uns gekommenen Texte stammen somit oft aus zweiter oder dritter Hand. Die Probleme, die eine solche Handschriftenüberlieferung aufwirft, müssen von geduldigen Herausgebern entwirrt werden, soll der Text in einer modernen gedruckten Form erscheinen. Und dann muss der Text noch übersetzt werden, damit auch Leser außerhalb des kleinen Spezialistenkreises erfahren können, was der mittelalterliche Autor zu sagen hatte. Die mittelalterlichen Bücher über den Gral reichen von eleganten, schnörkellosen Werken bis hin zu Dichtungen mit einer verbalen Anarchie, die selbst einen James Joyce mit Stolz erfüllt hätte – und so baut sich ein weiteres Hindernis auf und vermindert unsere Chance, einen direkten Zugang zur ursprünglichen Absicht des Autors zu gewinnen.

Es kommt hinzu, dass Manuskripte sehr fragile Objekte sind, höchst anfällig für Zerstörung durch Feuer oder Wasser, für Verderbnis durch Mäuse oder Menschen. Noch vor dem Ende des Mittelalters listen Bibliothekskataloge verwitterte Manuskripte auf, die niemand mehr lesen konnte, und in den Zeiten der Reformation, der Französischen Revolution und der Säkularisation wurden Klosterbibliotheken zu Dutzenden zerstört. John Aubrey, ein englischer Antiquar des 17. Jahrhunderts, beklagt den Verlust von Manuskripten aus den Beständen der Abtei Malmesbury: »In den Tagen meines Großvaters flatterten die Handschriften umher wie Schmetterlinge.« Man nahm sie, um die Bierfässer des Rektors festzuklemmen, um Bücher einzubinden oder um damit die Handschuhe einzuwickeln, die in der Stadt hergestellt wurden. So stellt sich bei jeder Diskussion über mittelalterliche Literatur die heimliche Frage, was eigentlich alles verloren ist. Die Lösung dieser Frage wird im Falle des Mittelalters verkompliziert von dem außerordentlichen Respekt, den man vor der Tradition hatte: Originalität war suspekt, und deshalb behaupteten die Autoren nur allzugern, auf der Grundlage älterer Texte zu arbeiten – ein Produkt ihrer Phantasie, so wie ein Gutteil der Geschichten, die sie zu erzählen hatten. Vielleicht also haben wir letztlich gar nicht so viel verloren. Dafür gibt es berühmte Beispiele, wie das Werk des griechischen Philosophen Aristoteles über die Komödie, Gegenstück zu seinem erhaltenen Werk über die Tragödie; die fiktionale Zerstörung der einzigen Kopie des Buches über die Komödie bildet den

Handlungskern von Umberto Ecos *Der Name der Rose*. Aber bei aller Zerstörungswut in Malmesbury zur Zeit John Aubreys, können wir doch bei fünfundzwanzig Manuskripten zweifelsfrei die Herkunft aus Malmesbury feststellen. Und von den zwei Dutzend Manuskripten, die von einem Besucher kurz vor der Reformation verzeichnet wurden, haben fast alle in Kopien an anderer Stelle überlebt. Ein Wissenschaftler, der den verlorenen Literaturzeugnissen des mittelalterlichen England ein ganzes Buch widmete, meinte zusammenfassend, dass »in der mittelenglischen Periode nur wenig von den drei großen Romankreisen verloren gegangen ist.«[2] Wie fern die Originaltexte auch sein mögen, wir müssen vorsichtig sein mit der Behauptung, die Lösung aller unserer Probleme mit dem Gral ruhe in einem verlorenen Manuskript.

Selbst wenn wir über Editionen und Übersetzungen den mittelalterlichen Originalen nahe gekommen sind, ist das nächste Hindernis das Verständnis des geistesgeschichtlichen und kulturellen Milieus, aus denen diese Texte hervorgegangen sind. Die französische Wissenschaft hat sich dem Studium der *mentalité* besonders zugewandt, und wir müssen versuchen, uns wenigstens ansatzweise ein Bild von dieser Atmosphäre zu machen, wenn wir uns den mittelalterlichen Texten in der Hoffnung nähern wollen, die Antriebskräfte für ihre Entstehung verstehen zu können.

Glücklicherweise haben wir es bei der Graldichtung mit einer Handvoll Romanen zu tun, die innerhalb einer sehr kurzen Zeitspanne entstanden sind, und so können wir darangehen, bestimmte Aspekte der Gesellschaft zu definieren, für die sie geschrieben wurden. Der geschichtliche Zeitpunkt, als der Gral erschaffen und neu geschaffen wurde, ist das Ende des 12. Jahrhunderts und der Beginn des 13. Jahrhunderts, von etwa 1190 bis etwa 1240. Die Texte wurden für eine neue soziale Klasse, die Ritter, geschrieben, für Kriegsleute, deren Einfluss und Reichtum von dem Landbesitz abhing, den sie als Gegenleistung für ihre militärischen Dienste erhalten hatten. Die Autoren dieser Zeit, stets bemüht um die Gunst ihres Publikums, entwickelten gerade neue literarische Formen – die Versromane –, um damit die Aufmerksamkeit ihrer Zuhörerschaft auf sich zu ziehen, und sie formulierten eine Reihe von Idealen als Kernpunkte der neuen ritterlichen Kultur. Auch die Kirche erkannte hier eine Möglichkeit, ihren Einfluss auf diese mächtigen und möglicherweise Unruhe stiftenden

Männer zu sichern und begann, eine religiöse Version jener weltlichen Tugenden zu entwickeln. Wir können zudem von einer vorher nicht gekannten politischen Stabilität und einer wirtschaftlichen Situation ausgehen, die den Rittern zunehmend Zeiten der Muße und sogar ein Leben in Luxus gestattete. Das Zusammenspiel von literarischer Einbildungskraft und religiösen Idealen führte vor diesem Hintergrund zur Entstehung der Geschichten vom Gral.

Ein weiteres, leicht zu übersehendes Element ist die visuelle Kultur dieser Periode. Auf diesem Gebiet ist ungeheuer viel verloren gegangen, ganz im Gegensatz zu dem hohen Überlieferungsstand im Bereich der Literatur. Hunderte von Kirchen, ausgemalt mit künstlerisch hochwertigen Szenen aus der Bibel und den Heiligenlegenden, haben ihren Freskenschmuck verloren, mittelalterliche Glasmalerei hat nur in geringen Teilen die Zeiten überdauert, allein die im Westen seltenen Mosaiken erwiesen sich als widerstandsfähig und trotzten Zerstörung und Verfall. Diese Bildwerke gehörten zum allgemeinen Wissen der Periode und repräsentierten das, was den meisten Menschen von den biblischen Geschichten bekannt war. Leute mit guten Kenntnissen des Lateinischen konnten wohl die Schriftlesungen während der Messe verstehen, aber wenn eine Einzelperson die Bibel lesen wollte, machte sie sich sofort der Häresie verdächtig – es sei denn, diese Person gehörte einem religiösen Orden oder dem Klerus an. Bei der Interpretation der Bibel behielt die Kirche fest die Zügel in der Hand, und so waren die Bilder ein Weg, die Botschaft zu propagieren, die sie unter die Leute bringen wollte; sie dienten als Gedächtnishilfen für Prediger und als Unterweisungsmittel für die Gemeinde. Auf ihre besondere Bedeutung im Kontext der Gralromane werden wir zurückkommen.

Dies alles ist jedoch nur eine grobe und sehr vereinfachte Skizze eines gewaltigen, komplexen Systems von Gelehrsamkeit, Theologie und Kreativität. Selbst die Frage, wie wir diese Texte lesen sollen, gestaltet sich kompliziert und schwierig: Waren die Dichter ihrerseits gelehrte Männer, schauten sie mit einem Auge auf die anderen Gelehrten ihrer Zeit und griffen sie auf die Feinheiten einer klassischen Bildung zurück, die sie von griechischen und römischen Autoren erbt hatten? Oder sollen wir ihre Zeilen so nehmen, wie sie sind, gedacht für ein weitgehend ungebildetes Publikum, bei dem Subtilitäten des Stils vergebliche Liebesmüh' gewesen wären? Auch wenn diese Einfachheit für die Anfangszeit stimmen mag, die späteren Gralromane können nur verstanden werden, wenn wir uns mit der zeitgenössischen christlichen Theologie befassen, also mit einem komplizierten und tiefgründigen Wissensgebiet, das aber wichtig ist, um zu verstehen, was aus dem Gral wurde und was er ursprünglich gewesen war.

Der Hintergrund der Gralromane ist also eine Zeit mächtiger Neuerungen in einer stark von Traditionen geprägten Gesellschaft, ein aufwühlendes und verwirrendes Moment im Sinne neuer Ideen, neuer Kunstformen und neuer gesellschaftlicher Kultur. Der Gral reflektiert zudem eine hitzige Debatte über die zentralen Mysterien des christlichen Glaubens, und er verdankt seine Existenz dem undurchsichtigen Grenzland zwischen Phantasie und Glaube, den beiden immer wieder zutage tretenden Quellen für seine weitere Entwicklung. Der Gral passte sich nie dem orthodoxen Schema der Dinge ein, er brachte Fragen und Widersprüche hervor, die uns heute merkwürdig vorkommen: Wie konnten mittelalterliche Romanwerke ganz offenkundig in das Territorium mittelalterlicher Religion eindringen, und wie konnten sich weltliche Autoren über die höchsten Mysterien der Kirche äußern? Wie konnte der von der Kirche niemals offiziell anerkannte Gral zu einer religiösen Ikone von so mächtiger Wirkung werden und das allein für Nicht-Kleriker? Wie erlangte der Gral seine Aura der Vollkommenheit? Wäre der Gral nicht mehr als diese erstaunlich komplexe Erscheinung zu Beginn des 13. Jahrhunderts, es wäre schon reizvoll genug – allein, die Geschichte endet hier noch nicht. Die Gralgeschichten wurden in den nächsten zweihundert Jahren immer wieder gelesen und erzählt, bis das Herzstück ihres religiösen Konzepts in der Reformationszeit zum Gegenstand einer erbitterten und gewaltsamen Kontroverse wurde. Im 18. Jahrhundert dann begannen die Gelehrten die literarische Vergangenheit zu studieren und die mittelalterliche Romanliteratur neu zu entdecken. Der Gral fand am Anfang des 19. Jahrhunderts neue Bewunderer, die ihn nach damals gängigen Bildern umgestalteten. Und mit der Entwicklung der Literaturkritik und der Literaturgeschichte stellt sich geradezu eine Besessenheit ein, die Ursprünge der Grallegende aufzuspüren. Auf der anderen Seite des Spektrums haben die neuen Mystiker des ausgehenden 19. Jahrhunderts und des 20. Jahrhunderts den Gral für sich vereinnahmt und einen neuen Gral imaginiert, ein Symbol für alle möglichen Ausformungen ihrer allumfassenden und oft falsch verstandenen Nirwanaphantasien. Es ist ein Trend, der seine Parallelen im populären

Bild vom Gral hat, wie man ihn etwa im Journalismus findet, wo er zu einer griffigen Metapher geworden ist. Was aber bedeutet er heute wirklich? Und schließlich, warum sind wir im 21. Jahrhundert unfähig, Unsicherheiten über die Vergangenheit zu akzeptieren? Viele von uns geben sich nicht mit Möglichkeiten als Antwort auf historische Probleme zufrieden, vielmehr werden sie förmlich getrieben, das »Geheimnis« des Grals, das der Menschheit – wie sie glauben – durch eine gewaltige Verschwörung verborgen bleibt, zu entschlüsseln. Das Wesen dieser Art Imagination lässt sich am besten fassen, wenn wir zeigen können, wie solche Schlüssel mit Hilfe einiger willkürlich gewählter und miteinander verknüpfter Fakten in unseren Händen entstehen

Und so kehren wir nach all diesen verschiedenen Manifestationen des Grals zum Ideal zurück. Selbst wenn wir seine unterschiedliche Wahrnehmung im Laufe der Jahrhunderte nachzeichnen können – der Gral steht letztlich außerhalb der Reichweite der normalen Welt. Welche Gestalt oder Form wir ihm auch verleihen – der Heilige Gral verheißt uns – in unserer Phantasie – die Möglichkeit der Vollkommenheit.

Die Rätsel des Grals setzen den heutigen Leser vielerlei Trugbildern und Versuchungen aus: durch ein Gespinst von Licht und Schatten den ursprünglichen Mythos zu rekonstruieren, komme was da wolle; oder dem Autor im Namen eines beliebig biegbaren Symbolismus' verborgene Absichten zu unterstellen, ohne Anbindung an die Realität oder gar im direkten Gegensatz zu ihr. Es ist keineswegs so, daß der Text keine tiefere Bedeutung hätte, aber bevor man sich in diese fernen Tiefen vorwagt und den Verführungen einer unkontrollierten Exegese erliegt, müssen wir den Text selbst studieren, ihn eingehend analysieren, nichts hinzufügen, nichts wegnehmen, uns hüten, etwas zu verzerren zu Gunsten einer vorgefassten oder überhasteten Interpretation: Kurz, wir müssen uns sicher sein, ihn genau verstanden zu haben.

Jean Frappier[3]

In einer Geschichte ist jedes Ding, jede Person, jeder Ort weder mehr noch weniger noch irgendetwas anderes, als es die Geschichte tatsächlich vorgibt.

C. S. Lewis[4]

Erster Teil

Die Erschaffung des Grals

Autoren und Texte

Erstes Kapitel

Der Gral wird erdacht – Chrétien de Troyes

Ein Mann sitzt in einem Raum und schreibt. Wir können den Raum nicht deutlich erkennen, auch wissen wir nicht, wo er sich befindet: in einem Wohnhaus, in einem Kloster, in einer Burg? Es könnte irgendwo im Nordosten Frankreichs sein. Vielleicht diktiert ihm jemand, vielleicht ist er allein. Gewiss gibt es da Pergamente, aus Schafshäuten gefertigt, schwärzlich-bräunliche, mit Galläpfeln gefärbte Tinte und eine zum Kiel gespitzte Feder. Mit ihr wird eine Geschichte niedergeschrieben, eine Geschichte ganz neuer Art, von manchen »Romanze«, »Roman« genannt; das französische Wort ist *roman*, eine in *romanz,* in der Umgangssprache des täglichen Lebens, geschriebene Geschichte, und nicht in Latein, der offiziellen Sprache des Rechts und der Gelehrsamkeit. Es ist ein erdachtes Werk, ein *conte*, eine Erzählung, eine Geschichte eben. Sich Geschichten auszudenken, gehört zu den ältesten Fähigkeiten des Menschen und ist eine seiner wichtigsten Schritte auf der Stufenleiter der Evolution. Einst waren Geschichten heilig, magisch; man wob sie um vergangene Begebenheiten und geschichtliche Ereignisse; in jenen Tagen behielt man sie im Gedächtnis und trug sie mündlich vor. Jetzt aber schrieb man die Produkte der Phantasie auf, so wie man sie dichterisch geformt hatte. Das geschah schon früher, so in der Epoche der Griechen und Römer, und Autoren solcher Romane gab es auch im östlichen Reich von Byzanz; so war es möglich geworden, sich Geschichten auszudenken und nahezu gleichzeitig niederzuschreiben. Eine Geschichte zu schreiben bedeutete jedoch auch, sie zu lesen, laut oder leise: Autoren dieser Zeit bedienten sich der Wendung »hören oder lesen«, und das impliziert, dass das Publikum die Möglichkeit kannte, sich dem Werk auf beiden Wegen zu nähern. Der Leser sah den Text auf dem Pergamentblatt, der Hörer konnte nur zuhören; die Modulationen der Stimme wurden durch neue Muster und Feinheiten auf dem Blatt ersetzt. Der mündliche Vortrag vor einer Zuhörerschaft und die private Lektüre lebten Seite an Seite. Wilhelm von Malmesbury berichtet, dass Earl Robert von Gloucester seine freien Stunden damit verbrachte, selbst zu lesen oder sich vorlesen zu lassen.[5]

Der Geschichtenerzähler konnte nur sein Gedächtnis zu Rate ziehen, um seine Phantasie anzufeuern. Vielleicht befindet sich in dem Raum, in den wir hineinblicken, noch ein anderes Buch, vielleicht sind da auch mehrere Bücher; der Schreiber könnte eines getreu kopieren oder, wenn mehrere Bücher vorhanden sind, könnte er eines aufschlagen und darin lesen, bevor er wieder zur Feder greift. In beiden Fällen wird sein Werk nicht nur erinnerte Geschichten, sondern auch andere geschriebene Quellen widerspiegeln. Der Schreiber könnte sich kurz notieren, wie seine Geschichte weitergehen soll, er könnte sich aber auch beim Weiterschreiben auf seine Improvisationskunst verlassen.

Jetzt ist es an der Zeit, unserem Schreiber einen Namen zu geben: er heißt Chrétien de Troyes, ist vielleicht ein Bürger der gleichnamigen Stadt in der Champagne; wir befinden uns am Ende des 12. Jahrhunderts. Das Alter Chrétiens können wir nur erraten, es liegt vielleicht zwischen vierzig und sechzig. Sein vor ihm liegendes Werk hat er mit *Die Erzählung vom Gral* überschrieben – und hier beginnt unsere eigene Geschichte vom Gral.

Über Chrétien selbst wissen wir wenig, ganz im Gegensatz zu seinen Werken, und während er uns in seinen Schriften einiges über seine literarische Karriere mitteilt, fehlen persönliche Informationen. Selbst sein möglicher Spitzname *li Gois*[6], erwähnt in einem Gedicht, ist dunkel. Die Widmungen seiner Werke lassen erkennen, dass er sich an den Höfen im nordöstlichen Frankreich und in Flandern bewegte und geben uns damit einen Anhaltspunkt über Zeit und Ort. Ein Werk könnte er für Gräfin Maria von Champagne vor ihrer Vermählung 1159 geschrieben haben; mit ihrem Hof ist er besonders eng verbunden. Sein letztes Werk schrieb er für den Grafen Philipp von Flandern und begann damit, noch bevor der Graf 1191 zum Kreuzzug aufbrach. Einige Bemerkungen in seinen Werken deuten darauf hin, dass er auch England ein wenig kannte; es ist denkbar, dass einer seiner Versromane am anglo-normannischen Hof König Heinrichs II. entstand.[7]

Chrétien lässt uns wissen, er habe Teile aus dem Ovid übersetzt; offenkundig verfügte er also über eine solide Bildung. Er scheint die antiken Autoren gut gekannt zu haben, in einem Ausmaß, wie es noch ein Jahrhundert früher nicht denkbar gewesen wäre. Chrétien schrieb in einer Welt voller intellektueller Erregung, neuer Ideen und neuer Ideale. Wie weit er an der Wiederentdeckung der klassischen Literatur und Philosophie in den Schulen von Paris zu dieser Zeit teilhatte, lässt sich schwer sagen. Man könnte ihn durchaus als Meister der Ironie lesen, der geschickt seine wahren Ansichten zu verbergen wusste, aber dem steht, wie ich meine, die Substanz seines Werkes entgegen. Chrétien gehörte nicht zu einem nach innen blickenden Kreis gelehrter Männer, sondern er war Chronist der neuen aufstrebenden Schicht der Ritter, deren Lob er sang und deren Ideale er bekannt machte und zum Teil erfand. Er feiert die eher friedlichen Heldentaten des Rittertums, mehr das Turnier als den Krieg, und damit unterscheidet er sich deutlich von den zeitgenössischen *chansons de geste* (»Lieder der Taten«), deren Hauptgegenstand der Krieg in jeder Art war, gegen die Sarazenen genauso wie gegen die christlichen Nachbarn. Die *chansons* schildern die anarchischen Verhältnisse des vergangenen Jahrhunderts und haben eine deutliche politische Botschaft zu verkünden: Sie glorifizieren die großen Barone als Verteidiger des Christentums und betonen ihren Status als mächtige Vasallen, die der König unter großer eigener Gefahr zu kontrollieren sucht.

Chrétien hat ein neues Thema und er hat eine neue Methode: Sein Augenmerk gilt der Liebe in all ihren Schattierungen. Auch wenn er vor der größten Liebesgeschichte von allen zurückschreckte (wie er uns selbst sagt), nämlich vor der der Geschichte von Tristan und Iseult, weil sie jenseits seiner moralischen Grenzen lag, und er die Geschichte von Lancelot und Guinevere nicht vollendete, weil er Zweifel an ihrer Sittlichkeit hegte, bleibt er uns doch in Erinnerung als einfühlsamer Porträtist des Verhältnisses zwischen der liebenden und der geliebten Person, und auch wegen seiner genauen Gefühlsschilderungen in den Monologen der Liebenden, wenn sie allein sind. Der rote Faden in all seinen Geschichten ist die Entwicklung einer Beziehung oder eines Charakters; die Wunder und Abenteuer am Wegesrand sind lediglich Instrumente, die Geschichte voranzutreiben und das Publikum bei der Stange zu halten.

Wunder und Abenteuer gibt es bei ihm freilich in Hülle und Fülle. Wenn auch die Psychologie von seiner Lektüre klassischer Autoren herrühren mag und die Zelte und Höfe seine eigene erlebte Welt reflektieren mögen, so findet sich doch noch eine andere Dimension in Chrétiens Werk. Mit der normannischen Eroberung Englands ergab sich zum ersten Mal ein direkter Kontakt zwischen der lateinischen Welt und den verbliebenen keltischen Herrschaftsgebieten. Im ausgehenden 11. Jahrhundert überrannten die Normannen die fünfhundert Jahre lang unveränderten Grenzen zwischen den keltischen und angelsächsischen Ländern und gründeten eigene Herrschaften im südlichen Wales; in den Tagen Chrétiens waren die Normannen sogar bis Irland vorgestoßen. In Wales traten sie mit der einheimischen Herrenschicht in Kontakt und heirateten in deren Familien ein; so entstand eine Brücke zwischen beiden Kulturen. Aus der keltischen Vorzeit tauchten Erzählungen und Wunder eines magischen, heroischen Zeitalters auf. Die normannischen Herren, Nachfahren der Wikinger, kannten solche atemberaubenden Geschichten nicht, und innerhalb weniger Jahrzehnte – auf welchen Wegen wissen wir nicht – wurden diese Geschichten weiten Kreisen in Britannien und auf dem Kontinent bekannt. Schattenhafte Figuren wie Bledri oder Bledhricus, angeblich ein Übersetzer solcher Erzählungen, entziehen sich bei unserer Annäherung an sie, und so können wir nur vermuten, dass sich die neu entdeckten Geschichten nach Art eines Flächenbrandes nach der normannischen Eroberung in weniger als einem Jahrhundert ausbreiteten. Das Problem ist, dass die Geschichten selbst verschwunden sind und nur mysteriöse Spuren hinterlassen haben, für die wir die keltischen Geschichtenerzähler nach Belieben namhaft machen können oder auch nicht. Diese Geschichten waren nicht nur Franzosen und Engländern geläufig, sie gelangten bis nach Italien und Sizilien. Auf einem Fries über einem Portal der Kathedrale von Modena nennt eine Inschrift aus dem ersten oder zweiten Viertel des 12. Jahrhunderts die Namen des Königs Artus und seiner Ritter; auf dem Fußboden der Kathedrale von Otranto findet sich aus der selben Zeit eine Abbildung des auf dem Rücken einer Ziege reitenden Königs Artus, und nach einer am Ende des 12. Jahrhunderts aufgezeichneten Volkssage war Artus immer noch am Leben und wohnte unter dem Vulkan Ätna.

Solche legendarischen Erzählungen waren auch Teil der intellektuellen Welt Chrétiens, sie waren aber nur ein Element unter anderen, und vielleicht waren sie die für ihn am wenigsten interessanten. Chrétien war fest in der realen Welt verankert, und wie wir gesehen haben, geht es ihm in erster Linie um die Schilderung von Charakteren und um die Erkundung des Phänomens Liebe: Alle seine Romane haben als zentrale Figuren einen Helden oder eine Heldin, sein letztes Werk einmal ausgenommen. Das Thema in jeder Geschichte ist die Entwicklung ihrer Liebe, dargestellt anhand von Monologen, die den Gefühlszustand der Protagonisten beschreiben. An einer Stelle etwa führt die Heldin eine imaginäre Debatte mit ihrem Geliebten, um den wahren Stand ihrer Gefühle festzustellen. Im *Yvain* trägt Laudine mit dem abwesenden Helden – zugleich dem Mann, der ihren Gatten erschlug – einen Streit darüber aus, ob er ihr absichtlich Leid angetan hatte; in diesem Falle wäre er ihrer Liebe unwürdig. Dieses Stilmittel ist ein Schlüssel zu Chrétiens Kunst. Seine Erzählungen spielen in einer fernen Vergangenheit, sie sind aber eine einigermaßen genaue Darstellung des zeitgenössischen höfischen Lebens. Alle Geschichten sind verknüpft mit dem Hof des Königs Artus, mit Ausnahme des frühen Versromans *Cligés*, und selbst dieser hat ein Zwischenspiel am Artushof, in dessen Verlauf Perceval, dem wir in Kürze als Held der Gralromane Chrétiens wieder begegnen werden, seinen ersten Auftritt in der Literatur hat (im *Erec*, einem frühen Roman Chrétiens, erscheint lediglich der Name Perceval in einer Aufzählung von Rittern).

Die Hauptbeschäftigung bei Hofe ist jedoch nicht die königliche Regierungsarbeit, sondern in großem Stil die höfische Unterhaltung, in besonderem Maße das Turnier. Aus historischen Quellen wissen wir, dass sich das Turnier aus Scheingefechten als Training für wirkliche Kriegsführung zu einem formalisierten Ritterspiel entwickelt hat, und dies zu eben jener Zeit, in der Chrétien lebte und schrieb. Dementsprechend spielt wirkliche Kriegsführung – ebenfalls eine Aufgabe des Königshofes – in seinen Geschichten nur eine geringe, höchstens beiläufige Rolle. Selbst das am wenigsten wahrscheinliche Element in den Großtaten seiner Helden – die Idee der Abenteuersuche, der Aventüre, der Fahrt »auf gut Glück« – lässt sich im wirklichen Leben nachweisen: Ein normannischer Ritter des Ersten Kreuzzugs erzählt in Konstantinopel dem Byzantinischen Kaiser, dass

Ein Turnier am Hofe von König Artus. Flämische Miniatur, 15. Jh. Ausschnitt.

an einer Wegekreuzung in dem Lande, in dem ich geboren bin, ein altes
Heiligtum steht;

dorthin begibt sich jeder zum Kampfe gerüstet, der sich einem Zweikampf stellen will;

dort betet er zu Gott um Beistand, und dort steht er und erwartet den
Mann, der es wagt,

seine Herausforderung anzunehmen. An dieser Wegekreuzung habe
ich lange Zeit

ausgeharrt und den Mann erwartet und herbeigewünscht, der kämpfen würde, aber da war

keiner, der es gewagt hätte.[8]

Aber bei all seinem Realismus benötigte Chrétien Erzählstoff, der seine
Ideen in das typische Gewand der Zeit kleidete, in der sie zu spielen vorgaben. Die Geschichten über Artus, von denen er vielleicht Kenntnis hatte,
bezogen sich auf eine Welt zauberischer Abenteuer, und die Elemente
dieser Welt streute er zwischen die Begegnungen der Liebenden und die
heldenhaften Siege bei Turnieren. Ein realer Fahrender Ritter nämlich
dürfte zwischen den Turnieren eine ziemlich langweilige Zeit verbracht
haben. Unser bestes Beispiel in diesem Zusammenhang ist Guillaume le
Maréchal (Wilhelm der Marschall). Dessen Autobiographie beschreibt
zwar seine ritterliche Karriere, lässt aber seine Taten in einem eher humor-
vollen als romantischen Licht erscheinen. Chrétien vermeidet die prosai-
schen Realitäten des ritterlichen Lebens und fügt phantastische Episoden
ein, die seiner Geschichte eine besondere Spannung und eine narrative
Dynamik verleihen – eine Art »Fortsetzung-Folgt-Spannung« nach Art
einer Telenovela, die den *chansons de geste* mit ihren ununterbrochenen
Kämpfen und ihren ständigen Streitereien über feudale Rechte fast vollständig abgeht. Im *Yvain* beispielsweise verspricht der Held, ein Mädchen
zu retten, das man unschuldig zum Tode verurteilt hat und das am nächsten Tag auf dem Scheiterhaufen brennen soll. Nahe am Ort des Geschehens
findet er Herberge, wird aber am Morgen vom Wirt mit der Bitte bedrängt,
er möge ihm beistehen, weil ein Riese seine Tochter entführen wolle. Dem
kann sich Yvain kaum verschließen, obwohl er versucht, deutlich zu
machen, dass er dann vielleicht nicht rechtzeitig zur Rettung des Mädchens
eintreffen könne. Chrétien baut hier ganz bewusst an der spannendsten

Stelle ein retardierendes Moment ein (einen »Cliffhanger«, wie wir heute sagen würden), bei dem das Publikum mit angehaltenem Atem gespannt darauf wartet, ob es Yvain schafft, den Riesen so rechtzeitig zu töten, dass er auch noch das Mädchen retten kann. Im *Erec* hat der Held seine Frau Enite zum Schweigen verurteilt, während sie ihn auf seiner Suche nach Abenteuern begleitet. Sie sieht, dass Erec von einem Feind bedroht wird, den er nicht bemerkt hat; die Spannung wird dadurch erhöht, dass sie vor der Wahl steht, ihr Gelübde zu brechen und ihn zu retten oder gehorsam zu schweigen und seinen Tod zu riskieren. Die berühmte Szene, in der Lancelot oder der *Karrenritter* sein Pferd verliert, als er hinter Guinevere herjagt, um sie zu retten und ein Gespann mit einem Karren seinen Weg kreuzt, ist nach demselben Prinzip der spannenden Ungewissheit aufgebaut: Soll er in dem Karren die Verfolgung fortsetzen, ganz wie ein Ritter, der zur Hinrichtung geführt wird, und sich damit ewige Schande einhandeln, oder soll er zu seinem Stolz stehen und riskieren, Guinièvre nicht rechtzeitig zu erreichen?

Wie aber sieht das Publikum aus, das Chrétien so geschickt in Spannung hält? Wir haben keine verlässlichen Hinweise darauf, wie es sich zusammensetzte, auch wissen wir nicht, ob seine Werke vorgelesen wurden oder man sie so las, wie wir es heute tun. Chrétien steht auf der Wasserscheide zwischen einer vorherrschend mündlichen Kultur, in der Geschichten nur gelegentlich aufs Pergament kamen, und einer Welt, in der das geschriebene Wort zum normalen Mittel der Kommunikation zwischen Autor und Publikum wurde. Es liegt nahe anzunehmen, dass die *chansons de geste* vorgetragen wurden, und jede Erzählung mit besonderen inneren Krisen- und Spannungsmomenten, wie oben erwähnt, wurde aller Wahrscheinlichkeit in Abschnitten, in Fortsetzungen präsentiert, und das verweist eher auf mündlichen Vortrag als auf Lektüre. Dieser Aspekt und dazu noch Chrétiens Hauptthema machen ein ritterliches Publikum absolut wahrscheinlich; es war sicherlich nicht hochgebildet, stand aber auch nicht außerhalb der intellektuellen Welt. Es ist weit weniger wahrscheinlich, dass Chrétien seine Mitkleriker oder weltliche Gelehrte angesprochen hätte – das ist von Bedeutung für unser Verständnis seines Werkes. Im Gegensatz zu den Abhandlungen über die Kunst der höfischen Liebe des Andreas Capellanus, eines Zeitgenossen von Chrétien, die sich als philosophische Argumentationsübungen vermutlich eines Mitglieds der Pariser Universität entpuppt haben[9], sollte Chrétiens Werk meiner Meinung nach genommen werden, wie es sich darstellt, denn außer einigen höflichen Schmeichelworten in Richtung seiner Mäzene schreibt er nicht für Eingeweihte oder betreibt subtile Propaganda.

Die Erzählung vom Gral – Chrétiens eigene Formulierung im Prolog zu diesem Versroman – war sein letztes Werk und blieb bei seinem Tod unvollendet. Die ersten Kopisten des Textes machten den Roman auch unter dem Namen seines Helden bekannt – *Perceval*.

Dieser Roman bedeutet einen Neuanfang für Chrétien, denn sein Thema ist nicht die traditionelle Liebesgeschichte, sondern die Entwicklung eines ritterlichen Charakters. Der von ihm gewählte Titel – wie auch der seines Romans über Lancelot *(Li chevaliers de la charrete)* – muss nicht unbedingt das Thema der Geschichte anzeigen, sondern lediglich den Gegenstand, an dem sich der Plot festmacht. Für Lancelot ist es der (Schand-)Karren, den er erst nach einem Moment des Zögerns besteigt und sich in diesem Augenblick als unzulänglicher Liebender erweist, denn er stellt da seine persönliche Ehre vor seine Liebespflicht. Für Perceval ist es der Gral, nach dem er versäumt zu fragen und sich damit als unvollkommener Ritter beweist, denn er befolgt den Buchstaben seiner erhaltenen Unterweisung – nicht aber ihren Geist – und legt damit einen Mangel an wahrer Mitleidsfähigkeit an den Tag.

Percevals Geschichte beginnt in einer von höfischem Leben und Rittertum abgeschnittenen Welt. Seine Mutter hat ihren Gatten und ihre älteren Söhne verloren, sie sind bei der Jagd nach ritterlichem Ruhm umgekommen, und nun tut sie alles, um Perceval ein gleiches Schicksal zu ersparen. Als er aber eines Tages im Wald auf der Jagd ist, begegnen ihm zum ersten Mal in seinem Leben Ritter: Von ihrem Anblick überwältigt, hält er sie für Engel, und völlig verwirrt fragt er ihren Anführer: »Seid Ihr nicht Gott?« Freundlich klären sie ihn auf und erzählen ihm etwas über das Rittertum. Perceval ist sogleich von Begeisterung erfasst und beschließt, selbst ein Ritter zu werden. Trotz der flehentlichen Bitten seiner Mutter macht er sich auf die Suche nach König Artus, um aus dessen Hand das Rittertum zu empfangen. Seine Mutter gibt ihm noch ein paar nützliche Verhaltensregeln auf den Weg, belehrt ihn, wie er sich gegenüber Damen zu betragen habe und unterweist ihn in aller Kürze über die Religion. Die meisten dieser Ratschläge versteht er falsch, wie seine späteren Abenteuer zeigen. Mit dieser Szene betont Chrétien, dass Perceval im Zustand fast vollständiger Unwissenheit seinen Weg beginnt. Er ist ein Kind der Natur, aber es ist seine eigene Natur, die ihn zielstrebig zu großen ritterlichen Taten führt.

Zunächst aber geht alles schief. Er findet ein Fräulein allein in einem Zelt und kompromittiert die junge Frau: Er raubt ihr einen Kuss, nimmt ihren Ring zur Erinnerung und überlässt sie dem Zorn ihres Geliebten. Als er den Artushof erreicht, wird er von Keu, dem Seneschall, verspottet, und als Perceval nicht bereit ist, auf seine Erhebung in den Ritterstand zu warten, hält ihn auch der König nicht zurück. Stattdessen setzt sich Perceval auf die Spur eines Ritters, der kurz zuvor die goldene Trinkschale des Königs an sich genommen hat und dessen schöne rote Rüstung Perceval begehrt. Er tötet den Ritter durch einen glücklichen Speerwurf, nachdem dieser ihm seine Rüstung nicht freiwillig herausgeben hatte. Ein Knappe, der den Kampf beobachtet hat, muss ihm zeigen, wie man die Rüstung anlegt. Perceval schickt den Knappen mit der Botschaft zu Keu, er werde sich für seinen Spott rächen. Dann aber entfernt sich Perceval in andere Richtung.

Bei seiner nächsten Begegnung beachtet er zum einzigen Mal den Ratschlag seiner Mutter in angemessener Weise und lässt sich von dem älteren Ritter Gornemans unterweisen, zu dessen Burg er gekommen ist. Er lernt dort den Gebrauch der ritterlichen Waffen, und sein Lehrmeister findet in ihm einen gelehrigen und geschickten Schüler. Gornemans verleiht Perceval die Ritterwürde und bittet ihn, noch länger bei ihm zu verweilen, aber Perceval, mit der Ungeduld der Jugend, besteht darauf, am nächsten Morgen seinen Abschied zu nehmen. Sein Weg jedoch führt ihn nicht nach Hause, sondern zum Beginn seiner Abenteuer – und zur Liebe.

Er gelangt zu einer halbverfallenen Burg, deren Herrin die schöne Blancheflor ist; sie und ihre wenigen Leute verteidigen die Burg gegen ihren unwillkommenen Freier Clamadeus von den Inseln, dessen Seneschall die Burg belagert. Mitten in der Nacht begibt sich Blancheflor zu Perceval und teilt ihm ihre Sorgen mit; er nimmt sie in seine Arme, und sie teilt mit ihm in Keuschheit das Bett, bevor er am nächsten Morgen ihren Feind, den Seneschall, überwindet. Bei seinem Versuch, den Seneschall zu rächen, wird auch Clamadeus von Perceval besiegt und zusammen mit dem Seneschall zu Artus geschickt, damit sie sich ihm als seine Gefangene ergeben. Kaum hat Perceval Blancheflor aus ihrer Not errettet, erinnert er sich an seine Mutter und beschließt, sogleich aufzubrechen und sie zu suchen, nicht ohne seiner neu gefundenen Liebe zu versichern, sofort zu ihr zurückzukehren, ein Versprechen, das er – es handelt sich schließlich um einen Roman – natürlich nicht erfüllt.

Er kommt zu einem Fluss, der so reißend und tief ist, dass er ihn nicht überqueren kann. Er sieht ein Boot mit zwei Männern darin, einer ist gerade dabei zu fischen; er fragt sie, ob irgendwo eine Brücke über den Fluss wäre, und der Fischer antwortet:

»Nein, Bruder, wahrlich nicht, auch findet sich meines Wissens nach kein größeres Schiff als dieses hier, auf dem wir sind; keine fünf Männer könnten es tragen. Zwanzig Meilen flussaufwärts und -abwärts ist der Fluss zu Pferd unpassierbar, denn es gibt weder Fähre noch Brücke noch Furt.« – »Dann nennt mir um Gottes willen einen Ort zum Übernachten!« fordert er sie jetzt weiter auf – »Sowohl eine Unterkunft als auch anderes könntet Ihr brauchen, so glaube ich«, lautet die Antwort. »Ich selbst werde Euch heute Nacht beherbergen. Reitet durch diesen Felsspalt hinauf, von oben werdet Ihr vor Euch in einem Tal meine Bleibe sehen, in der Nähe von Fluss und Wald.« Sogleich reitet er den Weg hinauf, bis er zur Spitze des Berges gelangte. Von dort blickte er rings umher und sah nichts außer Himmel und Erde, und so rief er: »Wozu bin ich hier hinaufgeklettert? Zeitverschwendung und Unsinn! Den, der mich hierher geschickt hat, den möge Gott noch heute mit Schimpf und Schande überhäufen. In der Tat, einen feinen Weg hat er mir gewiesen, als er mir versprach, ich würde von hier oben ein Haus entdecken. Fischer, der du das zu mir gesagt hast, schlimmstes Unrecht hast du begangen, wenn du mir durch deine Worte schaden wolltest.« In diesem Augenblick sah er in einem nahegelegenen Tal die Spitze eines Turmes auftauchen. Einen ebenso schönen, wohlerbauten Turm könnte man nirgends finden, zöge man auch bis Beirut. Quadratisch war er, aus grauem Stein, flankiert von zwei kleineren Türmen. Vor ihm befand sich der Saalbau, davor die Loggia. Ebendorthin reitet der Junge; er gesteht nun ein, dass sein Führer ihm den rechten Pfad gewiesen habe, und daher gibt er seiner Zufriedenheit über den Fischer Ausdruck. Er bezichtigt ihn nicht mehr der Falschheit, Unredlichkeit und Lüge, da er jetzt eine Herberge findet. So nähert er sich dem Tor. Davor stieß er auf eine heruntergelassene Zugbrücke. Über diese gelangt er ins Innere. Vier Knappen kommen ihm entgegen:

zwei von ihnen entwaffnen ihn; der dritte führt sein Pferd in den Stall und gibt ihm Heu und Hafer; der vierte hüllt ihn in einen funkelnagelneuen Mantel aus Scharlach. Sodann geleiten sie ihn zur Loggia. Und wisst fürwahr, selbst wenn man bis Limoges Ausschau hielte, könnte man keine so prächtige ausfindig machen und entdecken. Hier verweilte der Junge, bis er durch zwei Diener zum Herrn gerufen wurde. Er folgte diesen in den quadratischen Saal; er war nämlich ebenso lang wie breit. In seiner Mitte sah er einen schönen Edelmann mit graumeliertem Haar in einem Bett sitzen. Sein Kopf war mit einem Hut aus maulbeerschwarzem Zobel bedeckt, mit einer Purpurauflage auf der Oberseite; aus demselben Stoff war sein ganzes Gewand. Er stützte sich auf den Ellbogen. Vor ihm brannte zwischen vier Säulen lichterloh ein gewaltiges Feuer, das von trockenem Brennholz gespeist wurde. Man hätte gut und gern vierhundert Menschen um dieses Feuer setzen können, und jeder von ihnen hätte einen ausgezeichneten Platz bekommen. Die Säulen waren sehr stark, trugen sie doch einen hohen, breiten Rauchmantel aus dickem Erz. Die beiden Diener treten nun mit dem Gast zwischen sich vor ihren Herrn hin. Als dieser ihn nahen sieht, grüßte er ihn sofort und sprach: Nehmt mir nicht übel, Freund, wenn ich mich zu Eurer Begrüßung nicht erhebe, da ich dazu nicht imstande bin!« – »Um Gottes willen, Herr, darüber braucht Ihr doch kein weiteres Wort zu verlieren«, erwiderte der Ankömmling; »ich nehme Euch das keineswegs übel, so wahr mir Gott Glück und Gesundheit schenken möge.« Der Edelmann aber quält sich seinetwegen, so gut er kann, in die Höhe und sagt: »Kommt hierher, Freund! Habt keine Angst vor mir und setzt Euch unbesorgt hier neben mich: ich fordere Euch dazu auf.« Da nimmt der Junge an seiner Seite Platz, und der Edelmann fragt ihn: »Freund, von wo seid Ihr heute gekommen?« – »Heute morgen, Herr«, erwiderte er, »bin ich von Beaurepaire – so heißt der Ort – aufgebrochen« »Gott stehe mir bei!« ruft der Edelmann, »dann habt Ihr an diesem Tag eine riesige Strecke zurückgelegt. Ihr müsst Euch aufgemacht haben, bevor der Wächter in der Früh mit Hornsignal das Morgengrauen kündete.« »Nein, man hatte schon die Prim geläutet, das versichere ich Euch«, antwortete der Junge. Während sie sich derart unterhielten, tritt ein Knappe durch die Tür des Saales. Um seinen Hals gehängt trägt er ein Schwert herbei. Dieses reicht er dem Edelmann, der es gut zur Hälfte (aus der

Scheide) zieht. Da sah er deutlich, wo es gefertigt worden war, denn es stand auf dem Schwert geschrieben. Außerdem erkannte er, daß es aus hervorragendem Stahl war und daher niemals in Stücke zerbrechen könnte. Nur eine einzige Gefahr dazu bestand, um die allein der wußte, der es geschmiedet und gehärtet hatte. Der Überbringer sagte: »Herr, das wunderschöne Fräulein mit dem goldenen Haar, Eure Nichte, schickt Euch dieses Geschenk. Niemals habt Ihr, was seine Länge und Breite angeht, ein trefflicheres Schwert gesehen. Jedem nach Eurer Wahl könnt Ihr es geben. Doch wäre meine Herrin sehr glücklich, fände es an seinem neuen Platz gute Verwendung. In seinem ganzen Leben hat der Schmied dieses Schwertes nur drei solcher Art gefertigt, und bald wird er sterben, so daß dieses hier für immer das letzte ist.« Auf der Stelle hängte der Herr seinem fremden Gast das Schwert mittels des Wehrgehenks um, das (seinerseits) ein Vermögen wert war. Der Schwertknauf war von feinstem Gold aus Arabien oder Griechenland, die Scheide war mit Seidenborten aus Venedig überzogen. So reich verziert übergibt es der Edelmann dem Jungen und sagt: »Lieber Bruder, dieses Schwert wurde Euch zugedacht und bestimmt. Es ist mein größter Wunsch, daß es in Eurem Besitz ist. Doch gürtet es (nun) um und zieht es!« Dieser dankt ihm dafür, legt es sich nicht zu eng um und zieht es dann blank aus der Scheide. Nachdem er es ein Weilchen betrachtet hatte, steckte er es zurück. Wißt, daß es sich an seiner Seite sehr gut ausmachte, freilich noch besser in seiner Hand. In der Tat hatte es den Anschein, daß er sich seiner im Notfall wacker bedienen werde. Hinter sich sieht er um das lodernde Feuer herum Knappen stehen, darunter den, der auf seine Rüstung aufpaßte. Er vertraute ihm das Schwert an, und jener verwahrte es für ihn. Darauf setzte er sich wieder neben den Herrn, der ihn mit größter Hochachtung behandelte. So hell erleuchtet war der Palas, wie ein Haus vom Schein der Kerzen (nur) werden konnte. Während sie (noch) über dies und das sprachen, kam aus einer Kammer ein Knappe mit einer weißen Lanze, deren Schaft er in der Mitte gepackt hielt. Zwischen dem Feuer und den im Bett Sitzenden schritt er hindurch. Alle im Saal sahen die weiße Lanze und ihre weiße Spitze, und oben aus dieser quoll ein Blutstropfen und rann dunkelrot auf die Hand des Knappen. Der Gast starrte auf dieses Wunder, doch scheute er sich, danach zu fragen, wie dies geschehen könne; er erinnerte sich nämlich an das

Gebot des Edelmannes, der ihn zum Ritter geschlagen und ihn gelehrt und aufgefordert hatte, nicht vorlaut zu sein. Er fürchtete, man könnte seine Frage für unschicklich halten. Also schwieg er. Nun erschienen zwei weitere Edelknaben mit nielloverzierten Kerzenleuchtern aus reinem Gold in der Hand. Sehr schön waren die Knappen mit den Leuchtern, auf denen jeweils wenigstens zehn Kerzen brannten. Mit ihnen kam ein holdes, anmutiges Fräulein, prächtig geschmückt. In ihren beiden Händen trug sie einen Gral. Als sie mit diesem in die Halle getreten war, da verbreitete sich dort eine so strahlende Helligkeit, daß die Kerzen ihren Glanz verloren, ebenso wie die Sterne oder der Mond tun, wenn sich die Sonne erhebt. Ihr folgte ein Mädchen mit einer silbernen Platte. Aus purem, lauteren Gold war der Gral, der vorauszog. Mit vielerlei Edelsteinen war er übersät; (sie zählten) zu den kostbarsten und wertvollsten, die Meer und Erde freigeben; zweifellos übertrafen sie alle anderen. Wie es sich auch bei der Lanze zugetragen hatte, durchquerten sie vor dem Bett die Halle und verschwanden in einem anderen Raum. Der Junge sah sie vorüberziehen, doch wagte er nicht zu fragen, wem man mit dem Gral aufwarte, denn für immer waren die Worte des ehrwürdigen Edelmannes in sein Herz eingeschrieben. Ich fürchte, dies wird ihm schaden, habe ich doch sagen hören, Schweigen und Reden habe jedes seine Zeit. Ich weiß nicht, ob zu seinem Heil oder Unheil, (jedenfalls) stellt er keine einzige Frage. Nun befiehlt der Herr den Knappen, das Wasser zu reichen und Tischtücher herbeizuholen. Pflicht- und gewohnheitsgemäß erfüllen sie ihre Aufgabe. Der Edelmann und der Junge wuschen ihre Hände in lauwarmem Wasser. Zwei Edelknaben brachten eine breite Tischplatte aus Elfenbein herbei. Meiner schriftlichen Quelle zufolge war sie ganz aus einem Stück. Einen Moment lang hielten sie sie vor ihrem Herrn und dem Jungen fest, bis zwei weitere Knappen mit dem Untergestell kamen. Das Holz der beiden Streben hat zwei gewaltige Vorzüge: das Gestell hält nämlich ewig, war demnach aus Ebenholz, ein Material, von dem niemand je erwartet, dass es verfault oder verbrennt; gegen beides ist es resistent. Auf dieses Untergestell wurde die Tischplatte gelegt, darauf das Tischtuch. Doch wie sollte ich Letzteres beschreiben? Kein Legat, kein Kardinal und kein Papst speisten jemals auf einem so weißen. Der erste Gang bestand aus einer fetten Hirschkeule in Pfeffertunke. Zum Trinken mangelt es ihnen nicht an klarem, lieblichem Wein in goldenen Schalen. Vor ihnen schnitt ein Edelknabe Scheiben von der Pfefferkeule ab, die er mitsamt der Silberplatte zu sich herangezogen hat. Auf einem ganzen Brotfladen als Unterlage legt er ihnen die Fleischstücke vor. In der Zwischenzeit zog der Gral wieder an ihnen vorüber, und der Junge fragte nicht, wem man damit aufwarte. Wegen des Edelmannes verzichtete er darauf, aufgrund seines freundlichen Verbotes, zu viel zu reden; immerzu denkt und erinnert er sich daran. Sein Schweigen ist freilich unziemlich, sieht er doch bei jedem Gang, den man auftrug, vor sich den Gral vorüberziehen, ganz unverhüllt, ohne zu wissen, wen man daraus speist, gleichwohl voll Verlangen, es zu erfahren. Vor seinem Aufbruch aber wird er gewiß, so sagt und meint er (bei sich), einen der Edelknaben am Hof danach fragen. Bis zum Morgen will er allerdings warten, bis zu seinem Abschied vom Edelmann und allen anderen Hausgenossen. So schiebt er vor sich her und konzentriert sich ganz aufs Trinken und Essen. Weine und Speisen trägt man im Überfluss auf, und zwar vorzügliche und köstliche. Es war ein appetitliches, gutes Essen. Alles, was einem König, Grafen oder Kaiser zusteht, wurde dem Edelmann und auch dem Jungen an diesem Abend gereicht. Nach Tisch unterhielten sich beide miteinander, sie gingen noch nicht zur Ruhe. Die Knappen aber richteten die Betten und stellten Obst bereit, denn sie verfügten über sehr teure Früchte: Datteln, Feigen, Muskatnüsse, Nelken, Granatäpfel, schließlich Latwerge, Ingwerkonfitüre aus Alexandria, dann ein Elektuarium erster Güte, eines zum Aufbau und ein Stomaticum. Darauf kosteten sie von manchem Trunk: Würzwein ohne Honig und Pfeffer, alten Maulbeerwein und klaren Sirup. Der Junge, der daran nicht gewöhnt war, wundert sich über all dies sehr. (Schließlich) sagt der Edelmann: »Lieber Freund, für heute ist es Zeit, zu Bett zu gehen. Seid mir nicht böse, ich will mich nun in meine Gemächer zur Ruhe begeben; Ihr aber könnt, wenn es Euch genehm ist, hier draußen schlafen. Ich habe keine Gewalt über meinen Körper; man wird mich daher tragen müssen.« Sogleich eilen vier starke, kräftige Diener aus der Kammer. Sie ergriffen das Unterbett, auf dem der Edelmann saß, an seinen vier Ecken und tragen ihn an den genannten Ort. Bei dem Jungen waren andere Knappen geblieben, diese bedienten ihn und erfüllten ihm jedes Verlangen. Auf seinen Wunsch halfen sie ihm aus Fuß- und Beinkleidern, zogen ihn aus und betteten ihn auf feine weiße

*Gralerscheinung vor
Perceval und Hector.
Buchmalerei, Normandie,
frühes 14. Jh.*

Leinenlaken. Er schlief bis zum Tagesanbruch, bei dem die Hausgenossenschaft (schon) aufgestanden war. Doch bei einem Blick in die Runde konnte er im Saal niemanden entdecken; folglich musste er sich allein erheben, sollte ihm dies auch noch so unwillkommen sein. Als er merkt, dass es keine andere Möglichkeit gibt, tut er sein Bestes und legt, ohne auf Hilfe zu warten, Fuß- und Beinkleidung an. Dann holte er sich seine Rüstung wieder, da er sie am Kopfende eines Tisches für sich bereitgestellt fand. Nachdem er sich voll gewappnet hatte, eilt er auf die Türen der Gemächer zu, die er in der Nacht zuvor offen gesehen hatte. Aber umsonst; ganz fest verschlossen trifft er sie an. Da ruft er laut und klopft und pocht ganz heftig dagegen. Keiner öffnet oder antwortet ihm. Eine Weile rief er noch, zuletzt wendet er sich der Tür des Saales zu. Sie ist unverschlossen, und so steigt er die Treppe hinab, findet sein Pferd gesattelt und sieht seine Lanze und seinen Schild an einer Mauer lehnen. Nun steigt er auf und reitet allüberall herum; gleichwohl kann er keine Menschenseele entdecken, keinen Knappen, keinen Edelknaben. Also macht er sich geradewegs zum Tor auf und gewahrt, dass die Zugbrücke herabgelassen ist; seinetwegen hatte man sie nicht hochgezogen, damit nichts ihn daran hinderte, zu jeder beliebigen Zeit unverzüglich hinüberzugelangen. Wegen der gesenkten Zugbrücke aber meint er, dass die Knappen alle in den Wald gegangen seien, um ihre Schlingen und Fallen zu überprüfen. Er will nicht länger verweilen, sondern nahm sich vor, ihnen zu folgen; denn er will wissen, ob einer von ihnen ihm irgendwie erklären könnte, warum die Lanze blutet und wohin man den Gral trägt. Damit reitet er hinaus durch das Tor; bevor er aber die Brücke überquert hatte, spürte er, wie sich die Hufe seines Pferdes hoch in die Luft hoben. Einen so gewaltigen Satz machte es, dass beide, Pferd und Reiter, Schaden genommen hätten, wäre der Sprung weniger gut gewesen. Da schaute der Junge zurück, weil er wissen wollte, was geschehen war, und muß feststellen, dass die Zugbrücke jetzt oben war. Er ruft, doch niemand antwortet ihm. »Du, der du die Brücke hochgezogen hast, nun rede schon mit mir, los!« schreit er, »wo steckst du? Ich kann dich nicht sehen. Zeige dich, damit ich dich erkennen kann: ich will dir eine Frage stellen.« Mit diesem Gerede machte er sich (freilich) zum Narren, denn keiner würdigte ihn einer Antwort.[10]

Ich habe diese Passage in voller Länge zitiert, weil sie der Ursprung aller nachfolgender Beschreibungen des Grals und seiner Umgebung ist, und wir werden sehen, wie auch das kleinste Detail für unsere Untersuchung von Bedeutung ist. Das Abenteuer wird in einer Abfolge von Bildern geschildert, und diese Bilder sehen wir mit den Augen Percevals. Er hält, zunächst vergeblich, Ausschau nach dem Haus und glaubt sich schon von dem Fischer getäuscht, bis er das Haus halb verborgen in einem Tal erblickt. Sobald er sich im Inneren des prächtigen, befestigten Hauses befindet, hält die streng visuelle Beschreibung an und kulminiert in der Prozession, mit der Lanze und Gral hereingetragen werden. Alles wird hier einfach so beschrieben, wie es Perceval sieht, und nur seine eigenen Gefühle kommen zum Ausdruck, nicht die der anderen Anwesenden. Wir sehen und erleben die Prozession, wie sie Perceval schaut und erlebt. Chrétien verfolgt eine doppelte Absicht: Er schildert den Eindruck von etwas unglaublich Reichem und Seltsamen auf einen naiven jungen Mann und macht sein Publikum neugierig auf diese unerklärliche und deshalb mysteriöse Szene, die Appetit macht auf die Fortsetzung der Geschichte.

Das Ganze ist, wie es sich für einen meisterhaften Erzähler geziemt, sowohl ein narrativer Kunstgriff, wie auch eine genau beobachtete psychologische Skizze.

An dem Punkt der Erzählung, an dem Perceval von der verlassenen Burg in die graue, leere Morgendämmerung hinausreitet, haben wir zwei Fünftel des Weges durch Chrétiens unvollendetes Werk zurückgelegt. Perceval lernt zunächst einmal, dass sein mangelndes Mitleid und sein fehlendes Interesse am Schicksal des verwundeten Königs dessen Leiden und Schmerz verlängert, sodann, dass sein unbedachter Aufbruch den Tod seiner Mutter verursacht hat. Das allerdings ist der Tiefpunkt seines Schicksals, und es beginnt nun seine Erlösung, denn er trifft das Fräulein, dessen Ring er bald nach seinem Aufbruch gestohlen hatte; er versöhnt sie mit ihrem Geliebten und gesteht seinen Fehler ein. Artus und sein gesamter Hof begeben sich auf die Suche nach Perceval. Dieser nimmt an Keu Rache, als dieser ihn dabei überrascht, wie er vom Rücken seines Pferdes aus verzückt und sinnend drei Blutstropfen im Schnee betrachtet, die ihn an die Wangen Blancheflors erinnern.

Aber wiederum führt uns Chrétien zum ungelösten Mysterium der Burg zurück: Eine hässliche Frau taucht auf und beschuldigt Perceval, die entscheidende Frage nicht gestellt zu haben, um damit die Leiden des Fischerkönigs, des Herrn der Gralburg, zu beenden. Jetzt sei der König nicht im Stande, das Land zu regieren und folglich würden sich die Schrecken des Krieges einstellen: »Frauen werden deshalb ihre Gatten verlieren, Länder verheert werden, Fräulein in Not geraten und als Waisen zurückbleiben und viele Ritter sterben. Durch deine Schuld werden all diese Übel aufkommen.«[11] Hier findet sich kein Hinweis auf Magie, nur die platte Realität eines Landes als Beute von Plünderern und Marodeuren. Der Fischerkönig erhielt seine Wunde in der Schlacht: Offensichtlich hat er noch starke Feinde, und weil er sich nicht an die Spitze seines Heeres stellen kann, ist sein Land jedem Angriff schutzlos preisgegeben.[12] Im Weggehen fordert sie die Artusritter auf, die Frau von Montesclaire zu retten. Gleich darauf erscheint ein anderer Bote und beschuldigt Gauvain, Artus' Neffe und größter Held an seinem Hof, verräterisch seinen Herrn erschlagen zu haben. Die Ritter begeben sich auf die Suche nach der Frau von Montesclaire, während Gauvain aufbricht, um mit seinem Herausforderer am Hof des Königs Escavalon zusammenzutreffen. Perceval, tief erschüttert von den Verwünschungen der Botin, lässt von diesen ritterlichen Abenteuer-fahrten ab und schwört,

> … in seinem ganzen Leben werde er nicht zwei Nächte hintereinander in ein und derselben Herberge verweilen, von fremden Pfaden nicht Kunde erhalten, ohne sie zu erproben, von einem überlegenen Ritter nicht spre-chen hören, ohne in den Kampf gegen ihn zu ziehen, bis zu dem Augen-blick, an dem er wisse, wem der Gral aufwartet, die blutende Lanze gefunden habe und den wahren Grund für ihr Bluten erfahre; nichts auf der Welt werde ihn davon abbbringen.[13]

Chrétien verwendet jetzt eine Erzähltechnik, die im Artusroman üblich werden sollte: Die Kombination zweier Abenteuerstränge und der Wechsel des Fokus von dem einen Helden zum anderen bis sich beide schließlich treffen und damit die Geschichte aufgelöst wird. Chrétien folgt zunächst Gauvain bis dieser seinen Herausforderer findet; der Kampf wird jedoch um ein Jahr verschoben, und in dieser Zeit soll Gauvain die Lanze finden, »deren Spitze Tränen von reinstem Blute vergießt«, mit anderen Worten die Lanze, die Perceval in der Burg des Fischerkönigs gesehen hat. Die beiden Helden bewegen sich nun auf zusammenlaufenden Pfaden: »Hier verlässt die Geschichte den Herrn Gauvain und beginnt, von Perceval zu erzählen«. Percevals neuer Auftritt ist kurz, aber wiederum ist die Episode so ent-scheidend für unsere Kenntnis über den Gral, dass wir sie in voller Länge zitieren:

> Perceval, wie unsere Vorlage berichtet, hatte sein Gedächtnis so vollstän-dig verloren, dass ihm nicht einmal mehr Gott in den Sinn kommt. Fünfmal vergingen April und Mai, fünf ganze Jahre, ohne dass er eine Kirche betrat und Gott und sein Kreuz anbetete. Fünf Jahre lebte er auf diese Weise, nichtsdestoweniger in ständigem Streben nach ritterlichem Ruhm. Er streift umher auf der Suche nach seltsamen, gefährlichen und schwierigen Aventiûren, und er fand genug, um seine Trefflichkeit unter Beweis zu stellen. In fünf Jahren schickte er sechzig angesehene Ritter als Gefangene an den Hof von König Artus. Derart verbrachte er fünf Jahre ohne den geringsten Gedanken an Gott. Am Ende dieser Zeit begab es sich, dass er wie gewöhnlich in voller Rüstung durch Ödland ritt; da trifft

er auf drei Ritter und an die zehn Damen in ihrer Begleitung. Ihr Haupt in Kapuzen gehüllt, zogen sie alle in Büßerkleidern barfuß dahin. Zur Rettung ihrer Seele und als Buße für begangene Sünden pilgerten die Edelfrauen zu Fuß und wunderten sich sehr ob des gewappneten Fremden mit Lanze und Schild. Einer der drei Ritter hält ihn an und fragt: »Guter, werter Freund, glaubt Ihr etwa nicht an Jesus Christus, der den Christen das Neue Testament offenbarte? Es ist fürwahr nicht recht und gut, sondern Frevel, am Todestag Christi Waffen zu tragen.« Perceval aber in seiner Seelenqual hatte jedes Gespür für Tag, Stunde oder Zeit verloren, und daher antwortete er: »Welcher Tag ist denn heute?« – »Welcher Tag, Herr? Das wißt Ihr nicht? Es ist Karfreitag, der Tag, an dem man das Kreuz anbeten und seine Sünden beklagen muß, denn heute wurde Christus gekreuzigt, nachdem man ihn für dreißig Silberlinge verraten hatte. Er, der frei war von jedem Makel, sah die Menschheit schuldbefleckt in den Banden der Sünde, um uns daraus zu erlösen, wurde er Mensch. In Wahrheit war er Gott und Mensch, denn er wurde geboren aus Maria, der Jungfrau, empfangen vom Heiligen Geist; in ihm wurde Gott zu Fleisch und Blut; also barg sich sein göttliches Wesen in einer menschlichen Hülle, wie geoffenbart. Wer so nicht an ihn glaubt, wird ihn nimmer von Angesicht zu Angesicht schauen. Er, der Jungfrau Sohn, in seiner heiligen Gottheit Mensch geworden an Leib und Seele, er wurde wahrlich an einem solchen Tag wie diesem ans Kreuz geschlagen und befreite all seine Freunde aus der Hölle. Sehr heilig war dieser Tod, der ja die Lebendigen rettete und die Toten zum Leben erweckte. Durch ihre Mißgunst fügten sich die schurkischen Juden, die man wie Hunde töten sollte (selbst nur) Leid zu, da sie ihn kreuzigten, uns (aber) erwiesen sie damit eine große Wohltat: sich lieferten sie der Verdammnis aus, uns brachten sie das Heil. Alle, die an ihn glauben, müßen heute Buße tun, kein Gottgläubiger darf heute Waffen tragen, weder auf dem Feld noch auf der Straße.« – »Und woher kommt Ihr so?« fragte Perceval. – »Von dort drüben, Herr; von einem frommen Eremiten, einem vorbildlichen Mann, der in diesem Wald wohnt und in seiner Heiligkeit nur vom Ruhme Gottes lebt.«

Überwältigt von Gewissensqualen, weil er nicht an Gottes Barmherzigkeit glaubt, begibt sich Perceval sogleich auf die Suche nach dem Einsiedler:

Weinend zieht er duch den Wald. Bei der Einsiedelei angekommen, sitzt er ab, entwaffnet sich und bindet sein Pferd an eine Buche; dann geht er hinein. In einer kleinen Kapelle fand er den Eremiten, einen Priester und einen Ministranten, das ist die Wahrheit. Sie begannen gerade mit der feierlichsten und ergreifendsten Liturgie, die in der heiligen Kirche gefeiert werden kann. Gleich bei seinem Eintritt fällt Perceval auf die Knie. Da ruft ihn der gute Mann zu sich, da er ihn voll edler Einfalt weinen sah: bis zum Kinn flossen die Tränen aus seinen Augen. In großer Furcht, Gott beleidigt zu haben, umfaßt Perceval des Eremiten Fuß, wirft sich vor ihm auf den Boden und faltet die Hände. Er bittet ihn, ihm Hilfe zu gewähren, denn er brauche sie nötig. Da befahl ihm der gottgefällige Mann, die Beichte abzulegen: nur wenn er seine Sünden bekenne und bereue, werde er Vergebung erlangen. »Herr«, erwiderte ihm Perceval, »vor gut fünf Jahren habe ich jede Orientierung verloren, ich hörte auf, Gott zu lieben und an ihn zu glauben; seither habe ich nur Böses getan.« – »Ach sage mir, lieber Freund, warum hast du das getan?« fordert ihn der heilige Mann auf, »auch flehe zu Gott, sich der Seele seines Sünders zu erbarmen!« – »Einst, Herr, weilte ich beim Fischerkönig und habe die Lanze erblickt, deren Eisen wahrhaftig blutet. Zwar sah ich den Blutstropfen an der weißen eisernen Spitze, indes erkundigte ich mich nicht nach seiner Bewandtnis. Das habe ich bisher nicht wiedergutgemacht, nein! Danach wiederfuhr mir nur Unbill. Auch weiß ich nicht, wem man mit dem Gral aufwartete, den ich erblickte; seit dieser Zeit leide ich quälende Pein: ich wäre lieber tot, denn ich habe über meinem Schmerz Gott vergessen, nachher niemals mehr seine Huld erfleht und meines Wissens nichts getan, sie zu verdienen.« – »Ach, lieber Freund«, ruft der Eremit, »sage mir nun, wie du heißt!« – »Perceval, Herr«, lautet die Antwort. Da seufzt der Greis, der den Namen erkennt, und spricht: »Eine Sünde, um die du nicht weißt, Bruder, hat dich unglücklich gemacht: das Herzeleid deiner Mutter bei deinem Abschied; ohnmächtig sank sie am Brückenkopf vor dem Tor zu Boden, und vor Gram ist sie gestorben.[14] Wegen dieser Sünde war es dir unmöglich, nach Lanze und Gral zu fragen; deswegen wurdest du von mancherlei Übel heimgesucht. Merke dir eines: Dein Leben währte nicht mehr, hätte nicht deine Mutter bei Gott Fürsprache für dich eingelegt. Um ihretwillen hat der Herr dich behütet, vor Tod und Gefangenschaft bewahrt: so viel vermochte ihr

Flehen. Die Sünde schnitt dir das Wort ab, als du die Lanzenspitze vor dir erblicktest, die niemals zu bluten aufhörte, und so hast du die Ursache ihres Blutens nicht ergründet; auch hast du in deinem törichten Sinn nicht zu erfahren gesucht, wem man den Gral bringe. Mein Bruder ist es, den man daraus speist; meine Schwester und die seine war deine Mutter. Der edle Fischer aber ist, wie ich meine, der Sohn eben des Königs, der sich aus jenem Gral Nahrung spenden läßt. Doch glaube nicht, er bekomme Hecht, Lamprete oder Salm. Eine einzige Hostie reicht man ihm, die im Gral zu ihm getragen wird. Sie hält ihn am Leben und stärkt ihn – so geheiligt ist der Gral. In seiner reinen Geisthaftigkeit braucht der König keine andere Speisung als sie, die im Gral (zu ihm) kommt. Schon zwölf Jahre liegt er darnieder, ohne jemals seine Kammer verlassen zu haben, wohin du den Gral gehen sahst. Nun möchte ich dir eine Buße für deine Sünden nennen und auferlegen.« – »Das will (auch) ich, lieber Onkel, aus tiefstem Herzen«, beteuert Perceval. »Da meine Mutter Eure Schwester war, müsst Ihr mich wohl Neffe heißen; ich aber sollte Euch Onkel rufen und um so mehr lieben.« – »Das ist wahr, werter Neffe; doch nun höre: willst du deine Seele retten, bereue aufrichtig und besuche zur Buße jeden Morgen als erstes die Kirche; das wird dir helfen; um keinen Preis darfst du es unterlassen. Wenn du dich an einem Ort mit einem Münster, einer Kapelle oder Pfarrkirche befindest, gehe hin, wenn die Glocke ruft, oder noch eher, solltest du (schon) auf sein! Dies soll dein Schaden nicht sein, sondern dein Seelenheil fördern. Beginnt (dann) die Messe, wirst du zu nur noch größerem Frommen dort verweilen: harre aus, bis der Priester sie zu Ende gebetet und gesungen hat! Wenn du dies willig und gern tust, kannst du noch höher aufsteigen, Ehre erlangen und des Paradieses teilhaftig werden. Liebe Gott, glaube an Gott und bete Gott an; erweise den Edlen, Männern wie Frauen, Hochachtung; vor Priestern erhebe dich; diese Geste verursacht keine Mühe und ist Gott wahrhaft wohlgefällig als Zeichen der Demut. Bittet ein Fräulein dich um Hilfe oder eine Witwe oder Waise, so gewähre sie ihnen, denn es ist förderlich für dich! Es ist ein gutes, höchst verdienstliches Werk; du tust also recht daran, ihnen beizustehen. Versäume es niemals! Dies fordere ich von dir als Sühne für deine Sünden, wenn du all die Gnaden zurückerlangen willst, die du einstens zu besitzen pflegtest. Sage mir nun, ob du dazu bereit bist!« – »Ja, Herr, mit Freuden.« – »Dann lege ich dir auf, noch zwei ganze Tage hier bei mir zu bleiben und zur Buße meine Nahrung mit mir zu teilen.« Perceval stimmt allem zu. Der Eremit flüstert ihm nun ein Gebet ins Ohr und schärft es ihm ein, bis er es konnte. Zahlreiche Namen unseres Herrn kamen darin vor, auch die machtvollsten, die ein Menschenmund nur in Todesangst aussprechen darf. Nachdem der Greis es ihn gelehrt hatte, gemahnte er ihn eindringlich, sich dieser Namen niemals zu bedienen, es sei denn in größter Gefahr. »Ich werde sie nicht gebrauchen, Herr«, erwidert Perceval. So blieb er bei seinem Onkel und hörte den Gottesdienst, der ihn mit Freude erfüllte. Danach betete er das Kreuz an und beweinte seine Sünden. In jener Nacht aß er, was der fromme Mann bevorzugte; doch es gab nur Mangold, Kerbel, Lattich, Kresse, Hirse, Brot aus Gerste und Hafer und Wasser aus einer klaren Quelle. Sein Pferd bekam Stroh und einen Trog voll mit Gerste. Solchermaßen kam es Perceval wieder zu Bewusstsein, dass Gott an einem Freitag den Kreuzestod erlitten hatte. An Ostern empfing er sehr würdig die Kommunion. Für den Augenblick verweilt die Erzählung nicht länger bei Perceval, und bevor ich auf ihn zurückkomme, werdet ihr zunächst viel über Herrn Gauvain vernehmen.[15]

Von Perceval erzählt Chrétien, so weit wir wissen, dann nicht mehr; Gauvains Abenteuer füllen den Rest des Textes bis zu dem Punkt, an dem andere das Werk Chrétiens fortsetzen.

Wenn die erste Gralszene ein Mysterium vorstellt, gibt die zweite Gralepisode Antworten, die genauso rätselhaft sind wie die Fragen. Was hat eine Szene mit religiöser Unterweisung, die Predigt eines Einsiedlers, in einem Roman zu suchen? Ein solcher Einschub findet sich bereits im Tristanroman, aber da ist er mit dem Ehebruch von Tristan und Iseult verknüpft und nicht mit der Geistesverfassung des Helden; was also tut Chrétien hier? Warum haben wir nichts von Percevals »seltsamen, gefährlichen und schwierigen Aventiûren« gehört und begegnen stattdessen einer heroischen Figur, die ebenfalls eine verlorene Seele ist? Der Übergang ist so abrupt und die Szene so unerwartet, dass man annehmen könnte, sie wäre von einem anderen Schreiber in den Text eingefügt worden. Schauen wir aber genauer hin, dann erkennen wir hinter allem ein Muster und eine Logik. Perceval hat die ersten Stadien des idealen ritterlichen Lebens durchschritten; er hat seine Waffentüchtigkeit bewiesen und seine Dame gewonnen. Jetzt aber muss er sich vom Irdischen zum Spirituellen hin bewegen, genauso wie seine Mutter ihn zuerst über irdische Angelegenheiten belehrte und mit Ermahnungen zu einem getreuen christlichen Glauben schloss. Perceval wird an seine spirituelle Pflicht nicht von einem Mann der Religion erinnert, sondern von einem anderen Ritter, der ihm den Weg zum Einsiedler weist. Nur ein Priester kann seine Sündenbekenntnisse hören und ihm die Absolution erteilen, und der Einsiedler erweist sich auch als gleichrangig in ritterlicher Herkunft, denn er ist Percevals Onkel. Perceval entdeckt die nächste Etappe auf seiner Reise zur ritterlichen Vollkommenheit: die Rolle, die Religion im Leben eines wahren Ritters spielen soll. Er lernt seine Lektion über die Kraft der Heiligen Messe und der geweihten Hostie: der Vater des Fischerkönigs erfährt Halt durch die Hostie, genauso wie Perceval durch den täglichen Besuch der Messe gestützt wird. Die Szene erreicht ihren Höhepunkt, als »Perceval zu Ostern würdig die Kommunion empfing«.

Mit diesem Bild vor Augen sehen wir Chrétiens Perceval zum letzten Mal. Wir können die Ausrichtung von Chrétiens Geschichte erkennen und die Art und Weise, wie er den Charakter Percevals entwickelt, weil er aber ein unvollendetes Werk hinterließ, ergeben sich Fragen, die unbeantwortet bleiben. Sie sind es, die das Interesse an dem Werk beherrschen. Es ist genauso, als würde die Geschichte von Lancelot abbrechen, nachdem er bei der Verfolgung Guinièvres den Karren bestiegen hatte, und bevor uns die Bedeutung der Episode für ihre Beziehung deutlich geworden wäre – der Karren hätte uns wie eine Art magisches Transportmittel erscheinen können: Die sich daraus ergebenden Möglichkeiten lassen sich leicht vorstellen. Jede Einzelheiten des Grals und der Lanze wurden genau studiert, während andere merkwürdige Details, so etwa das magische Gebet, das der Einsiedler Perceval ins Ohr flüsterte, von späteren Lesern ignoriert wurde. Denn diese unvollendete Geschichte hat in den vergangenen acht Jahrhunderten unendliche Neugierde hervorgerufen, aber niemals mehr, als in den zwei Jahrzehnten nach ihrer Entstehung.

Die *Erzählung vom Gral* wurde schnell populär: Erhalten sind noch 15 Kopien des vollständigen Manuskripts sowie vier Fragmente, meist aus den ersten fünfzig Jahren nachdem das Original aufs Pergament gekommen war.[16] Ungewöhnlicherweise aber teilen sie sich nicht in Gruppen, die von einer oder zwei Originalvorlagen kopiert wurden, sondern weichen alle voneinander ab. Normalerweise helfen uns Fehlermuster oder Eigenheiten des jeweiligen Schreibers, einen Stammbaum der Handschriften zu erstellen, in diesem Falle jedoch legt der Handschriftenbefund nahe, dass der Text von zahlreichen verschiedenen Schreibern kopiert wurde. Wie bei einem unvollendeten Meisterwerk eines berühmten Dichters nicht anders zu erwarten, stieß der Text sogleich auf große Beachtung.

Dies zeigt sich an der Reaktion anderer Autoren: Innerhalb von zwanzig Jahren, nachdem Chrétien seine Arbeit an der Geschichte des Grals abgebrochen hatte, gab es zwei Versuche, seine Geschichte fortzusetzen, ferner zwei neue und gänzlich unterschiedliche Versionen der Gralgeschichte mit ihrer festen Verankerung in der christlichen Tradition und schließlich eine deutsche Version, die eine Menge neuer Ideen in die Geschichte einführte. Schon der erste Vollendungsversuch von Chrétiens Werk existiert in drei mitunter deutlich voneinander abweichenden Versionen, die insgesamt in dreizehn Manuskripten überliefert sind.[17] Der Gral hatte die Phantasie von Autoren und Lesern gleichermaßen entfacht.

Zweites Kapitel

Die Vollendung des Grals –
Die Fortsetzungen Chrétiens

Nach allem, was wir sagen können, wird im Jahre 1180 niemand das »heilige Ding« gekannt haben, das man Gral nannte. Aber dreißig Jahres später schon waren Romane, die an Chrétiens unvollendetes Werk anknüpften, weit verbreitet. Chrétiens guter Ruf als Geschichtenerzähler hätte an sich schon genügt, den Gral berühmt zu machen, aber die Verbreitung der Gralromane wurde ohne Zweifel von der Faszination beflügelt, die ein abgebrochenes Meisterwerk stets umgibt. Einem mit Phantasie begabtem Autor bot sich nicht nur die Möglichkeit, ein Ende der Percevalgeschichte zu schaffen, sondern auch das zentrale Mysterium der Erzählung, den Gral, genauer zu fassen.

Die Herausforderung wurde angenommen, aber nicht nur von einem Autor, sondern von mindestens einem halben Dutzend Verfassern, und das auf durchaus unterschiedliche Weise. Ginge es um Literatur im 20. Jahrhundert, würden wir diese Autoren in eine chronologische Reihenfolge bringen und zu zeigen versuchen, wie sich die Gralidee in dieser Abfolge entwickelte. Allein, die Textüberlieferung erlaubt es nicht, sich den Gralromanen auf diese Weise anzunähern. Wir können lediglich feststellen, dass die Texte in einer kurzen Zeitspanne entstanden – innerhalb von drei oder vier Jahrzehnten – und dass jeder Versuch, eine relative Chronologie zu erstellen, rein spekulativ ist. Mittelalterliche Romane zu datieren ist grundsätzlich schwierig; selten haben wir das Originalmanuskript aus der Hand des Autors und selbst wenn, wären da in den meisten Fällen weder eine Zeitangabe noch der Name zu finden. Selbst wenn wir den Namen des Autors kennen, heißt das noch lange nicht, dass wir etwas über ihn wissen:

Chrétien war berühmt zu seiner Zeit, aber über seine Vita gibt es keine zeitgenössischen Zeugnisse; Vermutungen über seine Person (etwa dass er ein bekehrter Jude gewesen sei) beruhen auf Rückschlüssen aus seinem Werk, und es fehlt ihnen somit jede sichere Grundlage. So bleibt uns nur noch nachzuzeichnen, auf welch unterschiedliche Weise die Geschichte des Grals zu Beginn des 13. Jahrhunderts erzählt wurde. Es liegt nahe, mit dem Text anzufangen, der Chrétiens eigenen Text fortzuführen und zu vollenden versucht.

Den meisten mittelalterlichen Lesern dürfte die *Erzählung vom Gral* niemals in der Form bekannt geworden sein, wie wir sie heute kennen. Vielleicht hätten sie eines der wenigen Manuskripte mit dem abgebrochenen Roman zu Gesicht bekommen, von denen sich bis heute drei Exemplare erhalten haben, oder sie wären auf die Stelle aufmerksam geworden, an der Chrétien zu schreiben aufhörte, denn ein oder zwei Manuskripte markieren den Punkt mit der Anmerkung *Hier endet der alte Perceval*. Für die meisten Leser jedoch war die Gralerzählung eine längere, zu Ende geführte oder wenigstens teilweise vollendete Geschichte – von einem anonymen Autor, von Wauchier de Denain, von Gerbert de Montreuil oder von Manessier – je nach dem, welche Version sie gerade in Händen hielten.

Diese Fortsetzungen der *Erzählung vom Gral* sind nicht leicht zu entflechten und auch nicht leicht zu lesen. Allzu oft neigten Wissenschaftler dazu, einzelne Szenen und Passagen aus ihnen herauszulösen, um damit ihre eigenen Lieblingstheorien zu untermauern und versäumten dabei, diese Werke als Ganzes zu behandeln. Die Autoren der Fortsetzungen haben uns bei alledem jedoch wichtige Dinge zu erzählen, nicht zuletzt, weil sie unmittelbar davon Zeugnis ablegen, wie die Zeitgenossen Chrétiens seine Werke rezipierten. Die Mehrzahl der Manuskripte enthält den Originaltext und drei Fortsetzungen, dabei wirken die 9.000 Zeilen Chrétiens zwergenhaft angesichts der angefügten Fortsetzungen, die sich auf 37.000 bis 42.000 Zeilen belaufen. In zwei Kopien findet sich ein wahrhaftes Durcheinander: eine *Vierte Fortsetzung* ist hinzugefügt, aber nicht am Ende, sondern zwischen der *Zweiten* und der *Dritten Fortsetzung*. Diese Vierte Fortsetzung scheint eine Alternative zur Dritten Fortsetzung gewesen zu sein, und es war wohl ein anderes Ende vorgesehen. Der mittelalterliche Schreiber oder Editor jedoch hat das Ende umgestaltet, sodass es direkt in den Anfang der *Dritten Fortsetzung* mündet!

Die daraus resultierende »vollständige« Version der *Erzählung vom Gral*, in welcher Form wir sie auch immer lesen, ist natürlich anfällig für Widersprüche und Konfusion. Im Vergleich zu Chrétiens straff aufgebauter Geschichte ist die zu Ende geführte Version zu einem aufgeblähten Monstrum geworden, das nicht nur Stücke aus anderen Romanen geschluckt hat, sondern auch – an einem bestimmten Punkt der Ersten Fortsetzung – die Geschichte von Carados, die eigentlich ein ganz eigenständiger Roman ist. Und genauso, wie sich die Fortschreiber ihrem Material auf jeweils unterschiedliche Weise nähern, liegen auch Inhalt und Akzentuierung im Widerstreit mit dem Original.

Die Erzählung vom Gral entstand unter der Gönnerschaft Philipps von Elsass, des Grafen von Flandern (1142-1191), und so ist es wahrscheinlich, dass die Fortsetzungen in enger Anbindung an seine Nachfolger in Flandern entstanden. Der Autor der *Ersten Fortsetzung* ist uns nicht bekannt, aber Merkmale der Handschrift deuten auf eine Entstehung in Burgund oder in der Champagne hin; die ersten Kopien vom Anfang des 13. Jahrhunderts stammen aus dieser Region und erreichten einige Jahrzehnte später Paris und die Picardie. Eine Verbindung zwischen dem Grafenhof von Flandern und der *Ersten Fortsetzung* wäre daher durchaus möglich, die Hinweise darauf sind jedoch dürftig. Wauchier de Denain, der nächste Autor, der sich der Geschichte annahm, fertigte die *Zweite Fortsetzung* aller Wahrscheinlichkeit nach für Johanna, die Enkelin Philipps, an. Sie war zwischen 1212 und 1244 Gräfin von Flandern und hatte bereits ein anderes literarisches Werk bei Wauchier in Auftrag gegeben, zudem hatte er für ihren Onkel, den Grafen von Namur, einige Viten frühchristlicher Heiliger nacherzählt.[18] Wenn wir von seinen Dichtungen einmal absehen, bleibt die Person Wauchiers im Dunkeln. Auch über den Autor der *Dritten Fortsetzung*, Manessier, wissen wir nur das, was er uns über seine eigenen Aktivitäten berichtet.[19] Ohne Zweifel hat er ebenfalls unter der Gönnerschaft der Gräfin gearbeitet und hat die Fortschreibung der Geschichte für sie verfasst, wie er uns am Ende seines Textes mitteilt:

… und dies bezeugt Manessier, der dieses Werk zu Ende brachte im Namen der Gräfin Jehane, Dame und Herrin Flanderns … Es ward begonnen im Namen ihres Vorfahren, aber niemand ging hernach daran, es zu vollenden. Madame, es ist für Euch, dass Manessier sich mühte, es zu beenden – und das in aller Sorgfalt, getreu der Quelle.[20]

Der Grafenhof von Flandern war berühmt für sein literarisches Mäzenatentum[21], insbesondere auf dem Gebiet des Versromans, und man hat Gründe zu vermuten, dass die *Erzählung vom Gral* als quasi dynastisches Eigentum der gräflichen Familie betrachtet wurde. Sollte dies der Fall gewesen sein, dann diente Johannas Patronage gegenüber Manessier dazu, ihre Stellung als rechtmäßige Erbin der Grafschaft Flandern zu betonen, denn ihre Ansprüche wurden von einem Betrüger gefährdet, der behauptete, ihr verschollener Vater zu sein. (Johannas Vater, Graf Balduin IX. von Flandern und Hennegau, war während des Vierten Kreuzzugs spurlos verschwunden, bald nachdem er 1204 führend an der Eroberung Konstantinopels mitgewirkt hatte und anschließend zum »lateinischen« Kaiser von Byzanz gekrönt worden war.) Ein Manuskript ist erhalten, bei dem der Prolog und die letzten Verse fehlen; möglicherweise wurde es im Auftrag von Johann II. von Avesnes (um 1248-1304) hergestellt, der Flandern, das zum Zankapfel zwischen dem französischen und dem deutschen König geworden war, im späten 13. Jahrhundert beanspruchte, seinen Lehnseid aber dem deutschen König, Rudolf von Habsburg, schwor, und nicht dem König von Frankreich, wie alle früheren Grafen, deren Namen man getilgt hatte.[22] Es sieht so aus, als habe der Schreiber den Roman als Teil von Johannas Erbe aufgefasst, aber die Bezüge zur französischen Vergangenheit schienen aus politischen Gründen nicht mehr angebracht.

Gerbert de Montreuil, der Verfasser der *Vierten Fortsetzung*, ist eine Figur mit klareren Umrissen: Sein anderes Werk, der *Roman de la Violette*, wurde um 1227-1229 für die Gräfin von Ponthieu geschrieben, auch scheint er den französischen Königshof gekannt zu haben. Als Verfasser wirkt er geschliffener und gelehrter als die anderen Kontinuatoren und scheint sowohl in der Welt des Klerus wie auch in der Welt der Spielleute oder *jongleurs* zu Hause gewesen zu sein.[23] Aber noch sind wir den Ursprüngen der Gralgeschichte in Flandern und der Champagne nahe.

Wie gewohnt, können wir die Ansicht nicht schlüssig beweisen, dass die *Fortsetzungen* für den Hof von Flandern geschrieben wurden, wohl von Gerberts Werk einmal abgesehen; die fortgesetzte Patronage der Romane

als Gesamtheit durch das Haus Flandern würde eines der ihnen inne-
wohnenden Hauptprobleme erklären. Wie auch immer die genaue Chronologie der frühen Gralromane aussieht – auf der einen Seite haben wir
eine Gruppe auffallend originaler, eigenständiger Romane aus der Hand
unterschiedlicher Schreiber, welche die Gralidee sehr schnell weiterent-
wickeln. Auf der anderen Seite stoßen wir auf ausgesprochen konservative
Fortsetzungen, die sich durchgängig an Chrétiens Original anlehnen und
doch einige Szenen und Ideen mit jenen anderen Romanen teilen. Erfindungsreichtum ist nicht ihre Stärke, und es erscheint durchaus sinnvoll, sie
als Beispiele einer separaten, aus der ursprünglichen Gralerzählung entwickelten Graltradition zu lesen, die sich jedoch gelegentlicher Anleihen
aus den neuen Romanen bedient. Mit anderen Worten: Wenn wir eine
Geschichte sowohl in den Fortsetzungen, als auch in den eigenständigen
Romanen finden, dann sind die Fortsetzungen nicht die Originalquelle
dieser Geschichte. Unterstützt wird diese Beobachtung durch das, was
wir über die Chronologie der Fortsetzungen wissen. Im nun folgenden
Überblick über die »*Fortsetzungen*« – allesamt Versuche, das Original
Chrétiens fortzuschreiben und zu vollenden – behandele ich diese gemeinsamen Episoden in dem Kontext, aus dem sie meiner Meinung nach ent-
stammen.

Die Erste Fortsetzung

Die *Erste Fortsetzung* befasst sich mit Gauvain (Gawain, Gawan), der am
Ende von Chrétiens Text mehr und mehr in den Mittelpunkt rückte, aber
anstatt immer einmal wieder zu Perceval zurückzukehren, wie es Chrétien
tat, ignoriert ihn der Autor der *Ersten Fortsetzung* gänzlich.[24] Gauvain ist
auf der Suche nach der Lanze, die Perceval in der Gralburg gesehen hatte.
Dies ist eine Suche, die bereits bei Chrétien eine Rolle spielt, aber nur als
Parallele zu Percevals Abenteuern. In der *Ersten Fortsetzung* ist es Gauvain,
der die Gralburg aufsucht, und das zweimal – ein Hinweis darauf, dass für
die Zeitgenossen das Thema der Lanze tendenziell genauso wichtig war wie
das Gralthema. Als Gauvain nach vielen Abenteuern zum ersten Mal zur
Gralburg kommt, stellt man ihn vor eine Herausforderung, die Perceval
nicht bestehen musste: Gauvain soll ein zerbrochenes Schwert wieder
zusammensetzen, eine Art Vorprüfung seiner Fähigkeit, die entscheidende
Frage über den Gral zu stellen. Bei seinem ersten Versuch gelingt es ihm

nicht, das Schwert zu heilen, er muss erst die Prozession miterleben: Wie bei Chrétien wird der Gral von einem Mädchen getragen, aber obwohl sie in diesem Falle »von lieblicher Erscheinung und sehr schön ist ... grämte sie sich bitterlich. Hoch erhoben in ihren Händen hielt sie den Heiligen Gral, damit ihn alle sehen konnten. Gauvain sah ihn deutlich, und es verlangte ihn zu wissen, warum sie so sehr weinte.«[25] Hier – vielleicht zum ersten Mal – erhält der Gral seine vollständige Bezeichnung: Chrétien hatte ihn »einen heiligen Gegenstand« genannt, aber nie den Ausdruck »der Heilige Gral« verwendet. Viel häufiger ist er »der reiche Gral« in Anlehnung an Chrétiens Originaltext, wo er als mit kostbaren Juwelen besetzt beschrieben wird. Wir werden gleich erfahren, wie und warum der Gral seinen neuen Beinamen erwarb.

Etwas später kehrt Gauvain zur Gralburg zurück, und obwohl er wiederum das Schwert nicht zusammensetzen kann, ist er doch in der Lage, seinen Gastherrn nach der Geschichte und der Bedeutung der blutenden Lanze zu fragen; er erfährt, dass ein Zusammenhang besteht zwischen der Lanze, dem Gral und der Kreuzigung Christi. Wieder ist dies den neuen Romanen entnommen, aber in Chrétiens Original eingearbeitet, wo die Suche nach der Lanze Gauvains ganz spezielle Aufgabe ist. Wir stehen hier einem Paradox gegenüber: Gauvain, der am meisten weltlich gesinnte der arthurischen Helden, ist in ein Abenteuer verstrickt, das nichts gemein hat mit dem, was ihm bislang widerfahren ist. Es ist der Augenblick eines tiefen spirituellen Widerhalls, aber er nimmt sich merkwürdig aus bei dem unbekannten Verfasser, der sonst die turbulenten Episoden des fahrenden Rittertums bevorzugt. Hier haben wir es mit einer anderen Tonlage zu tun; sie berührt die zentralen Mysterien des christlichen Glaubens und scheint deshalb an dieser Stelle aus dem Gesamtzusammenhang herauszufallen.

Bei Gauvains zweitem Besuch der Gralburg vollbringt der Gral ein Wunder und versorgt die versammelte Gesellschaft mit Essen und Trinken. Gauvain wundert sich, wie der Gral hereinkommt und sich entfernt ohne die Spur eines Seneschalls, eines Mundschenks oder Dieners; sobald alle Speisen aufgetischt sind, verschwindet der Gral wieder. Aber trotz seiner Neugierde fällt Gauvain vor Erschöpfung in einen tiefen Schlaf und versäumt, die entscheidende Frage zu stellen. Die Geschichte nimmt nun eine andere Wendung und erzählt von Gauvains Bruder Guerrehet, von seiner Niederlage im Kampf gegen einen Zwergenkönig und seiner späteren

Rache. An dieser Stelle – weit entfernt vom Gralthema – beendet der anonyme Autor die *Erste Fortsetzung*.

Die Zweite Fortsetzung

Für Wauchier ist Perceval der Held des Romans, seine Abenteuer jedoch haben nur wenig mit dem Gral zu tun: Wahrhaftig lernen wir mehr über den Gral in jenem kurzen Abschnitt, in dem Gauvain davon berichtet, was ihm in der Burg des Fischerkönigs widerfahren ist. Seine eigene Suche konzentriert Gauvain auf die blutende Lanze, wiederholt aber den Bericht über den Gral aus der *Ersten Fortsetzung*. Perceval begegnet dem Gral ohne es zu wissen, als er mitten in der Nacht fünf Lichter wie Kerzenschein erblickt, »so hell und klar, dass es schien, als ob der dichte Wald hell erleuchtet wäre und an allen Seiten von ihren Licht erglühte«.[26] Am folgenden Tag erfährt er, dass dies ein Zeichen für die Gegenwart des Grals war:

> »Was nun das Licht betrifft, das Ihr erblickt, habt Ihr jemals von dem reichen Fischerkönig gehört? Er lebt hier in der Nähe an einem Fluss, und er war letzte Nacht im Wald, denn diesen liebt er sehr. Von dort kam das Licht, von dem Ihr spracht. Herr, das so hell scheinende Feuer ist ein Zeichen, dass der so herrliche und kostbare Gral bei dem Fischerkönig im Wald war; keinem Menschen, der dieses Licht sieht, kann der Teufel ein Leid antun oder ihn zur Sünde verleiten.«[27]

Erst am Ende von Wauchiers Text kommt Perceval zur Gralburg zurück. Wiederum sieht er das Licht im Wald, eine Eiche erstrahlt im Licht von tausend Kerzen, verschwindet aber, als er sich dem Baum nähert. Andere Wundererscheinungen folgen, und schließlich erreicht er die Burg. Er wird vom König willkommen geheißen, und nachdem ihm Perceval von seinen Abenteuern berichtet hat, setzen sie sich zum Mahle nieder:

> Sie hatten sich noch nicht lange zu Tische gesetzt, als ein Mädchen, schöner als eine Blüte im April auf dem Zweig eines Schößlings, aus einem hübschen Gemach hervortrat. Sie hielt den Heiligen Gral in Händen und trat vor die Tafel. Einen Augenblick später kam ein anderes Mädchen herbei – ein schöneres ward nicht gesehen – bekleidet in weißer, bestickter Seide. Sie trug die Lanze, von deren Spitze Blut hernieder

rann. Und ein Knabe folgte ihr, und er trug ein blankes Schwert, das in der Mitte entzwei gebrochen war. Er legte es auf den Tisch, an die Kante nahe dem König.[28]

Perceval fragt nach dem Gral und der Lanze, aber des Königs Entgegnung zielt auf Percevals Abenteuer, er verspricht aber, nach Tisch mehr darüber zu erzählen. Perceval bedrängt den König, ihm Weiteres über das Schwert mitzuteilen; dieser entspricht seiner Bitte und hofft, Perceval könne das Schwert zusammenfügen. Wenn es ihm gelänge, die einzelnen Stücke zusammenzusetzen, erhielte er auch Bescheid über den Gral und die Lanze. Perceval fügt die Teile zusammen, nur eine kleine Kerbe in der Klinge bleibt übrig. Der König lobt seine Können, und damit endet Wauchiers Werk: Weder hat Perceval etwas über den Gral erfahren, noch hat er sein Abenteuer beendet.

Die Dritte und Vierte Fortsetzung

Sobald wir die *Dritte Fortsetzung* erreichen, werden die Dinge wirklich kompliziert. Zwei der Manuskripte fügen das Werk des Gerbert de Montreuil ein, mit 20.000 Zeilen die längste Fortsetzung von allen, bevor sie die letzte der drei üblichen Fortsetzungen anschließen. Dieser zusammengesetzte Text geht mit ziemlicher Sicherheit auf eine Version zurück, die eine Zusammenfassung enthielt, denn die letzten Zeilen wiederholen das Ende von Wauchiers Werk, sodass sich Gerberts Fortsetzung korrekt an den folgenden Text anschließt.

Wir behandeln die orthodoxe *Dritte Fortsetzung* zuerst. Manessier, der Autor, beginnt seinen Text mit den Antworten auf Percevals Fragen: Der König erläutert zunächst die Geschichte der Lanze und beginnt seine Geschichte, so wie sie in der *Ersten Fortsetzung* erzählt wird, fügt weitere Details aus anderen Versionen der Gralgeschichte hinzu, die inzwischen erschienen waren. Das Hauptthema in Manessiers Geschichte ist jedoch nicht der Gral, sondern das zerbrochene Schwert, das Perceval wieder zusammengefügt hat: er erfährt, dass es von einem Ritter namens Partinial benutzt wurde, der damit den Bruder des Fischerkönigs verräterisch ermordete; Perceval gelobt, den Erschlagenen zu rächen. Seine Suche nach Partinial nimmt fast die gesamte Fortsetzung Manessiers ein; sie endet mit einem Zweikampf, bei dem Partinial getötet wird. Perceval kehrt mit dem Kopf Partinials zur Gralburg zurück und wird freudig vom Fischerkönig begrüßt. Perceval erfährt aus seinem Munde, dass er des Königs Neffe ist. (In der originalen *Erzählung vom Gral* hatte ihm dies bereits der Einsiedler mitgeteilt.)

Im Laufe seiner Abenteuer erscheint der Gral bei drei Gelegenheiten. Zum ersten Mal, als Perceval den ihm unbekannten Bruder Lancelots, Ector, herausforderte und gegen ihn kämpfte, wobei sich die beiden beinahe gegenseitig getötet hätten: als sie ihr Bewusstsein wiedererlangten, erblicken sie einen Engel mit dem Gral, und die Gegenwart des Grals heilt sie.

Das zweite Erscheinen des Grals dürfte die entscheidende Szene im ganzen Werk sein, denn hier schließlich erlangt Perceval den Gral, obwohl er schon lange zuvor die notwendige Frage gestellt hatte – oder vielmehr annähernd diese Frage, so wie sie die Autoren der *Fortsetzungen* formulieren, denn die bei Chrétien vorgegebene Frage ist in dieser Form nie wieder gestellt worden.[29] Perceval ist mit Partinials Kopf zur Gralburg zurückgekehrt und hat sich mit dem Fischerkönig gerade zu Tisch gesetzt. Alles, was uns nun mitgeteilt wird, ist eine verkürzte Version der Darstellung bei Chrétien, nur dass die Speiseschüssel, der Gral, jetzt von einem Knaben hereingetragen wird und mit rotem und grauem Samttuch umkleidet ist. Im Vorbeitragen »füllten sich die Tische mit den köstlichsten Speisen«. Die Frage wird – wie auch schon zuvor – vergessen, auch wenn ein Manuskript hinzufügt: »und Perceval starrte lange [den Gral] an, bis es schließlich geschah, dass der Gral auf ihn zukam, frei und offen, und Perceval ward von Freude erfüllt.«[30]

Zum letzten Mal erscheint der Gral nach dem Tod des Fischerkönigs, am großen Fest nach Percevals Krönung zu Allerheiligen. »An diesem Tag waren vierzehn gekrönte Könige zu seinen Ehren zugegen, und alle waren hoch berühmt.« Das Ereignis währte einen Monat lang, »und jeden Tag wartete ihnen der Gral in gewohnter Weise auf.« Der Schlussteil erzählt, dass Perceval sein Reich sieben Jahre lang regierte und sich dann als Einsiedler zurückzog: Lanze und Gral folgen ihm in seine Einsiedelei, und als er stirbt, verschwindet der Gral, und niemand wird ihn je auf Erden zu Gesicht bekommen.

Die Fortsetzung des Gerbert de Montreuil

Manessier schreibt in einem recht einfachen, aber nicht unattraktiven Stil. Gerbert de Montreuil, Verfasser der alternativen Version, die wir nur aus dem zwischen der *Zweiten* und der *Dritten Fortsetzung* interpolierten Text kennen, ist dagegen ein an Kenntnissen reicherer, besonders kunstfertiger Autor. Anstatt die Geheimnisse des Grals gleich zu Beginn seiner Erzählung zu enthüllen, befasst er sich zunächst mit der kleinen Kerbe an dem von Perceval zusammengefügten Schwert: sie zeigt an, dass Perceval trotz aller spirituellen Fortschritte noch nicht in der Lage ist, die Geheimnisse des Grals und der Lanze zu erkennen, denn bislang ungebüßt ist sein schuldhaftes Verhalten seiner Mutter gegenüber – sie starb vor Kummer, weil er sie im Stich gelassen hatte, um Ritter zu werden. Perceval verlässt die Gralburg, gelangt zu einem eingefriedeten Garten und zerbricht sein Schwert, als er an das Tor hämmert und Einlass begehrt: Er wird abgewiesen und erfährt, dass der Garten das Irdische Paradies ist. Er reitet weiter und bemerkt, dass das öde Land um die Burg des Fischerkönigs wieder grün und lieblich geworden ist, weil er die Fragen an den Fischerkönig gestellt hat. Es folgt eine Reihe von Abenteuern mit Dämonen und Geistern, jedes dieser Abenteuer hat seine spirituelle Bedeutung: Wir befinden uns hier in einer anderen Welt als bei Chrétien, in einer Landschaft und in einem thematischen Zusammenhang, die uns bald vertraut werden sollen. Gerbert indessen hat nicht die andere Hälfte von Chrétiens Geschichte vergessen, und so erzählt seine Dichtung auch die Abenteuer Gauvains fort. Diese aber haben einen völlig weltlichen Charakter, seine Suche nach der Lanze wird nicht mehr erwähnt. Gerbert kommt danach wieder auf die Geschicke Percevals zurück. Am Ende seiner Erzählung ist Perceval erneut auf der Gralburg und fügt das Schwert vollständig zusammen. Bis zu diesem Punkt der Erzählung lässt Gerbert weder Gauvain noch Perceval zur Gralburg zurückkehren (und hat deshalb auch nichts Neues über den Gral zu berichten); vermutlich schließt er die Geschichte mit dem erneuten Erscheinen des Grals und mit Perceval als Nachfolger des Fischerkönigs ab. Wie schon gesagt, leitet der Text zu den an dieser Stelle noch einmal wörtlich zitierten Schlusszeilen von Wauchiers Erzählung über, sodass Manessiers *Fortsetzung* folgen kann.

Die Prologe zur Erzählung vom Gral

Die verschiedenen Versuche, die *Erzählung vom Gral* zu vollenden, wirken heute auf uns recht verwirrend, aber offensichtlich hatten bereits die Zeitgenossen – trotz hoher Popularität dieser Werke – damit ihre Probleme, denn noch in der Entstehungszeit der Fortsetzungen meinten zwei Autoren, man brauche eine Vorgeschichte, um die Haupthandlung besser verständlich zu machen. Die Ergebnisse, die so genannten *Bliocadran-* und *Elucidation-Prologe,* betrachten das Werk auf sehr unterschiedliche Weise. Im Bliocadran-Prolog[31] liegt die Betonung auf Familie und Herkunft Percevals. Dies ist in der Tat ein wichtiger Aspekt der Gralromane, da sie auch als Chronik der »Gralfamilie« aufgefasst werden können, analog zu Romanen wie *Bueve de Hanstone* oder *Guy of Warwick*, die sich letztlich als fiktive Chroniken über Vorfahren existierender Familien herausstellen. Bliocadran ist Percevals Vater; seine Abenteuer erklären, warum sich Perceval und seine Mutter am Anfang der *Erzählung vom Gral* in die Waldeinsamkeit zurückgezogen haben. Der Prolog macht deutlich, dass das Rittertum auch seine dunklen Seiten hat, und enthüllt die brutalen Züge der in Chrétiens Erzählung so hoch gepriesenen Turniere. Percevals Vater und elf seiner Brüder verlieren in Turnierkämpfen ihr Leben, und das veranlasst seine Mutter, sich in die Tiefen des Waldes zu flüchten, wo sie sich an weit abgelegenem Ort ein Haus baut. Dieser Bericht widerspricht Chrétiens eigener Darstellung, nach der Percevals Vater – wie auch andere Ritter in Chrétiens Werken – sein Ende in Zeiten der Bedrängnis, aber ohne äußere Gewalteinwirkung, findet: seine Söhne sind kurz nach ihrer Erhebung in den Ritterstand im Verlauf nicht näher genannter Streitigkeiten getötet worden, und der Vater stirbt aus Kummer über diesen Verlust. Im Bliocadran-Prolog wird zum ersten Mal das Konzept des ritterlichen Romans dazu benutzt, das Versagen ritterlicher Ideale und die Gefahren der Ruhmsucht zu betonen, eine Idee, die in späteren Gralromanen wieder aufgenommen wird. Indessen, weder erfahren wir, wie der Prolog-Autor Chrétiens Werk auffasste, noch welche Vorstellungen er vom Gral hatte.

Der *Elucidation-Prolog*[32] nähert sich seinem Thema auf ungewohnte Weise; er beginnt mit einer volkstümlichen Sage, deren Verbindung zur Gralgeschichte nicht deutlich wird: einige Mädchen leben im Walde bei einer Quelle und bewirten alle Vorbeikommenden mit Speise und Trank aus goldenen Gefäßen, auch aus dem Gral selbst. Der Raub der Gefäße und die Entführung der Mädchen durch König Amangons und seine Ritter werden von den Artusrittern gerächt, aber selbst nach ihren eigenen Vorgaben ist die Geschichte konfus und widersprüchlich. Wenn sich der Erzähler dem Gral zuwendet, schildert er ihn in ganz unterschiedlichem Lichte. Zunächst bietet er uns die Auflösung der Geschichte: Es war »Perceval der Waliser, der die Frage stellte, wem der Gral diene, der aber nicht nach der Lanze fragte, als er ihrer ansichtig wurde, noch warum sie blutete; er fragte auch nicht nach dem Schwert, dessen eine Hälfte fehlte und dessen andere Hälfte auf einem aufgebahrten toten Mann lag, und er fragte nicht, warum die Burg verschwand.« Der Autor zerstört den Ansatzpunkt der Geschichte und charakterisiert Percevals Erfolg als lediglich partiell – aber das ist noch nicht alles. Der Auftritt des Grals ist weitgehend dem in der *Ersten Fortsetzung* nachempfunden: Er erscheint, nachdem sich die Gesellschaft in der Gralburg zum Mahle niedergelassen hat:

> Der Gral, ohne Diener oder Seneschall, kam durch die Tür des Raumes und wartete jedermann nach königlicher Art mit goldenem Tischgeschirr auf, das eines großen Schatzes wert gewesen wäre. Das erste Gericht wird dem König vorgesetzt, danach werden alle in der Runde bedient; es war ein Wunder, die Speise zu sehen, die er ihnen brachte und das Fleisch, das er ihnen reichte. Und dann folgte das größte Wunder von allen, das mit keinem anderen zu vergleichen ist.

Den Bericht über dieses Wunder überlässt der Autor jedoch Perceval, und fährt fort, von den sieben Zweigen der Geschichte über den Hof des Reichen Fischers zu erzählen, »die siebenmal gefunden wurde in den sieben Einkleidungen der Geschichte«. Wie auch der übrige Prolog, liefert diese Passage mehr Fragen als Antworten. Dies war sicherlich beabsichtigt, hängt aber auch mit der vagen Ausdrucksweise des Autors zusammen:

> Der siebte Zweig, der am besten gefällt, handelt durchaus von der Lanze, mit der Longinus die Seite des Königs der Heiligen Majestät durchstach. Und der sechste handelt ohne jeden Zweifel von dem großen Streit um den Fund. In dem fünften werde ich euch den Zorn und den Verlust des Huden erzählen. Die Erzählung vom Himmel ist der vierte: der Ritter Mors de Calan, der vordem nach Glamorgan kam, war kein Feigling. Der

Gralerscheinung bei der Tafelrunde. Französische Buchmalerei, Evrard d'Espinques, um 1475.

dritte aber spricht von dem Habicht, vor dem Castrars so große Furcht hatte; Pecorin, der Sohn Amangons, trug immer die Wunde an der Stirn: Damit habe ich euch den dritten genannt. Der zweite ist nicht gedichtet: Das war nach dem Zeugnis der guten Erzähler die Geschichte der großen Schmerzen, wie Lancelot vom See dorthin kam, wo er seine Tugend verlor. Und hieraus folgt der letzte; da ich mir die Mühe gegeben habe, ziemt es mir, es zu erzählen, doch werde ich nicht dabei verweilen: Das ist das Abenteuer von dem Schilde, das beste von allen. Dies sind die sieben natürlichen Geschichten, die alle vom Gral handeln.

Warum dieser vorgeschlagene Roman in sieben »Zweigen« – ein Echo auf die elf »Zweige« des *Perlesvaus* – nach solchen Versprechungen lediglich Chrétiens Werk wiederholen soll, bleibt ein Geheimnis. Aber was er uns mitteilt ist, dass der Autor den Gral nur als ein ritterliches Abenteuer unter vielen auffasst. Wir könnten die Geschichte vom Hühnerhabicht als verwandt mit der *Joie de la Cort*-Episode in Chrétiens *Erec* lesen, in der der Preis eines Hühnerhabichts viele Ritter zu Tode bringt, und der »Verlust Hudens« könnte sich auf Tristans kleinen Hund Houdenc in *Tristan und Iseult* beziehen. Aber er bringt die »Zweige« auch in Verbindung mit der Longinus-Episode aus dem Neuen Testament und den apokryphen Evangelien. Zudem tauchen naturmagische Elemente auf; im *Elucidation-Prolog* ist es einfach das Auffinden des Hofes des Reichen Fischers und des Grals, »durch den sich das Land wiederum bevölkerte; die Ströme, die nicht mehr flossen, und die Quellen, die nicht mehr sprudelten, weil sie ausgetrocknet waren, ergossen sich erneut über die Wiesen; die Felder waren grün und lieblich, die Wälder in Blätter gehüllt…«, Bilder, die nahezu wörtlich aus der *Ersten Fortsetzung* übernommen wurden. Und dann befinden wir uns wieder in der Welt König Amangons; wir hören vom Aufkommen des Ordens der Ebenbürtigen vom Reichen Gefolge, der sich mit dem Hof und der Macht des Königs Artus messen wollte, aber verdorben und ruchlos war. Artus überwindet die Ritter dieses Ordens nach einem vierjährigen Krieg. Der *Elucidation-Prolog* verdient seinen Namen nicht: Er bringt eben kein Licht in die Gralgeschichte und erweckt den Eindruck eines verworrenen und letztlich dilettantischen Erhellungsversuchs; er missversteht die aus den *Fortsetzungen* entlehnten Episoden und fügt ein völlig außerhalb des Zusammenhangs stehendes Abenteuer hinzu, das dazu noch ungeschickt in die Hauptgeschichte eingefügt ist. Natürlich gab der Prolog Anlass für vielerlei Spekulationen über die Ursprünge der Gralgeschichten, weitgehend aber ist er sekundär – in Hinblick auf die eigentliche Gralerzählung – und greift nicht auf ältere Quellen zurück.

So haben die Dichter, die – jeder auf seine Weise – eine Vollendung von Chrétiens Originalwerk anboten, keinen großen Wurf an phantasievoller Schöpferkraft an den Tag gelegt. Weiter unten werden wir davon handeln, auf welchen Wegen sie sich einiges von ihrem neuen Material über den Gral verschafft haben. Aber Stil und Annäherung an die Geschichte sind verhältnismäßig konsequent, bis auf den letzten Teil von Gerberts Werk. Die Mechanismen der Geschichte bleiben die einer prädestinierten Suche: Perceval ist ausersehen, den Gral zu suchen, und Gauvain ist ausersehen, die Lanze zu suchen – es sind »ihre« Abenteuer. Solche Themen können den Themen säkularer Romane durchaus entsprechen, aber die in der *Erzählung vom Gral* präsenten religiösen Konnotationen werden noch verstärkt, denn gerade als sich Perceval auf der Suche nach dem Gral befindet, dem jetzt eine geheiligte Historie eigen ist, sucht Gauvain nach der Lanze der Kreuzigung; er, wie auch Perceval, muss die Gralburg finden, um sein Ziel zu erreichen.

Drittes Kapitel

Die Weihe des Gralhelden – Robert de Boron

Über den nächsten Autor, Robert de Boron, wissen wir ein wenig mehr. Er schrieb sein erstes Dichtwerk für einen Herrn namens Gautier de Montbéliard; das Dorf Boron, von dem der Dichter seinen Namen ableitete, liegt in der Nähe von Montbéliard (Mömpelgard) in der Freigrafschaft Burgund. Gautier war Mitglied einer von den burgundischen Herzögen abstammenden Adelsfamilie; er war verwandt mit Thierry, dem Erzbischof von Besançon, und stand durch Heirat in entfernter Verbindung mit den Grafen von Champagne und Flandern, den Gönnern des Chrétien de Troyes. Er nahm 1202 am Vierten Kreuzzug teil und begab sich mit einem flämischen Kontingent ins Heilige Land – im Gegensatz zu den meisten Mitgliedern dieses Kreuzzugs, die sich wie der schon genannte Graf Balduin IX. zu jener weltlich-politischen Expedition verleiten ließen, an deren Ende die ruchlose Eroberung und Plünderung Konstantinopels im Jahre 1204 stand. Im Heiligen Land heiratete Gautier Burgundia, die Tochter des Königs Aimerich von Jerusalem und Zypern. Der Herr von Montbéliard wurde Regent von Zypern während der Minderjährigkeit seines Schwagers Hugo von Lusignan, der 1205 die Thronfolge in Zypern antrat. Gautier war ein gerechter und fähiger, aber habgieriger Fürst. Als Hugo 1210 volljährig wurde, verlangte er einen Bericht über die Einkünfte während der Zeit der Regentschaft. Weil Gautier den Unwillen des Königs fürchtete, floh er nach Akkon und begleitete seinen Vetter Johann von Brienne, König von Jerusalem, auf dessen Feldzügen gegen die Sarazenen; möglicherweise starb er auf einem dieser Feldzüge im Jahre 1212.[33] Es ist denkbar, dass sich Robert de Boron in Zypern im Gefolge Gautiers aufhielt; in seinem Werk finden sich

Spuren orientalischer Einflüsse, wie beispielsweise die offenkundige Kenntnis einer georgischen Version der Legende von Josef von Arimathia sowie aus dem Griechischen abgeleitete Namen.[34] Zypern war ein ethnischer und sprachlicher Schmelztiegel; Griechen, Syrer und Franken waren gemeinsam in der königlichen Verwaltung tätig, und es gab Verbindungen zu Lydda, wo Joseph von Arimathia eine Kirche gegründet haben soll, auch scheint die königliche Familie von Jerusalem Joseph-Reliquien gesammelt zu haben.[35] Aber trotz der vielfachen Hinweise und Details, die Roberts Anwesenheit im Osten nahe legen können, haben wir nichts in Händen, das uns über das Reich der Mutmaßungen und Möglichkeiten hinausführt, und auch er selbst scheint aus dem recht eng begrenzten Gebiet zu stammen wie unsere anderen Autoren: aus dem nordöstlichen Frankreich, der Grenzregion zu Flandern, mit besonderen Kontakten zum flandrischen Adel und Verbindungen zur Kreuzzugsbewegung.

Robert de Boron ist eine wichtige Figur in der Entwicklung der Geschichte des Grals, denn er nähert sich der Gralgeschichte von einem gänzlich anderen Standpunkt. Chrétiens *Erzählung vom Gral* konzentriert sich auf den Gral und die Lanze, aber nur soweit sie mit Perceval und Gauvain verbunden sind: der alternative Titel *Perceval* ist somit völlig gerechtfertigt. Die Ereignisse spielen sich zu Lebzeiten Percevals ab, der Hintergrund der Abenteuer ist der Artushof. Innerhalb der von Chrétien begonnenen Geschichte und auch in der erweiterten Form der *Fortsetzungen* findet sich keine Historie des Grals, abgesehen von einer flüchtigen Skizze in Manessiers *Fortsetzung*, die jedoch einer anderen Quelle entnommen ist. Für Robert – und das ist neu – ist der Protagonist nicht Perceval, sondern der Gral selbst. Er führt die Erzählung in die Zeit Christi zurück und verknüpft die Geschichte des Grals mit der Überlieferung in den Evangelien des Neuen Testaments und in den apokryphen Evangelien.

Roberts Werk liest sich nicht wie ein Roman: in ihm herrscht der Ton der Heiligenviten und der apokryphen Evangelien, die in französischen Versen im 12. Jahrhundert nacherzählt wurden. Der anglonormannische Dichter Wace (um 1100 – nach 1171), einer der frühesten Autoren einer poetischen Version der Artusgeschichte, hatte ein solches Gedicht über die Jungfrau Maria geschrieben – eine aufblühende und populäre Dichtungsgattung, die einem zunehmend gebildeten Laienpublikum Stoffe verfügbar machte, welche bislang nur lateinkundigen Lesern zugänglich waren. Weite Teile von Roberts Dichtung gehen zwar auf die Apokryphen zurück, aber sein genialer Wurf besteht darin, dass er diese an Laien gerichtete religiöse Literatur mit dem kürzlich in Mode gekommenen Ritterroman verband, zumal sich schon Chrétiens letztes Werk auf eine stärker spirituelle Sicht ritterlichen Rollenverhaltens zubewegt hatte. Robert gibt seinem Werk ausdrücklich den Titel *L'Estoire dou Graal*, »Die Geschichte des Grals«, als wolle er für seine Dichtung eine größere Authentizität einfordern als sie Chrétiens Werk bietet, das lediglich eine Erzählung über den Gral ist, *Li Contes del Graal (»Die Erzählung vom Gral«)*. Das könnte eine etwas spitzfindige Unterscheidung sein, aber sie ist gleichwohl real und bestimmt die Art und Weise, in der wir das Werk des Robert von Boron lesen und den Kontext, in den es eingebettet ist, aufzufassen haben.

Soweit wir feststellen können, plante Robert das Werk als Trilogie: zunächst die Frühgeschichte des Grals (*Joseph von Arimathia*), dann die Geschichte von Merlin und Artus (*Merlin*), schließlich die Geschichte von *Perceval*, die mit der Zerstreuung der Ritter der Tafelrunde und mit Artus' Tod endet.[36] Die Originalversion des Werkes (die wir *Roman über die Geschichte des Grals* nennen wollen) war in Versen[37], aber nur der erste Teil über Joseph von Arimathia und die ersten fünfhundert Zeilen der Merlingeschichte sind erhalten. Der Text wurde dann in Prosa umgearbeitet; einige Kopien der ersten beiden Teile, *Joseph von Arimathia* und *Merlin*, sind auf uns gekommen. Nur zwei Texte des Prosa-*Perceval* sind überliefert, und beide unterscheiden sich in vielen Details voneinander.

Robert de Boron beginnt und schließt mit dem Gral, und obwohl er zahlreiche Abenteuer und die gesamte Geschichte von Artus in seine Darstellung aufnimmt, steht der Gral immer im Mittelpunkt der Erzählung. Mit Joseph von Arimathia führt er einen neuen »Gralhelden« ein; es mag sein, dass es Legenden gab, die Joseph mit dem Gefäß des Letzten Abendmahls bereits in Zusammenhang bringen, aber Robert kann Joseph auch gewählt haben, weil er im Neuen Testament als *decurio* bezeichnet wurde, ein militärischer Rang, der später die Bedeutung »Ratsherr« annahm. Volkssprachliche Übersetzungen des lateinischen Neuen Testaments tendieren dazu, dieses halbmilitärische Attribut zu verwischen, aber Robert wird wohl eher den lateinischen Bibeltext gekannt haben. Er macht aus Joseph einen *soudoier*, einen Soldaten, und damit wird er zu einem Modell für die ritterlichen Schichten, für die jene Romane geschrieben wurden.

Zu Beginn erfahren wir, wie das Gefäß, in dem Christus das Brot beim Letzten Abendmahl brach, einem der Juden in die Hände fiel, die später Christus gefangen nahmen. Man übergab Pilatus das Gefäß, und weil dieser nichts besitzen wollte, was einmal Jesus gehört hatte, reichte er es an Joseph von Arimathia weiter. In diesem Gefäß sammelte Joseph das Blut aus den Wunden Jesu, als er den Leichnam nach der Abnahme vom Kreuz wusch. Als der Leichnam Christi aus dem Grab verschwunden war, warf man Joseph ins Gefängnis: Der Herr aber kam zu ihm mit dem Gefäß und sagte ihm, Er sei von den Toten auferstanden. Er gab Joseph das Gefäß und wies ihn an, die Heilige Messe zu feiern zur Erinnerung an Seine Kreuzigung:

Joseph von Arimathia vor den Leidenswerkzeugen Christi. Französische Buchmalerei, Evrard d'Espinques, um 1475.

»Joseph, Du weißt gut, daß ich bei Simon zum letzten Abendmahl speiste, am Donnerstag mit meiner ganzen Jüngerschar. Das Brot und den Wein segnete ich da und sprach zu ihnen, daß sie im Brote mein Fleisch aßen, im Weine mein Blut tranken; deshalb wird in manchen Landen diese Tafel aufgestellt werden. Als Du mich vom Kreuz nahmst und mich in das Grab legtest, da ward dies der Altar, auf den mich fortan alle legen werden, die mein Opfer darbringen werden. Das Tuch, in welches ich gehüllt wurde, wird Corporale genannt werden. Das Gefäß, worein Du das Blut fließen ließest, als Du es aus meinem Leibe auffingst, wird Kelch genannt. Die Platte, die darauf liegen wird, soll den Stein bedeuten, der über mir versiegelt wurde, als Du mich in das Grab gelegt hattest. Das sollst Du alle Tage wissen, diese Dinge sind das Zeichen, worin man deiner gedenken wird. Alle diejenigen, die Dein Gefäß sehen werden, werden in meiner Gemeinschaft sein; sie werden des Herzens Fülle erhalten und Freude in ewiger Dauer. Die diese Worte lernen können und sie behalten werden, sollen vor allen Menschen tugendhafter sein und vor Gott angenehmer. Sie sollen in keinem Gerichtshof verurteilt und nicht um ihr Recht betrogen werden noch vor Gericht im Kampf besiegt, wenn sie nur selbst ihr Recht bewahrt haben.«[38]

Bis dahin hatte Robert de Boron das Trinkgefäß des Letzten Abendmahls lediglich »das Gefäß« genannt, aber jetzt gibt er ihm den Namen »Gral« in einer Weise, die seine Macht und Heiligkeit herausstellt:

Dann sprach Jesus andere Worte zu Joseph, die ich nicht zu berichten wage, noch würde ich es tun können, nicht einmal, wenn ich wollte, wenn ich das große Buch nicht hätte, in dem die Geschichten geschrieben stehen, von den großen Gelehrten verfaßt und berichtet: Dort sind die großen Geheimnisse aufgezeichnet, die man den Gral nennt und heißt.[39]

Aus dem Gefängnis wieder entlassen, sammelt Joseph eine Gruppe von Jüngern um sich und hütet das heilige Gefäß. Einige seiner Anhänger fallen jedoch in Sünde; trotz all ihrer Anstrengungen stellt sich eine Mißernte ein, und es herrscht eine Hungersnot. Joseph wird gesagt, er möge einen

Tisch bereiten wie beim Letzten Abendmahl und das Gefäß mit einem Tuch bedeckt auf den Tisch stellen. Sodann soll er alle zusammenrufen, die wirklich gläubig sind, damit sie sich an den Tisch setzen:

> Joseph führte das Gebot unseres Herrn genau aus, und ebenso berief er das ganze Volk, wie Gott es ihm eingegeben hatte. Ein Teil des Volkes setzte sich, der andere setzte sich keineswegs ... Diejenigen, die beim Mahle saßen, empfingen unverzüglich die Süßigkeit und Erfüllung ihrer Herzen von Grund aus. Und die die Gnade spürten, vergaßen ganz und gar der anderen, die nichts davon hatten. Einer von denen, die sich gesetzt hatten, der Petrus genannt wurde, schaute zur Seite, erblickte diejenigen, die stehengeblieben waren, und bat sie in aller Demut und fragte: »Um Gottes Liebe willen, nun saget mir in Wahrheit, könnt Ihr nichts von dem Guten, das wir empfingen, fühlen und wissen?« Diese antworteten: »Nichts fühlen wir davon.« Hierauf sprach Petrus zu ihnen: »So darf denn keiner daran zweifeln, daß Ihr mit jener hässlichen, leidvollen Sünde befleckt seid, nach der Ihr Joseph fragen ließet und durch die Ihr die Gnade verloren habt.«

Erst im Zusammenhang mit dieser Verzückung nennt Robert de Boron den Gral wieder bei seinem Namen. Die Sünder fragen:

> »Und welches wird der Ruhm des Gefäßes sein, das Euch so überaus wohlgefällt? Sagt uns an, wie nennt man es, wenn man es bei seinem Namen nennt?« Petrus antwortete: »Das gedenke ich nicht zu verheimlichen: Wer es recht nennen will, soll es mit Fug und Recht Gral nennen! ... Ihn zu sehen erfüllt alle mit Wonne, die in seiner Nähe leben und seine Gesellschaft genießen können, so viel Wonne haben sie dabei wie ein Fisch, den ein Mann in seiner Hand hält und der aus der Hand wieder entschlüpft und ins tiefe Wasser eintauchen kann.« Und als sie dies hörten, sagten sie: »Dieses Gefäß soll wahrhaftig der Gral genannt werden.«[40]

Das Wortspiel zwischen »agreer« (erfreuen, gefallen, Wünsche erfüllen) und »graal« – beide Wörter klingen im mittelalterlichen Französisch ähnlich – geht in der Übersetzung verloren. Dies ist die allgemein akzeptierte

63

Erklärung für den Namen, die auch in späteren Romanen stets wiederholt wird.

Wir hören, dass der nächste Hüter des Grals, Josephs Schwager Bron, als Fischerkönig bekannt wurde, und von da an werden er und seine Gefährten »Gesellschaft vom Gral« genannt. Merlin, der nun die Szene betritt, geht es insbesondere um die Aufzeichnung der Geschichte des Grals, die er seinem Schüler Blaise diktiert: Blaise muss die Taten der Gesellschaft vom Gral, die Taten des Königs Artus und seiner Hofgesellschaft sowie die Prophezeiungen Merlins schriftlich festhalten

> »Und ich sage Euch, keine Lebensgeschichte eines Königs wird jemals so eifrig gehört werden wie die über König Artus und seinen Hof. Wenn Du Dein Werk beendet und die Geschichte ihres Lebens erzählt hast, wirst Du Deinen Anteil an der Belohnung verdient haben, derer sich die Gemeinschaft des Grals erfreut ... Dein Buch wird Das Buch vom Gral heißen und mit Freuden gehört werden, denn jedes Wort und jede Tat darin wird gut und lohnend sein.«[41]

Erst in einem anderen feierlichen Moment wird der Gral wiederum bei seinem Namen genannt: als Uther Pendragon, Artus' Vater, von Merlin aufgefordert wird, die Tafelrunde zu gründen. Dies ist der dritte der drei Tische des Grals, die Christus in seinen Anweisungen an Joseph von Arimathia erwähnt. Der erste Tisch war der des Letzten Abendmahls, der zweite der der Gesellschaft vom Gral. Bei der Tafelrunde wird ein Platz leer bleiben, und »der eine, der den leeren Platz einnehmen wird, muss bei dem Gral gewesen sein.«[42] Merlin erläutert Artus nach dessen Krönung, wie eng die Tafelrunde mit dem Gral verbunden ist und dass Artus nicht aus eigener Kraft sein vorbestimmtes Geschick erfüllen kann, Kaiser von Rom zu werden

> ... bis ein Ritter der Tafelrunde genügend Waffentaten und Taten des Rittertums vollbracht hat – in Turnieren und bei Abenteuern – bis er der berühmteste Ritter der Welt geworden ist. Wenn dieser Ritter diese Höhen erklommen hat, dass er würdig ist, zum Hof des reichen Fischerkönigs zu kommen, und er gefragt hat, zu welchem Zweck der Gral diente und jetzt dient, dann wird der Fischerkönig sogleich geheilt.

Dann wird er ihm die geheimen Worte unseres Herrn sagen bevor er vom Leben zum Tod übergeht. Und dieser Ritter wird Christi Blut in seiner Obhut haben. Damit wird die Verwünschung des Landes Britannien verschwinden und die Prophezeiung wird erfüllt werden.[43]

Diese sparsame, feierliche Erwähnung des Grals baut nach und nach ein Bild von diesem heiligen Gegenstand auf, und wenn dann im letzten Teil der Trilogie die Suche nach dem Gral unternommen wird, ergreift uns bereits eine Ehrfurcht vor seiner Heiligkeit und seiner Macht. Auf die Suche nach dem Gral begibt sich nicht allein Perceval, sondern die gesamte Tafelrunde, auch wenn es dann nur Perceval gelingt, die Burg Brons', des Fischerkönigs, zu erreichen. Den Weg zur Burg weist ihm sein Onkel, ein in der Nähe der Burg lebender Einsiedler, der ihn ermahnt, sich auf der Burg »mit allen Ehren« zu betragen. Beim Mahle erlebt Perceval die Gralsprozession, versäumt aber, die schicksalhafte Frage zu stellen, die allein Heilung bringen würde. Die Beschreibung trägt deutliche Züge der Darstellung bei Chrétien, den der Autor als seine Quelle anerkennt:[44]

Und als sie dort saßen und die erste Speise aufgetragen wurde, sahen sie ein schön gekleidetes Fräulein aus dem Gemach hervortreten: Sie hatte ein Tuch um ihren Nacken, und in ihren Händen trug sie zwei kleine Silberplatten. Ihr folgte ein Knabe mit einer Lanze, von deren Spitze drei Blutstropfen herabfielen. Sie gingen an Perceval vorbei und in einen anderen Raum hinein. Danach kam ein Knabe und trug das Gefäß, das Unser Herr dem Joseph im Kerker gegeben hatte: Er trug es in seinen Händen mit großer Verehrung. Als der Burgherr das Gefäß sah, beugte er sich und sagte das mea culpa, so wie auch alle anderen im Hause. Und als Perceval das Gefäß sah, erfüllte es ihn mit Staunen, und er hätte gerne die Frage gestellt – aber er fürchtete, den Gastherrn zu erzürnen. Er dachte die ganze Nacht daran, aber er erinnerte sich, daß ihm die Mutter gesagt hatte, nicht zu viel zu reden und nicht zu viele Fragen zu stellen. Und so unterließ er es zu fragen. Der Burgherr lenkte die Unterhaltung so, als wolle er ihn auf die Frage bringen, aber Perceval blieb stumm: Er war so erschöpft von den beiden schlaflosen Nächten zuvor, daß er nahe daran war, an der Tafel zusammenzubrechen. Dann kam der Knabe zurück und trug den Gral und ging in das Gemach zurück, aus dem er vorher gekommen war, und der Knabe mit der Lanze tat desgleichen, und das Fräulen folgte nach – aber Perceval fragte immer noch nicht. Als Bron der Fischerkönig erkannte, dass keine Frage kommen würde, war er sehr bekümmert. Er hatte allen Rittern, die hier Herberge genommen hatten, den Gral gezeigt, denn Unser Herr Jesus hatte ihm gesagt, er würde nicht geheilt werden, bis ihm ein Ritter die richtige Frage gestellt hätte, und dieser Ritter müsse der Beste der Welt sein. Perceval war es bestimmt, die Aufgabe zu erfüllen, und hätte er die Frage gestellt, wäre der König geheilt worden.[45]

Die Folgen von Percevals Fehler sind ebenfall weitgehend so wie in der *Erzählung vom Gral*: Er zieht sieben Jahre umher, bevor er zum Einsiedler zurückkehrt und die Beichte ablegt. Danach beteiligt er sich an einem großen Turnier. Als man am Ende des Tages mit dem Tjostieren aufhörte, packt Merlin, als Schnitter verkleidet, Percevals Ross an den Zügeln, als dieser gerade zu seiner Herberge zurückreiten will, rügt ihn scharf, weil er an den Turnierkämpfen teilnahm und sein Gelübde vergaß, niemals zwei Nächte am selben Ort zu verweilen, bis er den Weg zur Burg des Fischerkönigs wieder gefunden hätte. Merlin schickt Perceval auf seinen Weg, sagt ihm aber, es werde noch ein Jahr dauern, bis er den Gegenstand seiner Suche gefunden hätte. Als Perceval schließlich an seinem Ziel angekommen ist, sieht er die Gralprozession erneut:

Zwei Diener kamen ihm entgegen und begrüßten ihn herzlich, halfen ihm, seine Rüstung abzulegen und versorgten sein Pferd mit höchster Umsicht; sodann geleiteten sie ihn in die Halle, wo sein Großvater, der König, lag. Und sobald er Perceval ansichtig wurde, bemühte er sich nach Kräften, sich zu erheben, höchst erfreut über seine Ankunft; und Perceval setzte sich neben ihn, und sie sprachen miteinander über mancherlei Dinge. Schließlich hieß der König die Tafel hereinbringen; dies war nicht früher gesagt als getan, und sie setzen sich zum Mahle nieder.

Gleich nachdem die erste Speise aufgetragen war, kam die Lanze mit der blutenden Spitze aus dem Gemach, und danach kam der Gral, und das Fräulein trug die kleinen Silberplatten. Und Perceval, ungeduldig die Frage zu stellen, sprach zum König:

»Herr, bei dem Vertrauen, das Ihr mir und allen Männern schuldet, sagt mir den Zweck all dieser Dinge, die ich hier sehe.«

Und sobald er dies gesagt hatte, schaute er auf und sah, daß sich der Fischerkönig sehr verändert hatte und von seiner Krankheit befreit war.[46]

Perceval wird Hüter des Grals, und Bron scheidet von dieser Welt; zuvor teilt er »Perceval die geheiligten Worte mit, die ihn einst Joseph gelehrt, und die ich Euch nicht sagen kann und darf«.[47]

Merlin bringt Blaise dazu, sich der Gesellschaft vom Gral anzuschließen und kehrt zu Artus zurück, um ihm zu eröffnen, dass »die Verwünschung des Landes Britannien vorüber ist«. Die Geschichte fährt fort mit der Eroberung Frankreichs durch Artus und mit seinen Vorbereitungen auf den Zug nach Rom; sie werden von der Nachricht unterbrochen, dass sich sein Neffe Mordred verräterisch des britannischen Thrones bemächtigt hat. Nachdem man Mordred erschlagen hat und Artus wieder nach Avalon zurückgekehrt ist, begibt sich Merlin zur Gesellschaft vom Gral und diktiert Blaise auch diese Ereignisse in die Feder. Die Geschichte schließt mit Merlins Rückzug in seine Wohnstatt außerhalb der Gralburg, die er *esplumoir* nennt – ein letzter, zusätzlicher Hauch des Geheimnisvollen, denn dieses ansonsten unbekannte Wort impliziert das Verlieren von Federn, also sich mausern, sich erneuern, sich umgestalten.

Viertes Kapitel

Das Alte und das
Neue Gesetz –
Das Hohe Buch vom Gral

Wir kennen das poetische Werk des Robert de Boron in seiner vollständigen Form nur aus einer Prosaversion. Der nun folgende Roman, *Perlesvaus*, scheint in Prosa verfasst worden zu sein, ohne Vorläufertext in Versen, obwohl es durchaus möglich ist, dass es ein lateinisches Original gab, wie der Autor behauptet.[48]

Eine der drei überlieferten Handschriften des *Perlesvaus* enthält ein Kolophon, aus dem hervorgeht, dass der Roman auf Verlangen des Herrn von Cambrin (bei Lille) für Jean de Nesle geschrieben wurde. Jean de Nesle war Burggraf von Brügge, einer der beiden führenden Stadte Flanderns, und eine herausragende Figur des politischen Lebens in der Grafschaft Flandern. Er war einer der Vertrauten des Grafen Balduin und zählte zu den führenden Persönlichkeiten des Vierten Kreuzzuges. Bevor er 1202 zum Kreuzzug aufbrach, gründete er ein Zisterzienserkloster bei Noyou in der Picardie. Wie auch Gautier von Montbéliard, der Gönner des Robert de Boron, gehörte Jean de Nesle zu einer kleinen Gruppe flämischer Kreuzfahrer, die Anfang 1203 von Marseille aus ins Heilige Land fuhren. Die Hauptmacht des Kreuzheeres hatte sich auf venezianischen Schiffen eingeschifft, und da die Kreuzfahrer die aufgelaufenen Schulden an Venedig nicht zurückzahlen konnten, lenkten sie auf Betreiben der Venezianer die Expedition um und griffen die größten Handelsrivalen der Lagunenstadt an: Zuerst plünderte man Zadar an der dalmatinischen Küste und dann Konstantinopel selbst. Die Venezianer rissen den größten Teil der sagenhaften Reichtümer der Stadt an sich, darunter die berühmten Bronzepferde, die heute auf San Marco in Venedig prangen, aber auch die Kreuzfahrer aus

Frankreich, Flandern und Deutschland raubten viele kostbaren Reliquien und andere Schätze und richteten ein Blutbad unter den Byzantinern an. Doch nicht alle Kreuzfahrer beteiligten sich an diesem Plünderungszug: Als die von Marseille aus aufgebrochenen flämischen Kreuzfahrer erfuhren, dass das Kreuzheer die christliche Stadt Zadar erobert hatte, lehnten sie es ab, sich mit diesem Hauptkontingent zu vereinigen, und fuhren direkt ins Königreich der Franken, nach Akkon, weiter. Sie blieben gut drei Jahre im Heiligen Land, konnten aber nicht viel ausrichten, weil Amalrich, König von Jerusalem, nicht in der Lage war, einen Feldzug mit einer so geringen Anzahl an Rittern auf die Beine zu stellen. Jean de Nesle kehrte 1206 nach Hause zurück und nahm seine politische Karriere wieder auf. Er unterhielt enge Beziehungen zu Frankreich und musste aus diesem Grund Flandern im Jahre 1212 verlassen. In der großen Schlacht von Bouvines im Jahre 1214 kämpfte er auf französischer Seite und erlangte nach dem Sieg der Franzosen seine alte einflussreiche Stellung zurück, vor allem während der Minderjährigkeit Johannas von Flandern, bis er 1222 offensichtlich in Ungnade fiel und ganz an den französischen Königshof übersiedelte. 1226 finden wir ihn unter den Führern des Albigenserkreuzzuges.[49] Jean de Nesle starb Ende 1239.[50]

Der *Perlesvaus* verkündet seine Absichten bereits im ersten Satz, und hier definiert der Autor sein Bild vom Gral sowie den Kontext, in den er eingebettet ist:

> Hört die Geschichte des heiligen Gefäßes, genannt der Gral, in dem man das kostbare Blut des Erlösers an jenem Tage sammelte, als Er gekreuzigt wurde, um die Menschheit von der Hölle zu erlösen: Davon berichtet Josephus auf Geheiß eines Engels, auf daß durch sein schriftliches Zeugnis bekannt werde, wie Ritter und edle Männer willens waren, Mühen und Unbilden zu ertragen, um das Gesetz Jesu Christi zu preisen, das Er durch Seinen Kreuzestod erneuern wollte.[51]

Der Prolog umreißt sodann den Stammbaum der Gralshüter, von der Familie des Joseph von Arimathia bis in die Zeit des Königs Artus. Das einzige nicht offenbarte Geheimnis ist die Identität des Guten Ritters, ein Nachkomme Josephs, »über dessen Name und Wege ihr bald hören werdet«. Das ist derselbe Ton wie bei Robert de Boron, aber Robert enthüllt die Macht des Grals nach und nach, hier wird sie dagegen sofort deutlich gemacht, ebenso wie das Neue Gesetz Christi gegenüber dem Alten Gesetz der Heiden und Juden. Im *Perlesvaus* gibt es nichts Geheimnisvolles, keine langsame und raffinierte Enthüllung der Natur des Grals; das Thema wird kühn entwickelt, die Geschichte schreitet in einer Serie dramatischer Szenen voran, es ist das Werk einer machtvollen und bildhaften Phantasie.

Die eigentliche Geschichte beginnt am Artushof. Der König hat »seine einstige Leidenschaft für große Taten verloren«, und erst als ihm dies die Königin vorwirft, bricht er zu neuen Abenteuern auf: In deren Verlauf erzählt ihm ein Fräulein von Perlesvaus, macht dem König aber ebenfalls Vorhaltungen, weil es ihm an Eifer in ritterlichen Angelegenheiten mangele. Als er, niedergeschlagen von den Anschuldigungen des Fräuleins, zurückkehrt, hört er eine Stimme, die ihm befiehlt, ein großes Hoffest zu veranstalten, mit dem er seinen Ruhm wiederherstellen könne. Als die Ritter sich zum Mahl versammeln, erscheint ein Mädchen mit einem Karren, beladen mit einhundertfünfzig in Gold, Silber und Blei eingefassten Köpfen von Rittern. Sie berichtet Artus, die Ritter hätten ihren Tod selbst verschuldet; sie seien in das Haus des Fischerkönigs gekommen, hätten aber versäumt, »die Frage zu stellen«. Deshalb sei der König »in kummervolle Ermattung verfallen.«[52] Das Mädchen reitet davon, trifft aber auf Gauvain, der verspätet zum Hoffest unterwegs ist; er begleitet sie und erfährt von ihr von der Existenz des Guten Ritters, der die entscheidende Frage stellen wird. Gauvain gelangt in die Nähe der Burg des Fischerkönigs, kann sie aber nur finden – so wird ihm gesagt – wenn es Gottes Wille ist. Er beginnt mit der Suche nach dem Guten Ritter, zunächst aber ohne Erfolg; erst als er durch Zufall zur Behausung eines Einsiedlers nahe der Burg des Fischerkönigs gelangt, erhält er weitere Informationen von ihm. Gauvain reitet auf die Burg zu:

… bald konnte er die große Mauer sehen, die sie umgab, und das starke Burgtor. Und mitten auf dem Burgweg erblickte er einen an die Mauer geketteten Löwen, und auf jeder Seite des Weges standen zwei greuliche Gestalten aus Kupfer, die durch eine kunstvolle Vorrichtung Armbrustbolzen mit großer Kraft und Wucht abschießen konnten. Als er den Löwen auf dem Burgweg und diese abscheulichen Gestalten sah, wagte

Herr Gauvain nicht, näher heranzukommen. Er blickte auf den Mauerkranz und sah dort Leute, die vom heiligen Leben zu sein schienen – Priester in Chorhemden und alte, weißhaarige Ritter, die wie Mönche oder Kleriker gekleidet waren – und auf jeder Seite der Brustwehr ragte ein Kreuz auf. Eine Kapelle stand an der Mauer und Leute liefen dorthin aus einer großen Halle in der Burg, und auf dem Dach der Kapelle waren drei Kreuze, an jedem ein goldner Adler. Die Priester und Ritter wandten sich kniend der Kapelle zu und blickten von Zeit zu Zeit frohlockend zum Himmel empor, als könnten sie dort in der Höhe Gott und Seine Mutter sehen. Herr Gauvain saß da und beobachtete alles aus der Ferne und wagte nicht, sich der Burg zu nähern wegen der Figuren, die mit solcher Macht mit Bolzen schießen konnten, dass ihnen keine Rüstung widerstanden hätte. Er konnte zu ihrer Rechten oder Linken keinen Pfad erkennen: er musste umkehren oder auf die Burg zugehen. Er wusste nicht, was er machen sollte. Aber gerade in diesem Augenblick schaute er auf und sah, wie ein Priester aus dem Tor trat.

»Guter Herr« rief er Herrn Gauvain zu, »was begehrt Ihr?«

»Herr, ich bitte Euch, sagt mir, was für eine Burge dies ist.«

»Herr, dies ist der Eingang zum Land des reichen Fischerkönigs, und drinnen hat der Dienst des Heiligen Gral begonnen.«

»Dann gestattet mir hineinzureiten, denn das Ziel meiner Fahrt ist das Land des Fischerkönigs.«

»Herr«, sagte der Priester, »ich sage Euch, Ihr könnt die Burg nicht betreten oder Euch dem Gral nähern, wenn Ihr nicht das Schwert herbeibringt, mit dem der heilige Johannes enthauptet wurde.«[53]

Gauvains Suche nach dem Schwert führt ihn in eine Reihe von Abenteuern, an deren Ende er schließlich das Schwert findet und gewinnt. Dies aber sind nicht einfache Heldentaten, denn als er zur Burg der Fragen kommt, lernt er, dass seine erlebten Abenteuer eine spirituelle und symbolische Bedeutung haben. Hierin besteht die Neuerung des anonymen *Perlesvaus*-Autors: die Geschichte muss jetzt so gelesen werden, wie ein mittelalterlicher Theologe das Alte Testament gelesen hätte. Ereignisse, die sich offenkundig nur auf einer ritterlichen Ebene zutragen, erhalten nunmehr eine tiefere geistige und symbolische Bedeutung, die nach und nach im Laufe der Erzählung erläutert wird.

Weil Gauvain das Schwert gewann, darf er die Gralburg betreten, und als er das Schwert dem Fischerkönig überreicht, wird er willkommen geheißen und zur Tafel gebeten.

In diesem Moment wurde ein Lendenstück vom Hirsch und anderes Wildpret in großer Menge hereingetragen, und prächtige goldene Platten schmückten die Tafel zusammen mit großen Pokalen aus Gold; herrliche goldene Leuchter trugen große Kerzen. Aber deren Licht wurde übertroffen durch das andere Licht im Raum. Zwei Mädchen traten sodann aus einer Kapelle hervor: in ihren Händen trug eines den Heiligen Gral, das andere trug die Lanze mit der blutenden Spitze. Seite an Seite kamen sie in die Halle, wo die Ritter und Herr Gauvain speisten. Ein so süßer und heiliger Duft verbreitete sich, daß sie ihr Schmausen vergaßen. Herr Gaivain starrte auf den Gral und es schien ihm, als sähe er darin einen Kelch – damals wahrhaftig ein seltener Anblick –, und er sah die Spitze der Lanze, von der rotes Blut herniederrann, und es schien ihm, er könne zwei Engel sehen, die zwei goldene Leuchter mit brennenden Kerzen trugen. Die Mädchen gingen an Herrn Gauvain vorbei in eine andere Kapelle. Herr Gauvain war tief in Gedanken versunken, so tief in beglückenden Gedanken, daß er nur an Gott denken konnte. Die Ritter schauten ihn an, traurig und mit Betrübnis in ihren Herzen. In diesem Augenblick kamen die beiden Mädchen aus der Kapelle und gingen wiederum an Herrn Gauvain vorbei. Und es schien ihm, als sähe er drei Engel, wo er zuvor nur zwei gesehen hatte, und es war ihm, als erblicke er dort in der Mitte des Grals die Gestalt eines Kindes. Der vorderste Ritter rief Herrn Gauvain an, aber dieser, indem er vor sich schaute, sah drei Tropfen Blut auf den Tisch herabtropfen, und er war so ergriffen von dem Anblick, dass er kein Wort sagte. Und so gingen die Mädchen weiter und ließen die Ritter zurück, die sich mit Entsetzen anblickten. Herr Gauvain konnte seine Augen nicht von den drei Blutstropfen abwenden, aber als er versuchte, sie zu küssen, bewegten sie sich von ihm weg, und es bekümmerte ihn sehr, dass er sie nicht mit seinen Händen berühren konnte und auch nichts anderes in seiner Reichweite. Darauf traten die Mädchen erneut an die Tafel, und es schien Herrn Gauvain, dass es nun drei waren, und als er aufblickte, kam es ihm so vor, als schwebe der Gral hoch in der Luft. Und über dem Gral, so dachte er, sah er einen gekrönten König an ein Kreuz genagelt, und ein Speer war in seine Seite gestoßen. Herr Gauvain war von Kummer ergriffen und konnte an nichts anderes denken als an die Pein, die der König erdulden musste. Wiederum rief ihn der vorderste Ritter an und sagte, wenn er noch länger zögere, wäre das Glück für immer verloren. Aber Herr Gauvain verharrte darin, stumm vor sich hin zu starren und hörte nicht, was ihm der Ritter zurief. Die Mädchen zogen sich mit dem Gral und der Lanze in die Kapelle zurück, die Ritter erhoben sich von der Tafel, verließen das Festmahl und begaben sich in einen anderen Raum, und Herr Gauvain blieb allein zurück.[54]

Gauvain wird vom Gralsdienst ausgeschlossen und verlässt die Burg. Er trifft auf Lancelot, und jetzt konzentriert sich die Geschichte auf Lancelots Taten. Erst danach tritt Perlesvaus auf, aber wir erfahren nur wenig über ihn. Zunächst ist es Lancelot, der als nächster zur Gralburg kommt: »…aber die Geschichte versichert, dass der Gral nicht zu diesem Fest erschien. Er erschien nicht, weil Lancelot nicht zu den drei besten Rittern der Welt gehörte, und das wegen seiner Sünde mit der Königin [das heißt wegen seiner ungebührlichen Liebe zu Guinevere], seine Liebe zu ihr wird er nicht bereuen, denn er dachte mehr an sie als an irgendetwas anderes in der Welt und konnte sein Herz nicht von ihr fernhalten.«[55]

Perlesvaus wird nun von seiner Schwester gesucht, die Gauvain bittet, den Bruder zu finden, auch benötige Perlesvaus' Mutter die Hilfe ihres Sohnes. Perlesvaus kämpft gegen seinen Onkel, den bösen König von Burg Mortal, Bruder des Fischerkönigs, der die Gralburg angegriffen hatte. Perlesvaus besiegt ihn, und dieser flieht in einem Schiff. Bevor Perlesvaus seine Mutter retten kann, erlebt seine Schwester eine beängstigende Nachtwache auf einem Friedhof nahe der Gralburg, wo sich böse Geister eine wilde Schlacht liefern. Zur Mitternachtsstunde verkündet eine Stimme den Tod des Fischerkönigs und die Eroberung der Gralsfestung durch den König von Burg Mortal; der Gral ist verschwunden, und allein Perlesvaus kann helfen.

Perlesvaus' Schwester findet ihn rasch und berichtet ihm von den neuen Ereignissen. Er errettet seine Mutter und kehrt an den Artushof zurück. Dort erscheint das Fräulein mit dem Karren und den abgeschlagenen Köpfen der Ritter erneut und fordert Perlesvaus auf, zur Gralburg zu kommen. Auf dem Weg dorthin nimmt er Aufenthalt bei seinem Onkel, dem Einsiedlerkönig; dieser erklärt ihm die Bedeutung der Begebenheiten, die ihm widerfahren waren, und sagt ihm auch, wie er die Gralburg einnehmen kann. Bei seinem Zug gegen die Burg begleiten ihn zwölf Einsiedler, die der König von Burg Mortal aus ihren Behausungen im Wald vertrieben hatte. Mit Hilfe eines zahmen Löwen und eines Einsiedlers namens Joseus, der einst ein Ritter gewesen war, überwindet Perlesvaus die Ritter, welche die sieben Brücken zum Inneren der Burg bewachen. Als der König von Burg Mortal erkennt, dass seine Verteidiger getötet sind, besteigt er die Brustwehr der Burg, stürzt sich in sein Schwert und fällt in den Fluss tief unterhalb der Burg.

Diese hohe Geschichte erzählt uns: als die Burg erobert war, frohlockte der Erlöser der Welt und war sehr erfreut. Der Heilige Gral erschien wieder in der Kapelle und so auch die Lanze mit der blutenden Spitze und das Schwert, mit dem der heilige Johannes enthauptet worden war ... Joseus blieb bei Perlesvaus in der Burg, solange er es wünschte, aber der Gute Ritter zog wiederum aus, um das Land zu durchkämmen, in dem man das Neue Gesetz nicht beachtete. Er tötete alle, die nicht an das Neue Gesetz glauben wollten, und das Land wurde von ihm regiert und beschützt, und das Gesetz Unseres Herrn wurde erhoben durch seine Kraft und Stärke.[56]

Dies indessen ist noch nicht das Ende des Romans; der Rest des Textes schildert Artus' Bemühungen, seine Herrschaft und das Neue Gesetz zu sichern; sie werden durch die Empörung Brians von den Inseln bedroht. Bald nach dem Beginn dieser neuen Abenteuer kommt Artus als Pilger auf die Gralburg und weilt bei Perlesvaus. Als sie eines Tages am Fenster sitzen, sehen sie eine Prozession weiß gekleideter und singender Leute, die sich der Burg nähern. An der Spitze des Zuges trägt ein Mann ein großes Kreuz, am Ende geht ein Mann mit einer Glocke und einem Klöppel: Es sind die Einsiedler des Waldes, die sich aufgemacht haben, den Gral zu verehren. Der König und Perlesvaus gehen ihnen entgegen, begrüßen sie und geleiten sie in die Gralkapelle:

Und sobald sie die Kapelle betreten hatten, nahmen sie die Glocke von dem Mann am Ende des Zuges, brachten sie auf dem Altar dar und stellten sie dann auf den Boden. Danch begann der heilige und erhabene Gottesdienst.

Jetzt erzählt uns die Geschichte, dass es zu dieser Zeit noch keinen Kelch im Land des Königs Artus gab. Der Gral erschien bei der Weihe in fünferlei Gestalt, aber sie sollten nicht offenbart werden, denn die Geheimnisse des Sakraments sollte niemand enthüllen, außer derjenige, dem Gott Gnade gewährte. Aber König Artus sah alle Veränderungen[57], und zuletzt erschien der Kelch; und der Eremit, der die Messe zelebrierte, fand eine Aufschrift auf dem Einsegnungstuch und die Worte erklärten, Gott wolle, dass sein Leib in einem solchen Gefäß zu seinem Angedenken geopfert werrden soll. Die Geschichte sagt nicht, daß dies überhaupt der einzige Kelch gewesen wäre, aber in ganz Britannien und den benachbarten Städten und Königreichen gab es sonst keinen.

Der König war mit Freude erfüllt von dem, was er gesehen hatte, und er trug in seinem Herzen die Erinnerung an den Namen und an die Form des heiligen Kelches.[58]

Perlesvaus' letzte Tat ist die Tötung des Schwarzen Einsiedlers, einer Figur von satanischer Boshaftigkeit, und ganz am Ende des Romans wird er aufgefordert, die Burg des Fischerkönigs zu verlassen: Eine Stimme in der Gralkapelle verkündet ihm:

»Perlesvaus, du wirst hier nicht länger bleiben: Gott will, dass du die Reliquien unter den Eremiten des Waldes verteilst, und bei ihnen soll Sein Leib in der Messe gefeiert und geehrt werden. Und der Heilige Gral wird hier nicht mehr erscheinen, aber du wirst bald wissen, wo er sein wird.«[59]

Ein für Perlesvaus bestimmtes Schiff läuft ein, und als er Abschied nimmt,

… erhoben sich Engel von der Burg und befahlen sie alle Gott und Seiner lieblichen Mutter. Josephus erzählt uns, daß Perlesvaus auf diese Weise von hinnen ging, und von dieser Zeit an wusste kein Irdischer, was aus ihm wurde, und die Geschichte berichtet nichts mehr darüber.

Was wir bis hierher beschrieben haben, sind eigentlich drei vervollständigte Werke: die *Erzählung vom Gral* in der vollständigen Version aus verschiedenen Händen; der Zyklus von drei Robert de Boron zugeschriebenen Dichtungen; schließlich der *Perlesvaus*. Sie repräsentieren unterschiedliche Annäherungen an das Thema: Die komplette Version der *Erzählung vom Gral* ist Ergebnis eines rückwärts gewandten Versuchs, das Werk zu schaffen, das Chrétien geschrieben hätte, während die anderen Autoren das Gralthema wählten, um eigene Originalwerke zu verfassen. Die letzteren Autoren greifen auf Chrétien nur für das dürre Handlungsgerüst zurück – der Name des Helden und seine Beziehung zum Gral. Der *Perlesvaus* ist eine dramatische Rekapitulation des gesamten Artus-Szenarios, durchdrungen von einem glühenden und elementaren Christentum. Das Werk des Robert de Boron ist in religiöser Hinsicht wesentlich orthodoxer, aber von höchst ambitionierter Konzeption: Er unternimmt es, den Gral der Artusepoche mit den Evangelien zu verbinden und eine Geschichte des geheiligten Gefäßes seit der Kreuzigung zu erschaffen. Dieses Thema war es, das ein Autor (oder die Autoren) aufgreifen sollte, um daraus so etwas wie die endgültige Version der Gralgeschichte zu schaffen.

Fünftes Kapitel

Die Erschaffung des Gralshelden –
Der Lancelot-Gral

Ein Mann beendet seine Schreibarbeit und räumt sein Schreibgerät beiseite. In der hereinbrechenden Dämmerung eines frühen Winterabends können wir seine Gestalt nicht genau erkennen: Es scheint uns, dass dieser Schreiber, der seinen Arbeitsplatz vielleicht im Skriptorium eines nordfranzösischen Klosters hat, eine Mönchskutte trägt. Eher aber ist er ein Kleriker oder sogar nur ein frommer Laie. Hat er sich an seinem Lebensabend aus der Welt zurückgezogen, erhält er Kost und Unterkunft von den Mönchen, denen er seine weltlichen Güter vermacht hat? Er geht durch den Raum, schlägt die Bücher zu, die er tagsüber benutzt hat und stellt sie auf die Regale in einer durch Holzläden verschlossenen Wandnische. Getragener Gesang klingt herüber – die Vesper beginnt. Der Mann glättet lose Pergamentbögen, die Summe seiner bisherigen Arbeit, und legt sie zu den Büchern in der Nische. Er nimmt eine Kerze aus der Nische neben der Tür und zündet sie an, bevor er die Treppen hinunter geht.

Nicht mehr als vierzig Jahre sind vergangen, seitdem wir Chrétien de Troyes dabei beobachteten, wie er den ersten Gralroman schuf. Was der anonyme Autor, der für diesen Tag seine Arbeit beendete, im Schreibraum zurückließ, ist ein Werk, das einen höheren Anspruch erhebt als Chrétiens machtvoller, aber schlichterer und zudem unvollendeter Text. Unser anonymer Schreiber lässt – wie schon Robert de Boron – seinen Gralroman in einer weit zurückliegenden Zeit beginnen, indem er Ereignisse schildert, die eng mit der Kreuzigung Christi zusammenhängen, doch ist sein Werk bei weitem ausführlicher angelegt, denn es liegen bereits zwei hohe Stapel Pergamentbögen auf den Bücherregalen: sie lassen den bescheidenen Band, der die gesamte Prosaversion von Roberts Werk umfasst, geradezu zwergenhaft erscheinen. Bei dem neuen Werk handelt es sich um den *Lancelot-Gral* (der früher gebräuchliche Titel »Vulgata-Zyklus« wird heute als zu technisch abgelehnt; das Werk wird in der wissenschaftlichen Literatur aber auch als »Prosa-Lancelot« oder »Pseudo-Map-Zyklus« bezeichnet). Erzählt wird auch hier die Geschichte des Grals von seinen geheiligten Anfängen bis zu seinem Erscheinen am Artushof, sie schließt mit dem Tode des Königs Artus, seiner Gemahlin Guinevere und des Ritters Lancelot. Der thematische Schwerpunkt ist jedoch ein anderer als bei Robert de Boron: Es geht kaum um den Gral, nicht einmal um Artus. Die zentrale Figur ist Lancelot, der Held in Chrétiens gleichnamigem Roman, in dem dieser von Lancelots Liebe zu Guinevere erzählt. Das Werk beginnt nicht mit Artus' Geburt, sondern mit der Abstammung und Geburt Lancelots. Die bei Chrétien vorausgesetzte Tapferkeit Lancelots wird in einer langen Abfolge von Abenteuern demonstriert, die alle kein Gegenstück in der Version des Robert de Boron haben. Als Lancelot zum Artushof kommt, ist die Tafelrunde bereits gegründet, und die Vermählung von Artus und Guinevere hat schon stattgefunden.

Bei diesen Abenteuern – Lancelot ist längst als bester Kämpfer der Tafelrunde anerkannt, und er und Guinevere haben einander bereits ihre Liebe gestanden – kommt es zu wundersamen und geheimnisvollen Ereignissen, aber keines davon bereitet uns auf das Abenteuer vor, das Gauvain in einer kleinen, mit einem Graben umgebenen Burg findet. Dort wird er vom König der Burg willkommen geheißen. Während sie miteinander sprechen, fliegt eine weiße Taube mit einem Weihrauchgefäß im Schnabel herein, und alle Anwesenden knien nieder, während sie in einem anderen Raum ihren Blicken entschwindet. Man rüstet zur Tafel, und alle setzen sich schweigsam nieder, während sie ins Gebet vertieft sind. Aus dem Raum, in den die Taube verschwand, tritt ein wunderschönes Mädchen hervor,

> … und trug in ihren Händen das prächtigste Gefäß, das jemals ein Irdischer erblickte; es war gefertigt in Gestalt eines Kelchs; sie hielt hoch über ihrem Kopf, sodass es all die Anwesenden sahen und sich verneigten.
> Herr Gauvain schaute auf das Gefäß und bewunderte es mehr als alles, was er je gesehen, aber er konnte nicht erkennen, woraus das Gefäß

gemacht war, denn es bestand weder aus Holz noch aus irgendeiner Art Metall, noch aus Stein, noch war es aus Horn oder Knochen, und dies verwunderte ihn sehr ... Als das Mädchen an der Tafel vorbeiging, kniete jeder Ritter vor dem heiligen Gefäß nieder, und die Tische wurden sogleich mit allen köstlichen Speisen gefüllt, die man nur nennen kann; und die Halle ward erfüllt mit wunderbaren Düften, als ob alle Gewürze der Welt hier ausgebreitet wären.[60]

Gauvain ist so verwirrt von der Schönheit des Fräuleins, dass er zu beten vergisst; während die junge Frau durch den Festsaal schreitet, füllen sich die Tische mit einem Überfluss an Speisen für jedermann – außer für Gauvain. Nach Beendigung des Mahls verlassen die anderen den Raum, aber Gauvain findet sich darin eingeschlossen, und er muss schreckliche Abenteuer bestehen: Er wird von einer flammenden Lanze verwundet, hat gefahrvolle Kämpfe mit Ungeheuern und einem unbekannten Ritter auszutragen. Wiederum erscheint das Fräulein mit dem Gefäß, und Gauvain vernimmt einen Gesang, wie man ihn sich schöner nicht erträumen kann. Der verwundete Ritter wird durch die Gegenwart des Gefäßes geheilt, aber am nächsten Morgen wird er ergriffen, gebunden, in Schande aus der Burg geführt und auf einem Karren zur Stadt hinausbefördert. Über die Burg hat er nur erfahren, dass sie Corbenic genannt wird; bald darauf unterrichtet ihn ein Einsiedler, dass das Gefäß »der Heilige Gral war, in den das Blut Unseres Herrn vergossen und aufgefangen wurde. Aber weil du nicht bescheiden und demütig bist, ist es Recht, dass dir Sein Brot verweigert wird ... «[61]

Als nächster Ritter erscheint Lancelot selbst auf Corbenic. Seine Abenteuer verlaufen etwas glücklicher. Wir werden sehen, dass sie für die Geschichte des Grals, wie sie in diesem Roman erzählt wird, eine zentrale Stellung einnehmen. Bevor er, bekanntermaßen der beste aller lebenden Ritter, die Burg betritt, erschlägt er einen Drachen, der sich in einem Grab in der Kapelle unterhalb der Burgmauern versteckt hatte. König Pelles heißt ihn herzlich willkommen; wiederum erscheint die Taube, und das liebreizende Mädchen tritt aus dem Raum und trägt das Gefäß, »das kostbarste, das ein Sterblicher je gesehen, und es hatte die Form eines Kelchs ... «[62] Weil sich Lancelot demütig vor ihm verneigt und seine fromme Verehrung zeigt, spendet das Gefäß auch für ihn, wie für alle anderen, Speise und Trank. König Pelles äußert danach Lancelot gegenüber, er habe gefürchtet, dass »die Gnade unseres Herrn auch dieses Mal versagen könnte, wie damals, als Gauvain hier war«; der König erkennt an, dass Lancelot der beste Ritter der Welt ist. Pelles weiß, dass seine Tochter Helena (Helaine) dazu ausersehen ist, Lancelots Sohn zu tragen; dieser wird sein Land von einem Fluch befreien, der es wüst gelegt hatte. Weil aber Lancelot in seiner Liebe zu Guinevere befangen ist, muss sich Pelles der Hilfe von Brisane versichern, der Erzieherin seiner Tochter. Brisane gibt Lancelot einen Zaubertrank, der ihn glauben lässt, die Königstochter sei Guinevere selbst. Lancelot schläft mit Helena und zeugt mit ihr einen Sohn. Am folgenden Morgen entdeckt er den Betrug und reitet davon, verzweifelt und voller Unmut.

Lancelots Vetter Bors de Ganis ist der nächste Ritter, der sich auf Burg Corbenic einfindet. Er trifft Helena, die jetzt nicht mehr den Gral trägt, weil sie ihre Jungfräulichkeit verloren hat. Träger des Grals ist nunmehr Helenas Vetter. Wie auch die anderen in der Burg wird Bors auf wunderbare Weise vom Gral bewirtet. Danach zieht er weiter, kehrt aber gleich wieder zurück und will sich den Kämpfen stellen, die Gauvain in der Burg hatte durchstehen müssen und über die Bors bei seinem Besuch zuvor nichts erfahren hatte. Er trifft auf Helena und sieht ihren Sohn mit Lancelot, der jetzt zehn Monate alt ist. Wiederum nimmt Bors am Gralfest teil und unterzieht sich dann den Gefahren im Palast der Abenteuer: Die Kämpfe, in die vorher Gauvain verwickelt war, werden wiederholt; am Ende aber erblickt Bors

> ... eine silberne Tafel auf vier kleinen Stollen, die reich mit Gold und Silber plattiert und mit kostbaren Steinen besetzt waren ... Auf der Tafel stand, bedeckt mit weißem Samit, der Heilige Gral. Und vor der Tafel kniete ein Mann, der wie ein Bischof gekleidet war. Nachdem er lange dort gekniet hatte, stand er auf, trat zu dem heiligen Gefäß und nahm den Samit ab, der darüber lag. Sofort erstrahlte überall ein solcher Glanz, dass ich es euch nicht beschreiben kann.[63]

Eine Stimme warnt Bors davor, näher zu treten, denn er sei einer größeren Nähe nicht würdig. Erschrocken zieht er sich zurück, aber seine in der Nacht empfangenen Wunden werden allein durch die Anwesenheit des heiligen Gefäßes geheilt. Er kann nur wenig über die tiefere Bedeutung dieser Begebenheiten erfahren; sie werden erst enthüllt werden, »wenn die letzte Suche nach dem Gral vollendet ist.«[64]

Der Gral erscheint vor dem Ende des *Lancelot* noch zweimal; in beiden Fällen wird seine Heilkraft betont, die schon Gauvain und Bors nützlich war. Auf mysteriöser Weise erscheint er Perceval und Ector an einem ungenannten Ort; beide hätten sich beinahe gegenseitig getötet, ohne die Identität des anderen gekannt zu haben.

> Während sie so miteinander redeten und den Tod erwarteten, sahen sie eine große Helligkeit auf sich zukommen, wie wenn die Sonne aufgegangen wäre, und sie fragten sich, was das sein mochte. Dann erblickten sie ein Gefäß in Gestalt eines Kelchs, das mit einem grünen Tuch bedeckt war; ihm gingen zwei Weihrauchfässchen voran, und zwei folgten ihm. Sie sahen aber niemanden, der die Fässchen oder das Gefäß trug. Und sogleich widerfuhr ihnen ein großes Wunder, sie vermochten sich aufzurichten und verneigten sich vor dem Gefäß und verehrten es hoch und heilig. Da waren die Wunden, die sie hatten, so vollständig geheilt, dass sie keinen Schmerz mehr spürten.[65]

Bald darauf bringt man Lancelot zur Burg Corbenic, denn seine Verzweiflung darüber, dass er die Burg einst verlassen musste, ist in Wahnsinn umgeschlagen. Der Gral indessen bringt ihm seine Gesundheit wieder zurück.[66]

Der rote Faden der Geschichte, auch in den Gralpassagen, ist der Werdegang Lancelots und seines Geschlechts. Perceval ist an den Rand gedrängt, und die Szene ist für den Auftritt des neuen, speziell für diese Rolle geschaffenen Gralhelden bereitet. Wenn der Schlussteil des *Lancelot* eine Art Vorbemerkung zur Suche nach dem Gral ist, dann setzt er Ereignisse in Gang, die uns aus früheren Romanen nicht vertraut sind. Auf den letzten Seiten lässt Lancelots Sohn, jetzt Galahad genannt, seine Mutter auf Corbenic zurück und begibt sich in ein Kloster im Wald von Camelot, um seinem Vater nahe zu sein. Als er das fünfzehnte Lebensjahr erreicht hat, wird er am Pfingstfest auf sein Rittertum vorbereitet. Das Buch endet mit den Worten eines mit Galahad befreundeten Einsiedlers, der Artus erzählt, »dass da am bevorstehenden Pfingstfest ein junger Ritter sein wird, der die Abenteuer um den Heiligen Gral zu einem Ende bringen wird.«[67]

Und mit Galahads Ankunft am Artushof beginnt *Die Suche nach dem Heiligen Gral (Queste del Saint Graal)*. In vielerlei Hinsicht ist Galahad der Gegenpol zu dem einfältigen, ungeschickten Perceval, den wir aus Chrétiens Geschichte kennen: Von Anfang an wird Galahad als körperlich und geistig vollkommen geschildert, eine Entwicklung von der Torheit zur Reife findet nicht statt. Seine Geburt aus dem Geschlecht Lancelots und dem der Gralshüter verleiht ihm mühelos eine spirituelle und ritterliche Tugend; gerade so, wie Lancelot wegen seiner sprichwörtlichen Fähigkeiten gefährliche Abenteuer bestehen kann wie etwa den Kampf gegen den Drachen im Grab, so ist Galahad durch diese Tugend prädestiniert, den Gral selbst zu gewinnen. Sein Eintritt in die arthurische Welt wird durch Vorzeichen angekündigt: Eine Inschrift erscheint auf dem leeren Stuhl der Tafelrunde, das heißt auf dem Gefährlichen Sitz (*Siège Périlleux*), auf den sich noch kein Ritter hatte setzen können, ohne dass ihn der Tod ereilt hätte; die Inschrift verkündet, dass »dieser Sitz heute seinen Meister finden wird«. Ein Schwert treibt den Fluss hinab, es steckt fest in einem Stein, und die Inschrift prophezeit, dass der Ritter, der es herauszieht, »der beste Ritter der Welt ist«. Die Ritter des Artushofes versuchen es aus dem Stein zu ziehen, aber es gelingt ihnen nicht. Und als Galahad dann seinen Einzug in Camelot hält, schließen sich alle Türen und Fenster im Artuspalast von selbst, bevor er auf geheimnisvolle Weise in eigener Person auftritt. Er ist in Begleitung eines Greises, der von ihm sagt, er entstamme dem »edlen Hause Davids und dem Geschlecht des Joseph von Arimathia«. Die Worte auf dem Gefährlichen Sitz verändern sich in »Dieser Sitz gebührt Galahad«; er zieht das Schwert aus dem Stein und sagt: »Ich war mir sicher, dieses Schwert zu gewinnen, sodass ich ohne ein Schwert an diesen Hof kam, wie ihr alle sehen könnt.« Zur Krönung der Wunder dieses Tages erscheint der Gral selbst, als sich Artus und seine Ritter zu Tische setzen.

Als sie sich alle niedergesetzt hatten und der Lärm verebbt war, ertönte ein Donnerschlag so laut und schrecklich, dass sie dachten, der Palas müsse zusammenstürzen. Plötzlich wurde die Halle von einem Sonnenstrahl erhellt, der den Palas in einem Schein erglänzen ließ, siebenmal heller als er zuvor gewesen war. In diesem Augenblick wurden sie alle

Das Schwert im Stein. Abbildung der so genannten spada-croce *des hl. Galganus, 12. Jh., Einsiedelei S. Galgano in Chiusdino (Toscana). Das in einen Stein oder Baumstamm gebannte Schwert, das nur der berufene Held herausziehen kann, ist ein wichtiges Sagenmotiv (z. B. als Excalibur).*

erleuchtet, als wäre es durch die Gnade des Heiligen Geistes geschehen, und sie begannen sich einander anzusehen, verwirrt und erstaunt. Aber niemand, der dort war, konnte ein Wort sprechen, denn ohne Unterschied waren alle stumm geworden. Als sie so eine lange Zeit, unfähig zu sprechen, gesessen hatten und sich anblickten wie stumme Tiere, erschien der Heilige Gral, bedeckt mit einem Tuch aus weißem Samit, und doch sah man keine menschliche Hand, die ihn getragen hätte. Er kam durch die große Tür herein, und sogleich war der Palas mit einem Duft erfüllt, als hätte man alle Gewürze der Welt weit herum verstreut. Er bewegte sich an den Tischen entlang durch die Halle und füllte dabei jeden Sitz mit Speisen, welche die dort Sitzenden wünschten. Als alle bedient waren, verschwand der Heilige Gral, und sie wussten nicht wie und wohin.[68]

Um die religiöse Natur dieses Erlebnisses zu unterstreichen, lässt der Autor König Artus sagen: »Wir sollten sehr glücklich sein, dass unser Herr uns

Zeichen so großer Liebe gibt … an einem solch feierlichen Tag wie Pfingsten.« Am folgenden Tag gelobt Gauvain als erster der Artusritter, den Gral und seine Mysterien zu suchen – und die Suche beginnt. Die nun folgenden Begebenheiten sind nicht irgendwelche Zufallsabenteuer von Fahrenden Rittern, sondern sie sind alle mit einer symbolischen Bedeutung behaftet. Galahad selbst wird »der kühne Ritter« genannt, wohl um die Verbindung zwischen den Abenteuern und dem spirituellen Fortschritt der an der Suche beteiligten Ritter zu betonen. Gauvain, der Ritter, der von allen die größten Sünden auf sich geladen hat, muss mit Bestürzung erkennen, dass ihm über Monate hin kein Abenteuer begegnet ist: »Ich habe mir von der Suche nach dem Heiligen Gral eine schnellere Ernte staunenswerter und kühner Abenteuer erhofft als bei jeder anderen ritterlichen Abenteuerfahrt«.[69] Was ihm und den anderen Rittern widerfährt, die nicht ausersehen sind, die Suche erfolgreich durchzuführen, sind eher Missgeschicke als Abenteuer. Aber auch bei den Abenteuern der auserwählten Ritter ist der Gral nicht präsent und erscheint nur ein einziges Mal vor der finalen Apotheose; auch in dieser Szene steht Lancelot im Mittelpunkt und wieder geht es um die Heilkraft des Grals: Lancelot kommt zu einer verlassenen Kapelle, wo er durch ein verschlossenes Gitter hindurch den Gral auf einem silbernen Tisch stehen sieht; aber erschöpft von seinen Abenteuern fällt er in eine tiefen Schlaf, bevor er den Gral genauer betrachten kann, und während Lancelot schläft, heilt der Gral auf wunderbare Weise einen kranken Ritter, den man auf einer Tragbahre hereingebracht hatte. Als der Ritter geheilt die Stätte verlässt, macht er eine Bemerkung über den schlafenden Lancelot, der von den Geschehnissen nichts bemerkt hat, und sein Knappe erzählt, »es ist ein Ritter, der eine schwere Sünde beging und keine Absolution erhielt, und vielleicht hat er damit Unseren Herrn so beleidigt, dass Er ihn diese hohe Begebenheit nicht miterleben ließ«.[70] Die Szene scheint darauf zu verweisen, dass Lancelot den Gral nicht erringen wird und dass Galahad als leuchtendes Vorbild unter den Artusrittern an seine Stelle tritt.

Als sich die Suche ihrem Ende zuneigt, ist es Lancelot, der als erster Corbenic erreicht. Bei der Burg angekommen, eröffnet ihm eine Stimme: »Du wirst in Teilen finden, wonach du suchst und was du schon so lange hast sehen wollen.« Er findet die Burg menschenleer, denn es ist Mitternacht; er läuft umher, bis er zu einer Tür kommt; sie öffnet sich und ein

Galahad, Bors und Perceval vor dem Gral. Nordfranzösische Buchmalerei. 1470.

glänzendes Licht erstrahlt: »es schien, als würden alle Kerzen der Welt dort brennen«. Wiederum ertönt die Stimme und warnt Lancelot davor, noch näher heranzugehen:

Er ließ seinen Blick im Raum umherschweifen und bemerkte das Heilige Gefäß auf einem silbernen Tisch unter einem Tuch von hellem, rotem Samit. Und überall waren dienende Engel, einige schwangen silberne Weihrauchfässchen, andere hielten brennende Kerzen, Kreuze und anderes Altargerät, und jeder war mit einem Dienst beschäftigt. Vor dem Heiligen Gefäß war ein alter Mann in Priestergewändern, vertieft in alle Erscheinungen des Messopfers. Als er die Hostie über sich hob, war es Lancelot, als sähe er über seinen ausgestreckten Händen drei Männer, von denen zwei den jüngsten in die Hände des Priesters legten; dieser hob ihn hoch, als wolle er ihn den Leuten zeigen.

Lancelot war mehr als nur ein wenig verwundert über das, was er sah, denn er bemerkte, dass der Priester so niedergedrückt war von der Gestalt, die er hielt, dass es schien, er würde unter seiner Bürde zusammenbrechen.[71]

Lancelot vergisst die Warnung, nicht näher zu treten, und eilt dem Priester zur Hilfe, wird aber von einem mächtigen Windstoß erfasst; er fällt in Ohnmacht und liegt vierundzwanzig Tage in Bewusstlosigkeit – sie stehen für die vierundzwanzig Jahre seiner sündhaften Liebe zu Guinevere. Bei seinem Erwachen sagt man ihm, für ihn sei die Suche zu Ende, »denn du sollst wissen, daß du nicht mehr sehen wirst, als was du gesehen hast. Möge uns Gott nun diejenigen senden, die so viel mehr sehen sollen.«

Die Geschichte wendet sich jetzt den Rittern zu, denen mehr zu schauen bestimmt ist. Aus den Abenteuern der Suche *(Queste)* kristallisieren sich drei Ritter als zukünftige Gralgefährten heraus: Galahad, Perceval und Bors, Lancelots Vetter. Perceval und Bors sind dem Gral bereits bei früheren Abenteuern am Ende des *Lancelot* begegnet, und Galahads Vorrangstellung bei der Suche ist schon mehrfach deutlich geworden. Als sie sich zum letzten Mal Corbenic nähern, vollbringt Galahad ein Wunder, ähnlich wie Lancelot bei seinem ersten Besuch der Burg, aber Galahad erschlägt keinen Drachen, sondern befreit seinen Ahn Simeon aus den Flammen des Fegfeuers, als er dessen Grab öffnet. Simeon spricht ihn an und sagt, »der Heilige Geist, der mächtiger in dir wirkt als die Dinge der Welt, schaute mit Erbarmen auf mich …« Auf Burg Corbenic gesellen sich neun Ritter zu ihnen, drei aus Gallien, drei aus Irland und drei aus Dänemark – alles Artus untertane Länder. Mit Ausnahme der auserwählten Ritter wird nun jedermann angewiesen, die Halle zu verlassen, und vier Engel tragen einen Bischof auf einem Thron herein. Dieser Bischof ist Josephus, den Christus selbst zum ersten Bischof seiner Kirche geweiht hatte. Nahe bei ihm erscheint der Heilige Gral, und die Erzählung strebt ihrem Höhepunkt zu:

[Josephus] näherte sich dem Silbertisch und warf sich vor dem Altar auf seine Hände und Knie zu Boden; nach einer längeren Weile traf das Geräusch der sich öffnenden Zimmertür sein Ohr. Er wandte sein Gesicht in diese Richtung, und so taten es auch die anderen, und sah, wie die Engel, die ihn hierher getragen hatten, aus dem Raum hervortraten; zwei trugen Kerzen in ihren Händen, der dritte trug ein Tuch aus rotem Samit, der vierte eine Lanze, die so sehr blutete, dass die Tropfen in ein Gefäß fielen, das der Engel in seiner anderen Hand hielt. Die beiden ersten stellten die Kerzen auf den Tisch, und der dritte legte das Tuch neben das Heilige Gefäß; der vierte hielt die Lanze aufrecht über das Gefäß, sodass das Blut, welches den Schaft hinabfloss, darin aufgefangen wurde. Sobald diese Handlungen vollführt waren, erhob sich Josephus und hob die Lanze ein wenig höher über das Heilige Gefäß, welches er sodann mit dem Tuch bedeckte. Als nächstes tat Josephus so, als wolle er mit der Segnung der Messe beginnen. Nachdem er eine kurze Weil ruhig gestanden hatte, nahm er aus dem Gefäß eine Hostie in Gestalt eines Brotes. Als er sie hochhob, stieg von oben eine Gestalt wie ein Kind hernieder, dessen Antlitz so hell glühte und flammte wie ein Feuer, und das Kind ging in das Brot ein, welches vor den Augen der Versammelten deutlich die Form eines Menschen annahm. Als Josephus so eine Weile gestanden hatte, während er seine Bürde allen sichtbar machte, legte er sie wieder zurück in das Heilige Gefäß.

Nachdem er alle Handlungen eines Priesters vollbracht hatte, wie man sie im Gottesdienst durchführt, ging Josephus zu Galahad und küsste ihn und bat ihn, seine Brüder ebenfalls zu küssen. Sodann wandte er sich zu ihnen und sprach:

»Diener Christi, ihr habt gelitten, gekämpft und euch abgemüht, um einen flüchtigen Blick auf die Mysterien des Grals zu werfen; setzt euch vor diesen Altar nieder, und ihr werdet die höchste und herrlichste Speise erhalten, die je ein Ritter gekostet hat, und dies aus der Hand eures Erlösers. Ihr könnt zu Recht sagen, dass ihr euch mannhaft bemüht habt, denn ihr werdet an diesem Tag den höchsten Lohn ernten, den je ein Ritter empfing.«

Als er so gesprochen hatte, entschwand Josephus aus ihrer Mitte, ohne dass sie jemals erfuhren, was aus ihm geworden war. Furchtsam nahmen sie am Tisch ihre Plätze ein, in Tränen der Ehrfurcht und der Liebe.

Dann sahen die Gefährten, als sie ihre Augen hoben, die Gestalt eines Mannes aus dem Heiligen Gefäß hervorkommen, ohne Kleider und blutend an seinen Händen, seinen Füßen und an seiner Seite, und dieser sprach zu ihnen:

»Meine Ritter, meine Diener und meine getreuen Söhne, ihr, die ihr zum geistlichen Leben gefunden habt, während ihr noch im Fleische seid, ihr, die ihr mich so eifrig gesucht habt, dass ich mich nicht länger vor euch verbergen kann; es ist Recht, daß ihr einen Teil meiner Mysterien und Geheimnisse schaut, denn mit euren Taten habt ihr einen Platz an meinem Tisch verdient, an dem kein Ritter seit den Tagen Josephs von Arimathia gesessen hat. Alle anderen erhielten, was den Dienern geziemt: das bedeutet, daß die Ritter dieser Burg und sonst noch viele andere erfüllt wurden von der Gnade des Heiligen Gefäßes, aber niemals von Angesicht zu Angesicht wie ihr jetzt in dieser Stunde. Nehmet nun und esset von dieser kostbaren Speise, nach der ihr euch so lange gesehnt und wofür ihr so mannigfache Prüfungen erduldet habt.«

Sodann nahm er das Heilige Gefäß in seine Hände, trat zu Galahad, der bei seinem Nahen niederkniete, und spendete ihm seinen Heiland. Und Galahad, mit in Ehrfurcht gefalteten Händen, empfing ihn mit überfließendem Herzen. Und so taten auch die anderen, und jedermann schien es, daß die Hostie auf ihren Zungen aus Brot gemacht war. Als sie alle die heilige Speise empfangen hatten, die ihnen so honigsüß und köstlich vorkam, als wohne die Essenz aller Süße in ihren Körpern, sprach der, der sie gespeist hatte, zu Galahad:

»Mein Sohn, der du so gereinigt und befreit von Makel bist, wie nur jeder in seinem Leben sein kann, weißt du, was ich hier halte?«

»Nein«, erwiderte Galahad, es sei denn, Ihr sagt es mir.«

»Es ist«, antwortete er, »die Schale, in der Jesus Christus das Osterlamm mit Seinen Jüngern teilte. Es ist die Schale, welche alle erquickt, die ich als meine getreuen Diener erkenne, dieselbe, die sich stets als höchst schmerzvoll für alle Ungläubigen erwies. Und weil sie mein ganzes Volk erquickt, wird sie mit Recht der Heilige Gral genannt.«[72]

Weil die Leute von Logres nicht die Anwesenheit des Grals in ihrer Mitte respektierten – so berichtet Christus den Rittern –, muss er aus Logrien fortgebracht werden; sie sollen ihn nach Sarras bringen, wo sie ihn im »Palast des Geistes« vollständig schauen werden. Bevor sie aufbrechen, muss Galahad den gelähmten König heilen, der in dem Raum der Gralserscheinung liegt, indem er ihn mit dem Blut der Lanze benetzt. »Und alle von euch außer einem werden sterben, wenn sie diesen Dienst erweisen.« Mit diesen Worten segnet Christus die Ritter und steigt erneut zum Himmel auf.

Bei der Ankunft der Ritter in Sarras befindet sich die Stadt in der Gewalt eines heidnischen Königs, der sie alle ins Gefängnis wirft. Hier werden sie, wie schon Joseph von Arimathia, vom Gral ernährt, bis der König tödlich erkrankt und sie freilässt. Gleich nach dessen Tod wird Galahad zum König ausgerufen: als er aber dann zum ersten Mal den Gral sieht, bittet er darum, bei seinem irdischen Tod das Leben der Seele und die ewige Glückseligkeit zu erhalten, denn die Erfahrung des Grals sei von so starker spiritueller Eindringlichkeit gewesen.

Als das Jahr vergangen war und derselbe Tag, an dem Galahad die Krone empfangen hatte, wiederkehrte, erhoben sich die drei Gefährten bei Tagesanbruch und begaben sich hinauf zu dem Palast, den die Leute den Geistigen nennen. Indem sie das Heilige Gefäß anschauten, sahen sie einen ehrwürdigen Mann im Gewand eines Bischofs vor dem Tisch knien, der das Confiteor betete. Nach einiger Zeit erhob er sich von den Knien und sang die Messe der glorreichen Mutter Gottes. Als er zum feierlichen Teil der Messe kam und die Patene aus dem heiligen Gefäß nahm, rief er Galahad zu sich mit den Worten:

»Komm herbei, Knecht Jesu Christi, und schaue das, was du so glühend zu sehen wünschtest.

Galahad trat näher und schaute in das Heilige Gefäß. Er hatte nur einen kurzen Blick hineingeworfen, als ihn bei der Betrachtung der heiligen Mysterien ein heftiges Beben seines sterblichen Fleisches ergriff. Sodann hob er die Hände gen Himmel und sprach:

»Herr, ich bete Dich an und sage Dir Dank, daß Du meinen Wunsch erfüllt hast, denn nun sehe ich offenbart, was die Zunge nicht sagen und das Herz nicht erfassen kann. Hier ist die Quelle unerschrockener Tapferkeit, die Triebfeder aller Mühen; hier sehe ich das Wunder, das jedes andere übertrifft! Und da Du, o Herr, meinen Wunsch erfüllt hast das zu sehen, worum ich Dich stets angefleht habe, bitte ich Dich nun, daß Du mir gestattest, vom irdischen Leben in das ewige Leben überzugehen. Sobald Galahad seine Bitte gegenüber Unserem Herrn vorgebracht hatte, nahm der ehrwürdige Mann, der im Bischofsgewand vor dem Altar stand, den Leib des Herrn vom Tisch und bot ihn Galahad dar, der ihn in Demut und großer Verehrung empfing. Als er ihn empfangen hatte, sprach der Gottesmann zu ihm:

»Wißt Ihr, wer ich bin?«

»Nein, Herr, es sei denn Ihr sagt es mir.«

»Wisset«, sagte er, »daß ich Josephus bin, der Sohn des Joseph von Arimathia, den Euch Unser Herr zum Gefährten geschickt hat. Und wißt Ihr, warum er mich gesandt hat und nicht einen anderen? Weil Ihr mir in zwei Dingen gleicht: Weil Ihr Euch in die Mysterien des Heiligen Grals versenkt habt, wie ich es auch tat, und weil Ihr keusch seid wie ich selbst, weshalb es sich schickt, daß ich die Gemeinschaft aufrechterhalte.«

Als Josephus seine Rede beendet hatte, ging Galahad zu Perceval und küßte ihn, und dann ging er weiter zu Bors und redete ihn an:

»Bors, sobald du Lancelot, meinen Vater siehst, grüße ihn von mir.«

Sodann ging er zum Tisch zurück und warf sich vor ihm zu Boden; es währte nicht lange, daß er mit seinem Gesicht nach unten auf die Fliesen des Palastbodens fiel, denn seine Seele war bereits der fleischlichen Hülle entwichen und wurde von Engeln unter Lobpreis des Namens des Herrn hinauf zum Himmel getragen.

Gleich nach Galahads Tod ereignete sich ein großes Wunder: Die beiden zurückgelassenen Gefährten sahen deutlich eine Hand vom Himmel herniederkommen, aber nicht den Leib, zu dem sie gehörte. Sie bewegte sich unverweilt zum Heiligen Gefäß, nahm es auf und auch die Lanze und trug beides hoch zum Himmel, damit fortan niemand wagen sollte zu sagen, er habe den Heiligen Gral gesehen.[73]

Perceval wird Einsiedler und Bors kehrt allein an den Artushof zurück, um über den Ausgang der Suche zu berichten. Der letzte Teil des Romanzyklus, *Der Tod des Königs Artus (Mort Artu)*, schildert die Tragödie des Königs Artus und seines Hofes, oder besser: er wendet sich vom Schicksal des Lancelot-Sohnes zum Schicksal Lancelots selbst, der zentralen Figur dieses Teils, der die Auflösung der Artuswelt zum Gegenstand hat. Während Lancelots Rittertum das Thema des ersten Teils war, ist sein spirituelles Versagen und der Erfolg seines Sohnes das Thema der *Queste*. Sein Verrat am König führt zu dem tödlichen Bruch zwischen ihm und Artus und zur Zerstörung des Artushofes. Die Erzählung endet nicht mit Artus' Tod, sondern mit dem Tod von Lancelot und Guinevere.

Galahads Tod und Entrückung von Gral und Lanze. Nordfranzösische Buchmalerei, 1470.

Die Frage, welches Kompositionsprinzip diesem umfangreichen Werk im eigentlichen Sinne zu Grunde lag, ist immer noch stark umstritten, es ist aber möglich, dass das Original ein rein weltliches Werk war und sich allein mit Lancelot befasste und dass *Die Suche nach dem Heiligen Gral (Queste del Saint Graal)* eine von anderer Hand stammende spätere Zutat war. Jedoch, die drei Teile der Geschichte – *Lancelot (Lancelot propre), Die Suche nach dem Heiligen Gral (Queste del Saint Graal), Der Tod des Königs Artus (Mort Artu/La Mort le Roi Artu)* – bilden dennoch ein geschlossenes Ganzes mit Lancelot als Zentralfigur, auch wenn andere große Themen in die Geschichte mit hinein genommen wurden. Nur vier der bewahrten Handschriften überliefern die *Suche* selbständig. Sobald diese Themen, der Gral und die Geschichte des Königs Artus, einmal in die Lancelot-Geschichte eingefügt waren, scheinen sie nach einer eingehenderen Behandlung verlangt zu haben. So wurden als Resultat zwei weitere Abschnitte in den Anfangsteil der Geschichte aufgenommen; sie entsprechen weitgehend den beiden ersten Teilen im Werk des Robert de Boron, *Joseph von Arimathia* und *Merlin*, sind aber breiter angelegt: Es handelt sich um *Die Geschichte des Heiligen Gral (Estoire del Saint Graal)* und um *Merlin*, die beide eine Art Auftakt zur eigentlichen Gralgeschichte darstellen. Die neue Version des *Merlin* bildet den zweiten Teil des Zyklus' und erzählt die Geschichte Britanniens von Merlins Geburt bis zu Artus' Geburt und dessen Sieg über das mächtige Rom. Allerdings interessiert uns hier zunächst der erste Teil, die *Geschichte des Heiligen Gral*, denn sie ist eine deutlich erweiterte Version der frühen Gralgeschichte, und obwohl sie weniger Aufmerksamkeit erregt hat als die eher vertrauten und dramatischen Ritterromane, ist sie ein bemerkenswertes, ganz eigenständiges Stück erzählender Literatur.

Die *Geschichte des Heiligen Gral* setzt ein mit einem hoch ambitionierten, groß angelegten Prolog – einem gewaltigen Fanfarenstoß –, der an die nun folgende Geschichte die höchsten Erwartungen stellt. Denn sie ist gehalten als Geschichte, die nicht nur von den höchsten Dingen erzählt, sondern den Anspruch erhebt, von Christus selbst verfasst worden zu sein. Im Jahre 717 habe ein Einsiedler eine Vision des Herrn gehabt, der ihm ein kleines Buch übergeben habe, »nicht größer oder breiter als eines Mannes Hand«; in dem Büchlein seien »größere Wunder verzeichnet, als ein sterbliches Herz erfassen kann. Auch gibt es da keinerlei Zweifel, die nicht von diesem Buche ausgeräumt würden. Darinnen sind meine Geheimnisse verzeichnet, die ich dort hinein schrieb mit meiner eigenen Hand…«[74] Es folgen eine Reihe apokalyptischer Visionen, plötzliche Helligkeit und plötzliche Finsternis, süße Düfte und Melodien, und ein Engel zeigt dem Einsiedler Wunderdinge, deren Ziel es ist, die Theologie der Eucharistie mit jener der Dreifaltigkeit zu verbinden.

Der Einsiedler verwahrt das Buch sorgfältig, aber am nächsten Tag ist es verschwunden. Eine Stimme weist ihn an, sich auf die Suche nach dem Buch zu machen; er solle von einem Wesen geleitet werden, »wie du es noch nie gesehen hast«; so wird der geschriebene Text selbst Gegenstand einer kurzen Suche, verbunden mit Abenteuern, die jeder Ritter gerne bestanden hätte. Der Einsiedler findet das Buch auf dem Altar einer abgelegenen, von allen Menschen verlassenen Kapelle. Nur ein Mann befindet sich an diesem Ort, aber der ist vom Teufel besessen. Mit der Macht des Buches gelingt es dem Einsiedler, den Teufel auszutreiben. Der Einsiedler kehrt zu seiner Klause zurück und beginnt mit der Abschrift des Buches, und damit setzt die eigentliche Erzählung ein.

Die Eingangsseiten erzählen die Geschichte von Joseph von Arimathia etwa so, wie sie auch Robert de Boron überliefert. Hier allerdings erhält Joseph den Gral nicht aus der Hand des Pilatus: Als Joseph den gekreuzigten Jesus sieht, »dachte er, er wolle alles daransetzen, einige der Dinge zu bekommen, die Er berührt hatte, als Er noch am Leben war.« Joseph begibt sich in die oberen Gemächer des Hauses, in dem das Letzte Abendmahl stattfand, und findet »die Schüssel, aus welcher der Sohn Gottes und noch zwei andere gegessen hatten, bevor er seinen zwölf Jüngern zum gemeinsamen Mahl Sein Fleisch und Sein Blut darreichte.«[75]

In dieser Schüssel oder Schale sammelt er das Blut Christi, als er den Leichnam vom Kreuz abnimmt. Die Erzählung folgt jetzt der Version Roberts de Boron über die Gefangenschaft Josephs, aber sobald Joseph Palästina verlässt, befinden wir uns in einer gänzlich anderen Erzählung, die man am besten mit »Altes Testament der Gralbibel« umschreiben könnte. Josephs Wanderungen mit dem Gral werden zu der Wanderung des Volkes Israel durch die Wüste; dabei wird der Gral zur Bundeslade. Joseph erhält nämlich von Gott den Auftrag, den Gral in einem Schrein aufzubewahren:

> »Ich bin der, der eure Vorfahren mit Zeichen und Prophezeiungen aus der Gewalt des Pharaos befreite. Ich ließ sie das Rote Meer trockenen Fußes durchqueren und führte sie in die Wüste, wo ihre Herzen alles hatten, was sie nur wünschten … Bevor du gehst … sollst du einen Schrein für meine Schale machen, und du sollst deine Gebete sprechen, um die Liebe deines Gottes zu gewinnen. Und wenn du wünschst, Zwiesprache mit mir zu halten, dann öffne den Schrein, wo immer du dich auch befinden magst, so dass nur du und dein Sohn Josephus die Schale sehen.«[76]

Josephs Gefolgsleute werden als das auserwählte Volk des Neuen Testaments dargestellt; wie auch ihre jüdischen Vorfahren begeben sie sich auf die Suche nach dem Gelobten Land, in dem sie sich niederlassen wollen. Auf ihrem Weg treten sie aber auch als Missionare des neuen Glaubens auf.

Als erstes kommen sie nach Sarras, in die Stadt der Sarazenen, wo Joseph versucht, den König Evalach zu bekehren. Eine große theologische Debatte über die Dreifaltigkeit und die Jungfräulichkeit Mariens ist die erste der vielen derartigen Szenen, in denen Joseph oder einer seiner Anhänger eine Vision oder ein Wunder deuten, um in lebendigen und bilderreichen Worten die Feinheiten der Theologie zu demonstrieren. In Sarras erhält Josephus, der Sohn Josephs von Arimathia, von Gott den Befehl, die Tür des Schreins zu öffnen:

Mit Grauen und Furcht öffnete Josephus die Tür des Schreins. Und während er dies tat, sah er einen Mann, gekleidet in einem Gewand, das hundertmal röter und Furcht erregender war als ein feuriger Blitz, und dessen Füße, Hände und Gesicht ebenso aussahen. Um ihn herum waren fünf Engel, alle gekleidet in derselben Art Gewänder und alle von gleichem Aussehen. Jeder von ihnen hatte sechs Flügel, die aus brennendem Feuer gemacht schienen, und jeder hielt in seiner linken Hand ein blutiges Schwert.

In ihrer rechten Hand halten die Engel die Symbole der Kreuzigung Christi, die so genannten Wappen Christi. Der feuerrote Mann trägt eine Schrift auf seiner Stirn, welche verkündet:

»In dieser Gestalt werde ich kommen zu richten alle Dinge an dem grausamen und schrecklichen Tag.« Und es schien so, als fließe eine rote, blutige Flüssigkeit von seinen Füßen und Händen bis hinunter auf den Boden.

Josephus erschien der Schrein viermal größer, als er zuvor gewesen war, denn der Mann, den er gesehen hatte, war jetzt im Inneren des Schreins, ebenso die fünf Engel. Er war so erstaunt über das Wunder, das er erblickte, dass er nicht wusste, was er sagen sollte, und so beugte er seinen Kopf zur Erde und begann in Versunkenheit nachzudenken. Als er mit gesenktem Kopf sinnend verharrte, rief ihn die Stimme an. Er blickte auf und sah den Mann gekreuzigt am Kreuz, das von den Engeln gehalten wurde; die Nägel, die zuvor der zweite Engel in Händen gehalten hatte, waren jetzt in des Mannes Füßen und Händen, während der Schwamm an Sein Kinn gepresst wurde, und er schien ein Mensch zu sein, der deutlich von Todesangst ergriffen war.

Sodann sah Josephus, dass die Lanze, die er in der Hand des dritten Engels gesehen hatte, in die Seite des gekreuzigten Mannes eingegraben war; den Lanzenschaft hinunter rann ein weder ganz aus Blut noch ganz aus Wasser bestehender Rinnsal, und doch schien er aus Blut zu sein. Unter den Füßen des gekreuzigten Mannes sah er die Schale, die sein Vater Joseph in den Schrein gestellt hatte; es war ihm, dass das Blut von den Füßen des gekreuzigten Mannes in diese Schale tropfte und dass sie beinahe bis oben hin gefüllt war. Auch schien es Josephus, dass die Schale nahe daran war, überzulaufen und dass das Blut verschüttet würde. Dann schien es ihm, dass der Mann dabei war, zu Boden zu fallen …[77]

Wie Lancelot in der Burg Corbenic, versucht auch Josephus voller Eifer, zum Ort des Geschehens hinzulaufen und den Mann, den er erschaut hatte, zu stützen, aber die Engel halten ihn zurück. Joseph tritt am Eingang des Schreins an die Seite seines Sohnes, und sie erblicken Jesus in Priestergewändern. Der Herr weiht Josephus zum ersten Bischof seiner Kirche, »als oberster Hirte nach mir, der wachen soll über meine neuen Schafe.« Die Investiturzeremonie und ihr Symbolgehalt werden detailliert beschrieben, denn sie ist entscheidend für die Grundlegung des Christentums. Danach zelebriert Josephus das erste Eucharistieritual; das Sakrament wird als Körper eines Kindes sichtbar.

Die Erzählung geht nun über zu Josephs Bekehrung des Königs Evalach; sie gelingt, weil ihn ein mysteriöser Weißer Ritter mit wundersamen Waffentaten bei der Niederwerfung seines Feindes Tholomer unterstützt. Evalach und sein Bruder empfangen die Taufe, nennen sich jetzt Mordrains und Nascien und schließen sich Joseph und seinen Gefährten an. Wir werden nun mit Abenteuern ganz anderer Art konfrontiert, sie sind so angelegt, dass sie die Gralsuche präfigurieren: Bisweilen wird die Vollendung eines Abenteuers für einen späteren Zeitpunkt versprochen, es gibt aber keinen entsprechenden Abschluss, während in anderen Fällen ein Thema oder ein Motiv ohne ersichtlichen Grund mehrfach auftaucht: Wenn beispielsweise Josephus die Leute Mordrains bekehrt, verweigern einige die Taufe, und ein Teufel greift sie an. Josephus versucht sie zu retten, aber ein Engel verwundet ihn zur Strafe am Schenkel, weil er sich in den göttlichen Ratschluss eingemischt hat. Dieselbe Verwundung erhalten zwei andere Figuren in der Geschichte, bevor wir zu Pellehan, den Gelähmten König, gelangen, eine Entsprechung zum kranken König in Chrétiens Original.

Die Gralgemeinde teilt sich: Josephus weiht dreiunddreißig Bischöfe, die als Missionare ausgesandt werden, während sechzehn andere Männer die Priesterweihe erhalten und bei ihm und der Schar seiner Anhänger bleiben. Nascien verlangt das heilige Gefäß zu sehen, aber als man den Schrein öffnet, tritt er zu nahe heran und lüftet die Patene, die den Gral bedeckt; wie Lancelot in der *Suche nach dem Heiligen Gral* wird er geblendet, bleibt aber bei Bewusstsein. Er kann Josephus nicht beschreiben, was er in der Schale gesehen hat: »Ich habe den Beginn kühner Unternehmungen gesehen, die Gelegenheit zu großen Taten, die Suche nach großem Wissen, die Gründung der großen Religion, die Trennung von den großen Sünden, den Beweis der großen Wunder, das Ende von Güte und wahrer Freundlichkeit, das Wunder aller Wunder.« Ein Engel heilt seine Erblindung mit einer von ihrer Spitze her blutenden Lanze und erklärt Josephus, was die Lanze symbolisiert:

> »Dies ist der Beginn jener wunderbaren Abenteuer, die sich in dem Land begeben werden, in das euch Gott zu führen beabsichtigt. Dort werden die großen Wunder geschehen und große Taten werden vollbracht … Aber wenn sie beginnen sollen, wird es geschehen, dass diese Lanze blutet, so, wie du es gerade gesehen hast. Kein einziger Tropfen Blut wird von jetzt an herniederfallen bis zu der Zeit, wenn die Abenteuer anheben werden, wie du gehört hast. Und dann wird es Wunder geben überall in den Ländern, wo sich diese Lanze befindet, und sie werden so groß und so Furcht erregend sein, dass jedermann erschrocken sein wird. Alle diese Wunder werden nur deshalb geschehen, weil die Guten, die zu dieser Zeit leben, so sehr Kenntnis vom Heiligen Gral und der Lanze haben wollen, dass sie die schwere Last irdischer ritterlicher Taten auf sich nehmen, um von den Wundern des Heiligen Grals und der Lanze zu erfahren … Du kannst sicher sein, dass die Wunder im Inneren des Grals allein von einem einzigen sterblichen Manne gesehen werden, und er wird voll der Eigenschaften sein, die in eines Menschen Leib und Herz sein können oder sein sollten.«[78]

Bald darauf beginnt eine Reihe von Abenteuern, die jedoch noch nicht die Hauptabenteuer im Zusammenhang mit dem Gral sind. Sie werden von dem lauten Ruf »Hier beginnen die Gefahren!« angekündigt. Nascien und

Mordrains verfangen sich in einem magischen Nebel, und Mordrains verschwindet. Man beschuldigt Nascien, seinen Bruder ermordet zu haben, und wirft ihn ins Gefängnis. In der Zwischenzeit findet sich Mordrains auf einem Felseiland wieder, wo sein Glaube durch Heimsuchungen und Verführungen erprobt wird: Letztere gehen aus von einer reich gekleideten schönen Dame, die in einem Schiff erscheint und ihm die Rettung anbietet, wenn er seinem Glauben abschwört. Ihr Gatte, ein Christ, spricht Mordrains Mut zu, und dieser bleibt standhaft, auch als ein Schiff auftaucht, in dem er Nascien als Toten aufgebahrt zu erkennen glaubt.

Auch Nascien wird auf zauberische Weise zu der geheimnisvollen Drehenden Insel entrückt. Dort sieht er ein Schiff, darin steht ein Bett, und auf dem Bett liegt ein Schwert: Es ist das Schiff, auf dem die Helden der Gralsuche, begleitet von Percevals Schwester, am Ende der Hauptabenteuer die Stadt Sarras erreichen werden. In *Die Suche nach dem Heiligen Gral* wird die Schiffssymbolik genau erklärt, und diese Passage wird hier weitgehend wiederholt: Teile der Schiffsausrüstung wurden von Salomon aus dem Lebensbaum hergestellt, den Eva mitgenommen hatte, als sie und Adam aus dem Garten Eden vertrieben wurden. Das Schiff ist somit verbunden mit dem ersten Sündenfall und dem Geschlecht Davids, dem Galahad entstammte. Das Schwert im Bett mit dem merkwürdigen Gürtel und den unheilvollen Inschriften spielt eine Rolle in *Die Suche nach dem Heiligen Gral*. Es wird zuerst in der *Erzählung vom Gral* erwähnt als Teil eines niemals abgeschlossenen Abenteuers, und es korrespondiert mit dem Schwert in der Fortsetzung des Gerbert de Montreuil, das Perceval brach, als er an die Pforten des Irdischen Paradieses pochte und das nur der Schmied Triboet wieder zusammenfügen konnte. Dieses Mal bricht das Schwert, als Nascient die darüber geschriebenen Warnungen missachtet und es zur Verteidigung gegen einen Riesen benutzt. Mordrains setzt die beiden Stücke zusammen als er und Nascien das nächste Mal zusammentreffen. Als Strafe für seine Missachtung hat Nascien eine magische Wunde davongetragen.

Nascien und seinem Sohn Celidoine wird jetzt befohlen, ihrer eigenen Wege zu gehen: Celidoine soll an Bord eines kleinen Bootes »dorthin gehen, wohin ihn das Schicksal leitet«, und Nascien soll sich mit dem erwähnten Schiff auf die Suche nach Joseph von Arimathia begeben. Er findet das Schiff Salomons und wird von einer verführerischen jungen

Frau aufgefordert, sie an Bord zu tragen. Aber Nascien hütet sich vor ihr, macht das Kreuzzeichen, und sie verwandelt sich in einen Teufel, der schreiend und heulend entschwindet. Nascien schläft in dem Bett auf dem Schiffsdeck und hat im Traum eine Vision seiner Nachkommenschaft, die mit Galahad endet: alle werden durch Löwen symbolisiert, nur Lancelot erscheint wegen seiner Sünden als Hund. Galahad erscheint auch als Fluss – schmutzig und schlammig an der Quelle, aber im weiteren Verlauf klar und rein, ein Hinweis auf seine Zeugung in Sünde und auf sein weiteres reines Leben.

Zwischenzeitlich hat Josephus schließlich Britannien erreicht, den Gral in seiner Obhut; er und einhunderfünfzig seiner Anhänger überqueren das Meer mit Hilfe eines Wunders, indem sie auf einem seiner Kleidungsstücke über das Wasser laufen. Nascien stößt zu ihm, und sie beginnen damit, die Heiden in Britannien zu bekehren. Der erste Herrscher, auf den sie treffen, Herzog Ganor, wird Christ und kann die Sachsen mit göttlicher Hilfe besiegen. Josephus bricht zur Bekehrung von Nordwales auf, wird aber von dem dortigen König Crudel gefangen gesetzt. Mordrains befreit ihn und besiegt Crudel. Mordrains will seinen Dank über den Sieg am Tisch des Heiligen Gral abstatten, tritt aber – trotz der Warnung der körperlosen Stimme – zu nahe heran. Hier wird das Bild der alttestamentlichen Bundeslade gewählt: Nur Priestern war es erlaubt, sich ihr zu nähern; wer dennoch zur Bundeslade trat, ohne Priester zu sein, den ereilte die Strafe Gottes.[79] So wird der Gral mit dem zentralen Mysterium des Glaubens im Alten wie im Neuen Testament auf eine Stufe gestellt.[80]

Mordrains bittet, dass ihm trotz seiner Sünde so lange zu leben vergönnt sein möge, bis der Ritter gekommen sei, der das Gralabenteuer bestanden hätte; eine Stimme sagt ihm die Erfüllung seines Wunsches zu. Josephus kommt nun nach Camelot, wo Agrestes herrscht. Agrestes gibt vor, bekehrt zu sein, wendet sich aber von seinem neuen Glauben ab und lässt zwölf Gefährten des Josephus den Märtyrertod sterben. Er wird mit von Gott gesandtem Wahnsinn bestraft und vernichtet sich selbst. Die Untertanen kehren zum Christenglauben zurück; Josephus gründet die Kirche des Hl. Stephanus des Märtyrers.

Seit den Szenen am Beginn des Romans weist die Erzählung kaum Beziehungen zum Werk des Robert de Boron auf, jetzt aber kehrt die Geschichte zu Ereignissen zurück, die auch er beschreibt: die Episode von Moses, der

bei seinem Versuch, sich auf einen Sitz an der Graltafel zu setzen, niedergeschlagen wird – der Sitz soll nach göttlichem Willen dem größten Helden
vorbehalten sein –, steht mit dem Text Roberts in Verbindung, ebenso die
Weigerung des Grals, den sündigen Gefährten Josephs aufzuwarten. Es
folgt danach eine Serie von Abenteuern, die dann Galahad oder einer der
anderen Gralhelden bestehen werden: Ein Schwert bricht auseinander, das
Galahad wieder zusammenfügt; Moses wird brennend in einem Feuer entdeckt, das nur von Galahad gelöscht werden kann; ein anderer Sünder
greift seinen eigenen Bruder aus Eifersucht auf dessen Frömmigkeit an und
erleidet das selbe Schicksal. Josephus zeichnet mit seinem eigenen Blut ein
Kreuz auf einen weißen Schild, den Mordrains im Kampf gegen die Heiden
benutzt hatte. Der Schild wird in das Kloster gebracht, in dem Mordrains
jetzt lebt und die Ankunft des Gralshelden erwartet.

Die *Geschichte des Heiligen Gral* endet mit dem Tod des Josephus und
mit Alains Nachfolge als Hüter des Grals. Alains Wanderungen führen ihn
in das Land Jenseits, dessen König Alphasan er bekehrt. Zur Belohnung
baut Alphasan eine prächtige Burg für den Gral. Als sie fertig ist, erscheint
eine Inschrift mit den Worten »Diese Burg soll Corbenic heißen«. Die Burg
wird zur Herberge des Grals. Als Alphasan in seiner neuen Burg schläft, hat
er eine Gralvision, danach aber

> … kam ein Mann zu König Alphasan, der von Flammen umhüllt zu sein
> schien und sagte: »König, niemand soll in diesem Palast liegen – weder
> du noch irgendein anderer – denn kaum könnte ein Mensch, auch wenn
> er ein gutes Leben führt, würdig sein, an diesem Ort verweilen, wo das
> Heilige Gefäß verehrt wird, wie du gesehen hast. Du tatest sehr toll-
> kühn, hierher zu kommen und zu schlafen; Unser Herr will, daß Rache
> genommen wird.«[81]

Er verwundet Alphasan an den Schenkeln als Warnung, dass niemand versuchen solle, sich im Palast der Abenteuer aufzuhalten, außer dem, der den
Gral gewinnen wird.

Die Geschichte der Nachkommenschaft Alains ist schnell erzählt: Einer
von ihnen, Lambor, wird mit dem Schwert aus dem Schiff Salomons getötet, weil er die darüber angebrachte Warnung nicht beachtete; dieser
»Schmerzliche Schlag« lässt zwei Königreiche veröden. Wir erfahren von

der Abstammung des Alain-Zweiges bis hin zu König Pelles und Helena; danach wird die Geschichte der Nachkommen Nasciens abgehandelt. Sie kulminiert in der Geschichte Herzog Lancelots, der wegen der Liebe zur Frau seines Gefolgsherrn getötet wird, obwohl er frei von Sünde ist. Lancelots Kopf wird in eine Quelle geworfen, die daraufhin kochend aufschäumt und bis zur Ankunft Galahads kochen wird. Lancelots Grab wird von zwei Löwen bewacht, die niemanden an das Grab heranlassen, bis der zweite Lancelot, Enkel des toten Lancelot, dort erscheint. Und so endet abrupt die *Geschichte des Heiligen Gral*, und die Geschichte »kehrt zurück zu einem Zweig, genannt Geschichte des Merlin, und sie sollte sorgsam der Geschichte des Heiligen Gral angefügt werden, denn sie ist ein Zweig von ihr.« Der Übergang ist ungeschickt, denn der *Merlin* ist nur ein Teil der Gralgeschichte im originalen Schema des Robert de Boron, in dem die Geschichten vom Gral und vom Königtum des Artus viel enger miteinander verflochten sind. Durch die Holprigkeit des Anschlusses findet die Ansicht Bestätigung, dass die *Geschichte des Heiligen Gral* hinzugefügt wurde, nachdem der Rest der Abenteuer in den *Lancelot-Gral*-Romanen bereits geschrieben waren.

Vor den ersten Verwicklungen der Gralssuche am Ende des *Lancelot* hören wir dann nur noch einmal vom Gral. Wiederum ist diese Passage mit ziemlicher Sicherheit ein späterer Zusatz; sie steht im *Merlin* und erzählt davon, wie die Nachricht vom Gral nach Britannien kam und wie die Ritter der Tafelrunde erfuhren, dass nur der beste Ritter der Welt den Gral gewinnen kann. Die bis dahin unbekannte ritterliche Gralsuche wird eingeführt um herauszufinden, wer dieser Ritter sein könnte. Die Beschreibung des Grals jedoch ist merkwürdig:

> Die Nachricht verbreitete sich im Königreich Logrien über den sehr heiligen Gral, in dem Joseph von Arimathia das Blut aufgefangen hatte, das aus der Seite Jesu Christi floß, als er und Nikodemus ihn von dem ruhmreichen Kreuz genommen hatten; über das sehr heilige Gefäß, das vom Himmel hernieder kam in den Schrein in der Stadt Sarras, wo Er zuerst Seinen heiligen Leib und Sein Fleisch durch Seinen Bischof Josephus opferte, den Er mit seiner eigenen Hand geweiht hatte; und über die sehr heilige Lanze, mit der Jesus verwundet wurde.[82]

Selbst bei all den bereits vorliegenden Gralgeschichten scheint sich der Schreiber über die Identität des Grals nicht im Klaren gewesen zu sein, denn er spaltete ihn in zwei eigenständige Gegenstände auf, vielleicht, um eine Trinität Gral, Schale und Lanze zu realisieren. Noch in der am stärksten religiös geprägten Version der Gralgeschichte erscheint der Gral in durchaus überraschender Gestalt.

Sechstes Kapitel

Von Engeln und Menschen –
Wolframs Parzival

In einem Raum spricht ein Mann. Um ihn herum ist ein lebhaftes Kommen und Gehen von Rittern und Dienern, von Damen und ihrem Gefolge, von Kaufleuten und Reisenden: Wir befinden uns am Hofe des Landgrafen Hermann von Thüringen, und weil der als Gönner der Künste bekannt ist, haben sich unter den Rittern auch Dichter und unter den Reisenden Gelehrte eingefunden. Neben dem Mann, der gerade spricht, steht eine Person in außergewöhnlicher Aufmachung, offenkundig stammt er aus einem fremden Land; nach seiner Tracht könnte er Jude oder Araber sein. Sie reden von geheimnisvollen Dingen: über die Kunde von den Edelsteinen und die Heilkraft der Kräuter, von Geschichten über fremdartige wilde Tiere und über Probleme der Astrologie. Der Sprecher ist ein Ritter, sein Name Wolfram von Eschenbach; sein kleines Besitztum liegt wohl in Franken, nicht allzu weit von Thüringen entfernt. Hermann ist nicht sein Lehnsherr, und so ist Wolfram vermutlich auf der Suche nach literarischer Patronage an den Grafenhof gekommen.

Im Gegensatz zu seinem nahen Zeitgenossen Chrétien de Troyes, der sich über seine Person weitgehend ausschweigt, und zu dem anonymen Autor der *Queste*, wissen wir einiges über Wolframs Persönlichkeit – oder glauben es wenigstens zu wissen. Er ist voller Phantasie, äußert sich unverblümt und ist immer gerne bereit, geistreiche Spielchen mit seinen Zuhörern oder Lesern zu veranstalten. Es beginnt schon damit, dass er seinen Lesern weismachen will: »...ich selbst kann nämlich weder lesen noch schreiben. Es gibt ihrer freilich, die Dichtung auf Bildung und Gelehrsamkeit gründen. Diese meine Geschichte fügt sich nicht den Grundsätzen gelehrter Schulweisheit.«[83] Er erzählt uns, bei ihm zu Hause sei es so ärmlich zugegangen, dass selbst die Mäuse Mühe gehabt hätten, Nahrung zu finden. Und er kann sich verletzend über seine Mithöflinge äußern; seinem Gönner Hermann von Thüringen rät er, er solle jemanden wie Keye, den notorisch übellaunigen, aber aufrechten und loyalen Seneschall am Artushof, in seine Dienste nehmen, denn »du brauchst auch so einen Keye, denn deine Großzügigkeit hat eine recht gemischte Gesellschaft um dich versammelt. Edle und Unwürdige umdrängeln dich gleichermaßen.«[84] An anderer Stelle sagt er, um keinen Preis der Welt würde er sein Eheweib an den Artushof mitnehmen, weil ihr sofort jedermann eitle Schmeicheleien ins Ohr flüstern würde – nichtiges Geschwätz wie: der Betreffende würde aus Liebe zu ihr sterben und ihr ewig dienen, wenn sie ihn erhörte, und dergleichen mehr.[85]

Eine ganz andere Szenerie also und ein ganz anderer Autor – und so überrascht es uns nicht, dass wir es auch mit einem anderen Bild vom Gral zu tun haben. Man hat sogar von einer Kluft gesprochen, die sich zwischen Wolframs Werk und dem der französischen Autoren auftue. Doch: Wie tief ist diese Kluft? Und wie weit geht sie auf sein Konto und wie weit auf das Konto einer anderen Graltradition? Deutsche Autoren dieser Periode rezipierten die modischen französischen Romane, aber auch Lyrik und Melodien, und übersetzten sie, bearbeiteten sie und dichteten sie neu. Wolframs großer Vorgänger, Hartmann von Aue, bearbeitete zwei Chrétien-Romane, *Erec* und *Ivain* (*Iwein* im Deutschen); seine Versionen sind meisterhaft, bewahren aber meist getreulich Gestalt und Form des Originals. Blieben die allgemeinen Umrisse auch dieselben, so haben sich doch die Konzepte des Rittertums und der gesellschaftlichen Ordnung gewandelt.

Nächst Hartmann und Wolfram war Gottfried von Straßburg die dritte große Dichtergestalt dieser Epoche. Gottfried griff auf die anglo-normannischen Dichtungen von Tristan und Iseult (Isolde) zurück und formte sie radikal um: Er verarbeitete darin die Idee der höfischen Liebe, die meilenweit von der ursprünglich fatalistischen Geschichte zweier Liebender entfernt ist, die durch einen magischen Trank mieinander verkettet waren. Gottfrieds Umgang mit seinem Original ist – in Hinblick auf die Distanz zu den Quellen – der Umarbeitung Wolframs nicht unähnlich, nur der Stil unterscheidet sich grundlegend. Gottfried ist klassisch, feinfühlig, zurück-

*Die Wartburg, Residenz des Landgrafen Hermann I. von Thüringen,
des Gönners Wolframs von Eschenbach, und der Sage nach Schauplatz des Sängerkrieges.*

haltend; Wolfram ist ungestüm, überschwänglich und barock. Gottfried
attackiert einen ungenannten Autor und nennt ihn »Freund des Hasen« –
und meint damit ohne Zweifel Wolfram von Eschenbach.[86] Seine feindselige Charakterisierung des wolframschen Werkes liefert uns jedoch einige
Hinweise darauf, was uns erwartet: »Erfinder haarsträubender Märchen,
gedungene Jäger nach Geschichten, die mit Ketten rasselnd betrügen und
einfache Gemüter reinlegen, die für Kinder Unflat in Gold verwandeln und
aus Zauberschachteln Dunstperlen kullern lassen ... Eben diese Geschich-

tenjäger müssen ihren Geschichten Kommentare nachschicken: Man kann sie nicht verstehen, wenn man sie hört und sieht. Aber wir für unseren Teil haben nicht die Muße, in Büchern der Schwarzen Kunst nach Auslegungen zu suchen.«

Heutzutage, in einer Zeit, die alles Magische liebt, ist Wolfram ein attraktiverer Autor als Gottfried, der Chrétiens Interesse für die Psychologie seiner Figuren – auf Kosten der Handlung – bis zum Äußersten treibt. Aber bei aller literarischer Exotik an der Oberfläche seines Werkes ist er Gottfried gerade in Fragen wie diesen durchaus ebenbürtig. Unterhalb der Schnörkel und Phantasien liegt eine machtvolle Vision der Ideale, die die Gesellschaft und das Rittertum beherrschen sollen: Wolfram hat auf Chrétiens originalem Romankonzept aufgebaut, das die Entwicklung einer ritterlichen Gesinnung und eines ritterlichen Charakters beschreibt, und daraus hat er eine eindrucksvolle Bestätigung der Möglichkeiten des menschlichen Geistes geformt.

Der *Parzival* des Wolfram von Eschenbach beginnt mit einem umfangreichen Bericht über die Vorgeschichte der Ereignisse, so wie sie bei Chrétien erzählt werden. In den französischen Versionen der Gralerzählungen erfahren wir verhältnismäßig wenig über Percevals Familie, über die Geschichte seines Vaters und über die Gründe, warum seine Mutter zur Witwe wurde und allein mit ihrem Sohn und ihrer Tochter an einem abgelegenen Ort lebt. Wolfram verändert das alles und beginnt mit den Taten von Gahmuret, Parzivals Vater. Gahmuret ist der jüngere Sohn des Königs von Anjou; bei des Vaters Tod erbt sein älterer Bruder das ganze Land Anjou, während er sich aufmacht, um Ruhm und Reichtum im Krieg zu suchen. Dies dürfte für Wolframs Publikum ein vertrautes Thema gewesen zu sein; überhaupt hat man gemeint, dass die Abenteuer solch jüngerer Söhne am Anfang der Entwicklung des Ritterromans und der höfischen Literatur standen.[87]

Gahmurets Suche nach Ruhm und Reichtum führt ihn in die heidnische Welt, nach Babylon, nach Arabien: Wolframs lebhafte Einbildungskraft ist bereits am Werke. Gahmuret wird Liebhaber der Belakane, der dunkelhäutigen Königin von Sasamanc, und hat mit ihr einen Sohn, Feirefis, »zwiegefärbt wie eine Elster«, der zu einem großen Krieger heranwachsen wird. Aber als Feirefis auf die Welt kommt, ist Gahmuret bereits heimlich zu neuen Abenteuern aufgebrochen. Er kehrt in den Westen zurück und wendet sich von Belakane ab – seine Vermählung mit ihr ist nach christlicher Auffassung ungültig. Er fühlt sich zu Herzeloyde, Königin von Wales, hingezogen und heiratet sie unter der Bedingung, dass er weiterhin auf Turnierfahrt gehen kann. Sein Bruder war während seiner Abwesenheit gestorben, und so ist Gahmuret auch Herr von Anjou.

Aus dem Osten kommt die Nachricht, dass sein alter Kampfgefährte, der Baruch von Bagdad, von den Babyloniern angegriffen wurde, und Gahmuret zieht aus, um ihm zu helfen. Der Anführer der Babylonier, Hippomidon (Ipomedon), brennt darauf, sich an Gahmuret zu rächen, der ihn vor langer Zeit einmal besiegt hatte. Einer von Hippomidons Rittern wendet einen Zauber an, um Gahmurets diamantgleichen Helm aufzuweichen, der dann auch von Hippomidons Speer mit Leichtigkeit gespalten wird, und Gahmuret stirbt auf dem Schlachtfeld. Die Todesnachricht erreicht Herzeloyde zwei Wochen vor der Geburt ihres Sohnes Parzival.

Obwohl Herzeloyde jetzt Herrscherin dreier Reiche ist, zieht sie sich in den Wald zurück, »auf der Flucht vor den Freuden der Welt«. Ab diesem Punkt entspricht Wolframs Geschichte im Großen und Ganzen der Erzählung Chrétiens: wie Perceval/Parzival aufwuchs, ohne zu wissen, was ein Ritter ist; wie er im Wald drei Ritter trifft und sofort den Wunsch verspürt, sich auf die Suche nach dem Rittertum zu machen. In Nuancen und bei Detailschilderungen ergeben sich zwar Unterschiede – so gibt Herzeloyde ihrem Sohn absichtlich Narrenkleider, in der Hoffnung, er werde verspottet und kehre wieder zu ihr zurück –, das Grundthema aber, der Einzug des Einfältigen in die Welt, bleibt dasselbe. Wolfram ordnet die Abfolge der Abenteuer um und fügt gleich am Anfang die Szene ein, in der Parzival seine Base Sigune trifft; sie betrauert den Tod ihres Geliebten Schionatulander und erzählt Parzival die Geschichte seiner Familie. Parzival reitet weiter an den Artushof, wo er den Ritter Ither verfolgt und tötet. Er reitet in Ithers Rüstung davon und gelangt zur Burg des Gurnemanz. Hier hält er sich zwei Wochen lang auf, bevor auf der Suche nach Abenteuern weiter reitet – und nicht gleich am nächsten Tag, wie bei Chrétien. Es folgt das Zusammentreffen mit Blancheflor; Wolfram jedoch nennt seine Heldin Condwiramurs, vom Französischen »conduire amours«, etwa »Führ-zur-Liebe«, abgeleitet – typisch für Wolframs übermütige Freude an Wortspielen.

Parzival bricht auf, um seine Mutter zu finden, »aber auch Abenteuer zu suchen«, wie er Condwiramurs sagt. Er kommt zur Gralburg, die Wolfram Munsalvaesche nennt; der Name könnte entweder »der wilde Berg« oder »der Berg der Erlösung« heißen. Parzival wird willkommen geheißen, und nachdem er seine Waffen abgelegt hat, begibt er sich zu seinem Gastgeber, der in einem Bett nahe dem Feuer liegt. Noch bevor sich Parzival niedersetzen kann, wird die Unterhaltung unterbrochen:

> Viele stattliche Ritter saßen in der Runde, denen man in einer zu Herzen gehenden Szene etwas Trauriges zeigt. Zur Tür herein kam ein Knappe gelaufen, in der Hand trug er eine Lanze, aus deren Spitze Blut quoll und den Schaft hinabrann bis zu Ärmel und Hand. Da begann im weiten Palast ein solches Weinen und Klagen, daß nicht einmal dreißig Völker so viele Tränen vergießen könnten. Der Knappe trug die Lanze rings durch den Palast und eilte durch die gleiche Tür wieder hinaus.[88]

Es beginnt eine kunstvoll arrangierte Prozession: Zwei wunderschöne Mädchen tragen goldene Kerzenleuchter herein, während ein anderes Paar Gestelle aus Elfenbein hereinbringt; sodann erscheinen acht weitere Damen:

> Doch seht, acht andere, zu diesem Dienst berufene Edeldamen, ließen nicht auf sich warten. Vier von ihnen trugen große Kerzen, die anderen vier eine kostbare Steinplatte, die bei Tage das Sonnenlicht hindurchließ: Es war ein ungeheuer großer Granathyazinth! Als man ihn zu einer Tischplatte verarbeitete, hatte man ihn ganz dünn geschliffen, damit er nicht zu gewichtig sei. Dieser kostbare Tisch gab eine Vorstellung vom Reichtum des Burgherrn!
> Genau nach Vorschrift traten alle vor ihn hin und verneigten sich. Vier legten die Platte auf die bereitstehenden Stützen aus schneeweißem Elfenbein. Dann traten die acht Damen mit höfischem Anstand beiseite und gesellten sich zu den ersten vier. Die acht Damen der zweiten Gruppe trugen grasgrüne Kleider, bei denen man mit dem Stoff, Samt aus Azagouc, nicht gegeizt hatte. Um die Hüfte wurden sie von kostbaren schmalen, langen Gürteln eng gerafft. Zierliche Blumenkränze schmückten die Locken der acht Jungfrauen.

Auch die Töchter der Grafen Iwan von Nonel und Jernis von Ril waren hier – meilenweit entfernt von ihrer Heimat – zum Hofdienst ausersehen. Die beiden Fürstinnen erschienen in prachtvollen Gewändern, und sie trugen jeweils auf einem Mundtuch zwei haarscharfe, wunderbare Messer herbei. Diese Messer waren aus gehärtetem blitzendem Silber, sehr kunstreich gearbeitet und so sorgfältig geschärft, daß man Stahl damit schneiden konnte. Vor ihnen schritten vier gleichfalls zum Hofdienst berufene Edeldamen. Es waren junge, makellos reine Jungfrauen, und sie begleiteten das blitzende Silber mit brennenden Kerzen. Feierlich schritten die sechs voran. Hört jetzt, was sie taten. Nachdem sie sich verneigt hatten, trugen zwei von ihnen das Silber zur farbenprächtigen Tafel und legten es darauf nieder. Dann traten die sechs Jungfrauen zu den erstgenannten zwölf, so daß – wenn ich recht gezählt habe – nun achtzehn Edeldamen beisammenstanden. Seht, da erscheinen bereits wieder sechs Damen in kostbaren Gewändern aus golddurchwirkter Seide und aus Seidenstoff aus Ninive. Wie die letzten sechs Edeldamen trugen sie Kleider aus verschiedenfarbigen Stoffen, die sehr teuer sind. Jetzt endlich erschien die Königin. Ihr Antlitz strahlte so hell, daß alle meinten, der neue Tag sei angebrochen. Ihr Gewand war aus arabischer Seide, und auf grünem Seidentuch trug sie den Inbegriff paradiesischer Vollkommenheit, Anfang und Ende allen menschlichen Strebens! Dieser Gegenstand wurde Gral genannt und übertraf alle Vorstellungen irdischer Glückseligkeit.[89]

Mit dem Gral an seinem Platz setzen sich alle zu Tisch, und Pagen »trugen Essen und Trinken zur Tafel«, während man goldene Schüsseln unter die Ritter verteilte.

Und hört noch weiter: Hundert Knappen mußten vor dem Gral ehrfurchtvoll das Brot aufheben und auf weiße Linnen legen, um sich danach zu den Speisetafeln zu begeben. Man hat mir versichert – und ich wiederhole es bei eurem Eid, so dass ihr mit mir lügt, wenn ich die Unwahrheit sage –, dass vor dem Gral alles bereitstand, wonach man nur verlangte. Man fand dort warme und kalte Speisen, bekannte und unbekannte Gerichte, Fleisch von Haustieren und Wilbret. Vielleicht wird der eine oder andere einwenden, das sei unmöglich. Er tut aber unrecht

Wolfram von Eschenbach. Drei Szenen aus dem Parzival: *oben das Festmahl auf der Gralsburg Muntsalvaesche mit Parzival als Gralkönig (dritte Figur von links); in der Mitte wohl die Wiederbegegnung mit Parzival und Condwiramurs; unten die Taufe des Feirefiz. Aus der* Parzival, Titurel *und die* Tagelieder *umfassenden berühmten Wolfram-Handschrift, Südwestdeutschland (Elsass?). 13. Jh., heute München, Bayerische Staatsbibliothek.*

daran; der Gral war wirklich ein Hort des Glücks, ein Füllhorn irdischer Köstlichkeiten, so dass man ihn fast mit der Herrlichkeit des Himmelreiches vergleichen könnte. In zierlichen Goldschalen empfing man Würzzutaten für die einzelnen Speisen: Brühsoßen, Pfeffer, Obsttunken. Dem Mäßigen und dem Vielfraß wurde hier genug getan und jeder aufmerksam bedient. Wonach man den Kelch auch ausstreckte, welchen Trunk man nannte – ob Maulbeerwein, Traubenwein oder roten Sinopel: dank der Wunderkraft des Grals wurde der Becher nach Wunsch gefüllt. Die ganze vornehme Gesellschaft war also beim Gral zu Gast.

Parzival bemerkte wohl alle Pracht und das ganze wunderbare Geschehen, doch seine höfische Erziehung ließ ihn auf jede Frage verzichten. Er dachte nämlich bei sich: »Gurnemanz hat mir wohlwollend und unzweideutig eingeschärft, keine unnützen Fragen zu stellen. Soll ich durch ungeschicktes Benehmen wieder Missfallen erregen wie bei ihm? Auch ohne Fragen werde ich schon erfahren, was es mit dieser Rittergesellschaft auf sich hat.«

Während er so vor sich hinsann, näherte sich ein Knappe mit einem Schwert. Allein die Scheide war tausend Mark wert, und der Schwertgriff war aus einem Rubin geschnitten. Diese Klinge mochte wohl gewaltige Taten vollbringen! Der Burgherr überreichte das Schwert seinem Gast und sprach: »Herr, ich habe es oft im Kampf getragen, bis Gott mich mit einer schweren Wunde heimsuchte. Nehmt es als Entschädigung, wenn die Bewirtung nicht Euren Erwartungen entsprach. Führt es stets bei Euch; wenn Ihr es erproben müsst, wird es Euch im Kampf ein verlässlicher Beschützer sein.«

Wehe über ihn, dass er auch jetzt nicht fragte. Das betrübt mich noch heute – um seinetwillen. Als man nämlich das Schwert in seine Hände legte, wollte man ihn zum Fragen ermuntern.[90]

Nach beendigtem Mahle wird der Gral hinausgetragen, und als die Damen den Festsaal verlassen, fällt Parzivals Blick, während man den Gral in einen Nebenraum bringt, auf einen sehr schönen, silberhaarigen alten Mann, der in diesem Nebenraum in einem Bett liegt.

Die Erzählung mündet nun wieder in die bekannte Geschichte: Parzival trifft Sigune erneut, die ihm vorwirft, auf Munsalvaesche nicht die richtige Frage gestellt zu haben. Es folgen die Abenteuer, die Parzival zu König

Artus und seinen Rittern führen. Die nun auftretende hässliche Frau nennt Wolfram »Cundrie die Hexe«; ihre Verfluchung Parzivals trägt sie in einer feurigen und temperamentvollen Sprache vor, aber anstatt ihn vor den entsetzlichen Folgen seines Fehlers zu warnen, verweilt sie bei der Unehre Parzivals und seines Geschlechts. Verzweifelt bricht Parzival auf, um den Gral zu suchen, und als Gawan wünscht, Gott möge Parzival Erfolg schenken, antwortet er:

»Ach, wer ist Gott? Wäre er wirklich allmächtig und könnte er seine Allmacht offenbaren, so hätte er uns beiden nicht solche Schmach angetan. Ich war ihm stets ergeben und zu Diensten, und ich hoffte auf seinen Lohn. Doch jetzt kündige ich ihm den Dienst! Ist er mir feind, so will ich's tragen!«[91]

Die Geschichte wendet sich jetzt den Abenteuern Gawans zu: Auch er zieht aus, den Gral zu suchen (nicht die Lanze, wie bei Chrétien und seinen Kontinuatoren). Er unternimmt die Suche im Namen König Vergulahts, der von Parzival in einem Turnier besiegt worden war und sich verpflichtet hatte, entweder den Gral zu gewinnen oder sich Condwiramurs in Jahresfrist zu unterwerfen. Vergulaht glaubt fälschlicherweise, Gawan habe seinen, Vergulahts, Vater getötet und schickt ihn deshalb zur Beilegung ihres Streites auf die Suche nach dem Gral.

Parzival begegnet uns dann wieder in der Einsiedelei, in die sich seine Base zurückgezogen hat: sie fragt ihn, wie es ihm mit dem Gral ergangen sei, und er berichtet ihr von seiner tiefen Sehnsucht, nach Munsalvaesche zurückzukehren. Sie nimmt ihre früheren Vorwürfe zurück und teilt ihm mit, dass Cundrie, die ihr jeden Samstagabend Speise vom Gral mitbringt, gerade die Einsiedelei verlassen hat. Wenn er sich beeile, könne er ihren Spuren zur Gralburg folgen. Er findet aber die Hufspuren ihres Pferdes nicht und trifft stattdessen auf einen der Ritter, die das Land Munsalvaesches bewachen und wirft ihn im Zweikampf aus dem Sattel. Einige Wochen später stößt er auf eine Schar Pilger und erfährt von ihnen, dass heute Karfreitag ist. Zum letzten Mal befinden wir uns wieder in Chrétiens ursprünglicher Erzählung, aber in Wolframs Version ist das Gespräch zwischen Parzival und den Pilgern sehr viel intensiver:

»Herr, ich weiß nicht, wann das Jahr begonnen hat, in welcher Woche wir leben und welchen Wochentag wir haben. Einst diente ich dem, den man Gott nennt, bis er es zuließ, daß ich schändlich verhöhnt wurde. Vorher habe ich nie an ihm gezweifelt, denn man hat mir versichert, er sei hilfreich. Ich habe aber keine Hilfe erfahren.«

Da sprach der graue Ritter: »Meint Ihr den Gott, den die Jungfrau Maria geboren hat? Wenn Ihr an seine Menschwerdung glaubt und daran, was er unsertwillen an diesem Tag, den man deshalb festlich begeht, erlitten hat, dann tut Ihr unrecht, die Rüstung zu tragen. Heute ist Karfreitag…«[92]

Bei Chrétien folgt Perceval dem Weg der Pilger und gelangt zu seinem Onkel, dem Einsiedler, und »machte sich auf seinen Weg und seufzte aus der Tiefe seines Herzens, denn er fühlte, daß er Gott Unrecht getan, und das reute ihn zutiefst.«[93] Bei Wolfram ist die Stimmung viel düsterer:

»War er je einem Ritter freundlich gesinnt, erdiente je ein Ritter seinen Lohn, können Schild, Schwert und rechte Mannestat seiner Hilfe würdig machen und von Trübsal erlösen, ist schließlich heute sein hilfreicher Tag, dann helfe er mir, wenn er helfen kann! … Hat Gott so große Macht, daß er Tiere und Menschen nach seinem Willen lenken kann, dann will ich seine Allmacht preisen. Kann Gott mir in seiner Weisheit Hilfe bringen, dann soll er mir diesen Kastilianer zu Nutz und Frommen auf den besten Weg lenken und mir in seiner Güte Hilfe gewähren. So gehe denn, wie Gott es will!«[94]

Bevor aber Parzival die Zelle des Einsiedlers erreicht, wendet sich Wolfram an sein Publikum und erläutert, wie ihm diese Geschichte von höchster Autorität zugetragen wurde:

Von ihm [Trevrizent] wird nun Parzival die Geheimnisse des Grals erfahren. Wer mich vorher danach fragte und mich schalt, weil ich es ihm nicht sagte, hat sich selbst in eine peinliche Lage gebracht. Kyot bat mich, Stillschweigen zu bewahren, denn die Aventüre gebot ihm, nichts darüber verlauten zu lassen, bis der Gang der Erzählung näheren Aufschluß erforderlich machte. Kyot, der berühmte Meister der Dichtkunst, fand in Toledo in einer unbeachteten arabischen Handschrift die Erstfassung dieser Erzählung. Zuvor mußte er die fremde Schrift lesen lernen, allerdings ohne die Zauberkunst zu studieren. Ihm kam zustatten, dass er getauft war, sonst wäre die Erzählung bis heute unbekannt geblieben. Keine heidnische Wissenschaft reicht nämlich aus, das Wesen des Grals zu entschlüsseln und in seine Geheimnisse einzudringen. Einst lebte ein Heide mit Namen Flegetanis, der für seine Gelehrsamkeit hoch berühmt war. Dieser Naturforscher stammte von Salomon ab und war aus altem israelischen Geschlecht. Seine Abstammung läßt sich zurückverfolgen, bis in die Zeit vor der Menschwerdung Christi, als die Taufe unser Schutz vor dem Höllenfeuer wurde. Dieser Mann zeichnete die Geschichte des Grals auf. Väterlicherseits war Flegetanis ein Heide und erwies einem Kalb göttliche Ehre. Wie konnte der Teufel ein verständiges Volk zu so schmählichem Tun verführen, so dass es sich nicht einmal durch die Allmacht und Weisheit Gottes davon abbringen ließ! Der Heide Flegetanis besaß Kenntnisse über die Bahnen der Sterne und ihre Umlaufzeit. Mit dem Kreislauf der Sterne ist aber das Geschick der Menschen eng verbunden. So entdeckte der Heide Flegetanis in der Konstellation der Gestirne verborgene Geheimnisse, von denen er selbst nur mit Scheu erzählte. Er erklärte, es gäbe ein Ding, das »der Gral« hieße; diesen Namen las er klar und unzweideutig in den Sternen. »Eine Schar von Engeln ließ ihn auf der Erde zurück, bevor sie hoch über die Sterne emporschwebte und vielleicht, von ihrer Schuld befreit, wieder in den Himmel gelangte. Seither müssen ihn Christen mit ebenso reinem Herzen hüten. Wer zum Gral berufen wird, besitzt höchste menschliche Würde.

Dies schrieb Flegetanis darüber. Kyot, der gelehrte Meister, suchte nun überall in lateinischen Büchern nach Hinweisen, wo es ein Volk gegeben habe, das dank seiner Reinheit zum Schutz des Grals berufen wurde. Er durchforschte die Chroniken von Britannien, Frankreich, Irland und anderen Ländern. Schließlich fand er die gesuchte Kunde in Anjou.[95]

Parzival kommt zu Trevrizents Klause und wird freundlich aufgenommen. Er gesteht ihm seine Seelennot und seine Sünde, Gott die Anbetung versagt zu haben. Die Entgegnung des Einsiedlers dreht sich um die gewohnten

Themen des Sündenfalls und der Erlösung durch die jungfräuliche Geburt und die den Menschen gewährte Gnade Gottes. Die nun folgende Geschichte des Grals kommt völlig unerwartet. Als Parzival Trevrizent von seiner Sehnsucht erzählt, den Gral zu sehen, versetzt der Einsiedler:

»Mir ist bekannt, dass in Munsalvaesche beim Gral viele wehrhafte Ritter leben, die häufig auf Abenteuer ausreiten. Diese Tempelherren sehen im Kampf, ob er Niederlage oder Ruhm bringt, eine Buße für ihre Sünden. Dort wohnt also eine tapfere Schar, und ich will Euch auch erzählen, wovon sie leben: Sie erhalten Speise und Trank von einem makellos reinen Stein, und wenn ihr bisher noch nichts von ihm gehört habt, wird er Euch jetzt beschrieben. Er heißt Lapsit exillis. Die Wunderkraft des Steines läßt den Phoenix zu Asche verbrennen, aus der er zu neuem Leben hervorgeht. Das ist die Mauser des Phoenix, und er erstrahlt danach ebenso schön wie zuvor. Erblickt ein todkranker Mensch diesen Stein, dann kann ihm in der folgenden Woche der Tod nichts anhaben. Er altert auch nicht, sondern sein Leib bleibt wie zu der Zeit, da er den Stein erblickt. Ob Jungfrau oder Mann: wenn sie, in der Blüte ihres Lebens stehend, den Stein zweihundert Jahre lang ansehen, ergraut lediglich ihr Haar. Der Stein verleiht den Menschen solche Lebenskraft, dass der Körper seine Jugendfrische bewahrt. Diesen Stein nennt man auch den Gral. Am heutigen Tag senkt sich auf ihn eine Botschaft, auf der seine Wunderkraft beruht. Heute haben wir Karfreitag, und an diesem Tag kann man sehen, wie eine Taube vom Himmel herabfliegt und eine kleine weiße Oblate zum Stein trägt. Nachdem sie die Oblate auf den Stein gelegt hat, kehrt die blendendweiße Taube zum Himmel zurück. Wie gesagt: Jedes Jahr am Karfreitag legt sie eine solche Oblate auf den Stein, die ihm die Wunderkraft verleiht, die köstlichsten Getränke und Speisen dieser Erde in überströmender Fülle darzubieten, alles, was die Erde hervorbringt, auch alles Wildbret unter dem Himmel, ob es fliegt, läuft oder schwimmt. Die Wunderkraft des Grals sichert das Dasein seiner ritterlichen Bruderschaft. Vernehmt nun, wie bekannt wird, wer zum Gral berufen ist. Am oberen Rand des Steins erscheint eine geheimnisvolle Inschrift. Sie kündet Namen und Geschlecht der Mädchen oder Knaben, die für die heilbringende Fahrt zum Gral bestimmt sind. Man braucht die Inschrift nicht zu entfernen, denn sobald man sie gelesen hat, verschwindet sie von selbst vor den Augen. Wer heute als erwachsener Mensch beim Grale lebt, ist als Kind zu ihm berufen worden. Jede Mutter kann sich glückselig schätzen, wenn ihr Kind zum Dienst beim Grale berufen wird. Arme und Reiche sind glücklich, wenn sie aufgefordert werden, ihr Kind in die Gralsgemeinschaft zu entsenden. Aus vielen Ländern werden ihre Mitglieder geholt, und sie bleiben beim Gral ihr Leben lang frei vom Makel der Sünde. Geht ihr Leben auf Erden zu Ende, dann finden sie im Himmel höchste Erfüllung. Jene edlen und erhabenen Engel, die im Kampf zwischen Luzifer und der göttlichen Dreieinigkeit für keine Seite Partei ergreifen wollten, wurden zur Strafe auf die Erde verbannt, um den makellos reinen Stein zu hüten. Ich weiß nicht, ob Gott ihnen verziehen oder ob er sie endgültig verworfen hat. Wenn es seine göttliche Gerechtigkeit zuließ, hat er sie vielleicht wieder in Gnaden aufgenommen. Seitdem hüten den Stein die Menschen, die Gott dazu berufen und denen er seinen Engel geschickt hat. Herr, so steht es um den Gral!«[96]

»Wie es um den Gral steht« erfahren wir etwas ausführlicher in einem anderen, unvollendeten Roman Wolframs. Die Fragmente sind unter dem Namen *Titurel* bekannt, denn sie beginnen mit einem Bericht Titurels, des ersten Gralhüters, über die Geschichte des Grals.

»Als ich den Gral empfing durch die Botschaft, die mir die verzückten Engel sandten durch Seine hohe Majestät, da fand ich niedergeschrieben alle meine Gebote. Diese Gabe ward, vor mir, niemals in eines Menschen Hand gegeben. Der Herr des Grals muß keusch und rein sein. Ach, Frimutel, mein edler Sohn, nur dich habe ich behalten von allen meinen Kindern, hier beim Gral! Empfange jetzt die Gralskrone und den Gral, mein lieber Sohn!«[97]

Trevrizent kommt in seinem Bericht nun zu Anfortas, dem gegenwärtigen Gralskönig und Sohn des Frimutel, und führt ihn als Beispiel für die Bestrafung des Stolzes an: Denn Stolz ist Parzivals Hauptlaster, der Stolz, der ihn verleitete, Gott die Stirn zu bieten. Der Fischerkönig ist in den frühen französischen Romanen eine mysteriöse Figur; erst bei Wolfram erfahren wir, worin sein Gebrechen besteht: Als Gralkönig hatte er die Regeln

gebrochen, indem er einer Dame diente, »jenseits der Schranken des Ehe-
stands«:

> »Eines Tages ritt der König, was den Seinen großen Kummer bereiten
> sollte, allein auf Abenteuersuche. Sein Liebesverlangen trieb ihn, das
> beglückende Erlebnis sieghafter Liebe zu suchen. Damals wurde dein
> lieber Oheim im Zweikampf von einer vergifteten Lanze an der Scham
> verwundet und siecht seidem rettungslos dahin. Den Kampf trug ein
> Heide mit ihm aus; er stammte aus Ethnise, wo der Tigris aus dem
> Paradies fließt. Dieser Heide war fest überzeugt davon, durch seine
> Heldenkraft den Gral erringen zu können. Sein Namenszug war in den
> Lanzenschaft eingeritzt. Von der Sage über die Wunderkraft des Grals
> angelockt, durchquerte er Länder und Meere und suchte in der Ferne rit-
> terliche Kämpfe. Sein Lanzenstoß ließ unser Glück entschwinden.«[98]

Als Anfortas nach Hause zurückkehrte, trug man ihn vor den Gral und
unternahm verzweifelte Versuche, ein Heilmittel für seine Wunde zu finden, aber nichts half.

> »Schließlich warfen wir uns betend vor dem Gral auf die Knie. Da zeigte
> sich am Rand eine Schrift: Ein Ritter würde kommen. Sollte er mitleidig
> nach dem Geschick des Königs fragen, dann hätte alles Elend ein Ende.
> Doch dürfe ihn niemand auf die Wichtigkeit der Frage hinweisen, sonst
> würde sie nicht helfen. Die Wunde bliebe dann unverändert, ja sie
> bereite noch größere Schmerzen als vorher. Und weiter hieß es in der
> Schrift: »Habt ihr auch alles gut verstanden? Jeder heimliche Hinweis
> schadet nur! Und fragt er nicht gleich in der ersten Nacht, dann ist die
> Gelegenheit verpasst; späteres Fragen wirkt nicht mehr. Fragt er jedoch
> zur rechten Stunde, dann soll er die Herrschaft über das Königreich
> übernehmen, und alles Elend ist nach dem Willen des Allerhöchsten
> vorbei. Anfortas wird dann genesen, doch er soll nicht König sein.« Wir
> lasen also am Gral, die Qual des Anfortas könne durch eine Mitleidsfrage
> geendet werden.«[99]

Parzival erfährt als nächstes, dass die Lanze, die er zu Beginn der Gralprozession gesehen hatte, eben diejenige ist, die Anfortas einst verwundete:

Wolfram von Eschenbach. Aus der Heidelberger Liederhandschrift.

nur wenn man mit ihr seine Wunde berührt, kann sein Leiden vorübergehend von ihm genommen werden, solange, bis die richtige Frage gestellt ist. Trevrizent erläutert auch die Bruderschaft des Grals – dass sie ohne Namensnennung und im Geheimen Ritter aussendet, damit sie in Ländern regieren, die ihre Herrscher verloren haben; dass Könige und Adelsherren dagegen offen um die Hand der Damen anhalten, die dem Gral dienen.

In seinem *Titurel* sagt Wolfram: »Die gesamte Gralgesellschaft ist auserwählt, wird hier gesegnet und ist hernach zu einem unfehlbaren Ruhm ausersehen. Auch Sigune [Parzivals Base] ist von derselben Saat, die draußen in der Welt von Munsalvaesche ausgestreut und von den zur Erlösung Geeigneten empfangen wurde. Wo immer etwas von dieser Saat aus jenem Land hergebracht wurde, trug sie Früchte und fiel wie ein Hagelsturm über die Sünde.« Herzeloyde selbst gehörte zu den Graldienerinnen, und die Trägerin des Grals, Repanse de Schoye, ist ihre Schwester und damit Parzivals Tante. Titurel ist sein Urgroßvater.

Das Gespräch mit Trevrizent ist der Höhepunkt in Wolframs Auseinandersetzung mit dem Wesen des Grals und umfasst den größten Teil eines der sechzehn Bücher, in die sein Versroman eingeteilt ist. Sein Interesse gilt dem Gral selbst, dicht gefolgt von der Idee einer Dynastie, die dem Gral dient und durch seine Macht herrscht. Parzivals Platz in dieser Dynastie wird jetzt offenkundig. Diese dynastische Sicht erklärt auch die ersten beiden Bücher, in denen die Lebensgeschichte von Gahmuret, Parzivals Vater, behandelt wird.

Wolfram bewegt sich immer noch in Chrétiens Spur, denn er wendet sich jetzt den Abenteuern Gawans zu, die Inhalt der nächsten fünf Bücher sind. Sie sind eine Erweiterung der in der französischen Version überlieferten Episode von Gauvain und der hochmütigen Dame (Orgeluse), die seinen Dienst verschmäht, wobei Gawan nominell noch auf der Suche nach dem Gral ist.[100] Parzival erscheint erst wieder am Ende des vierzehnten Buches, wo er einen Zweikampf mit Gramoflans, Gawans Widersacher, austrägt. Wiederum wendet sich Wolfram zu Beginn des fünfzehnten Buches an sein Publikum und verteidigt sich dafür, dass er das Ende der Geschichte hinausgezögert hat. Von da an jedoch schreibt Wolfram, soweit wir sagen können, ganz aus seiner eigenen Phantasie heraus. Die nächste Episode führt uns zurück zum Thema der Dynastie Parzivals. Feirefis, sein zweifarbiger Halbbruder, ist im Westen auf der Suche nach

Abenteuern angekommen und trifft auf Parzival, als er alleine durch einen Wald reitet. Ein heftiger Kampf entbrennt, denn Parzival hat hier endlich einen Ebenbürtigen vor sich. Sein Schwert zerbricht auf dem Helm seines Halbbruders[101], und er ist der Gnade des Fremden ausgeliefert. Feirefis unterbricht den Kampf, obwohl es klar ist, wie er sagt, dass Parzival auch ohne sein Schwert weiterkämpfen würde. Er nennt sich selbst »Feirefis der Angevine«, und Parzival erkennt sogleich, dass er sein Halbbruder ist, von dem ihm Cundrie vor Zeiten erzählte, als sie ihm vorwarf, er, Parzival, habe die Ehre der Familie verraten. Feirefis und Parzival versöhnen sich; Parzivals Tapferkeit findet ihr Gegenstück im Großmut seines Halbbruders. Feirefis wird zum Artushof gebracht, und als man zu Ehren des neuen Gastes ein Fest feiert, erscheint Cundrie:

> »Heil dir, Gahmurets Sohn! Gott zeigt sich dir gnädig. Ich rede jetzt von Herzeloydes Sohn ... Nimm jetzt dein Herz in beide Hände und freue dich! Heil deiner hohen Bestimmung, du Krone menschlichen Glücks. Auf dem Stein war zu lesen, daß du zum Gralsherrscher berufen bist ... In deiner Jugend hat dich der Kummer begleitet, doch das Glück, das deiner wartet, vertreibt ihn für allemal. Du hast dir die Ruhe der Seele erkämpft und Trübsal getragen bis dir die Freude nahte.«[102]

Parzival, Cundrie und Feirefis brechen nach Munsalvaesche auf; zuvor äußert sich Parzival gegenüber den anderen, dass sich von niemandem der Gral erkämpfen ließe, außer »»wenn Gott ihn nicht dorthin beruft‹. Von Land zu Land ging diese Botschaft: er lässt sich nicht durch Kampf erringen. Die schlaue Suche nach dem Gral gaben viele deshalb auf – so ist er heute noch verborgen.« Als sie auf Munsalvaesche eintreffen, sind Anfortas' Schmerzen schlimmer denn je, aber schnell ist die Frage ausgesprochen, und Anfortas wird geheilt. Die alte Ordnung wird wieder hergestellt: Parzival ist erneut mit Condwiramurs vereint, Anfortas räumt seinen Platz als Gralshüter für Parzival, Feirefis verliebt sich in die Gralträgerin Repanse de Schoye; er erhält die Taufe, damit er sie heiraten kann. Wolfram fügt jetzt noch einen kurzen Bericht über Lohengrin an, Parzivals Sohn und Herrscher von Brabant als Ehemann der Herzogin Elsa von Brabant. Als Bedingung für ihre Vermählung muss sie ihm versprechen, niemals zu fragen, wer er ist. Sie bricht ihr Versprechen, und er kehrt nach Munsalvaesche zurück, »und hütete erneut den Gral«. Wolfram schließt mit einer Bemerkung über die Authentizität seiner Erzählung:

Hat Meister Chrétien de Troyes diese Geschichte nicht wahrheitsgetreu berichtet, dann darf Kyot, der sie uns in der richtigen Fassung überlieferte, wohl zürnen. Der Provenzale berichtet am Schluß, wie Herzeloydes Sohn nach seiner Bestimmung die Gralsherrschaft errang, die Anfortas verwirkt hatte. Die wahre Erzählung mit dem richtigen Schluß ist also aus der Provence nach Deutschland gekommen, und ich, Wolfram von Eschenbach, schließe dort, wo der provenzalische Meister den Schlusspunkt setzte. Ohne eigenmächtige Änderungen habe ich euch von dem vornehmen Geschlecht und den Kindern Parzivals erzählt, dessen Lebensweg ich bis zum Zenit seines Glücks verfolgte.[103]

Der hoch heroische Ton des Schlusses unterstreicht den Unterschied zwischen Wolframs Gralversion und derjenigen der französischen Autoren. Denn hier haben wir es nicht mit einer Engelsvision zu tun, mit einem mystischen Streben nach höchster religiöser Erfahrung, sondern mit einer Schilderung des Schicksals eines Individuums im Rahmen einer geordneten, idealen Gesellschaft, die weit entfernt ist von den Bürgerkriegen im Deutschland seiner eigenen Zeit. Der Gral ist die Gewähr für Parzivals »hohe Abkunft«, das göttliche Symbol einer Autorität, durch die seine Dynastie herrscht. Im Mittelpunkt aber steht Parzival selbst; er findet Erfüllung in einem spirituellen Ziel und in der Vollendung seines ihm bestimmten Geschicks. Die Größe von Wolframs Roman liegt letztlich in seiner warmen Menschlichkeit, in seiner Schilderung der tiefen Verzweiflung Parzivals oder der Freude und Zärtlichkeit seiner Vereinigung mit Condwiramurs und seiner Söhne am Ende der Erzählung; es sind solche Bilder, die am Ende unserer Lektüre bei uns haften bleiben. Wir schilderten Wolfram zu Beginn als einen höchst eigenständigen und originellen Dichter, und diese Merkmale prägen auch seine Fassung der Gralgeschichte.

Epilog

Dies nun sind die Geschichten vom Gral, wie sie uns Autoren des halben Jahrhunderts zwischen 1190 und 1240 erzählt haben. Wenn ich sie in einiger Ausführlichkeit nacherzählt und aus ihnen zitiert habe, dann deshalb, weil diese Texte eine wesentliche Grundlage für unser Verständnis davon sind, wie der Gral von den Autoren gesehen wurde, die ihn schufen. Dabei versuchte ich, so neutral wie nur möglich zu sein, um nichts hervorzuheben, was die eine oder andere Interpretation favorisiert hätte. Auch glaube ich nicht – außer in einem sehr weiten Sinne –, dass wir berechtigt sind, einer Version gegenüber einer anderen den Vorzug zu geben. Wir müssen versuchen, uns zurückzunehmen und die Romane als Gruppe zu betrachten und eher aus dem Gesamtbild Schlüsse zu ziehen, als bestimmte Einzelzüge aus dem Gesamten herauszulösen.

Selbst im Rahmen einer Zusammenfassung oder einer Paraphrase sind Reichtum und Vielfalt des Materials beeindruckend. Es wurde zudem geltend gemacht – und das mit Recht – dass die Ursprünge der mittelalterlichen Prosaliteratur und im weiteren Sinne auch die des modernen Romans in diesen Erzählungen liegen:

…Die Perceval-Abenteur im Conte du Graal (Erzählung vom Gral) … markieren den Anfang des arthurischen Prosaromans, ein Genre, das gänzlich vom Gralmaterial abgeleitet ist. So wird schon bald nach 1200 eine deutliche Differenzierung der Zielrichtung deutlich. Die Prosaromane nehmen den Charakter einer religiösen Suche an, deren Samen im Conte du Graal gelegt ist, während die zeitgenössischen Versromane

jeden Bezug zur Gralsuche vermeiden und ritterliche Abenteuer keinerlei transzendente Untertöne aufweisen. Die Richtungsänderung wird
durch die Verwendung der Prosa symbolisiert, weil sie im Ruf eines
höheren Wahrheitsgehalts steht und die sie geeigneter erscheinen lässt,
Fragen der Erlösung zu behandeln; die Prosaform sollte auch als ein
Echo der historischen Chroniken gesehen werden, aus denen die
Romane hervorgegangen waren.[104]

Das sind große Fragen: Warum sollte das neue Genre danach streben, sich
der großen Probleme der Theologie und der höchsten Momente mystischer Erfahrung anzunehmen? Diese Fragen müssen aber zunächst in den
Hintergrund treten, denn wir wenden uns zunächst unserer eigenen Version von Percevals Gralfrage zu: »Was ist der Gral?«

Zweiter Teil

Das Wesen des Grals

Apokryphen, Theologie, Romane

Erstes Kapitel

Der Gral

Alle bisher behandelten Romane entstanden in der verhältnismäßig kurzen Zeitspanne zwischen 1190 und 1240. Sie teilen sich in drei Werkgruppen und zwei eigenständige Romane. Die drei Gruppen sind *Die Erzählung vom Gral* des Chrétien de Troyes und seine Fortsetzungen, das Werk des Robert de Boron sowie der anonyme *Lancelot-Gral-Zyklus*. Die beiden Einzelromane sind der ebenfalls anonyme *Perlesvaus* und Wolfram von Eschenbachs *Parzival*. Wir haben gesehen, dass wir wahrhaftig keine anderen Informationen über die Autoren in Händen haben, außer denen, die sie uns selbst liefern, und dass es nahezu unmöglich ist, eine positive Chronologie zu erstellen oder definitiv zu sagen, wie sich die verschiedenen Werke zueinander verhalten. Die Ergebnisse unserer Suche – dies ist wohl die angemessene Bezeichnung dessen, was nun folgt – müssen deshalb vorsichtig mit Vorbehalten und Vorbedingungen umgehen, und so werden sich – wenn überhaupt – nur wenige positive Schlussfolgerungen ergeben. Unsere Besuche der Gralburg statten wir in der Rolle Gauvains/Gawans oder Lancelots ab, die Gewissheiten eines Perceval oder Galahad werden wir nicht gewinnen.

Warum war der Gral für diese Autoren ein dermaßen spannendes, anregendes Thema? Ganz ohne Zweifel hatte der Stoff etwas an sich, das so faszinierend und inspirierend war, dass er Kreativität freisetzte, und wenn wir hier ein wenig Licht hineinbringen wollen, müssen wir zuerst verstehen, was der Gral repräsentiert. Beginnen wir also mit dem, was vermutlich am Anfang stand, mit Chrétiens Version der Geschichte.

Bei Chrétien ist der Gral anfangs von Geheimnis umgeben und dann eine »*tante sainte chose*«, ein »so heiliges Ding«. Die anfängliche Aura des Mysteriösen ist Quell gewaltiger Spekulationen gewesen, und über die Jahre ist eine immens ausgedehnte wissenschaftliche Literatur entstanden, die sich der richtigen Lesung des Rätsels und der Erschließung des dahinter liegenden »Geheimnisses« widmet. In gewisser Weise ist das Folgende lediglich ein weiterer Lösungsansatz dieser Art. Mein Ausgangspunkt ist, dass der Gral bei Chrétien nicht mehr und nicht weniger als das ist, was der Autor selbst über ihn sagt. Es gibt da keine verborgenen Bedeutungen, keinen Leitfaden für Ritual, Symbol oder Allegorie. Das überzeugende Argument dafür ist die Tatsache, dass sich der gesamte Ton des Romans nicht anders darstellt als in den anderen Werken Chrétiens, die keinerlei spirituelle und religiöse Dimensionen aufweisen. Die Gralszene könnte in die im *Erec* oder *Yvain* oder *Lancelot* erzählten Abenteuer ohne wesentliche Veränderungen eingebaut werden. Die *Erzählung vom Gral* unterscheidet sich von diesen früheren Romanen darin, dass sich Chrétien mit der Psychologie des Erwachsenwerdens und nicht mit der Psychologie der Liebe befasst. Aber wir haben es nicht mit einem neuen, radikalen Aufbruch zu tun; der Text sollte auf dieselbe Weise gelesen werden wie seine vorangegangenen Werke, für die auch niemand eine verborgene Agenda vorgeschlagen hat.

Versuchen wir einfach nur das zu lesen, was der Text sagt. Wenn wir dem Gral zum ersten Mal begegnen, lässt ihn uns Chrétien mit den Augen Percevals sehen. Weil die Gralprozession für Perceval ein Mysterium ist, bleibt sie auch für uns, die Leser, ein Mysterium; wir verfügen genau über dieselben Informationen wie Perceval selbst, wenn sich das glänzende Schauspiel vor unseren Augen abspielt. Chrétien blendet uns ganz bewusst mit seiner Technik, so wie auch Perceval von den Kerzen geblendet wird, die man vor dem Gral einherträgt. Am Ende der Szene wird nicht von uns verlangt, etwas Verborgenes oder Symbolisches, Religiöses und Rituelles in dem Geschehnis gesehen zu haben, sondern nur, dass wir gesehen, aber nicht verstanden haben, genauso wie der Held der Erzählung gesehen und nicht verstanden hat.

Wiederum ist die Szene zwischen Perceval und seinem Onkel, dem Einsiedler, ein starkes Hindernis für alle, die in der originalen Gralprozession eine verborgene Bedeutung entdecken wollen. Die vom Einsiedler gebotenen Erklärungen sind gradlinig und einfach. Die Vertreter einer anderen Lesart haben eine Menge Argumente vorgebracht, um zu zeigen, dass diese Szene nicht von Chrétien stammt, sondern ein Zusatz nach seinem Tode ist, der die ursprüngliche Inspiration und Bedeutung der ersten Gralszene verdunkeln sollte. In der Tat eröffnen sich einige spezielle Probleme bei den Erklärungen des Einsiedlers: Warum sollte es keine Diskussionen über die blutende Lanze geben, und warum wird der Gral, der ja als heilig bezeichnet wird und die Hostie enthalten soll, von einem Mädchen getragen, wo doch Frauen sonst zu kirchlichen Ritualen keinen Zugang haben? Das erste Problem können wir in etwa beantworten, denn das Abenteuer der blutenden Lanze ist allein Gauvain vorbehalten. Es wäre also zu erwarten, dass eben Gauvain die entsprechenden Erläuterungen erhält, wie es ja auch in der *Ersten Fortsetzung* geschieht. Das zweite Problem ist schwieriger zu lösen: Man könnte anführen, Chrétien habe nicht ausdrücklich gesagt, dass der Gral die Hostie enthält, während er von dem Mädchen durch das äußere Gemach getragen wird. Der Gral wäre dann lediglich der Behälter für die Hostie, und Chrétien hätte eher ein Ritual im inneren Raum im Auge gehabt, bei dem der Gral geweiht worden wäre. Dieser Ansatz ist indessen ein perfektes Beispiel für die Argumentation, auf die sich die meisten Wissenschaftler beschränken, wenn sie mit dem Mysterium des Grals bei Chrétien konfrontiert werden.

Schauen wir also lieber auf das, was uns gesagt wird, als auf das, was uns nicht gesagt wird. Der Gral ist eine Schale oder Schüssel von einiger Größe: das Mädchen braucht beide Hände, um sie zu tragen; der Einsiedler teilt Perceval mit, das Gefäß enthalte *nicht* »einen Hecht oder eine Lamprete oder einen Lachs« und bestätigt damit, dass der Gral eine große Schale ist. Ein gleißendes Strahlen geht von ihr aus, sie ist aus Gold gefertigt und mit den herrlichsten Edelsteinen besetzt. Eine einzige Hostie, durch die der Fischerkönig am Leben gehalten wird, liegt darin, und deshalb nennt sie Chrétien ein »so heiliges Ding«.

Der Schlüssel zu beiden Szenen scheint mir in der Imagination zu liegen. In der ersten Szene will uns Chrétien zeigen, wie ein Unerfahrener die Konventionen einer Gesellschaft missverstehen kann, als Perceval den Rat Gornemans, nicht neugierig zu sein, mit dem Verbot verwechselt, überhaupt Fragen zu stellen. Es muss deshalb eine Szene geben, in der unbedingt eine Frage gestellt werden sollte, die aber Perceval dann nicht stellt.

Je außergewöhnlicher und mysteriöser die Szene ist, desto stärker wird Percevals Fehldeutung der Worte Gornemans empfunden, denn wir, das Publikum, verlangen selbst dringend nach einer Erklärung. Chrétien imaginiert bis zur Perfektion die Art der Erscheinung, die geeignet ist, den Leser in erwartungsvolle Spannung zu versetzen und zu beeindrucken. So hat die Gralprozession eine entscheidende Funktion in der Schilderung der Lehrjahre Percevals.

In der *Erzählung vom Gral* ist somit der Gral selbst, trotz des Titels, nicht notwendigerweise der Kernpunkt der Geschichte; sie hat vielmehr eine ganz andere Zielrichtung. Aber die Verbindung zwischen dem Heiligen und dem Mysteriösen erregte die Neugierde der Hörer und Leser und entzündete schließlich die Phantasie eines anderen. Bei unserer nächsten Begegnung mit dem Gral hat sich sein Umfeld signifikant verändert: Er tritt nicht mehr als mysteriöses Objekt in einem von Mysterien geprägten Roman auf, sondern er ist zum Bestandteil des zentralen Dramas des christlichen Glaubens geworden – der Kreuzigung Jesu. Drei Stimmen, jeweils mit unterschiedlichem Akzent, informieren uns, dass Joseph von Arimathia der Hüter des Grals war und dass der Gral die Schale ist, aus der Christus das Letzte Abendmahl genossen hatte. Trotz aller Unterschiede stammen die drei Berichte jedoch aus derselben kulturellen und geografischen Region wie Chrétien selbst, aus dem Nordosten Frankreichs und dem Grenzgebiet zu Flandern. Alle drei Zeugen scheinen Verbindungen zum religiösen Bereich zu haben, obwohl zwei davon weltliche Herren als Gönner und Adressaten für ihr Werk benennen. Und allen ist eine breite Übereinstimmung in der Beschreibung des Grals eigen.

Wann und wo sich diese plötzliche Veränderung zutrug, können wir nicht einmal vermuten. Das ist bemerkenswert in Hinblick auf die allgemeinen Entwicklungsmuster des arthurischen Romans, denn Chrétiens Werk stand in höchstem Ansehen und »wurde von jedermann bewundert«.[105] Als eine Möglichkeit bietet sich deshalb an, dass die Gralvision Chrétiens eigene Vision ist und dass er den Rest seiner Erzählungen seinen Freunden oder Anhängern mitteilte, und dies sollte die krönende Offenbarung und der Höhepunkt der *Erzählung vom Gral* werden. Der Gral in dieser Phase ist wahrhaftig ein »so heiliges Ding«: warum aber sollte eine so geartete Geschichte eine bestimmte Saite in der damaligen Gesellschaft zum Klingen bringen?

Vergegenwärtigen wir uns zunächst, was wir von den Autoren, die in der Generation nach Chrétien schrieben, über den Gral erfahren. Unser erster Zeuge – nicht unbedingt in chronologischer Folge – ist der Dichter Hélinand, ein Mitglied der ritterlichen Gesellschaft, der als Mönch in das Zisterzienserkloster Froidmont bei Beauvais eintrat und später gegen die Katharer in Südfrankreich predigte.[106] Als Mönch ließ er nicht von seiner Dichtkunst ab und verfasste eine machtvolle Verdammung der Gesellschaft seiner Zeit, nicht in lateinischen, sondern in französischen Versen – die *Vers de la mort*, das »Gedicht vom Tod«. Es mag eines jener Werke gewesen sein, das die Oberen des Zisterzienserordens veranlasste, die Missbilligung von »Mönchen, die Reime verfassen« an die erste Stelle der Tagesordnung ihres Generalkapitels zu Cîteaux im Jahre 1199 zu setzen. Die Verurteilung wurde 1202 wiederholt, scheint aber auf dem nächsten Generalkapitel 1220 kein Thema mehr gewesen zu sein. Hélinand jedenfalls wandte sich der Geschichtsschreibung zu und liefert uns praktisch den einzigen Bezug auf den Gral in der gesamten mittelalterlichen gelehrten Literatur – in seiner Weltchronik zum Jahr 718:

Zu dieser Zeit erhielt in Britannien ein Einsiedler von einem Engel eine wundersame Vision des heiligen Decurio Joseph, der den Leichnam unseres Herrn vom Kreuz abnahm, sowie die Vision einer Schale oder paropsis, aus welcher unser Herr mit seinen Jüngern speiste. Der Einsiedler fertigte davon eine Beschreibung an, welche die Geschichte vom Gral genannt wird. Gradalis oder gradale in französischer Sprache bezeichnet eine breite, nicht sehr tiefe Schüssel, in der man gewöhnlich den Reichen gutes Fleisch in seinem Saft vorsetzt, ein Leckerbissen nach dem anderen in unterschiedlicher Folge. In der Sprache des Volkes heißt man dies »graalz«, denn man ist dankbar dafür und erfreut sich daran, davon zu essen; auch wegen des Gefäßes selbst, das gemeinhin aus Silber oder aus einem anderen wertvollen Metall gefertigt ist, und auch wegen dem, was es enthält, nämlich eine mannigfaltige Menge köstlicher Speisen. Ich habe diese Geschichte nicht in Latein geschrieben auffinden können, aber sie wurde in französischer Sprache von bestimmten Meistern aufgezeichnet; es ist auch nicht leicht, sie vollständig zu erhalten, wie gesagt wird. Es war mir auch nicht möglich, sie irgendwo zu beschaffen, um sie sorgfältig zu lesen. Sobald ich dazu im Stande sein werde, will ich sie genauer und zu größerem Nutzen ins Lateinische übersetzen.[107]

Dieser unvollendete Roman – »nicht leicht, vollständig zu erhalten« – könnte durchaus Chrétiens eigenes Werk sein, Chrétien allerdings erwähnt Joseph von Arimathia nicht. Erst die spätere Romangruppe führt diese Idee ein, und alle Erzählungn assoziieren die Schale mit Joseph von Arimathia.[108] Hélinand, Robert de Boron, *Perlesvaus* und die *Fortsetzungen* der *Erzählung vom Gral* stimmen alle darüber ein, dass der – bei Chrétien nie näher definierte – Gral eine Schale (*vaissel*) ist: Mit Ausnahme des *Perlesvaus* und der *Ersten Fortsetzung* identifizieren sie den Gral als die Schale des Letzten Abendmahls; Hélinand erwähnt ihn nicht als Gefäß des heiligen Blutes.[109] Aber mit welcher Art *vaissel* haben wir es zu tun? Was genau ist der Gral? Sein Wesen scheint auch einen frühen Leser Chrétiens, Wolfram von Eschenbach, in Verwirrung gestürzt zu haben, dessen phantasievolle Beschreibung des Grals wir gesondert untersuchen werden, weil sie so ganz anders ausgefallen ist. Im Kontext der Romane, mit denen wir es hier zu tun haben, ist das Wort stets mit einem bestimmten Tischgeschirr verknüpft, das in der Burg des Fischerkönigs aufbewahrt wird. Wo aber liegen die Ursprünge des Wortes? Lässt sich von daher das Wesen des Grals erhellen?

Das Wort »Gral« *(graal)* ist verhältnismäßig selten im Französischen des 12. Jahrhunderts, es ist aber keine Erfindung Chrétiens. In der *Ersten Fortsetzung* erscheint das Wort in einem weltlichen Zusammenhang, als Gauvain zur Stolzen Burg kommt und dort ein Fest gefeiert wird, mit »hundert Eberköpfen auf Gralen von Silber«.[110] Als Gauvain auf der Gralburg weilt, bemerkt er nicht sofort, dass der Gral, den er dort sieht, genau der Gral ist, nach dem er sucht, so wie er auch zunächst nicht die den Gral begleitende Lanze als den Gegenstand seiner Suche erkennt.[111] Der Gral ist in einem ganz normalen Zusammenhang, einem Gastmahl oder einem Fest, nichts anderes als eine Servierplatte; das Wort findet sich auch in anderen Romanen und Berichten der Zeit und bezeichnet einen alltäglichen Gebrauchsgegenstand. So lässt auch Chrétiens Verwendung des Wortes keinerlei magische oder religiöse Nebenbedeutungen erkennen.

Der Ursprung des Wortes *graal* ist umstritten. Eine Schule leitet das Wort vom lateinischen *gradale* ab, das bereits im 9. Jahrhundert belegt ist:

Bernhard von Werden beschreibt in einem Brief an Kaiser Lothar II. »ein vorzügliches *gradale* aus Alexandria«[112] in einem Zusammenhang, der eine Schale oder einen Becher nahe legt. Alternativ könnte das Wort von *garalis* kommen, einem Gefäß, in dem die Römer das *garum* aufbewahrten, eine Fischsauce aus Anchovis, die Grundzutat der römischen Küche. *Garum* war teuer, und der *garalis* konnte aus Glas gefertigt sein und einen Fuß und Henkel haben. Andere Wissenschaftler führen *graal* auf *cratis* zurück, einen geflochtenen Korb, der nach und nach die Bedeutung von Schale, Schüssel annahm.[113]

Wo auch letztlich der Ursprung liegen mag, die frühesten Beispiele in der Volkssprache stammen jedenfalls aus Katalonien, dessen Sprache mit dem Altprovenzalischen verwandt ist. *Gradals* werden in Testamenten und Rechnungen erwähnt, und man meint damit offenkundig eine Art Schale oder Becher. Im Testament der Ermengarde, der Tochter des Grafen Borell von Barcelona, von 1030 sind aufgeführt »goldene und silberne Gefäße, das sind fünf *hanaps*, zwei *gradales*, zwei Becher und fünf Kämme.« Es erscheint auch als eine französische Version des Wortes *gradale*, eines Graduales, d. h. Messbuchs mit liturgischen Gesängen und Hymnen; ein *graal* konnte also auch ein Messbuch sein, und das gibt dem Wort eine ganz andere Klangfarbe.

Das Wort hat in modernen französischen Dialekten überlebt, und könnte im Französischen zuerst in der Gegend um Troyes, der Heimat Chrétiens, in Gebrauch gekommen sein.[114] Die Verwendung als ein üblicher Haushaltsgegenstand bedeutet, dass das Wort keine Erinnerung an Chrétiens »reichen Gral« ist, sondern von einer anderen Quelle herstammte. Wichtig für unseren Zusammenhang ist, dass »graal« auch außerhalb der Sphäre des höfischen Romans existiert; der mittelalterliche Wortgebrauch ist aus der Gascogne, dem Languedoc und aus Aragón belegt.[115] Sicherlich ist es ein eher ungewöhnliches Wort, aber gewiss nicht die exklusive Schöpfung des Autors der *Erzählung vom Gral*, wie bisweilen behauptet wird.

Eine ähnliche Aufstellung von Gegenständen wie in Ermengardes Testament findet sich in einer *chanson de geste*, im *Girart de Roussillon*, geschrieben um 1150 in südfranzösischem Dialekt: hier besteht die Beute, die sich ein Ritter von einer belagerten Burg erhofft, aus »Gold und Geld, *enabs* und *grasals* und candelabra.«[116] *Enabs* entspricht *hanaps*, eine Art Becher, und *grasal* ist die Dialektform von *graal*. An anderer Stelle in der Chanson werden die beiden Gegenstände als »aus Gold getrieben« beschrieben. In dem im Poitou um 1170 entstandenen *Roman d'Alexandre*, sagt ein Pilger zu seinem Wirt: »Gestern aß ich mit dir aus deinem Gral«, ein Hinweis, dass es sich dabei um eine Schale oder Schüssel handelte, aus der immerhin zwei Personen essen konnten.[117]

Die Belege deuten somit insgesamt darauf hin, dass sich das Wort auf einen wertvollen Gegenstand, sogar auf ein Luxusobjekt bezieht, das aus Edelmetall gefertigt ist und die Abmessungen einer großen Schüssel aufweist. Nach Chrétiens Beschreibung ist das Gefäß groß genug, einen ganzen Lachs aufzunehmen; das korrespondiert mit der obigen Definition von Hélinand de Froidmont und wird von der *Ersten Fortsetzung* bestätigt, bei der zwei Handschriften das Wort *graal* durch Schale, Schüssel (*tailloirs*) oder Platte (*platiaus*) in Passagen ersetzen, in denen es um Tischgeschirr geht und nicht um den Gral als Objekt der Suche durch Perceval.[118]

Der eigentliche Gral der Romane wird erst nach und nach »Heiliger Gral« genannt. Zwei Manuskripte der *Ersten Fortsetzung* verwenden den Ausdruck, als Gauvain den Gral bei seinem ersten Besuch der Burg zu Gesicht bekommt, es könnte sich aber auch um Einflüsse aus späteren Texten handeln.[119] Auch wenn Chrétien den Gral ganz zu Beginn als *tante sainte chose* bezeichnete, wird der Ausdruck »Heiliger Gral« erst im *Perlesvaus* und im *Lancelot-Gral* regelmäßig verwendet. Zur Zeit der *Geschichte des Heiligen Gral* erscheint das Adjektiv »heilig« dann als nahezu beständiger Zusatz. Robert de Boron bedient sich des Ausdrucks nicht, und in der Mehrzahl der Romane wird er weitaus häufiger »der reiche, reiche Gral« genannt in Anlehnung an die Beschreibung in Chrétiens Originaltext, wo der Gral als ein mit kostbaren Juwelen besetztes Gefäß erscheint.

Der Gral als Kelch

Bei Robert de Boron wird der Gral zu einer Schale, in der Joseph von Arimathia das Blut Christi auffängt, nachdem er den Leichnam vom Kreuz abgenommen hatte. Könnte dieser Gral eher eine Becher oder Kelch sein als eine Schale? Robert de Boron nennt ihn »ein edles Gefäß, in dem Christus sein Sakrament spendete«. Die Evangelien erwähnen beim Letzten Abendmahl sowohl einen Kelch wie auch eine Schale; *veissel* bedeutet Vase oder Gefäß, und in der *Erzählung vom Gral* wird *vaisselemente* in der Bedeutung Platten, Servierplatten benutzt. Die Vulgata- oder Lateinversion der Evangelien spricht von dem Gefäß als *calix*, Kelch. Wenn Robert de Boron den Kelch des Letzten Abendmahls hätte benennen wollen, hätte er vermutlich das Wort *calice* gewählt.

Im *Perlesvaus* finden sich Hinweise auf ein verändertes Konzept des Grals, besonders ins Auge fallend bei Gauvains erstem Besuch in der Burg des Fischerkönigs, als er sich vorstellt, er sähe in dem Gral »einen Kelch, der in dieser Zeit wahrhaftig ein seltener Anblick war«. Weiterhin bemerkt er zwei Figuren im Gral, »den Umriss eines Kindes«, und als der »Gral hoch oben in der Luft war« einen gekrönten König, ans Kreuz genagelt und mit einem Speer in seiner Seite.[120] Wie wir sehen werden, gehören beide Bilder zu den visionären Attributen des Messkelchs.

Der Kelch steht auch im Mittelpunkt der entscheidenden Szene, in welcher der Gral König Artus erscheint, als er auf seiner Pilgerfahrt Perlesvaus besucht, nachdem dieser zum Herrn der Gralburg geworden war:

> Dann begann die heilige und wunderprächtige Messe. Nun erzählt uns die Geschichte, dass es zu dieser Zeit keinen Kelch im Lande des Königs Artus gab. Der Gral erschien bei der Weihe in fünf Formen, aber sie sollten nicht offenbart werden, denn von den Geheimnissen des Sakraments soll niemand sprechen, außer der, dem Gott Gnade gewährte. Aber König Artus sah alle die Veränderungen, und zuletzt erschien der Kelch, und der Einsiedler, der die Messe zelebrierte fand einen Schriftzug auf dem Weihetuch, und die Buchstaben besagten, Gott wolle, dass Sein Leib in einem solchen Gefäß geopfert werde zum Gedenken an Ihn.[121]

Die Tatsache, dass die letzte Transfiguration des Grals ein Kelch ist, bestätigt, dass er nicht schon von Anfang an ein Kelch gewesen sein kann.

Der Autor der *Geschichte des Heiligen Gral* folgt Robert de Boron, indem er den Gral als Schüssel oder Schale beschreibt (*escuele* vom Lateinischen *scutella*), der *Lancelot-Gral* jedoch nennt das Gefäß »*vaissel*«, und wir erfahren, dass er die Form eines Kelchs hat (*en semblence de calice*).[122] Mit ziemlicher Sicherheit geht dies auf das Konto der unterschiedlichen Quellen der beiden Erzählungen, denn die *Geschichte des Heiligen Gral* gehört zu den späteren Romanen, während der *Lancelot-Gral* dem *Perlesvaus* zeitlich näher steht, der ebenfalls zwischen Schale und Kelch schwankt. In der entscheidenden Szene der *Suche (Queste)*, als Christus selbst den Rittern die

Kommunion spendet, erklärt der Autor ausdrücklich, dass der Gral »die Schüssel ist, aus der Jesus Christus an Ostern mit seinen Jüngern das Lamm aß« und wechselt dabei von *vaissel* zu *escuele* über. Und in dem Gral ist nicht der Kommunionwein, sondern die Hostie – in diesem Punkt ist die Beschreibung der Szene eindeutig. Hier schließt sich der Kreis und wir kehren zu Chrétien zurück: Der Gral enthält die Hostie. Auch wenn der Gral »einmal der Kelch, einmal die Patene ein anders Mal das Ciborium« sein kann, so steht er doch immer in enger Verbindung mit dem heiligen Gefäß der Messe.[123]

So hat der Gral offenkundig machtvolle religiöse Konnotationen, aber welche Funktionen hat er? In der *Erzählung vom Gral* ist er, wie wir gesehen haben, lediglich ein zeitweiliger Behälter für die geweihte Hostie, aber nach diesem undeutlichen Anfang wird er zu einem Teil der Heiligen Messe und zum Mittelpunkt seines eigenen religiösen Kultus. Im *Perlesvaus* begegnet Gauvain »der Messe des Heiligen Gral« noch bevor der Gral selbst beschrieben wird, und in diesem Roman ist der Gral stets mit der Kapelle in der Burg des Fischerkönigs verknüpft. Selbst wenn der Gral zu einem Fest hereingetragen wird, holt man ihn aus der Kapelle neben dem Festsaal.[124] Indessen, der Gral ist keine Reliquie, die man nach Belieben in einem Schrein verehrt: Der Gral kommt und geht aus eigenem Antrieb, und nur als Gauvain ihn in der Festhalle erblickt, wird er von einem Mädchen ge-tragen. Selbst diese Szene hat mit den anwesenden Engeln eine liturgische Färbung. Desgleichen gibt es im *Lancelot-Gral* Szenen mit liturgischem Unterton: Bors' nächtlicher Besuch des Grals beginnt mit der Erscheinung eines »weißhaarigen Mannes, wie ein Priester gekleidet, aber ohne Kasel«, der die Lanze trägt, und dann sieht er den Gral selbst: »auf einem silbernen Tisch war der Heilige Gral, bedeckt mit einem Stück aus weißem Samit, und vor dem Tisch kniete ein Mann, gewandt wie ein Bischof«.

Diese Hinweise auf eine besondere Gralliturgie sind eine Vorahnung des Höhepunktes in der *Suche (Queste)*, der letzten Erscheinung des Grals in Corbenic und der Schlussszene im »Geistigen Palast« zu Sarras. Wie zu erwarten, kündigen sich diese abschließenden Bilder in der *Geschichte des Heiligen Gral* bereits an. Josephus legt seine Gewänder an und tritt vor das heilige Gefäß, um die Messe zu zelebrieren, »wie er es zu tun pflegte«, bevor König Mordrains erblindet, weil er in den Gral geschaut hat. Am Ende sieht König Alphasan »das heilige Gefäß auf einem silbernen Tisch stehen;

davor war ein Mann, den er nicht kannte, der aber wie ein Priester aussah, der die Messe singt.«[125]

Selbst in der *Suche (Queste)* ist die Beschreibung der Liturgie, bis wir zum Abschluss der Abenteuer gelangen, immer abgeschwächt und unklar, denn die letzte Schau des Grals ist noch nicht erreicht: in Lancelots Teil-offenbarung in Corbenic sieht er »einen greisen Mann in Priesterge-wändern« vor dem Gral stehen, der »alle Handlungen bei der Messweihe vornahm«.[126] Erst als Galahad, Perceval und Bors die Burg Corbenic errei-chen, werden die vollständige Liturgie und die Mysterien offenbart. Jose-phus zelebriert die Messe und verwendet dabei den Gral und die Heilige Lanze; das Blut rinnt von der Lanze hinunter in den Gral, und daraus entnimmt Josephus die Hostie, die dann allmählich zu Fleisch wird. Er legt sie zurück in den Gral und vollendet die Messe, bevor er die Ritter anweist, sich an den Graltisch zu setzen. Er verschwindet, und die Litur-gie wird von einem unbekleideten Mann beendet, der aus dem Gral emporsteigt und Galahad und den anderen die Kommunion spendet. Der Mann wird nicht Christus genannt, aber er spricht von »Meinen Myste-rien und Meinen Geheimnissen«. Die Gralliturgie erscheint somit als die höchste Messfeier, in der Christus selbst – und nicht sein Stellvertreter, der Priester – sein eigenes Opfer neu erschafft.

Es ist ein augenfälliges Merkmal der Gralzeremonien in der *Suche (Queste)* und in der *Geschichte des Heiligen Gral,* dass die Zeremonien von dienenden Engeln durchgeführt werden, nur der Zelebrant ist ein Mensch. Dieses Thema findet sich auch im *Perlesvaus,* wo Gauvain zunächst zwei, dann drei dienende Engel sieht, bis er die dramatische Schau der Kreuzi-gung im Gral erlebt.[127] Es könnte einfach ein dichterisches Phantasiepro-dukt sein, aber es liegen deutliche Parallelen in der Liturgie der Ostkirche vor: Dort wird der die Hostienweihe begleitende Hymnus *Cherubikon* genannt und bezieht sich auf »den König der Welt, der von einer unsicht-baren Heerschar von Engeln begleitet erscheint.«[128] Ein Nachhall davon ist vielleicht in der Geschichte zu spüren, die von dem Zisterzienserabt Martin erzählt wird: Er hatte 1205, ein Jahr nachdem die Kreuzfahrer Kon-stantinopel erobert hatten, wertvolle Reliquien aus dieser Stadt für seine Abtei Pairis im Elsass mitgebracht. Auf seiner Heimreise hatte er eine Vision, die er später einem Mitbruder schilderte:

Die Gralmesse mit Joseph in Corbenic. Buchmalerei aus Tournai, 1351.

Er schlief nicht, sondern war eher wach, und er sah zwei Engel dort, wo die Reliquien aufbewahrt wurden … Diese Engel schienen den Gottesdienst mit wunderbarer Frömmigkeit bei dem Reliquiar abzuhalten, in dem die heiligen Gaben Gottes eingeschlossen waren, und sie lobten Gott mit aller Ehrerbietung …[129]

Zu den »heiligen Gaben« gehörten bestimmt ein Splitter des Wahren Kreuzes und möglicherweise auch eine von den gut Dutzend Reliquien des Heiligen Blutes, die damals geraubt worden waren.[130] Dass Engel bei der Messe anwesend sind, ist eine für das westliche Christentum ungebräuchliche Vorstellung und wird nur selten erwähnt. Guillelmus Durantis (Guillaume Durand), ein französischer Bischof, schrieb Ende des 13. Jahrhunderts das klassische Handbuch über die Grundprinzipien des Gottesdienstes (»Rationale divinorum officiorum«) und bemerkt darin, dass die Gemeinde an einem bestimmten Punkt der Liturgie nicht das »Amen« spreche, weil »die Engel, die stets (bei der Messe) Dienst tun, antworten.«[131] Bildliche Darstellungen der Liturgie der Engel sind in der religiösen Kunst des Westens praktisch unbekannt. Das deutlichste Beispiel bleibt eine Illumination in einer Abschrift der *Suche (Queste)*, die 1351 von Pierart dou Tielt in Tournai angefertigt und mit Abbildungen versehen wurde.[132]

Der heilende Gral

Der Gral erscheint natürlich nicht nur in religiösem Zusammenhang: In der *Erzählung vom Gral* enthält er einen nicht näher bezeichneten heiligen Gegenstand, jedoch im Kontext eines weltlichen Festes. Er kann in diesen weltlichen Szenen sowohl ein Mittel der Heilung sein als auch ein Spender von Speisen. Im Lancelot-Abschnitt des *Lancelot-Gral* erscheint der Gral dreimal als ein Instrument der Heilung, bevor noch die Gralabenteuer wirklich beginnen. Nach Gauvains verhängnisvoller Nacht im Palast der Abenteuer sieht er den Gral ein weiteres Mal: seine Ankunft wird durch einen heftigen Sturm angekündigt und ist von süßen Düften begleitet sowie von »Stimmen, die gemeinsam süßer klangen als sich ein menschliches Herz vorstellen oder eine irdische Zunge beschreiben kann«. Gauvain ist benommen von den Wunden, die ihm eine magische Lanze zufügte, und von dem Kampf mit einem geheimnisvollen Ritter; als aber das Lied endet und der Gral von dem Mädchen, das ihn trug, wieder hinausgebracht wird, »fühlte er sich so stark und gesund, als habe er niemals Schmerzen oder eine Verwundung gehabt.«[133]

Gegen Ende des *Lancelot* gibt es zwei weitere Heilungsszenen: Perceval kämpft mit seinem Bruder Ector; sie erkennen sich nicht, und beinahe töten sie sich gegenseitig. Schwer verwundet, haben sie kaum mehr die Kraft, die nahe gelegene Einsiedelei zu erreichen; aber

als sie in so großer Gefahr und Angst waren, dass sie dachten, sie würden wahrhaftig sterben, sahen sie eine große Helligkeit auf sich zukommen, so, als sei die Sonne zu ihnen herabgestiegen, und sie fragten sich, was das sein könnte. Sie schauten auf und sahen ein Gefäß wie ein Kelch, bedeckt mit weißem Samit; zwei Weirauchgefäße gingen ihm voran und zwei folgten ihm, aber sie konnten nicht sehen, wer sie trug oder wer das Gefäß hielt. Allein, das Gefäß schien ein heiliger Gegenstand zu sein, und sie erhofften sich von ihm große Wirkung, so daß sie sich davor verneigten trotz aller Schmerzen, die sie litten, und sogleich widerfuhr ihnen etwas so Wundersames, daß sie sich gesund und munter fühlten und sich von ihren Wunden erholten.[134]

Ector berichtet Perceval, dass dies der Heilige Gral war; »Unser Herr hat viel große Wunder getan seinetwegen.«

Als Lancelot in Wahnsinn verfällt, nachdem er entdeckte, dass ihn die Tochter des Königs Pelles – wiederum als Guinevere verkleidet – ein zweites Mal durch List in ihr Bett gelockt hatte, wird er erneut vom Gral geheilt:

> … der König ließ ihn zum Palast der Abenteuer bringen; sie ließen ihn dort alleine zurück und dachten, Lancelot würde durch die Macht des Grals geheilt und erhielte sein Gedächtnis zurück, sobald er im Palast sei. Und es geschah genauso wie sie dachten, denn als der Heilige Gral wie gewohnt in den Palast kam, wurde Lancelot auf der Stelle geheilt …[135]

Die heilende Kraft des Grals wird ein einziges Mal in der *Suche (Queste)* beschworen, und zwar in der merkwürdigen Episode, in der ein Ritter in einer weit abgelegenen Kapelle in einem verwüsteten Land geheilt wird und Lancelot während der Erscheinung des Grals unfähig ist, sich zu bewegen.

Wenn der Gral in der Lage ist, Leben wiederherzustellen, dann kann er auch Leben erhalten: Der Gral ist eine wundersame Quelle der Speisung, worauf seine säkulare Bedeutung – Servierplatte, Schüssel – bereits hindeutet. Die Frage, die Perceval in den Sinn kommt, als er den Gral zum ersten Mal sieht, die er aber zu stellen versäumt, ist: »Wem dient der Gral?« Er nährt den kränklichen König in Chrétiens Version mit einer einzigen Messoblate. Dann aber kommen wir zur *Ersten Fortsetzung* der *Erzählung vom Gral*, die zu einer ganzen Reihe wissenschaftlicher Spekulationen geführt hat. Als Gauvain zur Gralburg kommt, wirkt der Gral ein Wunder und speist alle Anwesenden. In zwei der drei Versionen dieses Textes spendet der Gral Brot und Wein:

> Dann sah er den reichen Gral durch eine Tür hereinkommen; er setzte rasch überall den Rittern Brot vor, sodann goß er Wein in große Becher aus edlem Gold, wie ein Mundschenk es tun sollte gemäß seinem Dienst, und stellte sie vor die Herren und ihr Gefolge.[136]

Als dies getan war, wartete der Gral auf dem Fest den versammelten Rittern auf und bewegte sich zwischen ihnen nach eigenem Willen umher. Es ist möglich, dass diese Idee aus Chrétiens eigener Schilderung des Gralsfestes übernommen wurde: jedes Mal wenn ein neuer Gang serviert wurde, sah Perceval, wie sich der Gral durch den Raum zurückbewegte. Die Anwesenheit des Grals wurde fälschlich so gedeutet, als sei er die Quelle der Speisung, während der Text eine solche Verbindung nicht herstellt. Wenn überhaupt, dann bedeutet das, dass der geheimnisvolle Empfänger des Gralsinhalts immer dann von dem Gral bedient wird, wenn man eine neue Speisefolge in der Halle auftischt. Das Bild vom immer wieder auftauchenden Gral verstärkt noch Percevals Versäumnis, sich nach dem Gral zu erkundigen.

Dies allerdings ist nur ein Aspekt der Fähigkeiten des Grals, denn als Gauvain seinem Sohn Guinglain in der *Zweiten Fortsetzung* von seinen Abenteuern in der Gralburg erzählt, erwähnt er die magische Speisung nicht, sondern berichtet nur von der Prozession der Lanze, des Schwertes und des Grals, der kommt und geht, während die Ritter zu Tische sitzen.[137] Aber Gauvain lässt seinen Sohn auch wissen, dass ihn der Anblick des Grals »sehr erquickt« habe (*molt me reconfortoie*).

Der erste Auftritt des Grals im *Lancelot-Gral* greift wiederum die Idee auf, dass der Gral auf magische Weise Speisen verteilen kann. In einer Szene – ein Nachhall der *Ersten Fortsetzung* – kommt Gauvain zur Burg und sieht die Prozession, wird aber von dem schönen Mädchen abgelenkt, das den Gral trägt; er denkt nur an sie, anstatt dem Gral seine Verehrung zu erweisen. Als der Gral seine wundersamen Gaben austeilt, erhält jeder an der Tafel – außer Gauvain – »all die köstlichen Speisen, die man sich nur denken kann. Die Halle war erfüllt von wundervollen Düften, als ob alle Gewürze der Welt dort ausgebreitet wären.«[138] Das Gralfest wird für Lancelot und Bors bei ihrer Ankunft in Corbenic erneut abgehalten; beide erweisen dem Gral die gebührende Verehrung und werden »mit allen köstlichen Speisen der Welt« bewirtet.[139] Das Fest ist jetzt nicht mehr nur ein Akt des Wunders, sondern eine vorläufige Prüfung, bei der man zwischen Sündern und Frommen unterscheidet. Lancelot wird von seiner Frömmigkeit nur durch die Gedanken an Guinièvre abgelenkt, und so wird Bors zum Gralritter erwählt. Gauvain aber ist unfähig, den Verlockungen der Lust zu widerstehen.

In der *Suche (Queste)* erscheint der Gral am Artushof, als man das Pfingstfest feiert und speist die versammelte Mannschaft, ohne Unterschiede zwischen ihnen zu machen. Die Atmosphäre indessen ist eine gänzlich andere: da ist keine Gralträgerin, und bevor der Gral erscheint, breitet sich ein glänzender Schein aus, »und die Leute drinnen schienen erleuchtet zu sein von der Gnade des Heiligen Geistes.« Der Gral kommt herein und füllt den Raum »mit einem Duft, als wären alle Gewürze der Welt weit umher verstreut«[140] – eine Anspielung auf das biblische »Hohelied«. Und der Gral bringt die Speisen, die jeder der Versammlung »am meisten begehrte«.

Wir erkennen hier zwei ineinander verwobene Sichtweisen: der Gral als Spender irdischer Speise und der Gral als spirituelle Erscheinung, der Sünder zurückweist und Gnade spendet. Nur in der *Ersten Fortsetzung* weist das Festmahl bei der Ankunft Gauvains in der Gralburg keinerlei spirituellen Elemente auf, und doch erfährt Gauvain später in der Szene, dass die Lanze, die am Ende des Festes erscheint, diejenige ist, die bei der Kreuzigung verwendet wurde. Die Szene am Artushof in der *Suche (Queste)* hat einen starken Anklang an die Gralerscheinung bei Robert de Boron: Dort spendet er Gnade. Er speist nicht die Gefolgsleute des Joseph von Arimathia, vielmehr löscht die verehrende Versenkung in den Gral das Bedürfnis nach wirklicher Speise. Als Joseph den Graltisch bereitet und den Gral darauf stellt, bietet er spirituelle Erquickung – »die Süße und Erfüllung ihrer Herzen« – wie sie Gauvain beim Anblick des Grals empfand. Der Gral duldet »keinen Sünder in seiner Gegenwart« – die gesündigt haben, werden von seiner Teilhabe ausgeschlossen, so wie auch Gauvain im *Lancelot-Gral* nicht vom Gral bedient wird. Bei der Vollendung der Suche nach dem Gral fließen beide Aspekte ineinander: Als die Gralritter in Corbenic die Kommunion empfangen, wird die Hostie »zur heiligen Speise, welche sie so honigsüß und köstlich empfanden, dass es schien, als sei die Essenz jeglicher Süße in ihren Körpern eingeschlossen.«[141]

Der Gral als Quelle der Speisung spielt deshalb nicht nur eine magische und materielle Rolle. Nur in der *Ersten Fortsetzung* erfüllt er diese Funktion ohne irgendwelche spirituellen Untertöne, und sogar dort ist der Kontext so geartet, dass Gauvain den spirituellen Hintergrund seiner Suche nach der blutenden Lanze erfährt. Gewöhnlich wird der Gral als Quelle materieller Speise und spiritueller Erquickung geschildert und wird eng mit der Gabe göttlicher Gnade verknüpft. In den meisten Fällen ist es denen, die nicht in der Gnade Gottes leben und sich im Stand der Sünde befinden, nicht erlaubt an den Gralfesten teilzunehmen oder sich dem Gral nur zu nähern. Der extreme Fall findet sich im *Perlesvaus*, wo der Gral nicht einmal vor Gauvain erscheint, weil er Guinevere in sündiger Liebe verbunden ist. Der Gral kann körperliche Bedürfnisse erfüllen, aber nur denen, die reinen Geistes sind.

Zweites Kapitel

Die Inszenierung
des Grals

Der Artusroman konstruiert einen Gegensatz zwischen Drinnen und Draußen: Der geordneten Welt der Burg steht der geheimnisvolle Wald der Abenteuer gegenüber; dabei ist der Gral eindeutig der Burg zugeordnet. Er erscheint fast immer in der Halle einer Burg und bevorzugt bei einem festlichen Anlass. Meist trägt man ihn in einen Nebenraum, der alle Merkmale einer Kapelle aufweist, obgleich wir nie sicher sein können, ob es sich auch wirklich um einen geweihten Raum handelt. Nur ausnahmsweise erscheint er außerhalb dieses räumlichen Zusammenhangs als Teil eines Abenteuers. Mysteriöses und strahlendes Licht verrät seine Präsenz im Wald, als Perceval auf der Suche nach ihm ist, und er ist anwesend in einer verlassenen Kapelle, wo eine riesige schwarze Hand alle brennenden Kerzen verlöschen lässt.

Innerhalb der Burg tritt der Gral auf zwei Arten auf: Entweder wird er in einer Prozession umhergetragen oder er bewegt sich aus eigenem Antrieb. Der Gral in der Prozession erscheint in erster Linie in Chrétiens Versroman und in den *Fortsetzungen*. Hier wird er stets von einem außergewöhnlich schönen Mädchen getragen. Begleitet wird er von einer Lanze mit blutiger Spitze, getragen von einem Knaben oder Knappen, weiterhin von einem Mädchen mit einem silbernen *tailleoir,* einer Tranchierschüssel, sowie von Knaben mit Kerzen in Händen. Die von Chrétien so glänzend geschilderte Szene bleibt bis zum Ende der *Fortsetzungen* unverändert, aber es gibt Erweiterungen gemäß der neu hinzugekommenen Gralabenteuer: Nach der Gralprozession in der *Ersten Fortsetzung* werden ein toter Ritter auf einer Bahre sowie ein zerbrochnes Schwert durch die Halle getragen. Die

Einzelheiten der Gralprozessionen werden in den anderen Romanen bemerkenswert gleichartig beschrieben. Eine Ausnahme bildet der *Parzival*, den wir separat behandeln wollen, aber auch in diesem Fall unterscheidet sich die Gralprozession nicht radikal von den anderen, obgleich uns Wolfram ein recht üppiges Bild des Ereignisses liefert: die Lanze ist präsent, aber die Prozession hat die Aufgabe, die Tische aufzustellen und die Festhalle zu beleuchten. Das halbe Dutzend Personen in Chrétiens Prozession wird erweitert auf zwölf Jungfrauen auf jeder Seite der Gralträgerin. Im Gegensatz dazu reduziert sich im *Lancelot* die Prozession auf ein einziges schönes Mädchen, das ohne Begleitung dreimal kommt und geht, während der Gral in der Halle zu Corbenic erscheint. Zu Beginn der *Queste* jedoch, wenn der Gral am Artushof seinen Auftritt hat, bewegt er sich aus eigener Kraft, und die Atmosphäre ist nicht die eines normalen Festes, sondern ist geprägt von Elementen religiöser Heimsuchungen: Donnerschläge, ein blendendes Licht, und die Anwesenden werden mit Stummheit geschlagen. Im Fortgang der Geschichte werden die Zeichen und Wunder, die den Gral begleiten, immer großartiger. Wenn der Gral im Rahmen einer Prozession erscheint, wird er meistens von der blutenden Lanze begleitet. Die beiden Gegenstände sind aufs Engste miteinander verknüpft, und nur im *Joseph von Arimathia* des Robert de Boron und im *Lancelot-Gral* tritt der Gral alleine auf. In den Szenen auf Burg Corbenic ist die Lanze Bestandteil der Gralliturgie. Bors wird gesagt, dies sei die »rächende Lanze«, aber allein Galahad sei es vorbehalten, ihre Geheimnisse zu entdecken. Und als auf Corbenic zum Schluss die vollständige Gralliturgie zelebriert wird, erscheinen Gral und Lanze gemeinsam. Die Gralprozessionen in diesen Romanen beschränken sich auf eine einzige Person, vielleicht, um den Gral damit stärker zu betonen, aber auch dann ist die Lanze ein vitales Element der Gralzeremonien. Die Anwesenheit der Lanze und die Charakterisierung des Grals als Passionsreliquie sind die beständigsten Merkmale des zentralen Rituals. Die beiden Gegenstände sind so untrennbar miteinander verbunden, dass die Lanze sogar in Wolframs radikal unterschiedlicher Version beibehalten wird, obwohl der Gral selbst in grundlegend veränderter Form auftritt.

Die Gralfrage

Im Mittelpunkt der vielfältigen Abenteuer, die zum Gral führen, steht eine Probe von gänzlich anderer Beschaffenheit. Als Perceval in der *Erzählung vom Gral* zur Gralburg kommt, ist der Kern der Szene sein Versäumnis, die entscheidende Frage über die vor ihm ablaufende Prozession zu stellen. Er hätte fragen sollen, so erfährt er später von seinem Vetter, warum die Lanze blutet und wohin die Gralprozession führt. Die hässliche Botin umschreibt dieses Verhalten dann noch einmal mit: »Auch fragtest du nicht, welcher edle Mann von dem Gral bedient wird, den du sahst.« Die Frage wird in den Fortsetzungen umgeformt, aber der Inhalt bleibt derselbe: Die Antworten beziehen sich nicht auf das Wesen des Grals (worüber Chrétien einiges im Gespräch zwischen dem Einsiedler und Perceval aussagt), sondern auf seinen Zweck und seine Bestimmung. Auch Gauvain, dessen Geschichte parallel zu der Percevals verläuft, muss nach den Zeremonien fragen, weil er auf der Suche nach der Lanze ist.

Die Dienstleistung des Grals – »wem dient der Gral?« – ist die bleibende Frage in den anderen Romanen, im *Prosa-Perceval*, *Perlesvaus* und im *Elucidationsprolog*. Im *Prosa-Perceval* betrifft die Frage alle Elemente der Gralprozession: »wem wird gedient mit all diesen Dingen, die ich hier getragen sehe?«[142] Im *Perlesvaus* konzentriert sich die Frage offensichtlich auf den Gral. Die merkwürdigste Version bringt der *Elucidationsprolog*, wo Perceval »fragte, durch wen der Gral bedient wird, er fragte aber nicht, warum die Lanze blutete, auch nicht nach dem Schwert, dessen eine Hälfte fehlte … und nicht nach dem großen Verschwinden.«[143] Im *Parzival* schließlich bleibt die Frage unbestimmt; Wolfram geht es einfach um Parzivals Versäumnis zu *fragen*, die *Frage* zu stellen: »sît ir vrâgens sît verzagt!« (weil Ihr versäumt habt zu fragen), und so wiederholt er beständig das Wort *vrâge*. In der Schlussszene fragt Parzival seinen Oheim Anfortas lediglich: »Oeheim, waz wirret dir?« (»Oheim, was quält dich so?«[144]). Die Frage zielt nicht auf Mysterien und Gegenstände, sondern ist eine unmittelbare Äußerung menschlichen Mitleids. Wolfram hat die Bedeutung der Frage bei Chrétien herausgearbeitet, wo Percevals Versäumnis zu fragen mit seiner Selbstbezogenheit zusammenhängt, die er noch nicht überwunden hat: Perceval richtet sein Augenmerk auf das Urteil der anderen, sollte er gegen vermeintliche Regeln einer höfischen Gesellschaft verstoßen. Hier verleitet Parzival dieselbe Ichbezogenheit, jegliches Interesse an den Leiden seines Gastherrn zu unterdrücken.

Somit besteht die ursprüngliche Frage nicht nur aus einem einzigen Element, vielmehr müssen mindestens zwei Fragen gestellt werden: eine nach dem Gral und eine nach der Lanze. Wenn wir bedenken, dass bei Chrétien zwei Protagonisten auftreten – der eine sucht den Gral, der andere die Lanze –, dann entspricht dies der Anlage der Erzählung ganz genau. Das bedeutet zugleich, dass die Rolle des Grals in der Geschichte nicht unangefochten ist, und wir werden daran erinnert, dass es schwierig ist, die *Erzählung vom Gral* ohne ein gewisses Maß an rückschauender Perspektive zu lesen. Ein weiterer Aspekt verweist auf den Umstand, dass Chrétiens Imagination auch hier die treibende Kraft war. In Volksüberlieferung und Literatur finden sich zahlreiche Geschichten, bei denen es um die Beantwortung einer Frage geht – Geschichten aber, die sich in erster Linie um eine *Frage* drehen, sind äußerst selten. Bislang konnte ich noch keine befriedigende Parallele zu einem dermaßen kühnen Wurf poetischen Erfindungsgeistes finden, denn um einen solchen handelt es sich ohne Zweifel.[145]

Die Gralfrage ist Ausgangspunkt der Gralsuche. Als Perceval zum ersten Mal zur Gralburg kommt, sucht er noch nicht nach dem Gral: Seine Suche beginnt erst, wenn ihm klar wird, welchen Verlust er erlitten hat und was er versäumt hatte zu tun. Dies haben *Die Erzählung vom Gral, Perlesvaus, Prosa-Perceval* und *Parzival* gemeinsam: Perceval sucht nach einem Ort, den er einst besucht und nach einer Situation, die er einst erlebt hatte. Im *Lancelot-Gral* gestaltet sich die Suche gänzlich anders. Sie kommt von außen, wird von göttlichen Mächten verkündet, und steht im größeren Zusammenhang mit dem Schicksal des Königreiches Logres. Artus' Schöpfung eines nahezu idealen irdischen Königreiches wird mit dem Auftreten des Grals an seinem Hof vom Himmelreich anerkannt. Das Eindringen der geistigen Welt jedoch zerstört die irdische Harmonie, anstatt mit ihr eine Koexistenz einzugehen. Bei der Suche geht es um die Erfahrung, die der Gral bietet; die Ritter behandeln sie wie ein beliebiges anderes Abenteuer, erkennen aber rasch, dass sie es mit spirituellen Dimensionen zu tun haben, die jenseits der Grenzen irdischen Rittertums liegen. Gleichwohl liegt eine archetypische ritterliche Suche vor, das feierliche Versprechen, die Sicherheit der Burgmauern zu verlassen und die Suche nach einem Gegenstand oder Person zu unternehmen, ungeachtet aller Unbilden, die damit verbunden sein würden.

Gralprozession. Nordfranzösische Buchmalerei, 1. Hälfte des 14. Jh.

Die spirituelle Reise zum Gral

In *Die Suche nach dem Heiligen Gral (Queste del Saint Graal)* und in den letzten Kapiteln des *Lancelot*, die ein Vorspiel zur Suche darstellen, haben wir die orthodoxe Welt des ritterlichen Romans hinter uns gelassen. Mit dem Erscheinen des Grals beginnt sich der Ton der Geschichte zu ändern. Nach dem üblichen Ereignisablauf einer ritterlichen Suche können dem Ritter allerlei merkwürdige Begebenheiten und Wunderdinge begegnen, aber sie gehören sozusagen zum Szenenrepertoire dieses Genres und dienen dazu, das Publikum zu fesseln und das Heroentum des Protagonisten zu unterstreichen. Sobald jedoch der Gral die Bühne betritt, ergibt sich eine andere Situation, denn jetzt haben die Gralepisoden eine wörtliche und eine spirituelle Bedeutung. Da die besagte Bedeutung absichtlich im Dunkeln belassen wird, muss die Bedeutung – *significatio*, so der mittelalterliche Terminus – erklärt werden. Diese Aufgabe übernehmen meist die Einsiedler. In der *Queste* etwa erfährt Gauvain zu Beginn von einem Einsiedler, »dass die jetzt beginnenden Abenteuer die Bedeutungen und Offenbarungen *(senefiances et demonstrances)* des Heiligen Grals sind; diese Zeichen werden niemals den Sündern offenbart oder Menschen, die von Sünden umgeben sind.«[146] Der Gral begann, bei Chrétien, als Element

145

eines ritterlichen Reifeprozesses, bei Wolfram ist er Teil einer Reise zur Erlangung weltlicher Vollkommenheit und schließlich steht er als Symbol für die höchste spirituelle Perfektion. Perceval als anerkannte Figur der Artusgeschichten mit seinen Fehlern bei der ursprünglichen Gralsuche und mit seinen frühen Verstößen konnte indes nicht mehr als geeigneter Protagonist in dieser neuen Geschichte gelten. Und so wird Galahad eingeführt – um ihn zu verdrängen und nicht, um an seine Stelle zu treten, und dies wiederum bedeutet eine Akzentverschiebung für die gesamte Geschichte. Die Stärke der früheren Romane lag in der Unvollkommenheit, mit der ihre Helden antraten und über die sie am Ende triumphierten. In den neuen Gralgeschichten dagegen ist Galahad der prädestinierte Held, eine weniger sympathische, etwas ätherische Figur von einiger Künstlichkeit, die im Laufe der Geschichte auftaucht und wieder verschwindet, sodass durchaus eine Suche erzählt wird, aber nicht nach dem Gral, sondern nach Galahad, dem Gralhelden.

Wenn auch unsere Sympathien eher bei Bors, Perceval oder Lancelot liegen, die menschlichere Züge tragen und deren Kämpfe dramatischer verlaufen, so muss auch Galahad auf seinem Wege Prüfungen bestehen. Auffälligerweise sind Galahads Prüfungen weitgehend physischer Natur, etwa wenn er sich auf den Gefährlichen Sitz setzt und nicht vernichtet wird wie all die Ritter, die es zuvor versucht hatten. Es sind Perceval und Bors, welche die Hauptlast spiritueller Prüfungen tragen müssen, denn Galahad ist über jede Versuchung erhaben. Es sind wahrhaftig dramatische Versuchungen, etwa in Form eines edlen Rappen, der gerade dann erscheint, wenn Perceval ein Pferd braucht und ihn in wildem Galopp davonträgt, bis sich Perceval daran erinnert, sich zu bekreuzigen; oder die Versuchung durch ein wunderschönes Mädchen, das ihn in einem prächtigen Zelt in ihr Bett lockt; erst beim Anblick seines auf dem Boden liegenden Schwertes bekreuzigt sich Perceval und kommt noch einmal davon, während das Zelt verschwindet und der Teufel schreiend und heulend davonfliegt. So hat inzwischen das Konzept der spirituellen Suche das der säkularen Suche vollständig verdrängt. Ein Fehlverhalten ist möglich und wird machtvoll ins Bild gesetzt, wie in Lancelots Fall: Seine Liebe zu Guinevere verhindert, dass er die letzten spirituellen Stufen erreicht, aber seine Tüchtigkeit in der Welt bringt ihn weiter als jeden anderen Ritter, ausgenommen die Auserwählten. Wir können zweifeln, ob Perceval oder

Bors ihren Weg durch die Fallstricke des Teufels finden werden, um ihr Schicksal zu erfüllen, bei Galahad hingegen gibt es gar keinen Zweifel.

Indem sich die Geschichte von der säkularen zur spirituellen Ebene bewegt, ist auch der Gral nicht länger mehr eine Reliquie, ein Gegenstand mit Assoziationen des Heiligen, sondern ein Symbol für spirituelle Macht: Er ist ein Zeichen nach der Definition des Heiligen Augustinus: »etwas, das sich unseren äußeren Sinnen zeigt und wovon etwas jenseits davon auf den Geist weist.« Was also bedeutet der Gral? Ector, Lancelots Bruder, hat eine Vision, in der er sieht, wie Lancelot versucht, aus »der köstlichsten Quelle zu trinken, welche er je sah«, die aber vor seinen Augen verschwindet. Von einem Einsiedler lernt er, dass Lancelot – als Sünder – nicht von der Quelle trinken kann, selbst wenn die »Wasser dieser Quelle niemals versiegen, soviel man auch daraus entnimmt: es ist der Heilige Gral, es ist die Gnade des heiligen Geistes«.[147] Der Gral wird so auf den höchsten Gipfel der spirituellen Welt erhoben, und man hat sogar gemeint, der Symbolismus ginge noch weit darüber hinaus: »Immateriell, allgegenwärtig, umgeben von himmlischen Wesen ist er voller Macht, und ihm wohnt wunderbare Gnade inne: er ist das Symbol Gottes.«

Der Inhalt des Grals

Bis hierhin haben wir die äußeren Aspekte des Grals betrachtet. Wir wissen nach Aussage der meisten unserer Autoren, dass der Gral ursprünglich das Blut Christi enthielt, was aber enthält er jetzt? Nach Chrétien beinhaltet er eine einzelne Hostie, aber was in ihm liegt ist nicht gegenständlich, sondern geistig. Der Gral ist ein Tor zur geistig-spirituellen Welt, ein physischer Brennpunkt für das Metaphysische. Im *Perlesvaus* läuft vor Gauvain eine Abfolge von Bildern ab, während sich die Gralprozession durch den Saal bewegt. Er dachte, er sähe darin »einen Kelch, zu dieser Zeit fürwahr ein seltener Anblick.« Er sieht zwei Engel mit Kerzen, aus denen dann ein dritter hervorgeht, und als der Gral wieder zurückgetragen wurde, war es ihm, als läge ein Kind darin. Der Gral wird ein drittes Mal an ihm vorbeigetragen, und da schien ihm der Gral hoch oben in der Luft zu schweben. »Und über ihm meinte er einen ans Kreuz genagelten König mit einem Speer in seiner Seite zu sehen.« Dies sind typische Bilder der Messe und der Kreuzigung, auch wenn sich nichts davon in einem Kirchenraum abspielt, sondern in der Halle, wo die Ritter an der Tafel sitzen. Ebenfalls im *Perlesvaus* erlebt Artus, wie der Gral eine Reihe von Veränderungen durchmacht, die »fünf Transformationen«, die Geheimnisse des Sakraments, »und zuletzt erschien ein Kelch«. Am Ende der *Queste* erscheint Christus selbst den zwölf Gralrittern: »Als sie ihre Augen hoben, sahen die zwölf Gefährten die Gestalt eines Mannes aus dem Heiligen Gefäß auftauchen, unbekleidet und aus Händen, Füßen und der Seite blutend...«

Das sind externe Visionen, und in gewissem Sinne ist die Erscheinung des Grals als ein aus sich selbst heraus bewegendes, ungestütztes Objekt ebenfalls eine Art Vision. Sein nächtliches, von Engeln und heiligen Gestalten begleitetes Auftauchen im *Lancelot-Gral* hat ebenfalls visionären Charakter, aber dies sind Visionen der äußerlichen Mysterien des Grals. Lancelot tritt dem Gral allzu nahe und wird für seine Vermessenheit bestraft; auch wenn er später das Gesehene als »keine irdische, sondern geistige Schau« beschreibt: der Roman erzählt, dass er die Gralzeremonie gesehen hat, nicht aber das Mysterium.

Das Ziel der Suche, der innigste Wunsch der Ritter, ist, den Gral selbst zu sehen, offen und unverstellt. Von Anbeginn an ist der Gral geheimnisvoll, verhüllt: Bei seinem ersten Erscheinen in *Die Erzählung vom Gral* hören wir, dass ihn Perceval »gänzlich unbedeckt« zu Gesicht bekommt, so als wäre er normalerweise dem menschlichen Auge entrückt. Der Anblick des Grals gilt in *Der Roman von der Geschichte des Grals* als Gnade. Weil der Gral verdeckt ist, als er den Artusrittern zu Pfingsten erscheint, erklärt Gauvain, er wolle nicht eher zum Artushof zurückkehren, »bis ich offen das Geheimnis geschaut habe, von dem wir heute ein Weniges gesehen haben«. Sünder dürfen den Gral nicht sehen, weder Lancelot in *Die Suche nach dem Heiligen Gral*, noch Nasciens und Mordrains in *Die Geschichte des Heiligen Gral*. Am Ende der Geschichte schildern alle Versionen den Rückzug des Grals von dieser Welt in ähnlichen Worten wie in *Die Suche nach dem Heiligen Gral*: »Damit künftig niemand wagen sollte zu sagen, er habe den Heiligen Gral *gesehen*.«[148]

Dennoch gibt es eine allerletzte, in der *Geschichte des Heiligen Gral* angekündigte Vision: Der gerade zum Christentum bekehrte Mordrains ist begierig zu sehen, was in dem Gral liegt, und obwohl ihn eine Stimme warnt, nicht noch näher heranzutreten, »war er bereits so nahe herangegangen, dass keine Zunge ausdrücken konnte, was er sah, und kein menschliches Herz es zu erfassen vermochte«. Seine Tollkühnheit büßt er mit der Lähmung seiner Gliedmaßen, aber auf sein Bitten hin wird ihm das Leben gewährt, bis zu ihm »der gute Ritter kommt, dem es bestimmt ist, die Wunder des Heiligen Grals zu schauen«. Als dann Galahad, der »gute Ritter«, wahrhaftig zu ihm kommt und ihn heilt, herrscht er ein Jahr lang als König des Geistigen Palasts zu Sarras, und am Ende dieses Jahres begibt er sich mit seinen Gefährten zum Gral. Dort wird die Messe der Heiligen Jungfrau von einem Mann im Bischofsgewand zelebriert, der sich als Josephus, Sohn des Joseph von Arimathia, zu erkennen gibt. Auf dem Höhepunkt der Messe ruf Josephus Galahad zu sich, und spricht, indem er den Gralkelch enthüllt:

> »Tretet vor, Diener Jesu Christi, und schaut dies an, was Ihr so glühend wünschtet zu sehen.« Galahad kam näher und blickte in das Heilige Gefäß. Er hatte kaum hineingeschaut, als ihn bei der Betrachtung der geistlichen Mysterien ein heftiges Beben seines sterblichen Fleisches ergriff«.[149]

Worte versagen: »…jetzt sehe ich offenbart, was die Zunge nicht berichten, und das Herz nicht erfassen kann. Hier ist der Quell unerschrockener Tapferkeit, der Taten Triebfeder, hier schaue ich das Wunderbare, das alles andere übertrifft!«. Galahad wirft sich vor dem Altar nieder und stirbt; der Gral entschwindet gen Himmel. Es ist eine Offenbarung, die alle sterblichen Dinge übersteigt und ihnen ein Ende setzt.

Wir haben das *non plus ultra* unserer Erkundung erreicht, und es wird Zeit, zu den physischen Attributen des Grals zurückzukehren. Diese sind zusammenfassend folgende: er hat die Form einer Schale oder eines Kelchs und wird nur mit *graal, vaissel* oder *calice*, resp. deren Entsprechungen beschrieben. Er wird mit »reich« und seltener mit »heilig« umschrieben. Bisweilen ist er mit Edelsteinen belegt und ein heller Glanz geht von ihm aus. Er wird entweder von einem Mädchen getragen oder bewegt sich aus eigener Kraft. Bei Chrétien besteht sein Inhalt aus einer einzelnen Hostie; er wird als Behälter für das Blut Christi geschildert sowie als Kreuzigungsreliquie. Er tritt in Begleitung einer Vorschneideplatte und der blutenden Lanze auf. In einigen Fällen ist er der magische Quell für Speise und Trank. Er ist Mittelpunkt entweder herkömmlicher ritterlicher Abenteuer oder von Abenteuern mit symbolischer und religiöser Bedeutung. Wir können den Gral beschreiben, aber was wissen wir über seine Geschichte? Wir empfinden es als paradox, dass die Gralromane keine religiösen Werke sind, sondern der säkularen und ritterlichen Welt angehören; sie geben nicht vor, Werke der Frömmigkeit zu sein. Für die agnostische westliche Mentalität ist eine Welt schwer zu begreifen, in der sich Weltliches und Religiöses wie selbstverständlich vermischen, aber wenn wir die Ursprünge des Grals verstehen wollen, ist es genau diese Welt, die wir erforschen müssen.

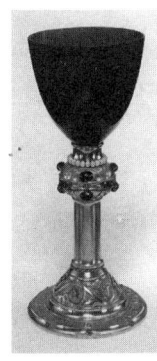

Drittes Kapitel

Obskure Geschichten,
zweifelhafte Reliquien

Der biblische Hintergrund – Joseph von Arimathia und Longinus
Für den mittelalterlichen Leser waren Gral und Lanze biblischen Ursprungs.
Alle Romane betonen diesen Umstand, nur einer macht eine Ausnahme:
Chrétien de Troyes. Gral und Lanze werden deutlich als Passionsreliquien
beschrieben, und es spricht nichts gegen die Möglichkeit, dass die fehlende
entsprechende Identifikation bei Chrétien einfach damit zusammenhängt,
dass er seine Erzählung nicht beendet hat.

Gral und Lanze gehören zur Kreuzigungsgeschichte, und deshalb ist es
nicht überraschend, dass der *Perlesvaus* zunächst eine Zusammenfassung
der Texte aus den Evangelien über dieses Ereignis bringt, mit besonderer
Betonung von Gral und Lanze. Dennoch, die Romanversion der Kreuzigungsgeschichte beruht auf einer recht schwachen biblischen Basis. In den
Evangelien nämlich spielt Joseph von Arimathia nur eine bescheidene
Rolle. Er erscheint kurz in den drei Evangelien, die einen ähnlichen Bericht
über Jesu Tod liefern – die drei »synoptischen Evangelien« –, wo er als
»angesehener Ratsherr« (Markus 15, 43) oder als »reicher Mann aus
Arimathäa« (Matthäus 27, 57) beschrieben wird. Matthäus berichtet, er
sei »auch ein Jünger Jesu« gewesen, und Johannes fügt in seiner abweichenden Version hinzu, Nikodemus habe Joseph geholfen, den Leichnam
Jesu Christi nach jüdischem Brauch zu bestatten. Das ist alles, was wir
über Joseph erfahren. Der Speer wird im Johannesevangelium erwähnt:
»… einer der Soldaten stieß mit dem Speer in seine Seite, und sogleich kam
Blut und Wasser heraus. Und der das gesehen hat, der hat es bezeugt, und
sein Zeugnis ist wahr …« (Johannes 19, 34-35).

Die Christen späterer Jahrhunderte begnügten sich nicht mit dieser einfachen Geschichte, und nach und nach zirkulierten erweiterte Fassungen der Evangelientexte.[150] Das Neue Testament, so wie wir es kennen, hat sich über einen längeren Zeitraum herausgebildet. Zu einem bestimmten Zeitpunkt wurden sogar das *Johannesevangelium* und die *Offenbarung* verworfen, zu anderer Zeit finden wir in Bibelhandschriften Texte, die heute fast vollständig vergessen sind, wie etwa die *Barnabasbriefe*, den *Clemens von Rom* und die *Lehren der Apostel*. In den weniger autoritativen Texten fanden sich die erweiterten Erzählungen über die Passion, so das sehr frühe *Petrusevangelium* (um etwa 150 n. Chr.) sowie die *Pilatusakten* oder das *Nikodemusevangelium* vom Ende des 4. Jahrhunderts.[151] Dies war ein immens populäres Buch und wurde von einer lateinischen Übersetzung im 5. Jahrhundert ausgehend in jede europäische Sprache übersetzt: Eine dieser Übersetzungen wurde vollständig in einen späten Artusroman, *Das Buch von Artus*, integriert.[152]

Folgende Geschichte wird darin erzählt: Nachdem Joseph den Leichnam Christi ins Grab gelegt hatte, beschuldigt er die Juden, Christus getötet zu haben; sie werfen ihn daraufhin in einen fensterlosen Kerker mit versiegelten Toren. Als aber die Juden am nächsten Morgen die Siegel öffnen, um ihn zu töten, ist Joseph verschwunden. Nikodemus (geschildert als einer der Anführer der Juden, aber zugleich als heimlicher Jünger Jesu) schlägt vor, Boten auf die Suche nach Joseph und Christus auszuschicken, weil Nachrichten besagten, Jesus sei in Galiläa gesehen worden. Joseph wird gefunden, nicht aber Jesus. Bei seiner Rückkehr nach Jerusalem berichtet Joseph, wie Jesus in seinem Kerker erschienen sei und ihn befreit habe. Das *Nikodemusevangelium* endet mit der Befragung dreier Rabbis, welche die Himmelfahrt Christi miterlebt hatten. Sie werden von den Hohepriestern Annas und Kaiphas befragt, die bestätigen, Christus gesehen zu haben,

... gekreuzigt auf der Schädelstätte zusammen mit zwei Verbrechern; man gab ihm Essig und Galle zu trinken, und Longinus, der Soldat, durchbohrte seine Seite mit einem Speer. Unser ehrwürdiger Vater Joseph bat um seinen Leichnam ...[153]

An dieser Stelle wird Longinus zum ersten Mal genannt, und die Popularität des Nikodemusevangeliums machte seine Geschichte bekannt. In der kirchlichen Überlieferung des 9. Jahrhunderts war sie bereits gut etabliert und wird bei Autoren der Karolingerzeit, bei Beda Venerabilis, Hrabanus Maurus und Notker, zitiert.[154] Erwähnt wird sie auch in den *chansons de geste*, den halb historischen Dichtungen über berühmte Taten und Kämpfe, die sich im 12. Jahrhundert mit den Romanen überschnitten und ihnen teilweise vorangingen. An sechs Stellen führen diese Texte Details an, die genau der Gralprozession bei Chrétien entsprechen: Das Blut von der Lanzenspitze fließt hinunter auf die Hand dessen, der die Lanze hält. Longinus und der Knabe der Prozession machen somit die gleiche Erfahrung.[155] Sie stammt aus einer Version der Longinuslegende, in der Longinus blind ist: Ein jüdischer Zuschauer der Kreuzigung gibt Longinus die Lanze und führt seine Hand, während Longinus Christus in die Seite sticht. Als das Blut den Lanzenschaft hinunter auf seine Hand läuft, führt er die blutige Hand zu seinen Augen und wird auf der Stelle von seiner Blindheit geheilt, erkennt aber jetzt die Ungeheuerlichkeit seiner Tat.[156] Der Schluss liegt nahe, dass Chrétien, bewusst oder unbewusst, an die Heilige Lanze dieser Legende dachte.

Robert de Boron schöpft einen Gutteil seines Materials über Joseph von Arimathia aus dem *Nikodemusevangelium*[157], fügt aber dieser Geschichte eine andere Kreuzigungsreliquie hinzu: das Tuch, das die heilige Veronika Christus auf seinem Weg zum Kalvarienberg reichte. Zwei Drittel seiner *Estoire du Graal* fußen denn auch auf Legenden um die beiden Kreuzigungsreliquien.[158] Im *Perlesvaus* erscheint eine weitere derartige Reliquie: die Dornenkrone in Gestalt eines Goldreifens, der in der Burg gleichen Namens verehrt wird. Als Lancelot fragt: »Was für ein goldener Reif ist das?«, sagt man ihm, dies sei die »Dornenkrone … die der Heiland der Welt auf Seinem Haupte trug, als man Ihn ans Kreuz nagelte. Die Königin dieser Burg ließ sie in Gold und Edelsteinen fertigen …« Sie wird dem Ritter gehören, der zuerst den Gral zu Gesicht bekommt, und das ist Perlesvaus.[159] Und im Gefährlichen Friedhof erhält Perlesvaus' Schwester ein Stück vom Leichentuch, mit dem Christus umwickelt war und ohne das Perlesvaus die Gralburg nicht zurückerobern kann.[160]

Der wichtige Unterschied zwischen der Geschichte des Joseph von Arimathia im *Nikodemusevangelium* und in der Version des Robert de Boron ist die Hinzufügung des Grals zum Bericht über Josephs Grablegung Christi sowie die Beschreibung des Grals als Behälter des Blutes Christi.

Wir wissen, dass keine Quelle vor Robert de Boron den Gral als ein solchermaßen definiertes heiliges Gefäß anführt (einmal abgesehen von Chrétien de Troyes und der Frage der im Gral befindlichen Hostie). Gab es aber eine Zwischenversion einer Begräbnisgeschichte Christi, welche das Thema der Blutsammlung einführte, ohne ausdrücklich das Gefäß zu beschreiben, in dem das Blut gesammelt wurde? Ein schriftlicher Beleg dafür liegt nicht vor, wenn wir aber die Bildschöpfungen dieser Periode betrachten, erscheint es als wahrscheinlich, dass eine solche Überlieferung existierte.

Bildliche Darstellungen der Kreuzigung

Die archetypische Ikonographie der Kreuzigungsszene zeigt noch am Ende des Mittelalters Christus am Kreuz, flankiert von der Jungfrau und dem heiligen Johannes. Als aber die apokryphen Schriften immer beliebter wurden, stoßen wir auf komplexere Kompositionen mit einer größeren Anzahl um das Kreuz versammelter Personen, und nun wird der Speer oder die Lanze zu einem wichtigen visuellen Element. Der Figur des Longinus, der Christi Seite durchstößt, steht der Soldat gegenüber, der mit Hilfe einer Stange den mit Ysop getränkten Schwamm darreicht, um den Todeskampf zu erleichtern. Die traditionelle Szene wird aber noch durch andere Bildelemente erweitert. Origenes interpretiert in seinem Kommentar zum Matthäusevangelium (3. Jahrhundert) den Lanzenstoß des Longinus als ebenso barmherziges Werk, mit dem beabsichtigt gewesen sei, die Leiden Christi abzukürzen. Mit dem Lanzenstoß tritt danach zugleich der Tod des Gekreuzigten ein. Eine ins 5. Jahrhundert zurückgehende Serie von Elfenbeintäfelchen nimmt diese Ikonographie auf. Sie ist besonders in irischen Kreuzigungsdarstellungen vertreten, und mit der Verbreitung der irischen Kunst auf dem Kontinent, fand diese Darstellung auch in die karolingische Kunst Eingang. Sie findet sich auch in späteren Miniaturen und wird zu einer Standarddarstellung der Kreuzigungsszene. Bisweilen werden nur drei Personen gezeigt; Longinus und der in den Apokryphen mit dem Namen Stephatos bezeichnete Soldat treten an die Stelle von Maria und Johannes. Dies führt uns zu einem für unsere Untersuchung wichtigen zweiten Thema: zur Kreuzigungsszene mit einem Kelch, in dem das Blut Christi aufgefangen wird. Noch vor dieser Version finden wir den Kelch zu Füßen des Kreuzes, wobei nicht sicher ist, ob der Kelch des Letzten Abendmahls gemeint ist oder das Gefäß für die Galle, die Christus vor der Kreuzigung angeboten wird, oder sogar für den Essig, den man ihm später zu trinken gibt. Sobald der Künstler das in das Gefäß fließende Blut abbildet (entweder über dem Boden schwebend oder auf dem Boden stehend), können wir sicher sein, dass der Kelch der Heiligen Messe gemeint ist. Beispiele für dieses Bildprogramm sind seit dem 9. Jahrhundert überliefert.[161] Es begegnet uns auch der »Kelch der Erlösung«, hochgehalten von einer nicht identifizierbaren Person (vielleicht König David), so die Illustration zu Psalm 115 im Utrechter Psalter (Reims, Mitte des 9. Jahrhunderts); in diesem Falle hält die Person die Patene oder Kelchbedeckung in der anderen Hand.[162]

Diese ikonographische Spur führt noch zu einer weiteren Stufe. In der nächsten Version erscheint eine symbolische Figur, meist als »Ecclesia« (»Kirche«) bezeichnet, alleine oder neben Longinus, die das Blut Christi in einer Schale auffängt. Die Ecclesia-Figur ist weit verbreitet, in der karolingischen Kunst und vor allem im 11. Jahrhundert; sie könnte byzantinischen Ursprungs sein. Die erhaltenen Beispiele setzen voraus, dass die Ecclesia ein anerkanntes Element der Kreuzigungsikonographie gewesen ist.[163]

Die letzte Stufe kehrt zur einfachen Drei-Figuren-Konstellation zurück, aber an Stelle von Maria und Johannes haben wir die Ecclesia auf der linken Seite mit der Schale in der Hand sowie die Synagoge mit verbundenen Augen, Symbol für den jüdischen Glauben, die sich verwirrt zur Rechten hin abwendet. Diese beiden Figuren sind die Personifizierung des Neuen und des Alten Gesetzes, von dem im *Perlesvaus* so häufig die Rede ist. Die letzte Metamorphose dieses Bildes begegnet uns in katalanischen Kirchen, wo Ecclesia und Maria zu ein und derselben Person werden; dabei hält die Jungfrau die mystische Schale hoch erhoben.

Wichtig für unsere Zwecke ist die dargestellte weibliche Figur, die die Schale oder das Gefäß mit dem aufgefangenen Blut Christi in Händen hält, sowie die Figur des Longinus, denn beide Figuren weisen enge Parallelen mit der Gralprozession auf. Damit ist nicht eine einfache Gleichsetzung mit der Gralträgerin in der Prozession und der Ecclesia in der Kreuzigungsszene gemeint. Es geht lediglich um eine visuelle Quelle, welche den auf Chrétien fußenden Autoren bekannt gewesen sein dürfte. Zugleich ist dies ein bildlicher Beleg für die alternative Graltradition im Prolog des *Perles-*

vaus, in dem das Blut Christi nicht von Joseph von Arimathia bei der Kreuzabnahme aufgefangen wird, sondern von einer unbekannten Hand noch während Christus am Kreuz hing. Keine der Kreuzigungsabbildungen in religiösen Texten zeigt Joseph von Arimathia selbst. Allein die Illuminatoren der Manuskripte mit den Gralgeschichten lassen Joseph in ihren Abbildungen der Kreuzigung und der Grablegung auftreten, die ansonsten der orthodoxen Ikonographie folgen. Die Abbildungen zeigen, wie er das Blut von den Füßen des Gekreuzigten in einem Kelch auffängt, auf anderen Abbildungen wird die Schale des Letzten Abendmahls für denselben Zweck verwendet.

Eine Handschrift jedoch ist erhalten, die anscheinend sehr eng mit der Legende von Joseph von Arimathia im *Nikodemusevangelium* verbunden ist. Sie wird in der Abtei Weingarten unweit des Bodensees aufbewahrt und basiert auf einem prächtigen Evangeliar aus England, das der Abtei bald nach 1100 von Judith von Flandern geschenkt worden war. Die prachtvollen Illustrationen des englischen Evangeliars regten die Mönche der Abtei zu einem anderen Evangeliar im selben Stil an, das etwa zwanzig Jahre nach Judiths Schenkung entstand. Darin findet sich eine Illumination zur Kreuzabnahme Christi. Diese Miniatur ist der erste westeuropäische Beleg für die Tradition, dass das Blut Christi bei der Kreuzabnahme gesammelt wurde: Gezeigt wird, wie zwei Männer den Leichnam Christi vom Kreuz abnehmen, während eine Figur auf der rechten Seite das heilige Blut in einem Kelch sammelt. Die Figur ist möglicherweise der Apostel Johannes, und möglicherweise bezieht sich die Miniatur auf die Zeilen im Johannesevangelium, in denen Johannes versichert, er selbst habe gesehen, dass Blut und Wasser aus Christi Seite hervorgekommen seien (Johannes 19, 34-35).[164] Allerdings sind dies nicht die üblichen Attribute des heiligen Johannes, und so kann es sein, dass mit dieser Figur Longinus gemeint ist. Unwahrscheinlich ist, dass es sich um Joseph von Arimathia handelt, denn er und Nikodemus müssen die Figuren im Zentrum des Bildes sein, weil sie den Leichnam stützen und die Nägel entfernen.

Dies ist die engste Verbindung zwischen dem Nikodemusevangelium und dem Gral, die wir herstellen können. Angesichts ihres Alters muss sie eine frühere, von den Gralromanen unabhängige Überlieferung repräsentieren. Wie schon gesagt, ist der Gral eng mit der Kreuzigung und ihren Reliquien verknüpft, aber er wird in erster Linie mit dem Heiligen Blut, wie

Kreuzabnahme. Evangeliar aus Weingarten, frühes 12. Jh.

im Weingartener Evangeliar dargestellt, identifiziert. Im Mittelalter glaubte man, das wahre Blut Christi habe sich erhalten, und so wenden wir uns insbesondere den Heilig-Blut-Reliquien zu.

Kreuzigungsreliquien

Die Macht der Reliquien ist heute nur schwer zu verstehen; sie liegen in den Schatzkammern der Kathedralen, in bisweilen überladen gestalteten Reliquienschreinen mit kaum sichtbaren Überbleibseln des einen oder anderen Heiligen. Heutzutage sind die Reliquien, mit wenigen Ausnahmen, Teil einer fernen Vergangenheit und werden großenteils nur noch von einer Handvoll Gläubigen verehrt. Im Mittelalter dagegen waren Reliquien immens machtvolle Objekte, für die im wahrsten Sinne des Wortes das Lösegeld für einen König bezahlt wurde.[165] In der frühchristlichen Kirche waren Reliquien materielle Erinnerungen an die Taten und Leiden der Heiligen und Märtyrer, und es entwickelte sich der Glaube, dass aus solchen Gegenständen spirituelle Kraft erwachse.

Von der Zuerkennung einer spirituellen Kraft war es nur ein kleiner Schritt bis zum Glauben an die Heilkraft der Reliquien, und dies war – und ist – eines der Hauptmotive für religiöse Pilgerfahrten: Man suchte wunderbare Heilung am Grab des Heiligen, wenn alle anderen Mittel versagt hatten.

Der Beginn des Reliquienkults geht auf das dritte nachchristliche Jahrhundert zurück. Den frühen Palästinapilgern zeigte man die Stätten des Evangeliums und des Alten Testaments, und man brachte Reliquien mit nach Hause, die in irgendeiner Weise mit den Evangelien und insbesondere mit der Passion Christi zu tun hatten. Helena, die Mutter des Kaisers Konastantin, soll um 326 in Palästina das Wahre Kreuz gesucht haben, und spätere Legenden versichern, sie hätte es auch wahrhaftig gefunden. Diese bedeutendste aller Reliquien hatte in der Zeit, in der die Gralromane entstanden, allenthalben einen hohen Stellenwert. Der König von Jerusalem besaß einen Splitter des Wahren Kreuzes. Er wurde den Kreuzfahrerheeren in der Schlacht vorangetragen und soll nach der Tradition des Königshauses bereits 1103, als das christliche Königreich von Jerusalem erst wenige Jahre bestand, bei Ramleh zum Einsatz gekommen sein. Bei allen wichtigen Kämpfen bescherte die Reliquie nach Meinung der Zeitgenossen den Kreuzfahrern den Sieg. Als aber Saladin die größte jemals versammelte Heeresmacht der Christen 1187 bei Hattin vernichtend schlug, fiel auch das Wahre Kreuz in seine Hand. So war die Rückgewinnung dieses Kreuzpartikels für alle Prediger, die zum neuen Kreuzzug von 1189-90 aufriefen, das beliebteste Thema.

Eine fast noch dramatischere Rolle in der Geschichte der Kreuzzüge spielte die Lanze des Longinus. Sie sollte während des Ersten Kreuzzugs 1099 die Christen aus ihrer schier verzweifelten Lage befreien, waren sie doch vor Antiochia zwischen den Verteidigern der Zitadelle und einem herangerückten türkischen Entsatzheer hoffnungslos eingekeilt. Da erschien einem armen Kreuzfahrer namens Peter Bartholomäus der heilige Andreas und offenbarte ihm das Versteck des Speeres in einer Kirche. Zunächst nahmen die Kreuzfahrer diese Vision mit Zurückhaltung auf, aber nach weiteren Erscheinungen begann man zu graben und förderte nach langer Suche den Speer zu Tage, zu einem Zeitpunkt, als man schon drauf und dran war, das fruchtlose Unterfangen aufzugeben. Die Wirkung auf die Moral der Kreuzfahrer war enorm, und sie errangen einen unerwarteten Sieg über die Türken, der ihnen den Weg nach Jerusalem ebnen sollte.

Aber es gab im Kreuzfahrerlager auch kühlere Köpfe, die solche Ereignisse nicht für bare Münze nahmen, namentlich Adhémar, Bischof von Le Puy, einer der Anführer des Expeditionsheeres.[166] Möglicherweise hatte er die auf Longinus zurückgeführte Heilige Lanze gesehen, die von ihren Eigentümern, den byzantinischen Kaisern, als echt angesehen wurde. Diese Lanze wurde in der Kaiserlichen Palastkapelle der Heiligen Jungfrau von Pharos (Theotokos tou Pharou) zusammen mit anderen großen Passionsreliquien aufbewahrt, darunter Partikeln des Heiligen Kreuzes (gefunden von der hl. Kaiserin Helena), eine Phiole mit dem Heiligen Blut sowie die Dornenkrone, die später von Ludwig dem Heiligen nach Paris überführt wurde. Der byzantinische Kaiser Konstantin Porphyrogennetos berichtet um die Mitte des 10. Jahrhunderts, dass die Lanze am Karfreitag verehrt wurde.[167] Die Griechen nannten diesen Gegenstand »Lanze« (λόγχη), während sie die vor Antiochia aufgefundene Waffe, die man wohl zum Schleudern wie zum Stechen verwenden konnte, als »Speer« (κουτάρι) bezeichneten.

Nach einem Streit zwischen Raimund von Toulouse, dem Gefolgsherrn des Bartholomäus, und Bohemund von Tarent, der inzwischen die Herrschaft über das eroberte Antiochia übernommen hatte, erinnerten sich noch andere Kreuzfahrer, die Lanze in Konstantinopel gesehen zu haben, und ihre Zweifel an der Echtheit der Reliquie wuchsen. Ihr Auffinder Peter Bartholomäus unterzog sich daraufhin einer Feuerprobe, die für ihn aber mit einer Katastrophe endete: Mit der Lanze in der Hand ging er zwischen brennenden Holzscheiten hindurch, zog sich dabei aber so starke Verbrennungen zu, dass er bald darauf verstarb. Dieses Gottesurteil diskreditierte die Lanze schließlich in den Augen der meisten, mit Ausnahme von Raimund von Toulouse und einigen byzantinischen Autoren. Die gesamte Episode unterstreicht aber letztlich die absolute Bereitschaft der Kreuzfahrer, an Reliquien zu glauben.

Der Kult des Heiligen Blutes

In den Romanen wird der Gral als die charismatischste aller Passionsreliquien präsentiert. Robert de Boron beschreibt sie als Trinkschale des Letzten Abendmahls und als Gefäß, in dem Joseph von Arimathia das Blut Christi während der Kreuzabnahme sammelte. Bei anderen Autoren, namentlich bei den Kontinuatoren Chrétiens, wird das Blut während der

Kreuzigung in einem Gefäß gesammelt, entweder durch eine unbekannte Hand (*Erste Fortsetzung, Perlesvaus*) oder von Joseph selbst. Alle stimmen überein, dass die Reliquie schließlich in Josephs Besitz gelangte.

Im *Lancelot-Gral* ist der Gral gewöhnlich die Trinkschale des Letzten Abendmahls, und nur an einer Stelle findet sich ein Bezug zum Behälter des Blutes Christi.[168] In der von spiritueller Inspiration besonders stark geprägten *Queste* verliert der Gral immer mehr seinen Charakter als materieller Gegenstand, und erst in der entscheidenden Szene auf Corbenic erfahren wir von Christus selbst, dass dies »die Schale ist, aus der Jesus Christus das Osterlamm mit seinen Jüngern aß.«[169] Der Kult des Heiligen Blutes übt somit einen bedeutenden Einfluss auf die Gralgeschichten aus.[170]

Einer der frühesten Berichte über die Heiligblutreliquie stammt aus Mantua, wo man 804 eine entsprechende Reliquie entdeckte. Dies wird von einer zeitgenössischen kaiserlichen Chronik bezeugt; die Heiligblut-Ampulle scheint aber verloren gegangen zu sein, denn sie wurde 1048 erneut aufgefunden.[171] Nach einem um 1200 verfassten Bericht über die Reliquie soll sie von Joseph von Arimathia nach Mantua gebracht worden sein. Nach ihrer Wiederauffindung schenkte man einen Teil der Reliquie Kaiser Heinrich III., der sie seinerseits an Graf Balduin V. von Flandern weitergab. Als Erbstück fiel sie an seine Tochter Judith von Flandern, die die Reliquie zu Beginn des 12. Jahrhunderts der Abtei Weingarten zum Geschenk machte.[172] So jedenfalls lautete die Überlieferung am Ende des 12. Jahrhunderts. Auch wenn eine spezifische Blutreliquie in Judiths eigener Geschichte nicht erwähnt wird, so hat sie der Abtei doch auf jeden Fall vier »Schreine« und das bereits erwähnte Evangeliar vermacht. Folglich stammt die früheste Abbildung des in einer Schale bei der Kreuzabnahme gesammelten Heiligen Blutes aus einer Abtei, die auch eine Reliquie dieses selben Blutes in Besitz hatte.

Im Gegensatz dazu sind im Zusammenhang mit dem Heiligen Blut von Fécamp in der Normandie eine Vielzahl sich widersprechender Geschichten überliefert. Sie sind für uns von großem Interesse, weil sie alle mit Sicherheit zeitlich vor den Gralromanen liegen. Zu Beginn des 12. Jahrhunderts verfassten die Mönche der Benediktinerabtei Fécamp den *Liber de revelatione* (Buch der Offenbarung), um für das Kloster die Exemption von der Jurisdiktion des Bischof von Rouen zu erhalten; das Dokument behauptet, die Abtei sei vor Gründung des Bistums entstanden und könne somit einen privilegierten Status beanspruchen. Im *Liber de revelatione* wird von einem Wunder des Heiligen Blutes berichtet: Isaak, ein Priester der benachbarten Pfarrei, sah, wie sich der von ihm geweihte Wein in Blut verwandelte; dieses Blut wurde in Fécamp aufbewahrt.[173]

Zu einem späteren Zeitpunkt, möglicherweise bereits 1120, berichtet Baudri de Bourgueil, Bischof von Dol in der Betagne, dass es sich bei dieser Reliquie der Abtei tatsächlich um Christi Blut handele: »*custodia sanguinis Domini Iesu, humati a Nicodemo, ut testatur B.Ioannes, de membris recollecti*« (»Wächter des Blutes des Herrn Jesus, bestattet von Nikodemus, wie der heilige Johannes bezeugt, gesammelt von seinen Gliedmaßen«).[174] Dies ist wiederum ein wichtiger Beleg für die Überlieferung von der Sammlung des Blutes Christi bei der Kreuzabnahme und der Grablege, bevor die Gralromane geschrieben wurden. Aus den Worten Baudris geht nicht genau hervor, ob er nur verehrend das Heilige Blut beschreibt, oder ob er auch noch eine andere Version der Legende kannte. Später im Jahrhundert jedenfalls taucht eine solche Version auf: Als Nikodemus dem Joseph von Arimathia half, den Leichnam Christi in die Grabkammer zu legen, sammelte er das geronnene Blut von den Wunden und bewahrte es sorgfältig. Als er starb, übergab er das Blut seinem Neffen Isaak; eine himmliche Stimme befahl ihm, das Blut mit Blei zu versiegeln und es in den Stamm eines Feigenbaums zu legen, den er ins Meer werfen sollte. Der Feigenbaum wurde in der Normandie an die Küste gespült; den Ort nannte man *Ficus campus* (Feld des Feigenbaums), der im normannischen Französisch die Namensform Fécamp annahm. Die Abtei gründete man an der Stelle, an der der Feigenbaum gelandet war. Die Reliquie wurde von Richard I., Herzog der Normandie, wieder entdeckt, der sie in einer Säule nahe dem Altar des heiligen Sakraments verbergen ließ.

Diese Legendenversion ist offenkundig älter als 1171, denn es wäre schon ungewöhnlich, dass der Herzog eine solch wichtige Reliquie *verborgen* hätte, anstatt sie öffentlich zu präsentieren. Im Jahre 1171 jedenfalls verkündete der Abt von Fécamp, Henri de Sully, die Wiederentdeckung der Reliquie, und sie wurde öffentlich ausgestellt. Es erscheint angebracht, die neue Version der Legende in die Jahre nach der »Wiederentdeckung« zu datieren, vielleicht in den Zeitraum zwischen 1187 und 1200.[175]

Die ganze Geschichte hat einen Nachhall auf der anderen Seite des Kanals, und dort stoßen wir auf einige sehr überraschende Verbindungen.

Nach der normannischen Eroberung von 1066 wurde die Abtei Glaston-bury einem normannischen Abt unterstellt; dies führte zu Unruhen, in deren Verlauf einige Mönche getötet wurden, denn der neue Abt wollte den traditionellen Gregorianischen Messgesang durch den liturgischen Brauch von Fécamp, den Wilhelm von Volpiano eingeführt hatte, ersetzen. Im Jahre 1126 wurde Heinrich von Blois zum Abt bestellt, und ihm widmete Wilhelm von Malmesbury seine Geschichte der Abtei Glastonbury, eine Schrift, die beweisen sollte, dass Glastonbury eine so alte Abtei sei, dass sie späteren Gründungen, wie etwa Canterbury, keinerlei Dienste zu leisten habe. Zweck und Geist der Schrift ähneln der dreißig Jahre zuvor verfassten Schrift der Mönche von Fécamp. Noch interessanter ist, dass Henri de Sully, der zum Zeitpunkt der angeblichen Wiederauffindung der Reliquien das Amt des Abts innehatte, ein Neffe Heinrichs von Blois war. Und ein anderer, wohl mit dem Erstgenannten nicht verwandter Heinrich von Sully war 1191 Abt von Glastonbury, als dort die sterblichen Überreste von König Artus und seiner Gattin Guinevere aufgefunden wurden. Die Taktik der beiden Klöster ähnelt sich auf bemerkenswerte Weise, vielleicht gab es auch persönliche Beziehungen. Obwohl weder die Legende von Fécamp noch die Miniatur von Weingarten behaupten, das Blut Christi sei von Joseph von Arimathia gesammelt worden, findet sich doch in beiden ein auffälliges Element, das in den originalen apokryphen Evangelien nicht enthalten ist, wohl aber bei Robert de Boron: die Vorstellung, dass das Heilige Blut im Augenblick der Kreuzabnahme aufgefangen wurde.

Die Blutreliquie, die am häufigsten von Historikern mit der Geschichte des Grals, wenn auch mit aller Vorsicht, verknüpft wurde, ist die berühmteste von allen: die Heiligblut-Reliquie von Brügge. Nach der Überlieferung wurde diese Reliquie vom Grafen von Flandern, Dietrich von Elsass (1128-1168), dem Vater Philipps von Elsass, aus dem Heiligen Land nach Brügge gebracht.[176] Eine spätmittelalterliche Inschrift an Dietrichs Grab in der Abteikirche von Watten besagt: »er besuchte das Heilige Land viermal, und bei seiner Rückkehr brachte er das Blut unseres Herrn mit…«[177], und spät-mittelalterliche Chroniken liefern dafür ein genaues Datum, entweder 1148 oder 1150. Der früheste Beleg jedoch über die Präsenz der Reliquie in Brügge datiert erst von 1256. Da frühere Zeugnisse fehlen, scheint es klar zu sein, dass die Geschichte von Dietrichs Reliquienerwerb eine spätere

Die Heiligblutkapelle zu Brügge, Fassade des 15. Jh.

Erfindung ist. Immerhin müsste die Erwerbung einer solche wichtigen Reliquie einige Spuren in den flämischen Annalen zurückgelassen haben, aber nichts wird darüber berichtet. Eine Möglichkeit besteht jedoch: Wenn die Überlieferung vom Heiligen Blut in Weingarten echt ist, könnten Teile der Balduin V. von Flandern gehörigen Reliquie von Balduin VI. einbehalten worden sein; somit hätte Judith von Flandern nur einen Teil des Originals geerbt, welches sie dann der Abtei Weingarten schenkte. Das ist plausibel, aber da wir nicht einmal mit Sicherheit beweisen können, dass die Weingartener Reliquie wirklich von Judith stammt, muss alles Spekulation bleiben, zumal vor 1256 in Brügge keine Blutreliquie erwähnt wird. Im Falle eines Beweises würde das bedeuten, dass Philipp von Flandern, Chrétiens Gönner, ein starkes Interesse an einem Thema zeigte, das später zum Mittelpunkt der Gralgeschichten werden sollte. Es würde auch erklären, warum die ebenfalls für das Haus Flandern geschriebenen *Fortsetzungen* sich mit diesem Aspekt der Legende befassen.

Die Blutreliquie von Brügge gehört wohl eher zu den vielen Blutreliquien, die nach der Eroberung Konstantinopels durch den Vierten Kreuzzug in den Westen kamen. In der ersten Dekade des 13. Jahrhunderts hatte eine Unzahl von Reliquien nach der Plünderung der byzantinischen Hauptstadt ihren Weg in den Westen gefunden. Es liegt nicht außerhalb jeder Möglichkeit, dass der reiche Reliquienschatz der Stadt mit zur Umleitung des Kreuzzuges beigetragen hat.[178] Die Präsenz zahlreicher wertvoller Reliquien wird in zeitgenössischen Berichten über Konstantinopel immer wieder betont; schließlich herrschten die byzantinischen Kaiser über Palästina seit den Tagen, als das Christentum zur offiziellen Religion des Römischen Reiches erklärt worden war, und so wurden viele Reliquien nach Konstantinopel gebracht. Die Blutreliquie von Konstantinopel jedoch hat eine recht obskure Geschichte. Sie gelangte mit ziemlicher Sicherheit erst zwischen 1099 und 1150 in den Besitz der Kaiser, doch bleibt ihr Ursprung ungewiss. Nachdem sie ihren Platz in der Kapelle der Heiligen Jungfrau von Pharos gefunden hatte, bemühte sich der Hof, ihre Präsenz weithin bekannt zu machen. So finden wir die Heilige Lanze und die Reliquie vom Heiligen Blut zur selben Zeit in derselben Kapelle. Robert de Clari, der Chronist der Eroberung Konstantinopels im Jahre 1204, war erstaunt über den Reliquienreichtum, den er an diesem einen Ort vorfand. Die Plünderer der Stadt scheinen die Blutreliquien erfolgreich vermehrt zu haben: Der venezianische Doge Enrico Dandolo sandte eine solche Reliquie unverzüglich nach Venedig, andere gelangten nach Soissons, Pairis im Elsass, Halberstadt, St.Aubin (Namur) sowie nach Clairvaux, dem Stammhaus des Zisterzienserordens. In den folgenden Jahren erscheinen Blutreliquien in Flandern, im nordöstlichen Frankreich und in Paris.[179]

Der Kult des Joseph von Arimathia in Glastonbury

Glastonbury, die berühmteste aller Artusstätten und »Reliquienspeicher«, zeigte sich bescheiden in seinen Ansprüchen, als es an die Reliquien des angeblichen Gründers Joseph von Arimathia gekommen war. Wilhelm von Malmesbury, der Chronist aus dem beginnenden 12. Jahrhundert, kannte noch keine Legenden, die Joseph mit der Abtei in Zusammenhang gebracht hätten, im 13. Jahrhundert jedoch erfand man eine neue Version der Abteigründung. In diesem Zusammenhang erfolgte eine »Neuauflage« von Wilhelms Werk, und darin spielte nun Joseph von Arimathia eine prominente Rolle.[180] In der Mitte des 14. Jahrhunderts nutzte dann Johannes von Glastonbury die Gralromane für seine Geschichte der Abtei. Ob die neue Gründungsgeschichte den Gralromanen voranging oder ihnen folgte, wissen wir nicht, zwei Romane allerdings bieten eine mögliche Verbindung zu Glastonbury, und sie könnten seitens der Mönche der Ausgangspunkt für die erdachte Entwicklung der Geschichten gewesen sein.

Gegen Ende des *Romans von der Geschichte des Grals* erzählt Joseph von Arimathia, der dabei ist, den Gral in die Obhut Brons, des »reichen Fischerkönigs«, zu übergeben, dass sich sein anderer Stellvertreter, Petrus, zum *vaus d'Avaron* begeben wird, um von der Gralübergabe zu berichten. Einge Zeilen später sagt Petrus: »Ich werde in das Land im Westen gehen, das wild und rauh ist, zum *vaus d'Avaron*.« Dies sind die beiden einzigen Erwähnungen des Tals von Avaron im gesamten Roman[181]; wir können nicht sicher sein, dass hier ein Bezug auf Glastonbury vorliegt. Die Mönche indessen hatten Glastonbury »*insula Avallonia*« (Insel von Avalon) genannt, und zwar auf dem Kreuz, das 1191 angeblich im Grab des Königs Artus gefunden wurde[182]; der Ausdruck »Tal von Avalon« scheint jedoch in den Quellen über Glastonbury sonst nicht vorzukommen. Überdies liegt Avallon in Burgund nicht weit vom Heimatort des Robert de Boron entfernt; es thront auf einer Granitkuppe hoch über zwei Schluchten und eignet sich deshalb wohl besser für das Tal von Avaron.

Wenn Roberts Beitrag in der *Estoire du Graal* unbestimmt ist, dann äußert sich der Perlesvaus wesentlich positiver. Das Kolophon des *Perlesvaus* erzählt uns in blumiger Sprache: »Der lateinische Text, von dem die Geschichte in die Volkssprache gewendet wurde, stammt von der Insel von Avalon, einem heiligen frommen Haus, das am Rande des Landes der Abenteuer steht; dort liegen König Artus und die Königin, nach Zeugnis der ehrwürdigen frommen Männer, welche dort wohnen, und die im Besitz der vollständigen Geschichte sind, die wahr ist vom Anfang bis zum Ende.«[183] Nun hat sich eine lateinische Version der Eröffnungsgeschichte zum *Perlesvaus* erhalten, die so genannte Episode von der Kapelle des heiligen Augustinus: Es ist die außergewöhnliche Erzählung eines Knappen, der im Traum eine Kirche ausraubt und sterbend erwacht mit einem Dolch in seiner Seite; er sei – wiederum im Traum – von einem Ritter niedergestochen worden, der den Schatz bewachte. Die Erzählung steht in der Chronik des Johannes von Glastonbury, geschrieben um die Mitte des 14. Jahrhunderts und als separater Text in einer in Glastonbury kompilierten Handschriftensammlung überliefert.[184] Es kann durchaus ein Exemplar des Perlesvaus in Glastonbury vorhanden gewesen sein, ungewöhnlich freilich für eine Klosterbibliothek, obwohl Fragmente eines frühen Exemplars in der nahe gelegenen Kathedrale von Wells gefunden wurden.[185] Der Autor eines anderen Romans, *Fouke Fitz Warin*, der in Shropshire Ende des 13. Jahrhunderts schrieb, übernahm die Geschichte und bestätigt, er habe sie einem Buch über den Gral entnommen.[186]

Dies alles sieht nach einem guten Beleg für eine Verbindung zwischen der Gralgeschichte und Glastonbury zu Beginn des 13. Jahrhunderts aus, zudem enthält der *Perlesvaus*-Text zwei weitere wichtige Hinweise auf die Abtei: Es ist der Ort, an dem das Haupt des ermordeten Sohnes von König Artus begraben ist, und später im Roman kommt Lancelot zur Marienkapelle und sieht, dass Guinevere, von deren Tod er nichts wusste, neben ihrem Sohn bestattet ist. Später besucht Artus die Gräber und erklärt, dies solle der Platz auf Erden sein, den er am höchsten schätzen werde. Dieses Detail könnte auf die Entdeckung des Artusgrabes von 1191 verweisen, denn man sagte Lancelot, das andere Grab in der Kapelle sei Artus vorbehalten.[187]

Perlesvaus unterscheidet sich von den anderen Gralromanen, weil *Artus* großen Anteil an der Handlung hat, und sich die Erzählung genauso stark auf seinen Hof und seine Kriege konzentriert wie auf Perlesvaus und seine Abenteuer; der zweite Teil dreht sich dann auch hauptsächlich um seinen Krieg gegen Brian von den Inseln. Es könnte sich um eine Umarbeitung des Werks von Robert de Boron handeln, der die Themen des Grals und der Artusgeschichte vereinigt hatte, aber wegen der ungewissen Datierung der Romane lässt sich mit Bestimmtheit darüber nichts sagen. Wenn dies aber der Fall sein sollte, dann leitet sich der Auftritt Josephs von Arimathia am Anfang von Robert de Boron ab, und so ist er letztlich verantwortlich für die Assoziierung Josephs mit Glastonbury, auch wenn er an keiner Stelle sagt, Joseph sei nach Britannien gekommen. In der Tat spricht nichts dafür, dass diese Verbindung bestand, bevor der Autor des *Perlesvaus* schrieb, und so scheint es sich um eine Ausschmückung der Geschichten über die Gründung der Abtei gehandelt zu haben. Wilhelm von Malmesbury schreibt das Ereignis einer Gesandtschaft des Papstes Eleutherius im 2. Jahrhundert an den mythischen König Lucius zu. Ein solcher Bericht findet sich auch bei angelsächsischen Historiographen und wurde damit erweitert, dass die Gesandten Phagan und Deruvian in Glastonbury auf eine christiche Kirche stießen, die von den Jüngern Philippus und Jakobus im Jahre 63 n. Chr, gegründet worden sein soll. Die letzte, um 1250 hinzugefügte Ergänzung zur Geschichte der Frühzeit der Abtei war dann der Name des Joseph von Arimathia.[188]

Wir haben die spezifischen Verbindungen zwischen den Reliquien des Heiligen Blutes und dem Gral aufgezeichnet, wir dürfen aber die weitergehenden Parallelen zwischen den Legendenschöpfungen im Umkreis dieser Reliquien und den Gralromanen nicht aus den Augen verlieren. Betrachten wir die Vielfalt religiösen Schrifttums, beginnen sich die Verbindungslinien zwischen diesen und den Prosaromanen zu verwischen, und sie verschmelzen nach und nach unmerklich miteinander. Wir begannen mit dem anscheinend unverletzbaren und autoritativen Neuen Testament, aber die Grenzen zu den Apokryphen waren schon damals fließend. Die Existenz dieser weitgehend vergessenen alternativen Versionen der Christusgeschichte ist ein wichtiger Faktor für die Entstehung der Gralgeschichten. Zudem waren die apokryphen Geschichten nicht nur im 12. und 13. Jahrhundert umläufig, sie wurden auch in die Volkssprachen übersetzt. Beide betreffen die Lehren der Kirche, verbreiten sich und erschließen ein größeres Publikum, geben Anlass zu neuen literarischen Techniken, wenn das Bedürfnis danach besteht. Das Zentrum der Gralromane jedoch thematisiert eine der entscheidenden theologischen Debatten des 12. Jahrhunderts, und mit dieser wollen wir uns jetzt befassen.

Viertes Kapitel

Die Eucharistie und der Gral

Den Gral der Romane findet man nicht in den Schatzkammern der Kathedralen und nicht unter den kostbaren Besitztümern der großen Abteien. Er ist ein zu heiliger Gegenstand für diese sündhafte Welt: Am Ende des *Perlesvaus* wird gesagt, dass »der Heilige Gral hier nicht mehr sein wird, aber Du wirst bald erfahren, wo er sein wird.« Kurz darauf entschwindet Perlesvaus an Bord eines geheimnisvollen Schiffes und wird nie wieder gesehen. Am Schluss der *Queste,* in Galahads Todesstunde, kommt eine Hand vom Himmel herunter: »Sie bewegte sich geradewegs auf das Heilige Gefäß zu, nahm es und auch die Lanze und hob sie zum Himmel hinan, damit niemand mehr zu sagen wagte, er habe den Heiligen Gral gesehen.«[189]

In einer anderen Form jedoch blieb der Gral im mittelalterlichen Leben allgegenwärtig. *Robert de Boron* und die Autoren des *Perlesvaus* und der *Queste* sehen den Gral als Vorläufer des Messkelches. Das Verhältnis zwischen Gral und Eucharistie, zwischen Volksfrömmigkeit und theologischem Diskurs im hohen Mittelalter ist ein wichtiger Schlüssel zu den Romanen und auch zum Gralsbild der zeitgenössischen Leser und Hörer. Die Eucharistie, das Abendmahl, ist der Mittelpunkt der Heiligen Messe, die ihrerseits die zentrale Zeremonie der Kirche war, ein Erbe aus den frühesten Tagen des Christentums. Im frühen 13. Jahrhundert ist die Eucharistiefeier geprägt von einer langen Tradition, aber auch von einem überraschenden Ausmaß an Innovation und Diskussion.

Um dieses Paradox zu verstehen, müssen wir die Geschichte der Eucharistie in aller Kürze skizzieren. In der frühchristlichen Kirche war die

Eucharistie ein Akt des Gedenkens an die letzte Mahlzeit Jesu mit seinen Jüngern. Der Apostel Paulus sagt im Brief an die Korinther, Jesus habe seine Jünger angewiesen, das Brot zu brechen und den Wein zu trinken, »zu meinem Gedächtnis«.[190] Das Brechen des Brotes scheint das älteste Ritual der neu gegründeten Religion gewesen zu sein, eine Feier, die die Mitglieder der Christengemeinde miteinander verband. Aber ausgehend von einem Akt der Erinnerung und des Dankes nahm sie rasch eine tiefere, mystische Bedeutung an. Seit dem 4. Jahrhundert, als sich das Christentum aus dem Schatten der Verfolgungszeit löste, war die Eucharistie nicht mehr länger eine Zeremonie, welche den Teilnehmern Kraft verlieh, um in einer feindlichen Umwelt bestehen zu können, sondern sie wurde zum Symbol der Einheit zwischen dem einzelnen Christen und seinem auferstandenen Heiland. Mittelpunkt der Eucharistie war der Glaube, dass Christus im Geiste unter seinen Anhängern weilte. Nach und nach entwickelte sich die Lehre, dass dies nicht nur ein geistig-spirituelles Phänomen sei, sondern ein reales und physisches Faktum. Brot und Wein, zuvor allein Symbole für Christus, waren nun für die Gläubigen das wahrhaftige Fleisch und Blut Christi.[191] Diese von den Theologen der Kirche im Osten vertretene Lehre erreichte im 4. Jahrhundert den Westen über die Schriften des Ambrosius von Mailand.

Die erste große theologische Darstellung dieser kirchlichen Eucharistielehre geht zurück auf die Regierungszeit Karls des Kahlen (840–877), des Enkels Karls des Großen. Zwei Mönche der Benediktinerabtei Corbie bei Amiens in Nordostfrankreich schrieben damals Abhandlungen über die Eucharistie: Der Abt des Klosters, Paschasius Radbertus, vertrat nachdrücklich die reale Präsenz des Herrenleibes im Sakrament; Ratramnus, einer seiner Mönche, äußerte eine abweichende Ansicht, nach der es keine Verbindung zwischen Brot und Wein auf der einen Seite und dem Fleisch und Blut Christi auf der anderen Seite gab. Diese divergierenden Meinungen könnte man durchaus als Kontroverse charakterisieren, aber im 9. Jahrhundert war dies kein Problem, das einen tief gehenden Glaubensstreit ausgelöst hätte, wie er dann zwei Jahrhunderte später durch die erbitterte Kritik Berengars von Tours an der von Paschasius begründeten kirchlichen Abendmahlslehre aufbrach. Beide Sichtweisen, die des Paschasius Radbertus wie die des Ratramnus von Corbie, wurden im Frühmittelalter offenbar noch nicht als unversöhnliche Gegensätze gesehen. Vielleicht kommen uns die Unterschiede auch nur im Rückblick so gravierend vor, denn wir wissen ja, wie nachfolgende Theologen aus diesen hier zum ersten Mal vorgebrachten Argumenten scharfe Waffen im Kampf um den rechten Glauben geschmiedet haben.

Abweichung indes konnte zu Häresie führen, und bereits Paschasius nennt diejenigen Häretiker, die mit seiner Ansicht nicht übereinstimmten. All das hätte sich im Rahmen einer rein »fachtheologischen« Kontroverse bewegen können, hätte nicht die Kirche wegen der sakramentalen Bedeutung der Eucharistie hier ihre Autorität und »Deutungsmacht« zur Geltung gebracht. Innerhalb der Kirche gab es eine Tendenz zu einer neuen Machtstruktur mit dem Papst als Mittelpunkt auf Kosten der lokalen Gemeinden. Die Messe war nicht mehr allein eine Versammlung von Gläubigen im Geist einer gemeinsamen Sache, sie war jetzt ein Ritual, das nur ein vom Bischof geweihter Priester zelebrieren konnte; der Bischof wiederum leitete seine Autorität unmittelbar vom Papst ab. Die Weihe war die Weitergabe jener Macht und Befugnis, die Christus seinem Jünger Petrus verliehen hatte, und diese Delegation der Macht war das Vorrecht der kirchlichen Autoritäten. Nur sie konnten diese Macht ausüben, und die Gläubigen konnten nur dann Tröstung und Erlösung empfangen, wenn sie an den von der Kirche genehmigten und von den Priestern durchgeführten Ritualen teilnahmen.

Der Prozess, lokale Riten und lokale theologische Auffassungen durch eine zentralisierte, einheitliche Doktrin und Praxis zu ersetzen, beginnt unter Karl dem Großen parallel zur politischen Einigung Europas. Die Frankenherrscher betrachteten die Förderung einer einheitlich strukturierten Kirche als wichtiges Element für die Schaffung eines imperialen Staates: »Die Liturgie war eine der wichtigsten Faktoren für die Formung der fränkischen Gesellschaft.«[192] Das Papsttum reformierte sich im 10. und 11. Jahrhundert, und während sich die Macht der Päpste erhöhte und sich ihre Stellung festigte, beanspruchten sie universelle Jurisdiktion. Für die extremen Befürworter päpstlicher Rechte hatte der Papst die Oberhoheit über alle weltlichen Herrscher. Selbst auf lokaler Ebene ergaben sich einschneidende Veränderungen: Die von den Grundherren gegründeten Eigenkirchen wurden zu Pfarrkirchen umgewandelt. Dies war Teil eines groß angelegten kirchlichen zentralen Verwaltungssystems, das die gesamte Christenheit des Westens umfassen sollte.

Die Eucharistie als Drama

Das Ergebnis dieser Entwicklung war ein verbesserter politisch-gesell-schaftlicher Status des Klerus und des Papstes, abgesondert von den Laien und eingebunden in einen separaten rechtlichen Rahmen. Es war ihre alleinige Befugnis, die Sakramente zu spenden und zu zelebrieren. Zur Demonstration ihrer Autorität über die gesamte Christenheit gestaltete die Kirche die Heilige Messe neu. Die Zeremonie wurde zu einem Produkt religiös-bildhafter Vorstellung und wurde als theatralischer Ablauf inszeniert. Prachtentfaltung, Glanz und Reichtum von Kerzen und Messgewändern waren zentrale Elemente des Szenarios, weiterhin das Geheimnisvolle, Mysteriöse bei den nur halb sichtbaren Handlungen der Priester am Altar in der vom Hauptschiff weit entfernten Apsis der Kiche. Zeremonielle Gesten wie das Erheben der Hostie (Elevation) nach ihrer Weihe durch den Priester werden zum ersten Mal im 12. Jahrhundert erwähnt, auch das Glockengeläut zur Erhöhung der Feierlichkeit des Augenblicks ist eine verhältnismäßig junge Erscheinung. Als König Artus im *Perlesvaus* bei der Gralmesse zugegen ist, beobachtet er nicht eine uralte Zeremonie mit ihrer gewohnten Wiederholung bekannter, freilich Ehrfurcht gebietender Mysterien, sondern ein gänzlich neuartiges und dramatisches Ritual, in der Glocken und Kelche eine ungewohnt wichtige Rolle spielen. Hier spiegelt der anonyme Autor die Haltung seiner Zeitgenossen wider, die die Messe als ein dynamisches, bisweilen umstrittenes Ereignis erlebten. Im 12. Jahrhundert erfolgte zudem die Elevation der Hostie – damit sie die Gemeinde sehen und verehren konnte – häufig noch vor der Weihe. Weil die ungeweihten Elemente Brot und Wein nicht Gegenstand der Anbetung sein dürften, wies der Bischof von Paris, Eudes von Sully, die Priester seiner Diözese an, die Hostie erst nach ihrer Weihe zu erheben. In den Worten des Laien Gerbert de Montreuil, Autor der letzten *Fortsetzung* der *Erzählung vom Gral*, war die Messe

das glorreichste aller Mysterien und das kostbarste. Hier siehst du den wirklichen Leib Jesu Christi, wenn der Priester das Sakrament bereitet und in seinen Händen hält … Wenn du aufrichtig glaubst und die Messe willig hörst, sage ich dir bei meiner Seele, daß du alle Geheimnisse der Lanze und des Grals erfahren wirst.[193]

Die Befolgung dieses Rituals wurde zum Prüfstein für den wahren Glauben: Die Akzeptanz der Eucharistielehre und der priesterlichen Autorität trennte den Rechtgläubigen vom Häretiker. Die wichtigste Abweichung häretischer Sekten bezog sich auf die Leugnung priesterlicher Autorität und damit auch der spirituellen Kraft der Messe. Folglich wurde die Definition der Eucharistie zur alles entscheidenden Frage im Kampf gegen die rivalisierenden Glaubensvorstellungen der Katharer, der Waldenser und anderer, weniger bedeutender Häresien. Im 12. Jahrhundert gab es erneute Bemühungen, das Wesen des Sakraments sowie die physischen Bestandteile des zentralen Messrituals zu definieren. Vieles davon war gelehrt und abgehoben, wie beispielsweise die berühmte Frage, wie viele Engel auf der Spitze eine Nadel tanzen können – sie diente späteren Zeitaltern zum Spott über die mittelalterlichen Philosophen. Aber was die Theologen diskutierten und definierten, war eine Zeremonie, welche die Mehrzahl der westeuropäischen Bevölkerung mindestens einmal, meist aber dreimal und häufiger im Jahr miterlebte: Ein vertrautes und zugleich geheimnisvolles Ritual, das so viel Neugierde erweckte wie vorbehaltlosen Glauben. Es war das theatralischste Ereignis, das die einfachen Leute der damaligen Zeit miterleben konnten und das glühende Verehrung hervorrief.[194] Die geweihte Hostie betrachtete man mit Ehrfurcht und Erstaunen, und als Innozenz III. auf dem Vierten Laterankonzil 1215 nach der wirksamsten Waffe zur Bekämpfung der katharischen Häresie suchte, betonte er die reale Gegenwart Christi auf dem Höhepunkt der Messe und bezeichnete mit dem Wort »Transsubstantiation« den Prozess der Wandlung von Brot und Wein. Dieses um die Mitte des 12. Jahrhunderts zum ersten Mal verwendete Wort wurde zum Dreh- und Angelpunkt der Auseinandersetzung, als diese Ideen in der Reformationszeit erneut angegriffen und diskutiert wurden.

Joseph von Arimathia und die Eucharistie

Im Mittelpunkt der kirchlichen Metaphorik der Heiligen Messe steht Joseph vn Arimathia. Als um 850 Amalarius von Metz einen der ersten latcinischen Kommentare zur Analyse des Messfeier nach allegorischen Prinzipien schrieb, verglich er den Diakon, der dem Priester bei der Erhebung des Kelchs im Augenblick der Weihe zur Hand ging, mit Joseph. Das Thema wurde von späteren Autoren aufgegriffen und erscheint im ersten

Viertel des 12. Jahrhunderts in der Schrift *Gemma animae* (»Juwel der Seele«) des Honorius Augustodunensis[195]:

> Der Diakon, der den bedeckten Kelch auf den Altar stellt, bedeutet Joseph von Arimathia, der den Leichnam Jesu vom Kreuz abnahm, sein Antlitz mit einem Tuch bedeckte, seinen Körper in das Grab legte und das Grab mit einem Stein verschloss. Die Bedeckung des Kelch bedeutet das sindonem mundam [reines Leinentuch], in welches Joseph den Leichnam Christi einwickelte; der Kelch ist das Grab, und die Patene ist der das Grab verschließende Stein. Der Altardiener, der die Patene hält, hat Nikodemus zum Vorbild.[196]

Alkuin, der Lehrer des Amalarus, schrieb im ausgehenden 8. Jahrhundert, dass »der Kelch mit dem der katholische Priester die Messe zelebriert, kein anderer ist als der, den unser Herr den Aposteln reichte«.[197] Nicht nur Brot und Wein werden zu Leib und Blut Christi, auch der Kelch selbst wurde von Christus benutzt. Für den Gläubigen verschwinden Zeit und Raum, und die reale Gegenwart wird offenbart. Die Bilder von Joseph und dem Gral sind eine Version dieser Sicht und stehen im Zentrum des Werks von Robert de Boron. In der *Estoire dou Graal* verwendet der Dichter zwei lange Abschnitte für den Symbolismus der Eucharistie und für die Gnade, die sie dem Gläubigen gewährt. Als Christus den Gral an Joseph übergibt, erklärt er die Zeremonie der Messe in ganz ähnlichen Worten wie wir sie in Honorius' *Gemma animae* vorfinden.

Die Eucharistie als Speise

Die einzelne Hostie, die nach Chrétien den Vater des Fischerkönigs nährt, entspricht in der *Estoire dou Graal* der Speisung des gefangenen Joseph durch den Gral. Beide Episoden sind abhängig von der Mirakeltradition im Zusammenhang mit der Eucharistie, die stets als lebenserhaltend charakterisiert wird. Im Bereich Nordfrankreichs und Flanderns, dem Entstehungsgebiet der Gralromane, lassen sich zwei zeitgenössische Erzählungen dieser Art nachweisen. Beide sind von Jakob von Vitry überliefert, einem der gewaltigsten Prediger seiner Zeit: In Vernon, im Grenzgebiet zwischen Frankreich und der Normandie, soll eine Frau vierzig Jahre lang von nichts anderem gelebt haben als von der Hostie, die ihr jeden Freitag eine Taube brachte und die ihr am Sonntag von einem Priester gereicht wurde.[198] Von einem ähnlichen Wunder berichten eine Reihe anderer Chronisten: Eine Frau aus Cudot bei Sens soll sich dreißig Jahre lang allein von einer Hostie ernährt haben, die sie bei der Kommunion empfing.[199] Diese Geschichte war auch in England bekannt und wird von einer Rekluse in Lincoln erzählt, die der hl. Hugo von Lincoln zwei Wochen lang beobachten ließ und dabei herausfand, dass sie wahrhaftig keine andere Nahrung zu sich genommen hatte.[200] Auch aus anderen Regionen lassen sich entsprechende Beispiele anführen.[201] Diese Geschichten waren ohne Zweifel ein Teil gängiger Glaubensvorstellungen aus genau jener Zeit, in der die Romane verfasst wurden.

Die magische Speisung ist auch im biblischen Zusammenhang überliefert. Bekannt ist das Manna, das Moses und die Israeliten in der Wüste ernährte. In dem apokryphen alttestamentlichen Buch »Die Weisheit des Salomon« wird das Manna »Engelsspeise« genannt, ein »ohne Arbeit gemachtes Brot, geeignet, jedermann Freude zu bereiten, zuträglich für jeden Geschmack.«[202] In der *Queste* wird die Gralspeise ausdrücklich mit dem Manna identifiziert: Die »Speise des heiligen Grals« ist, so wird Bors gesagt, »die süße Speise, mit der [Christus] sie gesättigt hat und mit der er das Volk Israel so lange in der Wüste ernährte.«[203] Im Neuen Testament wird die Speise *panis angelicus*, »Engelsbrot«, genannt, und Petrus Venerabilis beschreibt sie im frühen 12. Jahrhundert mit »Brot und Leben des Menschen ... welches für immer das Brot der Gesegneten und die Speise der Engel ist«.[204] In den *Fortsetzungen* spendet der Gral bemerkenswerterweise zuerst Brot und Wein, und das mit einem deutlich eucharistischen Bezug. Bei anderen Festbeschreibungen in französischen Artusromanen des 12. Jahrhunderts wird niemals erwähnt, dass man Brot und Wein schon vor der Hauptmahlzeit serviert hätte.[205]

Eine weitere Beziehung zwischen dem Gral und dem Letzten Abendmahl ist von besonderem Interesse. Im *Joseph von Arimathia* erhält Joseph vom Herrn selbst die Anweisung, das Letzte Abendmahl bei der Einsetzung der Graltafel neu einzuführen – die Verbindung also zwischen dem Tisch des Letzten Abendmahls und der Tafelrunde. Hier aber ereignet sich etwas Merkwürdiges: Bron, Josephs Schwager, soll fischen gehen und den ersten gefangenen Fisch herbeibringen. Dies könnte auf den ersten Blick der etwas umständliche Versuch sein, Brons späteren Titel »Reicher Fischerkönig« zu erklären, der ihn mit dem Fischerkönig in der *Erzählung vom Gral* verknüpft. Wie auch beim Gral selbst und der Kreuzigung gibt die bildliche Vorstellung den Hinweis darauf, was vor sich geht, denn der Fisch spielt in zahlreichen Abbildungen des Letzten Abendmahls dieser Periode eine wichtige Rolle.[206] Das Letzte Abendmahl ist natürlich das Passahmahl, und nach jüdischer Tradition aßen die Priester zu dieser Gelegenheit Fisch, während die einfachen Leute Lamm aßen. Weiterhin ist in der christlichen, insbesondere in der frühchristlichen Ikonographie der Fisch ein Symbol für Jesus. So lässt sich die Präsenz des Fisches beim Letzten Abendmahl leicht verstehen, und die Künstler seit der spätbyzantinischen Periode zeigen den Fisch auf dem Abendmahlstisch an bevorzugter Stelle, wie beispielsweise auf den Mosaiken in Ravenna. Diese Tradition war noch im 12. Jahrhundert lebendig, wie Beispiele aus Nordfrankreich und Hildesheim zeigen. In religiösen Passionsdramen der Zeit stiehlt Judas in einem unbeobachteten Augenblick einen Fisch von der Tafel des Letzten Abendmahls. Damit kann der Fisch an den enstprechenden Stellen der Gralgeschichten leicht erklärt werden. Die Episode verbindet zudem Brons künftigen Titel »Reicher Fischer« mit der Weisung an Petrus, künftig ein Menschenfischer zu werden.

Eine interessante, aber spekulative Frage ist, warum Chrétien kategorisch verneint, dass der Gral einen Fisch enthält, wenn alle Darstellungen einen Fisch in der Schüssel des Letzten Abendmahls zeigen. Es könnte sein, dass diese eher zufällige Bemerkung Chrétiens Robert de Boron dazu veranlasst hat, eine Verbindung zwischen dem Gral und dem Letzten Abendmahl herzustellen. Verlockend ist aber auch die Möglichkeit, dass Chrétien sagen wollte, dies sei in der Tat die Schüssel des Letzten Abendmahls, die einen Fisch enthalten *sollte*, in Wirklichkeit aber stattdessen eine Hostie enthält.

Der Gral und die Häresie

Die Macht der Eucharistie zu vertreten bedeutete, eine Standarte gegen die Häretiker aufzupflanzen: Es ist durchaus zulässig, die Gralromane als Alarmruf an die europäische Ritterschaft zum Kampf gegen die Feinde der Kirche aufzufassen. Philipp von Elsaß, der Graf von Flandern, war als Geißel der Häretiker bekannt, und Chrétiens Werk hat man schon als eine Art Schlüsselroman mit Philipps Kampagnen gegen die Ketzer als Zentrum gelesen.[207] Es geht indessen sicher zu weit, Perceval als Modell des recht-gläubigen Christen gegen die katharischen Glaubensabtrünnigen zu zeich-nen: Was wir in *Die Erzählung vom Gral* erkennen, ist die Entwicklung eines Helden von einer nahezu agnostischen Haltung hin zu einem tugend-haften, frommen, aber normalen christlichen Ritter. Wenn die Häresie im Zusammenhang der Gralromane überhaupt in Erwägung gezogen werden kann, dann dergestalt, dass die Romane im Grunde eine orthodoxe Präsen-tation des christlichen Glaubens vertreten. Die Gralromane verbergen kein Geheimnis, sie offenbaren vielmehr die Einstellung ihrer Epoche. Die theo-logische Debatte verschob den Fokus der kirchlichen Liturgie vom Ange-denken an Christus und die Heiligen zur Feier Christi als aktive Kraft im täglichen Leben der Gläubigen. In bestimmtem Sinne war die Eucharistie Christus selbst, und dies erklärt das Verlangen der Gemeinde, die Hostie nach ihrer Weihe mit eigenen Augen zu sehen. »Im 13. Jahrhundert wurde der Eucharistie allgemein eine außerordentliche, einzigartige Verehrung zuteil.«[208]

Die höchst gelehrten Debatten der Theologen über die Eucharistie erreichten die bei der Heiligen Messe versammelten Gemeinden über die Predigten und Unterweisungen der Pfarrgeistlichkeit. In zu Dutzenden überlieferten Texten bemühen sich die kirchlichen Obrigkeiten sicherzu-stellen, dass die amtierenden Priester die göttlichen Mysterien nach ihren besten Kräften darstellen können. Die Texte beginnen Anfang des 13. Jahr-hunderts zu erscheinen und sind Teil der allgemeinen kirchlichen Be-mühungen, das Verständnis der religiösen Mysterien unter den Laien zu verbessern. Gedichte widmen sich speziell der Messe, wie etwa Gonzalo de Berceos *El sacrificio de la misa* aus dem Kastilien des frühen 13. Jahrhun-derts; sie richteten sich an ein Laienpublikum, das zwar keine Lateinkennt-nisse hatte, aber dennoch aus gebildeten und frommen Männern und Frauen bestand. In dem genannten Gedicht werden Kelch und Patene als Symbole für das Grab Christi und den Stein, der das Grab schloss, darge-stellt, ein Beispiel dafür, wie gelehrte theologische Vergleiche ein größeres Publikum erreichen konnten.[209]

Von anderer Art, aber ebenfalls für den Predigtgebrauch, sind die Mira-kelsammlungen des Caesarius von Heisterbach (um 1180-nach 1240), eines Zisterziensers aus dem Köln-Bonner Raum. Sein berühmtes Hauptwerk, der um 1220 geschriebene *Dialogus miraculorum,* richtet sich offenkundig zunächt an die Novizen, die Mönchsanwärter, seiner Zisterze Heisterbach, aber die Geschichten spiegeln zugleich die Volkskultur seiner Zeit wider; ein Zwölftel seines Buches widmet er Erzählungen über die Eucharistie. Solche Wundererzählungen hatten eine lange Tradition; sie gehen zurück auf Gregor von Tours im 6. Jahrhunderts und auf Paschasius Radbertus' Abhandlung über die Eucharistie im 9. Jahrhundert. Die Mirakel stützten die Auffassung der physischen Realität der Eucharistie. In vielen Fällen kommen diese Geschichten manchen Szenen in den Gralromanen ziemlich nahe, wie etwa die Vision des Christuskindes im Kelch, ein eingeführtes Thema von *Perlesvaus* bis zum *Lancelot-Gral-Zyklus*.[210] Diese Geschichte findet sich bereits in früheren Quellen, wird aber gerade im 13. Jahrhundert höcht populär: Matthäus Paris überliefert in seiner Biografie Eduards des Bekenners, sie habe sich zugetragen, als Erzbischof Wulfstan die Messe in Anwesenheit des Königs zelebrierte; Eleonore, die Schwester Heinrichs III., soll die gleiche Vision gehabt haben.[211]

Die von Caesarius von Heisterbach verkörperte Tradition hat noch mehr in Hinblick auf die Atmosphäre der Gralromane zu bieten. Es finden sich bei ihm Geschichten über die Heilkraft der Eucharistie, die ähnlich gestaltet sind wie die Episoden im *Lancelot*, in denen Bors, Hector, Perceval und Lancelot allein durch die Gegenwart des Grals geheilt werden.[212] Das fünfte Buch des *Dialogus Miraculorum*, »Von den Dämonen«, schildert den Teufel in seinen verschiedenen Vermummungen, eine Parallele zu den Abenteuern Percevals und Bors in der *Queste*. Caesarius' Werk ist von Interesse, weil es sich im Grenzbereich zwischen religiöser und weltlicher Literatur bewegt; auch wenn es für die Klosternovizen bestimmt ist, bringt es einen Geschichtentyp, die die zisterziensischen Prediger zur Auflockerung ihrer Predigten verwendeten. So erzählt er von einem Priester, der nicht auf Gott vertraute, sondern zu seinem eigenen Schutz ein Schwert trug, als er auf einer einsamen Straße zur Messe ritt:

… als er zu einem bestimmten Wald kam, ward er von einer solchen Furcht und einem solchen Schrecken ergriffen, daß ihm seine Haare zu Berge standen, wie die Leute sagen, und kalter Schweiß brach aus allen seinen Gliedmaßen hervor. Der Grund seines Schreckens blieb nicht lange verborgen, denn sobald er seinen Blick zum Wald hin wandte, sah er einen Mann von häßlichem Aussehen nahe einem hohen Baum stehen. Und während er so schaute, wuchs der Mann plötzlich so an Größe, daß er so groß wurde wie der Baum, und um ihn herum stürzten alle Bäume zu Boden und ein fürchterlicher Wind blies ...[213]

Eine solche Begegnung hätte auch in den Artusromanen ihren Platz finden können. Wir sehen, wie Vorstellungen, die wir für typische Elemente des Artus- und Gralstoffes halten, auch in einen weiter gesteckten Literaturbereich Eingang finden können.

Auch wenn der Gral viel der Volksfrömmigkeit und den Debatten und Bildwelten verdankt, welche die Eucharistie umgeben, so sind doch Gral und Eucharistie keineswegs dasselbe. Der Gral ist sowohl mehr als auch weniger als die zentrale Ikone der Messe; er beginnt als geheimnisvolles Behältnis der Hostie und endet als transzendentes Medium für die höchste aller Visionen. Die Theologie des Grals und die »Geheimnisse«, auf die sich die Gralromane beziehen, müssen noch genauer erkundet werden, um die fehlenden Elemente unseres Gralbildes zu erhellen.

Fünftes Kapitel

Der Heilige Gral

Als in der *Erzählung vom Gral* der Einsiedler dem jungen Perceval vom Gral erzählt, teilt er uns sehr wenig über ihn mit, lediglich, dass er »ein so heiliges Ding« ist. Seine Aufmerksamkeit gilt nicht einem Objekt, sondern dem Sünder vor ihm. Die Predigt zielt auf Perceval ab: Es ist eine einfache Unterweisung über christliche Anbetung und christliches Verhalten, so wie jeder Prediger des 12. Jahrhunderts auch seine Predigt für eine weltliche Zuhörerschaft gestaltet hätte. Der Einsiedler betont die Bedeutung der Buße und das Hören der Messe, sein Hauptanliegen: Durch regelmäßige Teilnahme an der Messfeier – »verweile dort, bis der Priester alles gesagt und gesungen hat«, schärft er ein – »kannst du erreichen, dich selbst zu erlösen, Ehre zu gewinnen und einen Platz im Paradies«. Dies alles entspricht katholischer Orthodoxie und bewegt sich auf einfachem Niveau: Perceval war niemals im christlichen Glauben unterwiesen worden, und da dies nun geschehen ist, fördert ihn der Einsiedler bei seiner spirituellen Entwicklung. Nur einen Augenblick lang gibt es da einen Hinweis auf etwas wenig Vertrautes, als nämlich der Einsiedler Perceval ein Gebet lehrt. »Viele Namen unseres Herrn kamen in dem Gebet vor, sogar der größte, den keines Mannes Zunge jemals nennen soll, außer in Gefahr des Todes.« Wir werden auf diese merkwürdige Bemerkung zurückkommen, alles andere an dieser Szene bewegt sich im Bereich des Gewohnten.

Im Werk des Robert de Boron stoßen wir auf ein anderes Terrain vor. Mit der Eröffnungspassage zum Joseph von Arimathia wird deutlich, dass sein Interesse bei der Theologie liegt, und sie die wichtigste Motivation für seine Dichtung ist. Die Eingangszeilen schildern kurz die Erlösung der

Menschen durch Christus »durch den Vater, den Sohn und den Heiligen Geist, und diese drei Wesen sind eins … Viel könnte darüber gesagt werden, denn der Quell seiner Güte ist unerschöpflich. So muss ich jetzt davon abschweifen und mich meinem eigenen Werk zuwenden, für das ich erflehe, Er möge durch Seine Gnade meine Gedanken und meine Einsicht leiten.«[214]

Das Hauptanliegen des *Joseph von Arimathia* in der Vers- wie in der Prosaversion ist die Darstellung der Missionstätigkeit der Anhänger Josephs, wie sie sich über die ganze Welt verbreiteten und wie sie überall »die Geschichte vom Tode Jesu Christi« erzählten. Der Gral ist das Symbol für die Authentizität ihrer Mission, aber er ist auch Prüfstein für den wahren Glauben und für ein tugendhaftes Leben. In den frühen Szenen wird seine Geschichte geschildert, und sein erstes Wunder ist die Speisung Josephs im Kerker. Dabei wird Joseph sowohl spirituell als auch körperlich genährt, durch den Gral und durch seinen Glauben. Erst als Joseph den Graltisch einrichtet, werden die weitergehenden Fähigkeiten des Grals deutlich. Der Tisch selbst ist Teil der Gesamtstruktur des Werkes und der Folgewerke. Die Existenz des Grals beginnt am Tisch des Letzten Abendmahls, der Graltisch wird in »seinem Namen« eingerichtet, und der Gral erscheint auch bei der Tafelrunde. Letztere entstand in der Zeit des Königs Uther Pendragon, zum Angedenken an die früheren Tische und als Symbol der Dreifaltigkeit.

Als Christus die Weisung erteilt, wie Joseph den Graltisch einrichten soll, geschieht dies, weil einige seiner Anhänger gesündigt haben. Christus sagt zu Joseph: »Du wirst deinen Leuten ein großes Zeichen geben und die Macht meines Fleisches und Blutes gegenüber denjenigten, die sündigten, beweisen.« Josephs Anhänger werden versammelt, »um die Ursachen ihres Elends« zu erkennen, und diejenigen »die getreulich an die Dreieinigkeit von Vater, Sohn und Heiligem Geist glauben«, sollen ihre Sitze am Tisch einnehmen. Diejenigen, die vortreten, fühlen »die Süße und die Erfüllung ihrer Herzen« und fragen die noch Stehenden, ob sie dies auch fühlen. Als die anderen erwidern, sie würden nichts dergleichen fühlen, erklärt man sie der Sünde schuldig und als Verantwortliche für eine ausgebrochene Hungersnot. Die Gralgesellschaft wird als eine Gemeinschaft Erwählter präsentiert, und der Gral hat die Macht, Sünder abzuweisen. Dies ist ein gemeinsames Thema aller Eucharistiemirakel, wo alle, die im Stande der

Sünde an der Kommunion teilnehmen wollen, auf verschiedene Weise bestraft werden.

Der Autor des *Perlesvaus* schreibt in einer ganz anderen Tonlage: Die Abenteuer sind wild und fremdartig, und auch das dahinter stehende Denken ist äußerst ungewöhnlich und schwer in einen religiösen Kontext einzuordnen. Die Eingangssätze sind wesentlich direkter als der Prolog des Robert de Boron:

Höret die Geschichte von dem heiligen Gefäß, welches Gral genannt wird und in dem das kostbare Blut unseres Heilands an dem Tag gesammelt wurde, als er ans Kreuz geschlagen die Menschheit von der Hölle erlöste; Josephus berichtete dies auf Geheiß eines Engels, damit durch seine Schrift und sein Zeugnis die Wahrheit bekannt werde, wie Ritter und edle Männer willens waren, Mühen und Härten zu erdulden zum Lobpreis des Gesetzes unseres Herrn Jesus Christus, das Er dazu ausersehen hat, durch Seinen Kreuzigungstod zu erneuern.[215]

Sodann ruft er die Dreieinigkeit an und gibt eine Zusammenfassung der Geschichte des Joseph von Arimathia, bevor er schildert, wie die Ritter der Familie des Perlesvaus und des Artushofes das »Gesetz Jesu Christi« mit ihren Taten befördern.

Und um Taten geht es in der darauf folgenden Geschichte: Wenn grob gesprochen, der Konflikt zwischen Altem Gesetz und Neuem Gesetz der springende Punkt der Erzählung ist, dann ist der Autor mehr an dramatischen Begebenheiten interessiert, er schildert bevorzugt den Reiz ritterlicher Taten, angetrieben von der Überzeugung der überwältigenden Rechtmäßigkeit des Neuen Gesetzes, und nimmt weniger eine konsistente doktrinäre Position ein. Er ergeht sich in machtvollen Bildern und bezieht sich insbesondere auf die *Offenbarung* des Johannes, und Figuren wie der Schwarze Eremit, den Perlesvaus am Ende des Buches besiegt, hätten durchaus ihren Platz in der Vision vom Weltenende finden können. Einige Abenteuer sind mit besonderer Bedeutung beladen, wie Gauvain erfahren muss, als er zur Burg der Fragen kommt. Die Beziehung der von ihm erlebten Ereignisse zum Fall und zur Erlösung der Menschheit wird ihm jetzt vor Augen geführt: »Sire«, sagte der Priester, »der gute Einsiedel erklärt uns die Bedeutung dieser Dinge um des Neuen Gesetzes willen, mit dem die meisten Menschen nur schlecht vertraut sind, und er wünscht, dass wir uns daran erinnern durch ähnliche Begebenheiten, die ein Beispiel dafür abgeben.«[216] Das Schlüsselwort ist vielleicht »erinnern«, aber es handelt sich nicht um wortwörtliche Analogien – der *Perlesvaus* ist kein Schlüsselroman –, auch wenn uns die verwirrenden mysteriösen Episoden verleiten könnten, nach einer Auflösung der Rätsel zu suchen. Dem Autor gelingt es, religiöse und profane Ideen in verblüffenden Gegenüberstellungen zu kombinieren: In derselben Szene sagt man Gauvain, das kühne Mädchen, das den Karren mit den von Gold, Silber und Blei versiegelten Köpfen lenkt, bedeute die Fortuna, deren Rad die Welt lenke; Artus hat eine Vision des Fortunarades vor dem Endkampf mit Mordred, und das Rad der Fortuna ist ein bekanntes Konzept bei Boethius, dem Philosophen aus dem 6. Jahrhundert. Aber dies alles wird sogleich mit dem Schild mit rotem Kreuz assoziiert: »Der heilige Schild des Kreuzes, für den niemand außer Gott den Preis zu zahlen wagte.«

Mehr als alle anderen Gralromane ist der *Perlesvaus* eine Ermahnung zur Aktion, zum Erreichen des von Jesus Christus begonnenen Erlösungswerks, zur Teilnahme am Triumph des Neuen Gesetzes. Am Anfang sehen wir Artus in Lethargie, unfähig, für seine Ritter Hof zu halten; in der Kapelle des hl. Augustinus wird ihm seine hohe Bestimmung in Erinnerung gerufen. Es ist Artus, der den Gral als Kelch in einer Vision sieht, und er, nicht ein Priester, wird mit der Einführung des bis dahin unbekannten Kelches in seinem britannischen Königreich beauftragt. Das Neue Gesetz muss durch die Anstrengungen der Ritter durchgesetzt werden, selbst durch die Taten eines Lancelot, der als Sünder den Heiligen Gral nicht schauen kann. Für die Ritter, die den Gral sehen können, ist der Gral eine Belohnung und eine Erneuerung ihres Eifers: bei seiner Pilgerfahrt zum Gral sagt man Artus: »wenn er zurückkehrt, wird sein Glaube zweimal so groß sein«.

Und während die Mission der Gralsucher in den anderen Romanen entweder die Heilung des Fischerkönigs oder individuelle spirituelle Erfüllung ist, erfindet der Autor hier die düstere Antithese zur Gralburg, das »Chastel Mortel«, dessen König der Bruder des Fischerkönigs ist und zugleich sein Todfeind. Hier ist es ein physischer Gegner, den es zu überwinden gilt: Dem König auf »Chastel Mortel« gelingt es, die Gralburg einzunehmen, aber Perlesvaus erobert sie zurück und der König von Chastel Mortel begeht

Selbstmord, die abscheulichste aller Sünden. Im Roman herrscht die Stimmung des Kreuzzugs: Waffengewalt ist ein Mittel zur Erlösung der Welt, durch physische Vernichtung des Bösen, durch Unterwerfung und Bekehrung der Heiden.

Der Autor der *Queste* übernahm die Geschichte des Grals wie bei Robert de Boron beschrieben und wendete sie in eine spirituelle Geschichte, in die Geschichte des Grals und der drei Ritter, die die Suche »vollbringen«. Damit bezieht er sich auf eines der Hauptthemen bei Chrétien: die moralische und spirituelle Entwicklung eines Ritters. Zudem bringt er einen weiteren Helden ins Spiel: Galahad, nicht nur von seiner Abstammung her mit David und den Gralhütern verbunden, sondern auch mit Lancelot, dem unebenbürtigen weltlichen Ritter. Der neue Ritter trägt Lancelots Taufname »Galahad«. Der Name Galahad erscheint im *Hohelied* (»Berg Galahad«), und nach einem zisterziensischen Kommentar ist »dieser Berg das Haupt der Kirche«.[217] Wir befinden uns in einer Welt, in der die willkürlichen Abenteuer der früheren Romane durch sorgfältig aufeinander abgestimmte Symbole abgelöst worden sind. Wo der *Perlesvaus* Typen und Analogien bietet, bietet die *Queste* weitaus unmittelbarere und systematischere Zeichen. Und wenn es schwierig ist, den *Perlesvaus*-Autor einzuordnen, erscheint es einigermaßen sicher, dass der Autor der *Queste* starke zisterziensische Beziehungen aufweist, es ist aber unwahrscheinlich, dass er selbst ein Zisterziensermönch war, obwohl wir Hinweise haben, dass die Zisterzienser von den strengen Idealen ihres Ordensgründers Bernhard abwichen und sogar »Reime schrieben«. An einer Stelle findet sich ein ziemlich unmittelbarer Bezug auf den Orden mit dem weißen Habit: Im Zuge der Gralsuche kommen die Ritter zu verschiedenen Abteien; diejenigen, welche einem bestimmten Orden zugeschrieben werden, sind alles Häuser der Weißen Mönche. Wichtiger jedoch sind die nachweisbaren zisterziensisch-theologischen Aspekte der *Queste*. Etienne Gilson konnte zeigen, dass die wichtige Doktrin der Gnade im zisterziensischen Sprachgebrauch der Zeit dargestellt wird.[218] »Wir erkennen an, dass die *Queste* ein abstraktes und systematisches Werk ist, das so weit geht, dass wir kaum verprechen können, auch nur zehn Zeilen in Folge zu finden, die aus reiner Freude am Geschichtenerzählen geschrieben wurden.«[219] Da gibt es keine dieser beliebigen Abenteuer wie in anderen Romanen, wofür die erste Gralerscheinung bei Chrétien ein klassisches Beispiel liefert. Jede Szene in der *Queste* ist als Symbol komponiert, und der gesamte Roman wimmelt von Einsiedlern, die dem Protagonisten und dem Leser/Hörer die spirituelle Bedeutung der gerade ablaufenden Szenen erklären.

In Chrétiens Roman bewegt sich Perceval von ungeschützter Torheit bis zu einem gewissen Grad der Selbsterkenntnis, bevor der Text abbricht. In der *Queste* dagegen ist jede Odyssee rein spirituell, und selbst dabei schreitet Galahad nicht vom Stande der Unschuld zum Stand der Gnade voran wie Perceval und Bors, die beiden anderen Helden der Erzählung. Galahad ist von Anfang an perfekt und verfügt über spirituelle Fähigkeiten, die ihn von den anderen absondern und ihn zur Führung anderer befähigen. Die Gralabenteuer besiegeln lediglich, was wir bereits wissen: dass er vollkommen und selbst eine Art Christus ist. Dennoch ist es nicht so, dass man von seinem Beispiel nicht lernen könnte. Gilson meint, in der *Queste* nähere man sich Gott mit Gefühl *(sentiment)* und weniger durch intellektuelles Wissen; der Leitgedanke der Abenteuer ist die Gnade und ihre Wirkung auf die Seele. Wir haben bereits die Konzeption des Grals in der *Queste* als Symbol der Gnade erwähnt und gesehen, dass er der »Heilige Gral« ist, »die Gnade des Heiligen Geistes.«[220] Die zisterziensische Gnadenlehre liefert die dramatische Spannung des Romans, weil der freie Wille, wie Bernhard von Clairvaux analysiert, eine Koexistenz mit der Gnade eingehen kann: auch wenn in gewisser Weise Galahad, Perceval und Bors prädestiniert sind, den Gral zu erreichen, so handelt doch letztlich jeder von ihnen nach freiem Willen. Die Abenteuer sind deshalb eine Serie von Prüfungen, bei denen die Gralritter das Walten der Gnade akzeptieren müssen, wenn sie erfolgreich sein wollen. Die dramatische Spannung liegt in der Entscheidung, ob der Held die richtige Handlung vollzieht. Das passt gut zu den traditionellen Abenteuern der Ritterromane, die moralische Entscheidung tritt aber in der *Queste* an die Stelle der oft willkürlichen Erklärung der säkularen Versionen solcher Episoden.

Die *Queste* aber als eine schonungslose Exempelpredigt zu charakterisieren, würde ihr Unrecht tun. Der Autor verfolgt keineswegs eine starre Methode: Ein Theologe würde etwa das Walten der Gnade in der Episode entdecken, in der Perceval der Verführerin entflieht. Als er mit der Dame ins Bett geht,

... geschah es wie von ungefähr, dass sein Blick auf sein Schwert fiel, welches die Diener auf den Boden gelegt hatten. Als er es gegen das Bett lehnen wollte, bemerkte er ein rotes Kreuz, das im Griff eingearbeitet war. Sobald er es sah, kam er zur Besinnung. Er bekreuzigte sich auf der Stirn und sogleich brach das Zelt über ihm zusammen, und er war eingehüllt in einer alles verschleiernden Rauchwolke, während sich ein so übler Gestank allenthalben verbreitete, dass er dachte, er müsse in der Hölle sein.[221]

Eine ähnlich direkte göttliche Intervention geschieht, als Gott den Bors daran hindert, gegen seinen Bruder Lionel zu kämpfen. Andererseits gibt es verschiedene Abstufungen sündhaften Verhaltens, von Gauvains Weigerung, Buße zu tun und Lionels Gewalttätigkeit gegenüber seinem Bruder bis hin zu Lancelots Versuchen, sich von Guinevere zu befreien.

Der Autor der *Queste* nutzt nicht nur den Rahmen des Romans, um eine religiöse Lehre zu verbreiten. Er wurzelt in der zisterziensischen Theologie, und seine Methode ist originell, obwohl er sich auf eine lange Tradition gelehrter Bibelkommentare stützt. Wir können die Geschichte als Roman lesen und die Interpretationen der ritterlichen Episoden durch die Einsiedler akzeptieren, wir können aber auch einen Blick unter diese Oberfläche werfen und weitere Schichten der Transformation finden. Wie schon im *Perlesvaus* erlebt Artus in seinen Gralvisionen eine Serie von Veränderungen *(muances)* des Grals, sodass die Ereignisse in der *Queste* scheinbar beschrieben und entschlüsselt werden, nur um sich bei näherem Hinsehen in andere bildliche Zusammenhänge aufzulösen.

Im *Perlesvaus* beziehen sich die *muances* auf physische Ausformungen mit spirituellen Untertönen, das Endstadium ist der Kelch. In der *Queste* bleibt die Gestalt des Grals unverändert, allein die Facetten der spirituellen Formen ändern sich: Er kann niemals ausschließlich mit einem spezifischen Aspekt oder Attribut identifiziert werden, und eine »Identifizierung« zu versuchen hieße, sein Wesen zu verkennen. Es geht nicht darum, ob der Gral die Schale des letzten Abendmahls »ist« oder die Eucharistie oder ein Gnadensymbol oder wahrhaftig Gott selbst: er ist alles zugleich und doch nicht nur eines davon. Der Stil des Autors entwickelt sich genau im Rahmen dieser Unbestimmtheit und dieser Genauigkeit, und die Schichtungen von Identität, Bedeutung und Symbol, die sich auch in weniger wichtigen

Episoden finden, beziehen sich *a fortiori* auf den Angelpunkt und das Zentrum dieser Geschichte.[222]

Die den Gral suchenden Ritter suchen einen Gegenstand. Als aber Gauvain – trotz aller Sünden der Initiator der Suche – erklärt, sein Ziel sei, ihn »offen« zu sehen, will er nicht genau wissen, wie dieser Gegenstand wirklich aussieht. »Aber wir sind so blind und betört«, sagt er, »dass wir ihn nicht klar sehen können, vielmehr bleibt uns seine wahre Erscheinung *(vraie semblance)* verborgen.«[223] Die Ritter sind deshalb auf der Suche nach einer metaphysischen Wahrheit und weniger nach einer einfachen physischen Präsenz. Die den Gral umgebenden Objekte verstärken jedoch sein geheiligtes Wesen: Der Graltisch erinnert an den Tisch der Bundeslade, die Kerzenleuchter gemahnen an den sechsarmigen Leuchter auf diesem Tisch. Metaphorik und Sprache der *Queste* sind durchdrungen von biblischer Überlieferung, die ungeachtet der Frage eingesetzt wird, ob sie zu einem weltlichen Roman passt – und dies verleiht der *Queste* eine zusätzliche Dimension.

Galahads letzte Vision bleibt absichtlich im Reich der Dinge jenseits aller Vorstellungskraft und Beschreibung und lässt sich zurückverfolgen zu den Vorstellungen Bernhards, Gott von Angesicht zu Angesicht sehen zu können; es ist die so genannte Seligmachende Schau. Kern ist die berühmte Passage bei Paulus: »Wir sehen jetzt durch einen Spiegel ein dunkles Bild; dann aber von Angesicht zu Angesicht.«[224] Klarheit der Sicht ist nicht einfach eine Frage von »mehr Licht«, sondern von Offenbarung, von Enthüllung der Mysterien. So lautet das Wort, mit dem man die ersehnte Schau des Grals umschreibt, nicht »klar«, sondern »offen«, *apertement*. Ritter, die begnadet sind, den Gral zu erschauen, können sich bis zur Schlussszene in Corbenic und Sarras niemals sicher sein, was sie gesehen haben. In Corbenic erklärt Christus selbst das Wesen des Grals sowie eine seiner symbolischen Bedeutungen als Zentrum des Eucharistierituals.

Das Mysterium des Grals jedoch ist größer als das Mysterium der realen Gegenwart in der Heiligen Messe. Dies spürt auch Galahad, und in Sarras erlebt er allein die persönliche Vision, nach der er gestrebt hatte. Die Seligmachende Schau der Herrlichkeit des Himmels ist auch der Höhepunkt eines anderen mittelalterlichen Meisterwerks: Dantes *Göttlicher Komödie*. Nach den Theologen kann die wahre Seligmachende Schau, die Offenbarung des Antlitzes Gottes, nur nach dem Tod erlebt werden. Obwohl Sprache und Kontext die Seligmachende Schau – ein wichtiger Faktor der zisterziensischen Mystik – benennen: Was Galahad sieht, mag für ihn klar und deutlich sein, uns geringeren Sterblichen bleibt es ein Rätsel und ein Mysterium:

> »Denn jetzt sehe ich offen, was die Zunge nicht beschreiben noch das Herz erfassen kann. Hier sehe ich den Anfang jeglichen Wagemuts, die Grundursache aller Tapferkeit, hier sehe ich das Wunder aller Wunder.«[225]

Galahad beschreibt diese ultimative Vision nicht im Vokabular der Mystik, sondern des Rittertums, »Wagemut« *(hardemenz)* und »Tapferkeit« *(proeces)*: Die *Queste* ist vor allem eine Glorifizierung des idealen Rittertums, denn hier ist weder den Mönchen, noch den Königen die letzte Vision vergönnt. Es ist, als sei »der Gral die Reliquie, die Christus selbst dem Rittertum vorbehielt, das Lehensgut mit dem er es ausstattete.«[226] Wir können die Geschichte auf vielfältige Weise lesen, aber am Ende ist sie doch ein weltlicher Roman und keine Predigt oder ein moralischer Traktat. Und deshalb ist es ein so erstaunliches Werk: als sei die gesamte Hierarchie der spirituellen Welt aufgeboten worden, den höchsten weltlichen Idealen zu dienen.

In der *Estoire* und in der *Queste* treten uns die ritterlichen Konventionen der Romane in merkwürdig veränderter Form entgegen: Wir fragen uns, ob wir das Werk eines Mönchs mit lebhafter säkularer Phantasie lesen oder das eines frommen Laien, der seinen favorisierten Lesestoff einem höheren Zweck anpasst. Das Letztere ist vielleicht eine gar nicht so abwegige Möglichkeit: An der mystischen Tradition mit ihrem Höhepunkt der Gralsuche hatten auch die Laien Anteil, eine Tradition, die oft auch außerhalb der offiziellen kirchlichen Lehre wirksam war. Desgleichen waren die Zisterzienser der einzige Mönchsorden, der in die weltliche Ritterkultur eingebunden war, und ob wir nun nach einem Mönch oder Laien als Autor Ausschau halten, er hatte aller Wahrscheinlichkeit nach seinen Platz in diesem gleichermaßen ritterlichen wie religiösen Milieu. Es liegt nahe, die *Queste* nicht als ein Eindringen der Theologie in die

Literatur zu lesen, sondern als eine Umfangserweiterung des Artuskreises. Vielleicht sollten wir die *Queste* als das Werk eines vom Rittertum begeisterten Mannes auffassen, der kühn genug war, seinem Werk spirituelle Dimensionen hinzuzufügen, die in anderen Romanen kein Gegenstück haben.[227]

Der Gral und sein Held

Dieses doppelte Vermächtnis spiritueller und ritterlicher Perfektion verlangt nach einem Gralhelden, der das irdische und zugleich das himmlische Rittertum repräsentiert. Die Frage ist, ob er prädestiniert ist, den Gral zu gewinnen. In Chrétiens Text ist der Gral lediglich Percevals persönliche Aventüre, so wie die Lanze Gauvain zugeordnet ist. Jede Suche ist eine Art zugewiesene Aufgabe, die nur ein spezieller Ritter vollenden darf – Perceval wegen seiner versäumten Frage, Gauvain, um sich von einem Mordvorwurf zu reinigen. Perceval nimmt als Gralsucher keinen besonderen Status ein, und dasselbe gilt auch für den *Perlesvaus*. Erst Robert de Boron, der Autor des theologischen Romans, führt die Idee der Prädestination ein. Daraus entwickelt sich die Figur Galahads als des prädestinierten Helden, der von Anfang an ausersehen ist, den Gral zu gewinnen. Dies gehört zu seiner Rolle als Abbild Christi, der ja ebenfalls erwählt wurde, die Menscheit zu erlösen.

In der mittelalterlichen Bildersprache erscheint Christus als Ritter, der für sein Erlösungswerk kämpfen muss; der Gralritter bleibt im Grunde ein Ritter, der seinen Weg zum Gral durch ritterliche Tapferkeit beschreiten kann. Freilich beruht Galahads Tapferkeit mehr auf seinem Widerstand gegen allerlei Versuchungen, als in körperlichen Kämpfen, aber das Konzept des Kampfes für den Gral kehrt in Wolframs *Parzival* wieder, wo es etwas gezwungen für die Idee der Prädestination eingesetzt wird, verkompliziert durch Parzivals Erbanspruch auf den Gral.[228] Alle diese Elemente finden sich in den französischen Erzählungen, die ganz besonders Galahads Abstammung von Joseph von Arimathia betonen. Bei Wolfram jedoch steht Parzival nicht in einer Verwandtschaftslinie zu einem biblischen Urahn, sondern zum ersten Hüter des Grals. So kann der Gral auf unterschiedlichen Wegen gewonnen werden: »wer immer nach dem Gral strebte, musste Ruhm mit dem Schwert einlegen«; »denn niemand kann den Gral erreichen, den nicht der Himmel ausersehen und daraufhin zum Gral beruft«; »mit Gottes Segen erbte ich den Gral.«[229] Zwei dieser Möglichkeiten beziehen sich auf die wichtigste Antriebskraft der feudalen Gesellschaft – kriegerische Fähigkeiten und ererbter Status; die dritte Möglichkeit, die göttliche Erwählung, scheidet den Gralritter von allen anderen Romanhelden.

Sechstes Kapitel

Der Gral und die Kirche – Reliquie oder Stein des Anstoßes?

Die Artusromane waren seit dem 13. Jahrhundert unter den gebildeten Laien höchst populär. Wir wissen, dass zahlreiche Adelsfamilien aufwändig gestaltete Handschriften dieser Werke besaßen, und so war die Gralsuche ein weithin bekanntes literarisches Thema. Die Romane identifizierten den Gral übereinstimmend mit dem Kelch oder der Schale des Letzten Abendmahls, und wie wir gesehen haben, betrachtete man ihn als eine der Kreuzigungsreliquien. Es gibt mindestens drei bedeutende mittelalterliche Reliquien, von denen man behauptete, sie seien der von Christus benutzte Kelch des Letzten Abendmahls.[230] Die erste Erwähnung dieser Reliquien findet sich in dem Bericht des Arculf, eines Pilgers, der im 7. Jahrhundert von den Britischen Inseln nach Palästina reiste und ausführlich über seine Erlebnisse berichtete. Bei ihm lesen wir:

> Zwischen der Basilika von Golgatha und dem Martyrium befindet sich eine Kapelle, in welcher der Kelch des Herrn aufbewahrt wird, den er mit eigener Hand segnete und den Aposteln gab, als er mit ihnen zum Abendmahl lag am Tag vor seinen Leiden. Der Kelch ist aus Silber, hat das Maß einer gallischen Pinte, und es sind zwei Henkel an jeder Seite angebracht … Nach der Auferstehung trank der Herr aus diesem selben Kelch, wie er es am Abendmahl zusammen mit den Aposteln tat. Der heilige Arculf sah ihn, und durch eine Öffnung im durchbrochenen Deckel des Reliquiars, in dem der Kelch ruhte, berührte er ihn mit seiner eigenen Hand, die er zuvor geküsst hatte. Alle Menschen der Stadt versammeln sich um ihn in großer Verehrung. Auch sah Arculf die Lanze

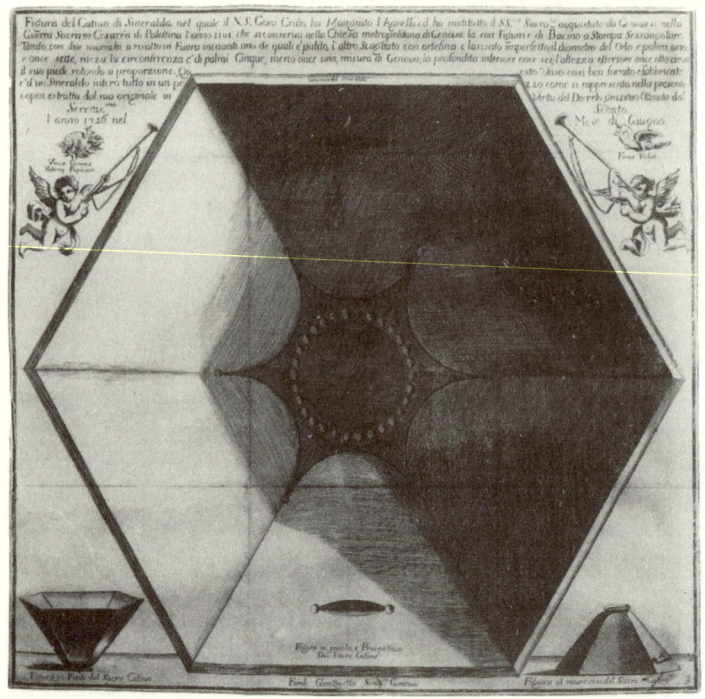

Der Sacro Catino *im Domschatz zu Genua. Faltbarer Kupferstich aus der Abhandlung* Il Catino di Smeraldo Orientale *des Karmeliterpaters Fra Gaetano da S. Teresa, Genua 1726.*

des Soldaten, mit der dieser die Seite unseres Herrn durchstieß, als er am Kreuz hing. Die Lanze befindet sich in der Vorhalle der Basilika des Konstantin ...[231]

Dies ist die einzige Erwähnung des Kelchs im Heiligen Land und die einzige Stelle, wo er als Silbergefäß erscheint. Nach dem 7. Jahrhundert hört man nichts mehr von ihm; allerdings gibt es im *Jüngeren Titurel* Albrechts aus dem 13. Jahrhundert einen Hinweis auf eine in Byzanz aufbewahrte Kopie des Grals:

Eine zweite kostbare Schale, sehr edel und wertvoll, wurde gefertigt, um diese nachzubilden. In ihrer Heiligkeit ist sie ohne Makel. Männer aus Konstantinopel untersuchten sie in ihrem Land und fanden sie reicher an Zierde, so berichteten sie im wahren grâl.[232]

Diese Schale des Letzten Abendmahls soll bei den Plünderungen durch die Soldaten des Vierten Kreuzzugs aus der Kirche des Bukoleon geraubt worden sein. Der damalige Bischof von Troyes, Garnier de Trainel, habe sie 1204 von Byzanz nach Troyes gebracht. 1610 war sie dort noch vorhanden, verschwand aber während der Französischen Revolution.[233]

Zwei Tischgefäße des Letzten Abendmahls sind bis heute erhalten. Das eine befindet sich in der Kathedrale zu Genua, das andere in der Kathedrale zu Valencia. Das genueser Gefäß ist unter der Bezeichnung *il sacro catino*, »die heilige Schüssel, das heilige Becken« bekannt und gilt traditionell als aus Smaragden gefertigt; eigentlich aber ist der Gegenstand eine fünfeckige ägyptische Glasschale mit einem Durchmesser von etwa 26 cm.[234] Nach der Eroberung Italiens durch Napoleon brachte man sie nach Paris; sie zerbrach, als man sie nach seiner Niederlage wieder nach Genua zurückschickte. An der Bruchstelle konnte man feststellen, dass sie aus Glas gemacht war und nicht aus Smaragd. Der Ursprung der Schale ist nicht bekannt. Nach dem um 1170 schreibenden Chronisten Wilhelm von Tyrus war sie ein Beutestück aus der Zeit des Ersten Kreuzzugs, das man 1101 in der Moschee von Kaisareia (Caesarea) aufgefunden hatte:

In dieser selben Kapelle fand man ein Gefäß auf funkelndem Grün, geformt wie eine Schale. Die Genueser, im Glauben sie sei aus Smaragd, nahmen sie an Stelle einer großen Summe Geldes und erwarben so einen prächtigen Schmuck für ihre Kirche. Sie zeigen dieses Gefäß noch immer vornehmen Leuten, die durch ihre Stadt kommen, und machen sie Glauben, sie sei ein Smaragd, wie die Farbe anzeige.[235]

Ein alternativer Bericht in einer spanischen Chronik[236] besagt, man habe sie im südspanischen Almería gefunden, als Alfons VII. 1147 die Stadt mit Hilfe der Genuesen von den Mauren eroberte und dass sich unter der Beute ein »aus einem Smaragd geschnittenes Gefäß wie eine große Schale« befand (*un uaso de piedra esmeralda que era tamanno como una escudiella*). Die

Genuesen sagten, dies sei der einzige Gegenstand, den sie haben wollten, und er sei eine ausreichende Entlohnung für sie. Die Identifizierung des Grals mit dem *sacro catino* wurde ohne Zweifel von Jacobus de Voragine, dem Autor der *Legenda Aurea*, in seiner Ende des 13. Jahrhunderts geschriebenen Chronik von Genua vorgenommen. Er spricht über die Schale und sagt, Christus und seine Jünger hätten aus einer goldenen und smaragdenen Schale beim Letzten Abendmahl gegessen. Nach bestimmten englischen Büchern habe dann Nikodemus ein smaragdenes Gefäß benutzt, um das Blut Christi bei der Kreuzabnahme aufzufangen, und »dieses Gefäß nennen die vorgenannten Engländer in ihren Büchern »Sangraal«.[237]

Die Gleichsetzung von *sacro catino* und Gral hängt allein mit der Behauptung zusammen, die Schale sei beim Letzten Abendmahl verwendet worden. Die Identifizierung, sollte sie denn authentisch sein, kann nicht früher als die Abfassung des Romans von Robert de Boron erfolgt sein, und es ist unwahrscheinlich, dass sie viel später als Mitte des 13. Jahrhunderts eingeführt wurde, als man, wie wir sehen werden, den Gral allgemein als Becher oder Kelch betrachtete. Den *sacro catino* scheint man eher wegen seines wirklichen Wertes als großer Smaragd für kostbar erachtet zu haben; es gibt nur geringe Hinweise auf einen mit ihm verbundenen lokalen Kult als Schale des Letzten Abendmahls.

Weit höhere Bekanntheit genoss der *santo caliz* der Kathedrale von Valencia.[238] Es mag sich bei diesem Gefäß um eine ursprünglich graeco-römische Arbeit aus Vorderasien handeln, wobei es äußerst schwierig ist, einen einfachen Pokal aus Achat, aus dem der *santo caliz* gefertigt ist, zu datieren. Die Fassung ist mittelalterlich, der Fuß ist ein umgedrehter Becher aus Chalzedonium, einer Quarzart, vielleicht hergestellt zwischen dem 12. und 13. Jahrhundert; wiederum ist die Datierung extrem schwierig. Der Kelch enthält eine arabische Inschrift, deren Bedeutung umstritten ist. Die Fassung ist im Stil spanischer Goldschmiedekunst des 14. Jahrhunderts gehalten.

Die Geschichte des Kelchs von Valencia ist schwer zurückzuverfolgen. Er stammte ohne Zweifel aus dem katalanischen Kloster San Juan de la Peña. Der Hinweis aber, dass er sich 1134 dort befunden haben soll, dürfte eine spätere Erfindung sein, während ein Dokument von 1135 über den Tausch eines Kelch durch San Juan de la Peña gegen eine Urkunde des Königs lediglich eine der damals üblichen Transaktionen darstellt und sich nicht ausdrücklich auf den Valencia-Kelch bezieht.[239] Der früheste sichere Beleg stammt von 1399, als ihn das Kloster San Juan de la Peña im Tausch gegen einen goldenen Kelch König Martin I. von Aragón übergab.[240] Gegen Ende des Jahrhunderts konstruierte man eine Ursprungsgeschichte des Kelchs von Valencia: Danach soll ihn der hl. Petrus nach Rom gebracht haben; um 256 übergab ihn Papst Sixtus II. dem hl. Laurentius, der ihn in seine Heimatstadt Huesca überführt habe.[241] Kein Wort von Joseph von Arimathia, kein Bezug zum heiligen Blut: Hier haben wir es mit einer ganz anderen Überlieferung zu tun. In all diesen Dokumenten wird der Kelch einfach *caliz* genannt, obwohl das Wort *grial* in den spanisch- und katalanischsprachigen Gebieten häufig belegt ist.

Manches deutet darauf hin, dass die Könige von Aragón ein besonderes Interesse am Kelch des Letzten Abendmahls hatten. In einem Brief an den Sultan von Ägypten von 1322 bat Jakob II. von Aragón darum, ihm den Kelch des Letzten Abendmahls zu übersenden, der sich im Besitz des Sultans befand.[242] Daraus ist jedoch nichts geworden. Es könnte sein, dass Alfons V. von Aragón ein Jahrhundert später den Valencia-Kelch mit dem Gral in Zusammenhang brachte. Auf einer Zeichnung Pisanellos ist ein Turnierhelm für Alfons abgebildet mit einer nach der Mode der Zeit aufwändig gestalteten Helmzier. Sie zeigt den »Gefährlichen Sitz«, den Stuhl, auf dem Galahad zu Beginn seiner Gralsuche saß. Seine Rüstung war mit demselben Bild versehen.[243] Als er aber den Kelch offenbar an die Kathedrale von Valencia verpfändete, um für seine Kriege von 1437 Geldmittel zu erlangen, beschrieben ihn die Kleriker in gewohnter Weise, »der Kelch, in dem Jesus sein Blut am Donnerstag des Letzten Abendmahls weihte«.[244]

Obwohl also Robert de Boron den Gral als eine der wichtigsten Kreuzigungsreliquien beschreibt und obwohl in der westlichen Christenheit zu dieser Zeit andere ähnliche Reliquien auftauchten – das Blut Christi, die Dornenkrone, die Heilige Lanze – findet sich eigentlich kein Beleg dafür, dass irgend jemand im 13. Jahrhundert behauptet hätte, er sei im Besitz des Grals. Zu Beginn des 14. Jahrhunderts dann rühmten sich die Könige von Aragón, den Abendmahlkelch zu besitzen, nannten ihn aber nicht Gral, und erst im 15. Jahrhundert finden sich dürftige Hinweise, die nahe legen, dass der König eine Verknüpfung des Valencia-Kelchs mit dem Gral wünschte.

Wenn die Hüter des Abendmahlkelchs zögerten, ihren Schatz mit dem Gral zu identifizieren, dann richteten sie sich lediglich nach der gängigen Position der Kirche, die Geschichten über den Gral schlicht ignorierte. In zwei besonderen Fällen indessen gaben die Kirchenmänner zu erkennen, dass sie die Gralromane kannten oder zumindest verwandte Erzählungen.

Im Lichte einer möglichen Verknüpfung des Valencia-Kelchs mit dem Gral durch Alfons V. ist es eine interessante Koinzidenz – vielleicht aber auch nicht mehr –, dass das einzige geistliche Werk, in dem der Gral erwähnt wird, der katalanische *Libre de Gamaliel* von Pere Pasqual ist. Er war Bischof von Jaén und erlitt 1300 den Märtyrertod; Muslime erschlugen ihn, als er gerade die Messe las. Der *Libre de Gamaliel* überwindet mit seiner Verbindung des Grals mit dem *Nikodemusevangelium* die Trennung zwischen Romanliteratur und geistlicher Literatur. Es liegt ein frühes apokryphes *Evangelium des Gamaliel* vor, das mit den Geschichten um Pilatus verbunden ist; der Text datiert ins 5. Jahrhundert, wird in der ersten Person erzählt und ist nur fragmentarisch überliefert.[245] Pasquals Quelle war eine in der okzitanischen Sprache Südfrankreichs geschriebene Variante des *Nikodemusevangeliums*, dessen anonymer Autor ein neues apokryphes Schrifttum über Joseph von Arimathia, Nikodemus und Gamaliel schuf; letzterer – eine historische Figur – war der Lehrer des hl. Paulus. Der Text enthält eine Version der Longinusgeschichte: Danach ist Longinus blind, wird aber durch das Blut, das von der Lanze auf seine Hand rinnt, wieder geheilt. An dieser Stelle fügt Pasqual hinzu:

Dann nahm Joseph von Arimathia einen *gresal* und sammelte darin das Blut Jesu Christi und nahm die Lanze an sich [die Longinus benutzt hatte]; und alle begaben sich in die Stadt zurück, nicht aber die Verwandten der Mutter Jesu Christi und die anderen, die bei ihr waren, nämlich der heilige Johannes der Evangelist und Joseph von Arimathia.[246]

Dies ist das einzige Mal, dass ein geistlicher Autor das Wort *gresal* benutzt. Ein anderer Autor, der bekannte Theologe Robert Grosseteste, kannte ebenfalls eine Variante des *Nikodemusevangeliums*, in der Joseph eine ähnliche Rolle spielte wie im Roman des Robert de Boron. Als Heinrich III. 1247 in Jerusalem eine Reliquie des Heiligen Blutes für die Abtei Westminster erwarb, verfasste Robert eine Schrift zum Ruhm der Reliquie. Darin schildert er, wie Joseph den Leichnam Christi nach der Kreuzabnahme wusch. Joseph sammelte das von ihm benutzte, mit Blut vermischte Wasser in einem »sehr reinen Gefäß; das reine Blut, das aus den Wunden an Seinen Händen und Füßen geflossen war, tat er mit größter Verehrung, mit höchster Umsicht und Ehre, in ein edles Gefäß, wie einen unermesslichen Schatz, und bewahrte es auf für sich und seine Nachfolger.«[247] Das ist ein Anklang an Robert de Boron, der Gral selbst wird jedoch nicht genannt.

Andere Autoren, die vermutlich keine Kleriker waren, war die Verbindung zwischen dem *Nikodemusevangelium* und den Romanen durchaus bewusst: Der Einschub einer französischen Übersetzung des apokryphen Evangeliums in den so genannten »Livre d'Artus«, Teil einer längeren Version des *Lancelot-Gral*[248], ist ein Beleg dafür. Einen anderen Weg wählt Jakob van Maerlant, der das Werk des Robert de Boron um 1260-1265 ins Niederländische übersetzte. Er behandelte das *Nikodemusevangelium* nicht als Erweiterung des Romantextes, sondern benutzte es, um die seiner Meinung nach eklatanten Fehler in der Originalvorlage zu korrigieren, auf deren Basis er arbeitete.[249] Noch während er sich durch den französischen Text hindurcharbeitete, fügte er kritische Kommentare über die Authentizität der Geschichte ein, die er gerade nacherzählte, und so beschränkte er die Geschichte von Pilatus, der das Gefäß Joseph von Arimathia übergab, sowie das Sammeln des Blutes Christi auf zwei kurze Passagen.[250]

Zwei Jahrzehnte später schrieb Maerlant ein gänzlich anderes Werk – eine teilweise auf der verbreitetsten der lateinischen Enzyklopädien des Vinzenz von Beauvais, dem »Speculum historiale«, beruhende Geschichtsdarstellung, die wie ihre Vorlage den Titel *Spiegel der Geschichte (Spiegel Historiael)* trug. Es scheint, dass der Gral Jakob van Maerlant immer noch in Atem hielt, denn obwohl in Vinzenz' Werk kein Platz dafür war, fügt er an drei Stellen kritische Kommentare über die Gralromane ein. Im Prolog erklärt er:

Wen immer die törichten Erfindungen des Grals, die Lügen über Percival und viele andere falsche Geschichten verdrießen und nicht zu erfreuen vermögen, sollte diesem Spiegel Historiael den Vorzug geben …, denn hier findet man insonderheit Wahrheit und viel Wunderbares, Weisheit und angenehme Unterweisung ...[251]

Er stellt das müßige Vergnügen an den Romanen seinem ernsthaften Anliegen gegenüber, indem er demselben Publikum eine Übersetzung der realen Historie präsentiert. Aber es ist schon merkwürdig, dass er den nicht zur Debatte stehenden Gral herausstellt; dies kann nur seiner früheren Entdeckung einer Diskrepanz zwischen Roman und Heiliger Schrift zugeschrieben werden. Er fügt einen zweiten Kommentar hinzu, wenn er auf Josephs Rolle bei der Kreuzigung zu sprechen kommt:

Über diesen Joseph von Arimathia spinnen die Grallügner ihre unsinnigen Geschichten, die ich allesamt als nichtig erachte.[252]

Maerlant ist ein Geschichtsschreiber, der für seinen ersten größeren Arbeitsauftrag ein Thema wählte, für das er von seiner ganzen Wesensart her nicht geeignet war, und ganz offenkundig bereute er seine Begegnung mit der fiktionalen, erzählenden Literatur. Hinter seinen Angriffen steht kein ideologisches Programm, sondern eher eine redliche, unbestechliche Sicht der historischen Wahrheit. Maerlant stand indessen keineswegs allein in seiner Gegnerschaft zum Gral. Die Kirche beobachtete die Welt der Romane mit höchstem Misstrauen, und Predigten gegen eitles Fabulieren waren an der Tagesordnung. Der erwähnte Caesarius von Heisterbach missbilligt den fabulösen Leichtsinn der Artus-Geschichten, kann aber nicht umhin, ihre Beliebtheit zuzugeben: In einer seiner Erzählungen schafft es ein Prediger, dessen Gemeinde bei den »Worten der Weisheit« eingeschlafen ist, seine Schäflein nur durch den plötzlichen Ausruf »Es war einmal ein König, der hieß Artus!« aus dem Schlummer zu erwecken. Maerlant jedoch war der einzige Autor, der ausdrücklich die Gralromane kritisierte. Ansonsten herrschte in kirchlichen Kreisen ein gelehrtes oder verachtungsvolles Schweigen vor. Dem Gral war es beschieden, außerhalb des kirchlichen Horizonts zu verbleiben, geliebt nur von den Dichtern, die ihn geschaffen hatten – und von den begeisterten Lesern ihrer Werke.

Siebtes Kapitel

Wolframs Idee vom Gral

Ein Name fehlt noch in unserer Analyse der Konzeptionen und der Theologie des Grals: Wolfram von Eschenbach. Seine Perspektive ist so grundverschieden von den anderen Versionen, dass sich kaum Kontaktzonen feststellen lassen, und die in seinem Werk angesprochenen Probleme machen es nötig, ihn gesondert zu behandeln.

Wolframs Schilderung der Gralprozession, die Parzival bei seinem ersten Besuch auf Munsalvaesche miterlebt, ist die ausführlichste aller Versionen dieser Geschichte. Chrétien hat ein einfaches, flüchtiges und mysteriöses Bild entworfen, das sich dem jungen Perceval unauslöschlich eingeprägt. Dagegen bietet uns Wolfram ein großes zeremonielles Ereignis: Die Prozession zieht nicht einfach durch die Halle der Burg des Fischerkönigs, sondern nutzt die Halle als Bühne für ein ausgedehntes, choreografiertes Ritual, das Wolfram in seinem gewohnt üppigen Stil beschreibt. Wenn wir die Schichten der farbenprächtigen Phantasie Wolframs einmal beiseite lassen und lediglich die an der Prozession beteiligten Personen und Gegenstände betrachten, dann finden wir:

> Die blutende Lanze, getragen von einem Pagen, der in die Halle herein- und wieder hinausläuft; dies ist das Präludium zur Gralprozession und nicht ein Teil von ihr
>> Zwei Kerzenleuchter tragende Mädchen
>> Zwei Damen, die Tischgestelle aus Elfenbein tragen
>> Vier Damen mit Kerzen

Vier Damen tragen eine dünne Tischplatte aus Hyazinth-Granat und
legen sie auf die Elfenbeingestelle
Zwei Damen mit Silbermessern
Vier Damen mit Lichtern
Sechs Damen mit Balsamlichtern
Die Prinzessin mit dem »grâl«

Wolfram hat eine Truppe von fünfundzwanzig Mitwirkenden versammelt, die den »grâl« dem Fischerkönig präsentieren; der erste Teil der Szene schließt damit, dass die Prinzessin, umgeben von ihrem Gefolge, den »grâl« auf dem Tisch platziert. Alle stehen in Formation, zwölf auf jeder Seite der Prinzessin, während die Ritter an der Tafel sitzen und von Kammerdienern und Pagen bedient werden. Im zweiten Teil der Szene versorgt der »grâl« die Anwesenden mit Essen und Trinken. Nach Beendigung des Gastmahls tritt das Gefolge des »grâl« vor, und die Prozession zieht mit dem »grâl« und den anderen Gegenständen in umgekehrter Reihenfolge davon. Wolfram beschreibt die Gralprozession nur ein einziges Mal; als Parzival zurückkommt, um die entscheidende Frage zu stellen, wird der »grâl« erneut hereingetragen, und die Zeremonie wird wiederholt. Jetzt aber konzentriert sich die Schilderung dieser Szene auf Repanse de Schoye, die Gralträgerin, in die sich Parzivals Halbbruder Feirefis verliebt; der Rest des Rituals wird nicht mehr erwähnt.

An der Oberfläche – sie selbst ein Geflecht prächtigen Wortdekors – ist die Szene, in der bei Wolfram der Gral zum ersten Mal auftritt, ein gänzlich anderes Ereignis als jene, die Chrétien geschaffen hat. Betrachten wir sie aber näher, so beschreibt sie dennoch dieselbe Situation, wenn wir auch die Schilderung des Gralsfestes in der *Ersten Fortsetzung* berücksichtigen, die in vielen Handschriften der *Erzählung vom Gral* präsent gewesen sein dürfte. Diese beiden Passagen enthalten im Grunde das gesamte Material für Wolframs Version. Der einzige nennenswerte Unterschied, abgesehen von der Zahl der Mitwirkenden, liegt in den geheimnisvollen Silbermessern, zu denen sich Wolfram nicht weiter äußert. Die glänzenden Lichter, die Lanze und der Gral selbst stammen alle aus Chrétiens originaler Prozession: Der zweite Teil der Szene entspricht Gauvains Gralbesuch in der längeren Version der *Ersten Fortsetzung*, wo die Details der Speisung durch den Gral ganz ähnlich dargestellt sind. Die beiden Romane, *Parzival* und die *Erste*

Fortsetzung der *Erzählung vom Gral* handeln ohne Zweifel von denselben Ereignissen.[253]

Wie aber steht es um den Gral selbst? Weder Chrétien noch die *Erste Fortsetzung* beschreiben ihn wirklich. Chrétiens Publikum wusste, wenn wir uns nicht täuschen, dass der Gral eine Art Schale war und dass sein Wesen durch die Wortbedeutung selbst ausgedrückt wird: Eine weitergehende Erläuterung war nicht nötig. Wolfram beschreibt ihn ebenfalls zunächst nicht. Beim ersten Auftritt des Grals präsentiert er ihn uns in glänzenden Worten, wir erfahren aber dennoch nichts weiter über ihn.

Auf einem grünen Seidentuch trug sie den Inbegriff paradiesischer Vollkommenheit, Anfang und Ende allen menschlichen Strebens! Es war ein Ding, das hieß der Gral, der die Vollendung übertraf.[254]

Diese Schweigsamkeit ist umso auffälliger, als der Rest der Szene höchst detailliert und präzise geschildert wird. Erst später, als Parzival am Karfreitag zur Einsiedelei kommt und seinen Oheim Trevrizent trifft, wie auch bei Chrétien, erfahren er und wir, die Leser, etwas mehr darüber. Chrétiens Ausdruck »ein heilig' Ding« (*sainte chose*) beschreibt auch Wolframs »grâl«, und es sollte nicht vergessen werden, dass Wolfram den »grâl« ebenfalls »ein Ding« nennt. Der Kontext aber ist ein völlig anderer: Wolfram erklärt, dass Parzival dabei ist, »Dinge über den Gral zu lernen, die verborgen waren«, und bietet als Entschuldigung für die späte Enthüllung der Geheimnisse die Erklärung an, dass solche Dinge erst erwähnt werden sollten, »bis schließlich die Erzählung selbst das Stichwort dazu geben würde, dass nun davon zu sprechen sei.« Indessen, was uns Wolfram erzählt, ist alles andere als klar, vielmehr herrscht die Atmosphäre bewusster Verdunklung. Meister Kyot, den er als seinen Gewährsmann angibt, fand die Erzählung in »heidnischen Schriften«, aber »sie half ihm dabei, als Christ getauft zu werden, ansonsten wäre die Geschichte unbekannt geblieben. Heidenwissen könnte uns nicht offenbaren, was der Gral ist und wie man sein Geheimnis fand.« Nun ist es aber gerade der Heide Flegetanis, »der von den Wundern des Grals schrieb«. Flegetanis sah mit eignen Augen im Gestirn ... das verhohlene Mysterium: er sprach vom Ding, genannt Der Gral – diesen Namen hat er deutlich von den Sternen abgelesen. »Den ließ ein Engelstrupp auf Erden, flog dann höher als die Sterne – zog die Vergebung sie hinauf? Christen müssen ihn jetzt hüten, dies mit äußerst strenger Reinheit: wer zum Gral gerufen wird, der hat als Mensch stets hohen Rang.« So schrieb darüber Flegetanis.[255]

Kyots eigener Beitrag bestand darin, dass er sich aufmachte, »nach dem Beleg zu suchen, in Büchern, die lateinisch waren: wo hat es ein Geschlecht gegeben, das dazu berufen war, den Gral zu hüten, sich somit der Askese hinzugeben?« Was er fand, befähigte ihn, die Geschichte der Graldynastie, Parzivals eigenes Geschlecht, zu erzählen und von ihrem Amt, den Gral zu hüten.

Entsprang dies alles Wolframs Phantasie oder existierte Kyot wirklich?[256] Wenn wir diese Frage bejahen, dann akzeptieren wir die Existenz einer verlorenen Graltradition von höchster Bedeutung; verneinen wir Kyots Existenz, müssen wir zeigen, dass Wolfram seinen Parzival auf der Grundlage existierender französischer Überlieferungen erdenken konnte. Mittelalterliche Autoren äußern sich in der Regel vage über ihre fiktiven Quellen. Wolfram jedoch erzählt uns weit mehr über Kyot, als bei einer solchen Quellenangabe üblich: Nach Wolfram stammte Kyot aus der Provence, schrieb in Französisch, lebte in Toledo und konnte Latein und Arabisch lesen. Die Verbindung zu Toledo, dem großen Zentrum intellektuellen Kontakts zwischen christlichen und muslimischen Gelehrten, passt gut zu Wolframs lebhaftem Interesse an astronomischem Wissen und fabulöser Naturgeschichte, nicht aber zur Parzivalgeschichte, die uns Wolfram gerade erzählt.[257] Wolfram nennt den Namen Kyot recht unvermittelt, im Achten Buch, als Versicherung, dass er eine Figur von geringerer Bedeutung richtig benannt hat: Kyot fand Parzivals Abenteuer niedergeschrieben in einer heidnischen Sprache und hat sie ins Französische übersetzt.[258] Auf gleiche Weise wird er am Ende des Achten Buches erwähnt, aber erst im eben zitierten Bericht über den Gral wird seine vollständige Geschichte dargelegt. Es geht darum, dass er Flegetanis' Schrift übersetzte, aber nicht befriedigend oder unvollständig fand und an anderer Stelle nach der Graldynastie suchte. Wolfram nennt ihn noch einmal kurz als Autorität vor dem Abschluss der Erzählung, am Ende aber besteht er darauf, dass Chrétien die Geschichte falsch erzählte und dass Kyots Version die richtige ist:

> Wenn Meister Chrétien de Troyes dieser Geschichte Unrecht tat, so ist Kyot mit Recht empört: Die echte Fassung stammt von ihm. Der Provenzale erzählt genau, wie Herzeloydes Sohn den Gral errang (so war es für ihn bestimmt), nachdem Anfortas ihn verwirkt hat. Aus der Provence in deutsche Lande kam die wahre Geschichte zu uns.[259]

Es ist dies das einzige Mal, dass Wolfram Chrétien nennt und damit zeigt, dass er dass Werk des französischen Dichters kennt, und unmittelbar darauf beschwört er Kyot herauf, um zu verneinen, dass er zu dem berühmten Meister des Artusromans in Abhängigkeit steht. Diese Beziehung zwischen französischem Original und deutscher Bearbeitung wäre an sich die Norm für die deutschen Artusromane dieser Zeit: Hartmann von Aue und Gottfried von Straßburg nutzten beide französisches oder anglo-normannisches Material, und Hartmann erkannte ausdrücklich an, dass er Chrétien verpflichtet war. Wolfram indessen muss sich davon unterscheiden: Er selbst ist es, der das hinter der französischen Erzählung stehende Original gefunden hat und er weiß etwas Besseres, als dem Franzosen sklavisch zu folgen.[260] Außerdem findet sich das Ende der Geschichte nicht in den Romanen, denen er bis dahin gefolgt ist, und deshalb benötigt Wolfram eine neue »Autorität«, um seiner Geschichte Glaubhaftigkeit zu verleihen, obwohl er sich in den späteren Büchern zunehmend selbst als Schöpfer seines Werkes bezeichnet.[261]

Dieses Szenario scheint einen plausiblen Subtext zu Wolframs Protest zu liefern. Wir sind in der Lage, seine wahrscheinliche Abhängigkeit von den französischen Dichtwerken zu zeigen und auf Widersprüche bei seiner Beschreibung Kyots hinzuweisen: Ein provenzalischer Autor seiner Zeit hätte auf Okzitanisch geschrieben, nicht auf Französisch. Dies verweist auf eine mögliche Lösung: Angesichts von Wolframs Vergnügen am Spiel mit Namen hat er sich den Namen des absolut respektablen Guiot de Provins ausgesucht, eines zeitgenössischen Dichters, und hat ihn zu einem Provenzalen gemacht, obwohl er aus der Stadt Provins in der Champagne, südöstlich von Paris stammte. Interessanterweise scheint Guiot wirklich in der

Provence studiert zu haben, und er konnte durchaus auch »*der meister wol bekannt*« sein; in allen anderen Aspekten jedoch passt er nicht zu Wolframs Beschreibung.²⁶² Ein Kyot hat niemals wirklich existiert; der Kyot des Romans ist nichts anderes als eine der Romanfiguren Wolframs und musste als solche mit einer eigenen Geschichte ausgestattet werden. Er spielt eine durchaus vertraute Rolle: Genauso wie die mittelalterlichen Versionen der Trojageschichte einem fiktiven Dictys dem Kreter (Dictys Cretensis) zugeschrieben wurden, der auf Seiten der Griechen stand, und einem Dares dem Phrygier (Dares Phrygius), der die Trojaner favorisierte, so ist Kyot die »Autorität« für Wolframs Chrétien-Bearbeitung.²⁶³

Es gibt lange Passagen in Wolframs Roman ohne Gegenstück bei Chrétien oder seinen Kontinuatoren, namentlich die ersten beiden Bücher, die von Gahmuret, Parzivals Vater, erzählen. Wolframs Quelle könnten Romane gewesen sein wie etwa die anglo-normannischen dynastischen Dichtungen *Bueve de Hanstone (Beuve de Hampton)* und *Guy of Warwick*. Gerade Beves, der Held des ersten Romans, hatte Abenteuer im Osten bestanden, die den Abenteuern Gahmurets nicht unähnlich waren. Eine Beziehung zum Gral bestand nicht, aber als Einleitung zur Geschichte Parzivals spielte sie eine wichtige Rolle in Wolframs Plan. Er änderte den Grundgedanken, auf dem die gesamte Geschichte aufgebaut ist und kehrte zu Chrétiens Thema der ritterlichen Entwicklung des Helden zurück; das spirituelle Element ist lediglich ein Teil des ritterlichen Gesamtbezugs, aber weil es Parzival vom Schicksal bestimmt ist, den Gral zu hüten, ist doch auch der spirituelle Bereich ein wichtiger Aspekt. So wird zwar die religiöse Dynastie des Joseph von Arimathia bei Robert de Boron durch eine weltliche Dynastie ersetzt, aber dynastische Angelegenheiten spielen insgesamt in Roberts und Wolframs Werken eine herausragende Rolle: Der gemeinsame Faktor ist das Konzept einer Familie, die dazu bestimmt ist, den Gral zu hüten.

Noch andere Punkte legen nahe, dass Wolfram Roberts Werk kannte. Es gibt zwar weniger Theologie bei Wolfram, aber als Parzival aus dem Munde Trevrizents von der Liebe Gottes erfährt, klingt dies doch sehr nach der Szene, in der Joseph in *Joseph d'Arimathie* Kaiser Vespasian unterweist. Wie auch Robert beharrt Wolfram auf den Geheimnissen des Grals, obwohl er sie immer wieder dramatisch ins Bild setzt und sie in den Kontext heidnischer Gelehrsamkeit einbettet, eines Wissens, das merkwürdigerweise nur ein Christ richtig deuten kann. Robert schrieb in einem strikt orthodox-christlichen Zusammenhang, während Wolfram im Lichte wissenschaftlicher Arbeiten schreibt, die im arabischen Spanien des 12. Jahrhunderts entstanden waren und für die er Interesse hegte oder von denen er Kenntnis hatte. Sie vermittelten das Denken der griechischen Philosophen an den Westen und gewährten zugleich Zugang zur arabischen Wissenschaft. In diesem Zusammenhang haben Flegetanis, der gelehrte Heide, und Kyot, der christliche Interpret, zahlreiche Parallelen, aber wenn wir diese Interessen Wolfram selbst zuschreiben wollen – und nicht einer unbekannten Quelle –, dürfen wir uns von Wolframs eigenen Worten, er sei kein gelehrter Mann, nicht täuschen lassen. Vieles legt dagegen die Annahme nahe, dass Wolframs Erklärung ein Beispiel für seine ironische Verspieltheit ist: ganz offenkundig hat er nämlich astronomische Kenntnisse, ist in der Lehre von den Edelsteinen bewandert und scheut sich nicht, in dunkle, entlegene Gebiete der Theologie vorzustoßen.[264] Aber der Gral selbst ist nicht Teil dieser Überlieferung oder repräsentiert eine wie auch immer geartete nekromantische Tradition. Wolfram gebraucht seine geheimnisvolle Überlieferung, um das Mysterium des Grals noch zu erhöhen und nicht, um die Sache selbst zu definieren. Überdies scheint die Idee »*die verholnen maere umbden grâl*« (»die verborgenen Mären um den Gral«) anders gelagert zu sein als dort, wo Wolfram die Formulierung oder Idee aus seiner Quelle entnommen hat, nämlich bei Robert de Boron: »*li grant secré escrit qu'en numme le Graal*« (»die großen Geheimnisse des Grals«). Wolfram nutzte die Alchemie seiner Phantasie, um sie in etwas anderes zu verwandeln, wofür der ursprüngliche Ausdruck lediglich der Ausgangspunkt war.[265]

Wie bei allem, was mit diesem außergewöhnlichen Autor zu tun hat, erregt die Diskussion über das Wesen seines Texts und seine Bedeutung weiterhin die Gemüter. Der Platz reicht nicht aus, um alle die komplexen Argumente hier noch einmal vorzuführen, vielmehr gehen wir einfach über zu der allgemeinen Auffassung, dass wir es hier mit einem großartigen Intellekt und einer großartigen Imagination zu tun haben, mit einem belesenen, aber letztlich eklektischen Autor, und wiederum kommen wir auf Gottfried von Straßburg zurück, der ihn als »Freund des Hasen« charakterisiert. So wie ein Hase seine Haken schlägt, wenn er gejagt wird, im Gegensatz zu dem in gerader Linie fliehenden Fuchs oder Hirsch, geht bei Wolfram nichts geradeaus und seine Gedankengänge verlaufen oft in unerwarteten Bahnen. Er greift einen Namen aus einem früheren Werk heraus und verändert ihn auf raffinierte und bisweilen dramatische Weise: Blancheflor wird zu »Condwiramurs«, zur »Liebesbringerin« (*conduire amours*)[266]; der Stolze Ritter von der Heide, *Orgueilleus de la Lande*, wird in umgekehrte Richtung verändert – »Stolz« wird zum Eigennamen Orilus. Wolframs Spiel mit den Namen ist ausführlich untersucht worden. Das Problem ist, dass wir nicht sagen können, inwieweit es sich um ein mündliches Missverständnis handelt oder um eine visuelle Fehllesung oder um übermütige Erfindung. Im Vergleich zu anderen Dichtern wimmelt sein Text geradezu von Namen – insgesamt sind es sechshundert im *Parzival* und im *Titurel*. Offenbar sind sie eine Erweiterung des poetischen Vokabulars und ein zusätzliches Element zu seinem üppigen und mystifizierenden Stil. Wolfram liebt Namenslisten, sei es von Ländern oder von Leuten, wenn er Parzival und Feirefis ihre Taten und ihre Gefolgsleute vor Artus und seinem Hof darlegen lässt[267], oder von exotischen Edelsteinen, die Anfortas' Krankenbett zieren.[268] Die erste und letzte Liste umfassen je eine Strophe von dreißig Zeilen, als sollte damit ihre wichtige Stellung im Text betont werden. Solche Namenslisten sind aus der epischen Dichtung seit Homers Schiffskatalog in der *Ilias* wohlbekannt, und Wolframs Zeitgenosse Hartmann von Aue präsentiert in seinem *Erec* eine ähnliche Liste von Artusrittern, wobei Hartmann in seiner Aufzählung nur vertraute Namen anführt, während Wolframs Namen ausladende Erfindungen sind.

Aber all das ist nicht in der Lage, uns auf Wolframs Gralkonzept vorzubereiten, wenn er schließlich darauf zu sprechen kommt. Als Trevrizent Parzivals Zorn auf Gott besänftigt hatte, bittet Parzival, ihm vom Gral zu erzählen. Trevrizents Entgegnung fällt eher indirekt aus, denn er beschreibt zunächst Munsalvaesche und seine Kämpfer, die beständig auf der Suche nach Abenteuern ausreiten, und dann sagt er: »Ich sage Euch, wovon sie leben.« Die Quelle ihrer Ernährung ist »ein Stein, in seinem Wesen äußerst rein«, genannt »lapis exilis«, durch dessen Wunderkraft der Vogel Phoenix stirbt und wiedergeboren wird. Er hat die Macht, die Jugend zu verlängern und den Tod hinauszuschieben. Erst am Ende der Beschreibung merkt Trevrizent an: »Der Stein wird auch Der Gral genannt«. Und er fährt fort: »Es senkt sich heute eine Botschaft auf ihn herab, schenkt größte Fülle«: an jedem Karfreitag bringt eine Taube eine kleine weiße Oblate vom Himmel herab und legt sie auf den Stein; davon empfängt er alles, »was auf Erden duftet nach Speisen und Getränken: paradiesische Erfüllung.«[269] Enthüllt wird auch die Art und Weise, wie die Mitglieder der Gemeinschaft von Munsalvaesche ausgewählt werden: Auf dem Gral erscheint eine Inschrift, welche die ausgewählten Kinder und ihre Abstammung nennt, denn alle Mitglieder der Gralgesellschaft treten der Gemeinschaft bereits im Kindesalter bei, und dazu ernannt zu werden, gilt als die größte Ehre. Und schließlich bringt Trevrizent den Gral mit den neutralen Engeln zusammen, die weder auf Gottes, noch auf Luzifers Seite stehen, nachdem dieser von Gott abgefallen war und aus dem Himmelreich vertrieben wurde. Den neutralen Engeln wurde geboten, sich zum Gral auf die Erde zu begeben. Danach wird der Gral von der Dynastie gehütet, die mit dieser Aufgabe betraut worden war. Er wird in einem Tempel aufbewahrt[270], und seine Hüter heißen »templeise«[271]. Dieses Wort wurde oft mit »Templer/Tempelritter« übersetzt, und man meinte, Wolfram habe den Templerorden im Sinn gehabt. Typischerweise verwendet er dieses sonst nicht belegte Wort ohne Erläuterung. Es gibt aber gute Gründe dafür, warum die Identifizierung mit den Tempelrittern nicht greift, vor allem weil sich zeigen lässt, dass der Adel des späteren Mittelalters nicht auf die Idee kommen konnte, die *templeisen* mit den Rittern des Templerordens gleichzusetzen. Die Templer spielten in den Tagen Wolframs eine sehr geringe Rolle in Deutschland. Der erste Meister der wenigen deutschen Ordenshäuser wurde erst 1227 ernannt, ein Jahrhundert nach der Gründung des Ritterordens.[272] Anderthalb Jahrhunderte später gründete Otto von Habsburg, Herzog von Österreich, die Rittergesellschaft der »Templaist« oder »Templois«[273], ein deutlicher Anklang an Wolframs *templeisen*. Diese Rittergesellschaft jedoch hat nichts mit dem Templerorden zu tun, und ihre Gründung zeigt, dass die beiden ritterlichen Gemeinschaften als etwas jeweils Verschiedenes betrachtet wurden. Eine ritterliche Gemeinschaft zu gründen, die drei Jahrzehnte nach der Eliminierung der Templer in irgendeiner Weise an diesen Ritterorden angeknüpft hätte, wäre politisch gesehen wahrhaftig äußerst töricht gewesen.

Die Bedingungen, an welche die Hüter des Grals gebunden waren, stehen viel mehr in Abhängigkeit von Wolframs Phantasie als von einem existierenden Ritterorden. Der wichtigste Einwand gegen eine Identifizierung mit den Templern ist die Anwesenheit von Frauen, die dem Gral dienen und die offenbar als die wichtigsten Personen auf Munsalvaesche gelten können, vom König einmal abgesehen.[274] Und da ist noch der Aspekt der Vermählung von Gralsrittern, die zwar nicht in der Gralburg selbst stattfindet, sondern häufig dann, wenn sie in die Welt hinausgeschickt werden. Die Verwendung des Begriffs »Utopia« ist ein Anachronismus (er wurde erst drei Jahrhunderte später von Thomas Morus geprägt), aber die erdachte Struktur der Gralgesellschaft ist ein – vorsichtig ausgedrückt – wagemutiger Akt. Es ist eine Gesellschaft, die einer vom Gral selbst diktierten Regel unterworfen ist. Titurel berichtet seinem Sohn: »Als ich den Gral empfing durch die Botschaft, die mir der verzückte Engel sandte, fand ich alle meine Anweisung darin durch seine hohe Autorität verzeichnet.«[275] Allerdings ist es keine monastische Gemeinschaft als solche, und auch Priester werden nicht erwähnt. Der Zweck der Gesellschaft ist religiös – wenn man den Gralsdienst als religiös bezeichnen kann – und zugleich weltlich. Weil die Mitglieder der Gesellschaft vom Gral erwählt und von ihm geleitet werden, ist die Gralgesellschaft ein Medium, durch welches Gott unmittelbar in die Angelegenheiten der Menschen eingreifen kann.

Dies alles führt zu einem Bündel diffiziler Fragen. Wir können nur etwas von Wolframs Gralvision erfassen, wenn wir ihn langsam und mit Bedacht lesen, denn wie es ein Literaturwissenschaftler einmal ausdrückte, schreibt er »in Symbolen«.[276] Zunächst einmal ist der Gral eindeutig ein Stein – da gibt es im deutschen Text keinerlei Zweideutigkeiten. Er hat magische Kräfte, kann Speise und Trank bereitstellen, aber diese Kräfte wurden ihm durch eine göttliche Vorsehung übertragen. Das Symbol der Gralritter ist die Taube, und dies war ein gängiges Symbol für den Heiligen Geist unter Bezugnahme auf die Taufe Christi, als er »sah den Geist Gottes wie eine Taube herabfahren«.[277] Die dem Gral eigenen Kräfte leiten sich unmittelbar vom Heiligen Geist ab, der an jedem Karfreitag in Gestalt einer Taube auf den Gral hernieder kommt; mit der weißen Oblate, die er trägt, kann nur die Hostie der Heiligen Messe gemeint sein. Der Gral ist somit das Medium, durch welches die Eucharistie am Gedenktag der Kreuzigung Jesu wirksam wird.

Wolframs Augenmerk liegt indessen nicht auf der Theologie des Grals, seine Funktion in der Erzählung ist vielmehr, eine geheimnisvolle, übernatürliche Macht zu repräsentieren, deren Schutz die höchste aller irdischen Ehren darstellt. Die Aufgabe, den Gral zu hüten, ist Parzivals Bestimmung; sein Streben, dieser Bestimmung gerecht zu werden, ist das zentrale Thema des Versromans. Für Wolframs Absichten muss somit auch der Gral nicht vollständig erklärt werden, und wir sollten deshalb auch den Gral nicht als Schlüssel für das Verständnis seines Werkes betrachten: Wolframs Werk ist zu Recht als »Parzival« bekannt; der Gral war niemals Bestandteil des Titels, im Gegensatz zu den französischen Romanen. Damit ist auch die ausladende Debatte über den alternativen Namen des Grals, »lapsit exillis«, ein Irrweg, über den sich Wolfram gewiss amüsiert hätte. Über diese beiden Wörter ist mehr Tinte vergossen worden als über jeden anderen vergleichbaren Ausdruck in der gesamten Artusliteratur. Beginnen wir damit, dass »lapsit« keineswegs lateinisch ist, obgleich das viele Kommentatoren unberücksichtigt lassen und das Wort so lesen, als laute es »lapsavit«, »er fiel«.[278] Die ersten Kopisten von Wolframs Dichtung scheint dieser Wortlaut verwirrt zu haben; in anderen Abschriften finden sich die Lesarten »lapis exilis« und »iaspis exillis«. Jede um die Interpretation dieser beiden Wörter aufgebaute Theorie bewegt sich deshalb auf schwankendem Boden, ganz besonders, da Albrecht, der Ende des 13. Jahrhunderts Wolframs *Titurel* vollendete, sich den Gral als einen »jaspis« vorstellte.[279] Albrecht arbeitete also noch in dem Jahrhundert, in dem das Original geschrieben wurde; die Lesart »jaspis« – von den meisten Wissenschaftlern abgelehnt – würde indessen gut zu Wolframs manifester Vorliebe für Edelsteine und die sie umgebende gelehrte Überlieferung passen. Die Interpretation des Ausdrucks bedeutet immer, den Text zu korrigieren und eine bessere Lesart vorzuschlagen. Beinahe alle Kommentatoren, die eine solche Interpretation versuchen, optieren für die Lesart »lapis«, »Stein«, mit »exillis« als verderbte Form eines Adjektivs: wir finden also »den Stein vom Himmel« (*ex celis*), den »Elixirstein« der Alchemisten und hermetischen Philosophen[280], den »Stein des Exils« (*exilii*) und sogar den »Asbeststein« (*textilis*).[281] Nach meiner eigenen bescheidenen Meinung könnte es sich dabei um Wolframs notorische Verdrehung französischer Wörter handeln: »grail« ist ein französisches Adjektiv und bedeutet »schlank«, das lateinische Äquivalent wäre »exilis«: Philologen könnten einwenden, dass die französischen Wörter »graal« und »grail« nicht miteinander verwandt sind, aber Wolframs Spielfreude an Wortklängen ist nicht gerade ein Garant für präzise Definitionen.

Warum aber sollte der Gral ein Stein sein? Der Katalog von Vorschlägen über die Ursprünge des Gralsteins ist äußerst variationsreich. Nach einer

Auffassung soll es sich um einen kleinen tragbaren Altar handeln, wie er im karolingischen Europa verbreitet war, bestehend aus einem großen Halbedelstein in einer Metallfassung – ein geeignetes Behältnis für eine Hostie, die an jedem Karfreitag von einer Taube herbeigebracht wird. Andere Autoren haben einen Altar des äthiopischen Ritus vorgeschlagen oder sogar eine Übernahme aus dem islamischen Bereich; andere wieder verwiesen auf die Kaaba, den heiligen Stein von Mekka. Näher liegen da vielleicht schon die magischen oder wundertätigen Steine der Bibel oder der Alchemie; mögliche Parallelen finden sich in der »Apokalypse« des Johannes, namentlich im vierten Kapitel, in dem von einem Thron und von Vierundzwanzig Ältesten die Rede ist: »Und siehe, ein Thron stand am Himmel, und auf dem Thron saß einer. Und der da saß, war anzusehen wie der Stein Jaspis und Sarder; und ein Regenbogen war um den Thron, anzusehen wie ein Smaragd. Und um den Thron waren vierundzwanzig Throne, und auf den Thronen saßen vierundzwanzig Älteste, und hatten auf ihren Häuptern goldene Kronen.«[282] Wie die meisten mittelalterlichen Autoren ist Wolfram mit biblischen Texten vertraut, aber die Ähnlichkeiten sind nicht so präzise, als dass sie wohlüberlegt scheinen, vielmehr sind sie das Echo von Ideen und Vorstellungen, die in dieser Zeit Allgemeingut gewesen sein dürften. Sie gehören zu einem breiteren kulturellen Hintergrund und nicht zu einer spezifischen Verwendung der Apokalypse als Vorbild für den Gral und seine Zeremonien.

Es ist durchaus möglich, Parallelen von eher schwacher Wahrscheinlichkeit für diesen und jenen Aspekt des Grals zu finden, wenn man die östlichen Traditionen über Edelsteine durchstöbert, von den jüdisch-mystischen Geschichten in der *Kaballah* bis zu iranischen Überlieferungen: Die biblischen Urim und Thummim, Chvarenah, Chechina und Goral können als Analogie und Vorbild dienen, aber ihre Beiträge zu Wolframs Werk beschränken sich höchstens hier und da auf den einen oder anderen entfernten Anklang.[283] So kehren wir am Ende wieder zu Wolframs merkwürdiger Beziehung zu den französischen Texten zurück, von denen er seine Geschichte letztlich ableitete. Bei Chrétien ist der Gral aus »lauterem, purem Gold« gemacht, »mit vielerlei Edelsteinen war er übersät, die kostbarsten und wertvollsten, die Meer und Erde freigeben; die im Gral übertrafen alle anderen Juwelen ...«[284] Das ist Wolframs Ausgangspunkt, aber hat er die Schilderung falsch verstanden oder ist seine eigene Darstellung der Inspiration seiner hochfliegenden Phantasie entsprungen? Das Problem ist dasselbe wie bei Wolframs Namen: Wir müssen seine intellektuelle Verspieltheit gegen seinen Einwand, er sei ungebildet, abwägen. Wiederum kommt die Phantasie ins Spiel: Wolfram machte sich die Vorstellung vom Gral als kostbarster Edelstein unter allen Edelsteinen zu Eigen und formte die schimmernde Vielfalt der Juwelen zu einem einzigen Stein um.[285] Ein Missverständnis dürften wahrscheinlich die mysteriösen silbernen Messer sein, für die keinerlei erzählerische Funktion erkennbar ist, und die wohl aus einer falschen Lesung von Chrétiens *tailleoir d'argent*, Silberplatte oder Silberschale, entstanden sind. Es könnte aber auch sein, dass sich Wolfram auf einen Text wie die Prosafassung des *Joseph d'Arimathie* bezog, wo wir erfahren, dass »das Gefäß [d. h. der Gral] auf den Stein verweist«, das heißt auf den Stein vor dem Eingang zum Grab Christi.[286] Diese Unsicherheit über die Beschaffenheit des Grals könnte damit zusammenhängen, dass sich Wolfram niemals wirklich an eine physische Beschreibung des Grals heranwagte, aber das Fehlen einer solchen Beschreibung mag auch von dem Wunsch diktiert gewesen sein, ein gewisses Maß an Geheimnis um die Beschaffenheit des Grals zu bewahren.

Und so kehren wir zu »lapsit exillis« zurück: Was immer der Ausdruck für Wolfram bedeutet haben mag, wir können sicher sein, dass er nicht das Passwort zu einer geheimen Welt war, die – wenn wir sie richtig deuten – uns den Zutritt zur Gegenwart des Grals gewährt hätte. Der Ausdruck ist vielmehr Teil der unpräzisen und damit faszinierenden Art und Weise, wie Wolfram den Gral sieht: Das Magische liegt im Mysterium.

Wegen seiner Eigenschaften wird der Gral an verschiedenen Stellen als der »*wunsch*«, wörtlich »Vollkommenheit«, dieser Welt und des Paradieses beschrieben, aber warum und wie er vollkommen ist, bleibt ein Geheimnis – vielleicht in voller Absicht. Die anderen Gralattribute bei Wolfram gehören im Großen und Ganzen zur Welt der Naturwunder, wie sie in den Bestiarien, Herbarien und Lapidarien der Zeit ihren Ausdruck finden. Die Legende vom Phoenix stammt aus den Bestiarien, aber es ist schwer auszumachen, wie die Macht des Steins den Phoenix zu Asche verbrennt, wie Wolfram sagt.[287] Der Phoenix dient dazu, die Macht und die einzigartige Beschaffenheit des Grals zu betonen: Er ist der vortrefflichste und wunderbarste aller Vögel, genauso wie der Gral der vortrefflichste und wunderbarste aller Edelsteine ist. Darüber hinaus ist es schwierig, ein wie auch immer geartetes symbolisches Argument zu konstruieren, weil der Phoenix in den Bestiarien als Zeichen für die Auferstehung der Toten gedeutet wird, und dies hat keinerlei offenkundige Beziehungen zur Funktion des Grals. Das nächste Thema – die Macht, den Tod hinauszuschieben – ist ein Gemeinplatz der Eucharistielegende und lässt sich damit leicht mit der eucharistischen Natur des Grals verbinden, manifestiert durch die Taube und die Messoblate. Andere Attribute lassen sich schwerer zuordnen: Die Idee, dass der Gral fortgesetzte Jugend verleihen kann, gibt eher Rätsel auf, denn sie findet sich sonst nur im *Perlesvaus*, den Wolfram vermutlich nicht kannte. Ebenso hat der Gral Eigenschaften, die in das Reich magischer Steine gehören: Er kann nur von einer auserwählten Jungfrau mühelos getragen werden, für einen Sünder wäre er viel zu schwer. Und als Parzivals Halbbruder Feirefis noch als Heide zum Gral kommt, bleibt er für ihn unsichtbar; erst nach seiner Taufe kann er ihn sehen.

In der allerersten Gralszene, nach seinem Einzug in die Halle und nach der begleitenden priesterlichen Zeremonie, lernen wir, dass der Gral die anwesende Gesellschaft mit Speisen versorgt:

> Wonach man auch die Hand ausstreckte, man fand es alles fertig vor: warme Speisen, kalte Speisen, neue Speisen, altbewährte, Fleisch vom Stalltier und vom Wild. »So was hat man nie gesehen!« wendet wohl so mancher ein, doch der benimmt sich viel zu forsch. Der Gral war: Frucht der Seligkeit, Füllhorn aller Erdensüße, es reichte nah an das heran, was man vom Himmelreich erzählt.[288]

Das ist ganz der verspielte und ironische Wolfram. Zunächst präsentiert er eine herrlich unglaubhafte Geschichte, dann antizipiert er die Reaktion seines Publikums, um auf das bereits Gesagte wieder in einer unterschiedlichen Tonlage zurückzukommen. Die Absicht ist, dem Publikum klarzumachen, dass der Gral ein Spender von Speise und Trank ist, ein Detail, das er von den frühen Fortsetzungen der *Erzählung vom Gral* übernommen hat. Die Szene dient auch dazu, Parzivals ungewöhnliche Sperre deutlich zu machen, irgendwelche Fragen zu diesem außergewöhnlichen Geschehnis zu stellen.

Die Charakterisierung des Grals als Nahrungsspender wird in Trevrizents Gespräch mit Parzival wiederholt; seine Fähigkeit, die von ihm bediente Bruderschaft zu speisen, wird der Hostie zugeschrieben, welche die Taube jedes Jahr in den Gral legt. Hier greift Wolfram die Idee von der Eucharistie auf, die aus sich selbst heraus genügt, um Leben zu schenken, aber er verknüpft sie mit seiner früheren Schilderung des Gralsfestes. Bei Chrétien nährt der Gral den Vater des Fischerkönigs, hier verpflegt der Gral die gesamte Gemeinschaft der Gralritter; dort tritt er nur bei der Ausrichtung üppiger Gastereien in Aktion, hier ist er die Quelle der täglichen Ernährung, auch wenn er nach wie vor nur zu besonders feierlichen Anlässen erscheint.[289] Wolfram fährt fort mit der Beschreibung, wie die Gesellschaft vom Gral selbst ausgewählt wird: Die Betonung liegt auf einer hingebungsvollen Gemeinschaft, deren Mitgliedschaft als große Ehre und als Anlass zur Freude gilt: »Aus vielen Ländern holt man sie. Vor der Schande jeder Sünde sind sie für die Zukunft sicher, ihr Lohn im Himmel ist sehr reich.«[290] Es ist nicht nur die Aufgabe dieser ritterlichen Bruderschaft, den Gral zu hüten, sondern auch in Ländern mit unsicherer Thronfolge die Ordnung aufrecht zu erhalten, wenn etwa kein männlicher Thronerbe zur Verfügung stand: Die Ritter wurden im Geheimen vom Gral ausgesandt, damit sie die Thronerbin heirateten und den Frieden wiederherstellten. Die dem Gral dienenden Mädchen wurden offen vermählt: Herzeloyde beispielsweise, Parzivals Mutter, gehörte zu den Graldienerinnen, bevor sie ihren ersten Gemahl heiratete. Die Gralgesellschaft agiert als stabilisierendes Element in einer instabilen Welt – Wolfram kannte nur zu gut die Schwierigkeiten, die aus einem schwachen Regiment erwuchsen, schließlich lebte er in einem Jahrzehnt, in dem das Reich von Bürgerkriegen zerrissen war, als sich Otto IV. und Philipp von Schwaben um den Thron stritten. Der *Parzival* wurde vermutlich genau in dieser Unruhezeit der »Doppelwahl«, zwischen 1198 und 1208, geschrieben. Genauso, wie die Artusepik des Sir Thomas Malory zur Zeit der Rosenkriege entstand, nutzte Wolfram seinen *Parzival*, um aus einer übermächtigen Krisensituation heraus das Bild einer idealen Gesellschaft zu entwerfen.

Bevor sich Wolfram vom Gral abwendet, um die Geschichte des Gralskönigs Anfortas zu erzählen, muss er noch ein weiteres Element seiner Erzählung abhandeln, sicher das merkwürdigste von allen: Als Luzifer gegen Gott rebellierte, so berichtet Wolfram, und aus dem Himmelreich geschleudert wurde, mussten diejenigen Engel, »die zu keiner Seite hielten, als Luzifer und Trinität ihren großen Kampf begannen – die Gesamtheit dieser Engel voller Ehre, Wert und Würde … herunter auf unsre Erde und zu dem besagten Stein; dieser Stein bleibt immer rein. Ob ihnen Gott verzieh, ob Er sie verstieß, ich weiß es nicht: War Er gerecht, nahm Er sie auf.« Die Geschichte von den gefallenen Engeln erzählt Robert de Boron[291], wobei ein Drittel in die Hölle fällt, ein Drittel auf die Erde und ein Drittel in den Lüften bleibt. Diese Passage ist möglicherweise eine entstellte Erinnerung an Roberts Erzählung, und es könnte sein, dass die Passage feindselige Reaktionen auslöste, als man den Text zuerst las – Wolframs Werk scheint noch vor der Vollendung im Umlauf gewesen zu sein: Als nämlich Trevrizent und Parzival kurz vor dessen Erhebung zum Gralkönig erneut zusammentreffen, gesteht Trevrizent, er habe Parzival belogen, »um ihn vom Gral abzulenken«, und dass seine Geschichte über die neutralen Engel nicht wahr sei: Auch sie wurden verdammt, denn sie hätten sich bei der Rebellion Luzifers nicht auf die Seite Gottes gestellt. Es wurde die Meinung geäußert, Wolfram habe sich ein Mysterium zu viel geleistet und damit den Unmut der Kirche heraufbeschworen. Es scheint mir aber plausibler, dass dies alles Teil von Wolframs bewusster Gralmystifizierung ist. Selbst Trevrizent, der mehr über den Gral weiß als alle anderen, ist sich nicht sicher über seine Grundlage, wenn er von seiner Geschichte und seinen Geheimnissen spricht.

Die Wissenschaft hat sich dieser Passage bemächtigt und sucht eifrig nach verborgenen häretischen Zügen in Wolframs Werk und versucht, ihn als Sympathisanten der katharischen und waldensischen Häresien darzustellen.[292] Es stimmt, dass sich bei Wolfram keine direkten Bezüge zur Kirche und ihren Zeremonien finden, aber dies hat mehr zu tun mit seiner Begeisterung für das weltliche Rittertum als mit irgendeinem häretischen Credo. Wolfram ist viel zu individuell geartet, als dass er einem spezifischen Programm dieser Art folgen würde, und wenn es in seinem Werk häretische Züge gibt, dann stammen sie mehr aus seinem eigenen Erfindungsreichtum und sind eher zufällig als beabsichtigt. Seine Kehrtwendung bei den neutralen Engeln liest sich wie eine vorläufige Formulierung, ausersehen, ein Problem zu korrigieren, das mehr aus seinem eigenen Überschwang der Fantasie entstanden ist, als aus dem Zwang, einem ernsthaften Glauben abschwören zu müssen.

Der Gral selbst ist bei Wolfram unbestreitbar säkularer als in den französischen Romanen, und zudem ist es bemerkenswert, dass die Lanze mit ihm nicht im Zusammenhang steht. Die Lanze ist keine heilige Reliquie, sondern einfach die Lanze, mit der Anfortas verwundet wurde, außerdem ist sie nicht Teil der Gralprozession. Bei Parzivals erstem Besuch läuft ein Page mit einer blutenden Lanze herein, trägt sie durch die Halle und verschwindet wieder: »diese Zeremonie erweckt Kummer«, und alle Anwesenden brechen in Tränen aus, eingedenk des Unglücks, das ihren König befallen hat. Bei seinem zweiten Besuch erscheint die Lanze nicht, denn Anfortas ist geheilt, und es herrscht kein Kummer mehr. Aber trotz des kurzen Auftritts ist die Funktion der Lanze wichtig für Wolframs Vollendung der Erzählung Chrétiens. Bei Chrétien erfährt Gauvain, der die Lanze sucht, dass

… es geschrieben steht, daß die Zeit kommen wird, in der das ganze Königreich Logrien, das einst das Land der Riesen war, von dieser Lanze zerstört werden wird.[293]

Chrétien kommt auf dieses Thema im restlichen Teil seines Versromans nicht mehr zurück, und damit hat Wolfram freie Bahn daran weiterzuarbeiten. Er identifiziert die Lanze mit dem *javelot* (Speer), der Chrétiens Fischerkönig verwundet, und dieser wird zum vergifteten Speer, der die Ursache für Anfortas' unheilbare Wunde ist. Außerdem wird er zum Zeichen für Parzivals Würde als Gralkönig. In der *Erzählung vom Gral* ist Percevals Frage »Wem dient der Gral?« eine Art Umkehrrätsel, denn die Frage kann nur gestellt werden, wenn er sich dazu qualifiziert hat. Wir wissen nicht, welche Feinheiten Chrétien noch hinzugefügt hätte, wenn er seinen Roman hätte beenden können; Wolfram jedenfalls wählt eine kühnere Lösung: Jetzt zeigt die Frage, dass Parzival des Grals würdig ist, denn er ist sensibel geworden für das Unglück anderer, und mit der Frage »Oheim, sag, was quält dich?« heilt er Anfortas und stellt die Ordnung im Königreich des Grals wieder her. Denn der Gral wird nicht mit Körperkraft gewonnen, durch reine ritterliche Taten, sondern durch einen geistigen Kampf. Wolfram verwendet das Wort *strîten*, das sowohl körperlichen Kampf als auch Debatte, Wortstreit heißen kann. Die letztere Wortbedeutung beschreibt den Prozess, durch den Parzival sein Ziel

erreicht, denn obwohl er drei große Kämpfe bestreitet – gegen Gawan, Gra-
moflanz und Feirefis – kämpft er eigentlich gegen die Hoffnungslosigkeit
und sogar, in seinen dunkelsten Momenten, gegen Gott selbst. Die Szene
mit Trevrizent ist somit entscheidend, denn bevor er die Geheimnisse des
Grals enthüllt, konfrontiert ihn Trevrizent mit dem Irrtum seines Weges.
Parzival kann nichts gewinnen, bis er seinen Streit mit Gott beilegt und
seine Energie darauf verwendet, sich dem Ruf zum Gral würdig zu erweisen. Trevrizent bekräftigt dies in der abschließenden Szene gegenüber
Parzival: »Es ist noch nie zuvor geschehn, dass irgend jemand irgend
wann den Gral im Kampf errungen hat – ich hätt Euch gern davor bewahrt.«[294]

So vollendet und vereinigt Wolfram die Themen, die Chrétien angesprochen hat, aber dies tut er mit freier Hand und erschafft dabei eine
unterschiedliche Welt, einen anderen Gral und einen höheren Bestand an
Werten, denn Wolfram geht nicht um das Spirituelle als solches, sondern
um den Platz des Spirituellen in einer ritterlichen Welt als wegweisendes
Licht des wahren Rittertums. Der Gral fungiert als Bindeglied zwischen
den geistigen und physischen Welten, denn durch ihn verkündet Gott der
Gralgesellschaft seine Absichten und kann damit unmittelbar in menschliche Angelegenheiten eingreifen. Das ist ein insgesamt kühneres Konzept
der ritterlichen Welt als jedes andere zuvor: Der Hof des Königs Artus,
die nächste Entsprechung zur Gralgesellschaft in den französischen
Romanen, bildet den Hintergrund für die Taten einzelner Ritter, und
Chrétien und seine Kontinuatoren kümmern sich um die Geschicke
Percevals als Individuum und nicht als Teil eines göttlichen Plans. Robert
de Boron und der *Lancelot-Gral* entfernen sich von der ritterlichen Welt,
bis das Ethos des Grals und das Ethos der den Gral suchenden Ritter dazu
in Opposition geraten; der daraus resultierende Konflikt kann nur unter
Schwierigkeiten gelöst werden. Dagegen zeichnet Wolfram ein Bild von
der Entwicklung des Individuums innerhalb der Gesellschaft: Parzivals
Rebellion gegen Gott ist auch eine unbewusste Rebellion gegen seine
Bestimmung als Gralkönig und ein Verrat an eben der Gesellschaft, zu
der er und seine Familie gehören. Wolfram nämlich hat ein tiefgehendes
Verständnis von Dynastie und Erbfolge: Parzival kann sich nur selbst finden, indem er die Aufgabe erfüllt, die ihm von Geburt an aufgetragen
war. Erst wenn er fähig ist, sein ureigenstes Wesen zu erkennen und sich

mit Gott durch Sündenbekenntnis und Buße zu versöhnen, kann er sich erneut dem Gral nähern und Condwiramurs begegnen, und dann werden sich wiederum Himmel und Erde in Harmonie bewegen. Das ist eine großartige Vision, erzählt in einem anspruchsvollen, wenn auch eklektischen Stil – und letztendlich vielleicht die größte aller Graldichtungen.

Achtes Kapitel

Die Aventüren des Grals –
Die späten deutschen
Romane

Heinrich von dem Türlin: Ein Anti-Parzival

Der *Parzival* war ein unmittelbarer, wenn auch kontrovers diskutierter Erfolg; von ihm gibt es mehr erhaltene Kopien als von jedem anderen deutschen Roman. Seine Popularität rief gewissermaßen nach einer Entgegnung, nach einer alternativen Perspektive, und die bot Heinrich von dem Türlin in seiner Dichtung *Diu Crône (Die Krone)*. Der Titel impliziert, dass das Werk der beste aller Artusromane sein soll, und es liest sich als eine Art Anti-*Parzival*.[295] Die Konzeption ist kühn: Die Betonung liegt auf den erzählten Ereignissen und nicht auf der inneren Bedeutung der Erzählung, der Held ist eine Art säkularer Rivale Galahads, und der Gral wird ganz bewusst aller religiöser Konnotationen entkleidet. *Die Krone* datiert von etwa 1240, einer Zeit, in der sich die Hauptgruppe der französischen Gralromane ihrem Ende zuneigt, sie steht jedoch ganz isoliert da, ohne Vorläufer und Nachfolger. Es geht um Abenteuer, um Abenteuer der außergewöhnlichsten Art, zu etwa gleichen Teilen bestehend aus Magie, Rittertum und Humor. Heinrich war sehr belesen auf dem Gebiet der Artusromane: Während Wolframs Kenntnisse etwas Willkürliches, wenn nicht Verschrobenes an sich haben, nähert sich Heinrich den arthurischen Legenden mit Forschergeist und dehnt seine Lektüre bis zu den frühen Romanen aus, so wie es Malory später auch tun sollte. Heinrich aber fehlen entschieden die schriftstellerischen Fähigkeiten eines Malory; seine Geschichte erstickt in Phantasie, obwohl er versucht, durch humoristische Geistesblitze für ein wenig Auflockerung zu sorgen. Die Liste der ihm offensichtlich bekannten Texte ist beeindruckend[296]; sie zeigt uns, dass sich die Gralgeschichten in weitem Umkreis und dazu auch noch schnell verbreiteten. Heinrich indessen schlägt einen anderen Weg ein als die meisten dieser Texte: Er macht Gawein zu seinem Helden und behandelt andere Ritter der Tafelrunde als ihm gegenüber deutlich zweitrangig. So gerät Parzival zu einer Art Anti-Helden, zu einem regelrechten Narren, der sozusagen von seiner Natur her scheitern muss, den Gral zu erlangen.

In der *Crône* ist die Gralsuche schlicht ein Abenteuer unter anderen: Gawein muss sie unternehmen, um Angaras zu besänftigen. Gawain tötet Angaras' Bruder, ohne es zu wollen, und fällt in Angaras' Hand. Dieser lässt ihn »schwören, die vielfältigen Wunder des geheimnisvollen Gral« zu entdecken.[297] Das entspricht Gauvains Suche nach der Lanze in der *Erzählung vom Gral*, die er unternimmt, um Guigambresil zu besänftigen, weil er dessen Herrn erschlagen hat.[298] Heinrich präsentiert die Gralsuche als Gaweins letztes und größtes Abenteuer. Es ist eine in sich geschlossene Episode von 2.000 Zeilen am Schluss eines Werkes von insgesamt 30.000 Zeilen und unterscheidet sich von allen anderen Versionen der Geschichte, denn es handelt sich eher um eine Neuschöpfung als um eine Nacherzählung: Gawein bricht zu seiner Suche auf, wird aber für längere Zeit von anderen Abenteuern abgelenkt. Er gelangt zu einer Burg und trifft dort auf die Schwester eines Zauberers, der ihm früher einmal geholfen hatte. Sie sagt ihm, wie er den Gegenstand seiner Suche finden kann. Der Weg zum Gral ist gespickt mit absonderlichen und Furcht einflößenden, rätselhaften Begebenheiten: Er begegnet einem feuerroten Mann, der mit einer Peitsche eine Schar schöner, nackter Frauen vor sich hertreibt; als ihn der Mann jedoch erblickt, läuft er auf ihn zu und küsst Gaweins Fuß, und alle Gestalten versinken in der Erde. Als nächstes sieht er einen Ritter und ein Mädchen; beide laufen vor einer alten Frau davon, die ein Glas an einem Baum zerschmettert; der umgebende Wald bricht in Flammen aus und verbrennt Ritter und Mädchen. In der Folge erscheint ein Ungeheuer, an welches ein alter Ritter mit goldenen Fesseln gebunden ist, dieser hält einen Kasten mit einer wohlriechenden Salbe in seinen Händen; deren Duft erfüllt Gawein mit neuem Leben und erneuert seine Kraft. Sodann kommt Gawein zu einer reich ausgestatteten Burg, in der alles für ein Fest vorbereitet ist, aber niemand ist zu sehen. Er isst sich satt und danach wird der Tisch erneut gedeckt; selbst als er die Nacht dort verbringt, bekommt er niemanden zu Gesicht. Lancelot und

Kalogrenant treffen mit ihm zusammen, und gemeinsam ziehen sie zur Gralburg, wo sie zum Gralfest geladen werden. Die beiden anderen Ritter trinken vom kredenzten Wein und fallen in einen tiefen Schlaf, aber Gawein, gewarnt von der Schwester des Zauberers, trinkt nicht vom Wein und wird so Zeuge der Gralprozession: sie beginnt mit zwei Mädchen, die Kerzenleuchter tragen, zwei Pagen tragen »einen geschmückten Speer«, und zwei weitere Mädchen tragen eine goldene, mit Edelsteinen besetzte Schale.

Hinter ihnen ging anmutigen Schrittes die schönste Dame, die Gott seit Anbeginn der Welt geschaffen hatte: Ihre Gestalt und ihr Gewand waren vollkommen. Auf goldbestickter Seide hielt sie etwas, das wie ein Gitterrost aus rotem Gold aussah, und darauf war ein so herrlicher Gegenstand, wie er noch nie gefertigt wurde, aus einem einzigen Edelstein und feinem Gold gemacht; er glich einem Reliquienschrein auf einem Altar. Die Dame trug eine goldene Krone. Zuletzt kam ein anmutiges Mädchen, das leise weinte und klagte; alle anderen waren still. Indem sie um den alten Herrn herumschritten, verbeugten sie sich und beugten ihre Knie in großer Schicklichkeit.

Gaweins Augen täuschten ihn nicht: Er kannte die Dame. Sie war es, die ihm vom Gral erzählte und ihn ermahnte, zu der Frage bereit zu sein, wo immer er sie und ihre fünf Begleiter sehen würde. Als sich dies nun zutrug, war er begierig, die Frage zu stellen. In dem Augenblick als er sich erinnerte, legten die vier mit dem Speer – die Knappen und die Mädchen – gemeinsam den Speer auf den Tisch und die Schale unter die Speerspitze; dies war ihres Herren Wunsch. Ein Wunder geschah vor Gaweins Augen: Durch die Macht Gottes fielen drei Tropfen Blutes vom Speer in die Schale. Der alte Herr nahm sie.

Die Knappen und die Mädchen bewegten sich nach rückwärts, und die anmutige Dame trat mit dem klagenden Mädchen nach vorn, sie hoben die Bedeckung vom Reliquienschrein und legten ihn auf den Tisch. Gawein, der alles genau beobachtete, sah, dass der Reliquienschrein ein kleines Stück Brot enthielt. Als sein Gastherr ein Drittel des Brotes abbrach und aß, hielt der Ritter nicht länger mit seiner Frage zurück. »Um Gottes und seiner großen Majestät willen, Herr, nennt mir die Bedeutung dieser großen Versammlung und dieses Wunders!« rief er aus. Sobald er dies gesagt hatte, sprangen alle Ritter und Damen lärmend und mit Freudenrufen von den Tischen auf …[299]

Der Burgherr erklärt ihm, dass dies der Gral sei, aber mehr wolle er ihm dazu nicht sagen, nur so viel, dass sie gehofft hatten, Parzival hätte das Geheimnis erfahren, »aber er ging wie ein Feigling und wagte nicht zu fragen … dieses Unglück rührte daher, weil Parzivals Oheim seinen eigenen Bruder ermordete, um sich dessen Land anzuzeigen. Wegen dieser verräterischen Tat lud Gott seinen erbitterten Zorn auf ihn und sein ganzes Geschlecht und stürzte alle ins Verderben.« Überdies seien er und seine Gesellschaft keine lebenden Wesen, sondern Tote, und Gaweins Frage habe sie von dem Fluch, der auf ihnen lastete, befreit. Nun werde der Gral entrückt und können niemals mehr gesehen werden. Mit diesen Worten entschwinden der Burgherr und seine Mannschaft.

Obwohl Heinrich einige Details aus Gauvains Besuch der Gralburg in der *Ersten Fortsetzung* übernimmt, stellt sich ein dramatischer Unterschied im Kontext der Geschichte ein. Gaweins Suche nach dem Gral ist lediglich ein anderes Mysterium, ein weiteres Abenteuer. Das Übernatürliche herrscht vor, die Gralgesellschaft wird zu den lebenden Toten der Volksüberlieferung. Dem Gral haften ganz bewusst keinerlei religiöse Züge mehr an: Obwohl sich die Zeremonie nach göttlicher Anordnung vollzieht, bleiben nur noch die äußern Formen übrig. In einem früheren Abschnitt des Romans arbeitet Heinrich den zweiten Besuch Gauvains auf der Gralburg nach der *Ersten Fortsetzung* auf ähnliche Weise um, erwähnt den Gral mit keinem Wort, lässt aber die Lanze in der Burgkapelle erscheinen. Hier geht es ihm wohl hauptsächlich um die Requisiten eines Romans und nicht um die Substanz der Geschichte. Genauso wird Gawein von Anfang an als der vollkommene Ritter präsentiert, als säkularer Galahad. Dessen Bestimmung hat einen religiösen Aspekt, er ist eine Art von Gott erwählter Messias. Wenn aber diese Rolle in einen säkularen Zusammenhang übertragen wird, geht der Kernpunkt der dazu gehörigen Abenteuer verloren. Sie sind nicht mehr länger Prüfsteine für Gaweins Charakter, sondern nur noch Beweise seines herausragenden Ranges als Ritter.[300] Der Gral ist bedeutungslos geworden, ein purer Name ohne Funktion. Wir werden mit dem Gefühl zurückgelassen, dass Heinrich von dem Türlin den Gral nur deshalb in seine Geschichte aufnahm, weil er inzwischen einen Ruf als prägendes Moment des übernatürlichen Aspekts in den Artusromanen gewonnen hat.

Deutsche Autoren des 15. Jahrhunderts und der Gral

Dieselbe Freude am ritterlichen Abenteuer ist das Merkmal des bayerischen Dichters und Malers Ulrich Fuetrer aus dem späten 15. Jahrhundert. Sein erstes Werk war eine Übersetzung des *Lancelot*, die er später in Versform ausführte: Es ist eine verkürzte Version, welche die Geschichte der Gralsuche drastisch zusammendrängt; dabei wird Galahads letzte Vision weggelassen und die Beschreibung religiöser Rituale in früheren Gralszenen zurückgestutzt. Obwohl die Abfolge der Ereignisse und viele Einzelheiten verändert werden, bleibt die Ideologie dieselbe: Fuetrers Veränderungen haben die Tendenz, die Geschichte logischer und realistischer zu gestalten. So erscheint die blutende Lanze erst am Ende der Gralzeremonie, und das Blut wird sofort zur Heilung des versehrten Königs eingesetzt. Nach der Heilung versetzt sich der Gral nicht selbst auf mysteriöse Weise auf das Schiff Salomons, sondern wird im Rahmen einer »sehr schönen Prozession« zur Küste gebracht.

Fuetrers zweite Bearbeitung der Gralgeschichte findet sich im *Buch der Abenteuer*, das nicht nur ausgedehntes Material der Artusromane enthält, sondern auch Teile der Geschichte des Trojanischen Krieges. Fuetrer war außerordentlich belesen und kombinierte Elemente aus verschiedenen Versionen der Percevalgeschichte. Sein Gönner, Albrecht IV. von Bayern, war ein begeisterter Anhänger des Rittertums, insbesondere des ritterlichen Turniers, und Fuetrers Werk spiegelt diese Begeisterung wieder. Er stützt sich mehr auf die deutschen und weniger auf die französischen Versionen, auf *Parzival* und den *Jüngeren Titurel*, und kombiniert die Gralszenen dieser beiden Werke geschickt, während er sie zugleich in eine andere Form gießt: Die Heilung des Anfortas wird zu einem umfänglichen Dialog zwischen Parzival und seinem Oheim, in dessen Verlauf Anfortas die Tugenden des Grals erläutert.[301] Der Gral selbst wird als »*ain masse*« beschrieben, wörtlich ein Klumpen Metall, welcher der »edle, kostbare Gral genannt wird«. Dies ist offenkundig eine Ableitung aus einem Manuskript von Wolframs *Parzival* mit der Lesart »lapis exillis«, die für Fuetrer ebenso dunkel gewesen sein muss wie für uns heute. Das Mädchen, das den

Gral trägt, setzt ihn auf vier von Gold und Edelsteinen glänzende Stützen[302], dies vielleicht eine Erinnerung an den Gralstisch der französischen Romane.

Unter den Händen weniger bedeutender Autoren und im Volksglauben macht der Gral in Deutschland einige merkwürdige Veränderungen durch. Im Verlauf einer fiktionalen poetischen Debatte zwischen Wolfram von Eschenbach und Klingsor (ein anderer Dichter, der Richard Wagner mit dem Namen seines Zauberers versorgen sollte) im ausgehenden 13. Jahrhundert erfahren wir, dass der Gral einst ein Juwel war, der Luzifers Krone schmückte; nachdem dieser gegen Gott rebelliert hatte, schlug ihm der hl. Michael die Krone vom Kopf und brach sie entzwei. Der Gral fiel aus der Krone zur Erde, wo ihn Titurel fand.[303] Und in den späteren Erzählungen über Lohengrin, Parzivals Sohn, wird das Gralkönigtum mit dem Artuskönigtum vermischt: Artus soll Lohengrin zur Rettung Elsas von Brabant ausgesandt haben, und damit schien man die Tafelrunde und die Gralgesellschaft als ein und dasselbe betrachtet zu haben. Die seltsamste Gegenüberstellung ergibt sich im Roman von *Lorengel*, wo wir Parzival im Kampf gegen den Hunnenkönig Attila, in der deutschen Heldensage als »*könig Etzel*« bekannt, wieder finden. Etzel erobert große Teile Europas und wird erst besiegt, als Parzival »mit dem Gral in der Hand zu seiner Hilfe ein Heer« gegen Etzel führt.[304] In gewissem Sinne ist der Gral zu seiner Wurzel zurückgekehrt: Parzival nutzt ihn auf dieselbe Weise wie die andere Reliquie der Kreuzigung, das Wahre Kreuz, von den Königen von Jerusalem gegen die Muslime eingesetzt wurde.

Es scheint dass die verworrene Version der Gralgesellschaft in der Lohengringeschichte der Ausgangspunkt war für eine andere Manifestation des Grals als eine Art Kreuzung zwischen irdischem Paradies und Vorhölle, in der die Ritter lebendig bleiben bis zum Jüngsten Gericht und diese Zwischenzeit im Genuss sinnlicher Freuden zubringen. Sagen, in denen ein großer Herrscher nicht stirbt und entrückt im Inneren eines Berges ausharrt, bis er in ferner Zukunft oder gar am Ende der Tage als Retter auf die Erde zurückkehrt, erzählt man von Theoderich dem Großen, Karl dem Großen, Friedrich II., Friedrich Barbarossa und auch von König Artus. In den späteren Fassungen der Lohengringeschichte wird Lohengrin durch Artus »von dem Gral« entsandt; man glaubte also, dass er von dem verborgenen Aufenthalt des Königs Artus herkam, und »der Gral« wurde zum Synonym für Artus' Rückzugsort in einer verborgenen Höhle. Ein deutscher Autor von 1410 verlegt »den Gral« in die numinose Landschaft um Pozzuoli, wo sich außerdem drei berühmte Stätten der klassischen Antike befanden – die Phlegräischen Felder, das Grab Vergils und die Höhle der Kymäischen Sybille:

> ... vier Meilen von Pozzuoli entfernt liegt der Berg der heiligen Barbara, ein runder Hügel, der sich aus einem flachen Tiefland erhebt und den viele irregeleitete Deutsche in ihrer Sprache den Gral heißen und erklären, es lebten viele Männer darin, die so lange leben würden, bis der Tag des Gerichts gekommen sei, sich aber nichtsdestoweniger dem Tanz und anderen Vergnügungen hingeben sowie allen Arten teuflischer Lustbarkeiten.[305]

Der Gral wird außerdem zum Zwillingsbruder einer anderen deutschen Sagenüberlieferung, nämlich der vom Venusberg oder vom Hof der Venus. Sie steht im Mittelpunkt der Geschichte vom Tannhäuser, der sich in Reue über seine Sünden auf eine Pilgerfahrt nach Rom begibt. Der Papst aber weigert sich, ihm wegen seines Aufenthalts am Venushof die Absolution zu erteilen; er sei verdammt, bis sein Pilgerstab Blüten tragen würde. Das Wunder geschieht, und Tannhäuser ist gerettet. In einer deutschen Rabelais-Übersetzung von 1575 wird dann auch der Berg bei Pozzuoli wahrhaftig »der Gral oder Venusberg« genannt.[306]

Das ausgelassene Leben im Venusberg-Gral ist das Echo eines anderen Gebrauchs des Wortes *gral*, das im niederdeutschen Bereich »wirrer Lärm« bedeutet. Das Wort wurde mit dem ritterlichen Sport zusammengebracht und kombinierte die Rüpelhaftigkeit eines Turniers mit seiner anderen ehrenhaft-ritterlichen Bedeutung. Das bekannteste Beispiel ist der von Brun von Schönebeck im Magdeburg des Jahres 1280 abgehaltene »Gral«. Nach der Stadtchronik von Magdeburg veranstaltete Brun von Schönebeck, einer der Konstabler der Stadt – »er war ein gelehrter Mann« – ein kurzweiliges Unterhaltungsspiel. Er »machte einen Gral«, sandte höfisch gehaltene Briefe nach Goslar, Hildesheim, Braunschweig und andere Orte und lud alle nach Magdeburg ein, die sich in ritterlichen Fertigkeiten üben wollten. Er und die anderen Konstabler der Stadt hatten eine schöne Frau mit zweifelhaftem Ruf an der Hand, die sie »Frau Feie« nannten und die als Preis für den Turniersieger versprochen wurde. Das nun erweckte große

Begeisterung in den umliegenden Städten, und die verschiedenen Turnier-
mannschaften strömten herbei, jede in ihren eigenen Farben. Der »Gral«
wurde auf den Feuchtwiesen außerhalb der Stadt aufgestellt, und zwei der
Konstabler nahmen darin ihre Plätze ein; davor stand ein Baum mit den
Schilden der Konstabler. Die Herausforderer ritten heran, berührten mit
der Lanze eines der Schilde, und der jeweilige Besitzer des Schildes trat
heraus, um mit dem Herausforderer zu tjostieren. Das Ende von allem war
indessen eine regelrechte Anti-Klimax: »ein alter Kaufmann aus Goslar«
gewann die Hand der »Frau Feie«, heiratete sie mit einer guten Mitgift
und brachte sie dazu, ihren anrüchigen Lebenswandel aufzugeben. Der
Chronist notiert, dass »ein ganzes Buch in deutscher Sprache darüber verfasst wurde« und dass Brun von Schönebeck einige Bücher in Deutsch
schrieb, darunter theologische Abhandlungen und viele gute Gedichte.[307]
War die ganze Episode also eher eine literarische Übung, vielleicht sogar
eine Satire über ritterliche Aspirationen der jungen Bürgersöhne? Wenn sie
erhalten geblieben wäre, könnten wir feststellen, was wirklich hinter dieser
merkwürdigen Episode steckte, aber alles was uns bleibt ist ein Rätsel und
eine Kuriosität. Um die Dinge noch komplizierter zu machen, lässt sich auf
eine volkstümliche Tradition verweisen, die aus dem Gral einen heiligen
Ort machte: deutsche Gebete aus Bremen und Lübeck sprechen von
»Maria im himmlischen Gral« und vom »Gral des Paradieses«.[308]

Albrecht: Der Jüngere Titurel

Heinrich von dem Türlin schuf mit seiner Einbildungskraft einen mysteriösen, bedrohlichen, aber letztlich eher übernatürlichen als religiösen
Kontext für den Gral. Wenn nun ein Dichter, den wir nur unter dem
Namen Albrecht kennen, die Fragmente von Wolframs *Titurel* zum Ausgangspunkt nimmt, dann befindet sich der Schwerpunkt seiner Dichtung
auf dem gegenüberliegenden Pol jener Einbildungskraft: Eine liebevolle
Wiedererschaffung in zwingendem Detailreichtum des kostbarsten Tempels, den man sich nur vorstellen kann. Der *Jüngere Titurel*, wie man sein
Werk gemeinhin nennt, stellt den Roman von Sigune und Schionatulander
in den Rahmen eines Eingangs- und eines Schlussteils. Dieses Rahmenwerk
handelt vom Gral, seiner Frühgeschichte und seiner Überführung nach
Indien, wo Titurel stirbt – Passagen, die entfernt an die vom französischen
Lancelot-Graal-Zyklus vorgegebene Struktur erinnern. Der Beginn wird in

die frühen Tage des Christentums verlegt, und am Ende entschwindet der Gral aus den Augen der westlichen Christen. Titurel erfreut sich derselben Langlebigkeit wie die Patriarchen der Bibel: Als König dankt er im Alter von 450 Jahren ab und stirbt im Alter von 500. Er steht in seinem fünfzigsten Lebensjahr, als ihm ein Engel den Gral anvertraut, und er macht sich sofort auf, um das Reich des Grals auf Munt Salvatsch im Lande Salvaterre zu errichten: das sind der Muntsalvaesche und die Terre de Salvaesche im *Parzival*. Bei Albrecht ist der Munt Salvatsch von undurchdringlichen Wäldern umgeben, dem Foreist Salvasch, und liegt innerhalb eines 30 Meilen messenden Rings von Bergen: Niemand konnte den Weg dorthin finden, es sei denn, die Engel wünschten es, und die Burg ist gegen alle Angreifer gut befestigt.

Der Eingangsteil des Romans handelt, wie im *Parzival*, von den Vorfahren des Helden. Titurel stammt von den Trojanern und Kaiser Vespasian ab, und sein Großvater Parillus lässt sich zum Christentum bekehren. Nach Parillus' Tod wird Titurel als Sohn des Titurison, Sohn des Parillus, und seiner Gemahlin Elizabel geboren. Seine Jugend und Erziehung werden beschrieben, seine Ausbildung in den Wissenschaften und im Rittertum. Seine Mutter versucht ihn von allem Wissen über die Liebe fernzuhalten, aber dann macht ihn ein Lehrer mit den Unterschieden zwischen weltlicher und göttlicher Liebe vertraut. Titurel entscheidet sich für die Keuschheit.

Ein Engel verkündet, dass der keusche Titurel zum Gralkönig berufen wurde. Er verlässt seine weinenden Eltern und wird von den Engeln in den Foreist Salvasch und auf den Berg in seiner Mitte, den Munt Salvatsch im Lande Salvaterre, gebracht – zur Heimstatt des Grals. Titurel beschließt, dort einen Tempel für den Gral zu bauen. Es folgt nun die Beschreibung des Gralstempels. Seine Anlage und Ausführung waren so großzügig und fürstlich, dass sein Bau nicht hätte ausgeführt werden können, wenn »der Gral nicht selbst dem König eine schriftliche Anweisung zugesandt hätte. Was man auch immer benötigte, fand man vor dem Gral, so wie es sich der Baumeister nur wünschen konnte.«[309]

Wie Wolfram findet auch Albrecht Vergnügen an glanzvollen Bildern: Lange Aufzählungen von Edelsteinen, Beschreibung von Malereien und ausgeklügelten Musikautomaten gehören zu seinem Bericht über das Bauwerk, dessen Detailreichtum zu umfangreichen wissenschaftlichen Erörterungen führte, worin man versuchte, das Aussehen des Tempels zu rekonstruieren oder einen Bezug zu existierenden Bauwerken herzustellen. Wie wir sehen werden, gehören einige dieser Versuche zu den kuriosen Randgebieten wissenschaftlicher Bemühungen, aber angesichts des Originals darf das nicht weiter überraschen. Der folgende Auszug aus Albrechts Schilderung des Gralstempels bietet eine Vorstellung seiner eklektischen Vision. Seine Sprache quillt über von Wörtern, die sonst nirgendwo belegt sind:

Wo immer sich der Chor nach außen öffnete, gab es einen Altar, sodass der Priester genau sein Gesicht gen Osten wenden konnte, wenn er wünschte, die Glückseligkeit der Christen und Gottes Lobpreis in der Messe zu erhöhen.

Der größte der Chöre zeigte nach Osten. Zwei vollständige Galerien waren dorthin ausgerichtet, denn sie waren mit all ihrer eleganten, besonders reichen Ausschmückung dem Heiligen Geist geweiht, dem Schutzherrn des gesamten Tempels.

Der gleich anschließende Chor war der Jungfrau geweiht, der Mutter jenes Kindes, das über Himmel und Erde und ihre Bewohner herrscht. Johannes hieß der Herr des dritten Chors. Die übrigen der zwölf Apostel hatten ihre Heimstatt in nächster Nachbarschaft.

Das Innere des Tempels war von hoher Handwerkskunst gestaltet, in Schönheit gebaut aus Liebe zu Gott und zum Gral, und überall in gleicher Weise, außer dass die Chöre eines solchen Schmuckes entbehrten, wie er dem Rest des Tempels gespendet war. Das ganze Bauwerk wurde in dreißig Jahren vollendet.

Es gab dort nur einen einzigen geweihten Altar, die Chöre um ihn herum waren leer. Mit solch wunderbarem Reichtum war er ausgestattet. Vor dem Glockenstuhl standen prächtige Baldachine mit Bildern der Heiligen. Jede Schnitzerei erzählte ihre eigene Geschichte.

Dieser selbe großartige Tempel war dem Gral bestimmt, sodass er dort jeden Tag aufbewahrt werden konnte, und wenn er in die Höhe gehoben wurde, erblickte man unter ihm eine geräumige und schimmernde Sakristei …

Hoch über einem der Tore stand nach Osten hin eine Orgel, ein Bauwerk mit klarem, süßem Ton, eine Freude, ihren Klang zu hören; sie begleitete den Gottesdienst an Festtagen, so wie es der Brauch ist in aller Christenheit:

Ein Baum aus rotem Gold, versehen mit allem wünschenswerten Blattwerk, Zweigen und Ästen, und überall darauf Vögel von der Art, deren süße Stimmen stets gepriesen werden. Wind fuhr von einem Gebläse in sie hinein, und so konnte jeder Vogel nach seiner Weise singen.

Mal hoch, mal tief, je nach der Handhabung der Tasten. Mit Fleiß wurde der Ton hinunter in den Baum geleitet. Welchen Vogel er auch zum Singen bringen wollte – der Meister war wohlvertraut mit der Taste, durch deren Druck die Vögel sangen. Vier Engel thronten in makelloser Haltung an den Enden der Äste, jeder hielt eine goldene Posaune in Händen; in diese bliesen sie mit großem Schall, und mit ihrer freien Hand gaben sie Zeichen als wollten sie sagen: »Erhebt euch, ihr Toten alle!«

Da war auch ein Jüngstes Gericht, gegossen, nicht gemalt. Das einfach gefertige Bild sollte eindringlich warnen, dass Bitternis immer der Süße folgt, und ist jemand glücklich, soll er immer dieser Betrübnis eingedenk sein.

Zwei sehr schöne Türen führten dort in den Chor. Zwischen ihnen stand ein Altar, über ihm ein Hochchor, gewölbt, gestützt durch zwei schlanke Säulen; jede bildete einen Kreis von sechs Fuß, der Raum dazwischen war mit besonderem Schmuck gefüllt.

Die Tore vor all diesen Chören hatten Gitter aus reichem Gold, sodass die Leute nach allen Richtungen hin besser hören und sehen konnten. In den Wänden an den Toren waren ebenfalls prächtige Gitter, mit Haken verschlossen, und alles war mit Edelsteinen besetzt.[310]

Durch das Dickicht einer höchst farbigen Sprache scheint die zu Grunde liegende Absicht des Dichters deutlich hervor: Das Bild eines unvergleichlichen Bauwerks zu entwerfen, das weit über jede Erfahrung des Publikums hinausgeht. Albrechts Tempel erhebt sich um das zentrale Wunder des Grals. Für Albrecht ist der Gral der Mittelpunkt eines geordneten und harmonischen Staates, und sein Tempel symbolisiert nicht nur die Ordnung und Harmonie, sondern auch die religiöse Funktion des Grals als Medium des Heils und der Erlösung. Gesetzt, es handelt sich um ein symbolisches Bauwerk wie etwa Chaucers »Haus des Ruhms« oder Lydgates »Glastempel« – um nur zwei Beispiele der langen Tradition mittelalterlicher Beschreibungen solcher allegorischer Gebäude zu nennen –, wenn wir versuchen, einen Gebäudegrundriss zu zeichnen, dann handeln wir den Intentionen des Autors zuwider. Selbst die Texte hindern uns daran: Wir können nicht sicher sein, ob sich Albrecht einen Tempel mit zweiundzwanzig oder zweiundsiebzig Chorkapellen vorstellte.[311] Viel wahrscheinlicher ist: »Wenn Albrechts Bauwerk ein Gesamtplan zugrunde lag, so ist er nicht aufgrund von architektonischen Prinzipien erstellt.«[312] Albrecht selbst sagt an einer späteren Stelle:

> Ich habe den Tempel anmutig gebaut zur Unterweisung edler Christenmenschen, damit sie den Wunsch verspüren, in treuer Gesinnung auf Gott zu blicken, geleitet vom Plan des Tempels.[313]

Der Gral in dieser außergewöhnlichen Umgebung unterliegt ebenfalls einem eigenständigen Konzept. Albrecht stimmt mit Wolfram überein, dass er ein Stein ist, der von einer Schar (vermutlich Engel) auf die Erde gebracht wurde. Man nennt ihn »Jaspis und Flint« (*iaspis et silix*), und der Phoenix erhebt sich durch die Macht des Steins aus seiner Asche. Aber er erzählt uns weiter, wahrscheinlich nach Robert de Boron, dass »die Leute entschieden, eine Schale aus ihm zu formen«, eine Schale, die später von Jesus Christus »für seine erhabene Eucharistie, an der seine Jünger teilnahmen« verwendet wurde. Diese Schale wurde von Joseph von Arimathia aufbewahrt und wurde von einem Engel zu Titurel gebracht, um im Reich des Grals gehütet zu werden.[314] Als er ihm zuerst übergeben wurde, bewegte sich der Gral aus eigenem Antrieb umher und ist in der Zeit des Tempelbaus niemals von einem sterblichen Wesen getragen worden, sondern verharrte schwebend in der Hauptsakristei. Wir erfahren, dass der Gral seine Trägerin ernannte, Tschosian (die Schoysiane Wolframs), und zwar durch eine Schrift, die auf seinem Corpus erschien. Nach Albrechts Absicht soll er ein Mysterium bleiben: »Niemand kann den Gral oder seine Bedeutung mit Mund und Zunge beschreiben.«[315]

Das Ende der Geschichte vom Gral erzählt uns vom Rückzug des heiligen Gefäßes, aber anstatt seinen Zufluchtsort in Sarras, im Westen, zu suchen, bringt man ihn in den Osten. Salvatierre, der Sitz des Grals, ist von feindlichen Königreichen umgeben, und um dem Unglück zu entgehen, das entstehen würde, fiele der Gral in ruchlose Hände, machen sich Parzival und Titurel mit dem Gral auf den Weg, um eine andere Heimstatt für ihn zu finden. Ihre Reise führt sie weit im Lande umher und schließlich kommen sie – immer vom Gral geleitet – nach Marseille: Sie schiffen sich ein und fahren nach Indien, wo der legendäre Priesterkönig Johannes herrscht; er ist sowohl Priester wie auch König, und sein ganz Asien umfassendes Reich ist der geeignete Zufluchtsort für das heilige Gefäß. Sein Palast steht nahe des Irdischen Paradieses und ist sogar noch prächtiger als der Graltempel. Viele Züge dieser Erzählung stammen aus Reiseberichten und aus Berichten über den Priesterkönig Johannes, über jenen christlichen Herrscher im Osten, von dem man sagte, er würde sich mit den Kreuzfahrern verbünden und Jerusalem zurückerobern. Diesem Johannes erzählt Titurel die Geschichte des Grals. Nach Beendigung seiner Geschichte bittet er, man möge den Gral vor ihm verbergen, damit er sterben könne. Man erfüllt die Bitte, und Titurel wird in einem prächtigen Grabmahl zur letzten Ruhe gebettet. Von da an spendet der Gral keine Speisen mehr, und die Namen, die auf ihm erscheinen, sind die Namen von zu bestrafenden Sündern.

Man hat früher geglaubt, Albrechts Dichtung sei das Werk Wolframs, und diese Fiktion hält Albrecht bis zum Schluss des Werkes bei. Nachdem aber Wissenschaftler die Täuschung entlarvt hatten, sprach man der Dichtung nur einen geringen Wert zu. Dennoch ist das Werk von einer ganz eigenen Kraft geprägt und ist ein wichtiges Zeugnis dafür, wie ein intelligenter Leser Wolframs Dichtung sechzig oder siebzig Jahre nach dessen Tod verstand. Die Bewunderung für Albrechts Dichtung hielt dann auch noch weitere zweihundert Jahre an. Im Jahre 1491 vermachte Graf Gerhard von Sayn das Buch seinen Söhnen als »die beste Unterweisung, die man in deutschen Büchern finden kann, denn darin sind enthalten jegliche Tugend und Ehre, die Fürsten und Herren besitzen und durch die sie regieren sollten.«[316]

In Wolframs originaler Dichtung gibt es Hinweise über eine Vision des Gralsreiches als idealer irdischer Staat, aber auch als ein Mittel, wodurch Gott seinen Willen auf der Erde wirksam werden lässt: die Entsendung von Gralrittern in Königreiche ohne Führung, wie in der Lohengringeschichte, ist ein Beispiel dafür. Albrecht erzählt diese Geschichte nach, aber wichtiger noch, er entwickelt das Gralreich als eine Art Utopia; die Mission des Reiches liegt darin, die Gralgesellschaft vor der Sünde zu bewahren und ihre Erlösung zu sichern. Durch sie wird auch die übrige Menschheit errettet.

Albrecht. Szene aus dem Jüngeren Titurel: *Überfahrt* Parcifals *mit dem Gral nach Indien: Ankunft des Schiffes im Hafen der legendären Stadt Pitimont. Aus der »Fernberger-Dietrichsteinischen Handschrift«, Österreich, 2. Viertel des 15. Jh., heute München, Bayerische Staatsbibliothek.*

Tugend ist der Schlüssel dazu: Die »Tugend« des Grals muss mit der Tugend derjenigen übereinstimmen, die ihm dienen, und dieses Thema wird in der Beschreibung des Gralstempels akzentuiert.[317] Titurel wird wegen seiner »vielen Tugenden« die Obhut des Grals übertragen .[318] An der Stelle von Wolframs höchst individueller und unorthodoxer Weltsicht bietet uns Albrecht eine orthodoxe Auslegung der Erlösung durch spirituelle Tugend: Seine Dichtung enthält Elemente von Frömmigkeit, wie etwa das lange Eingangsgebet zu Gott. In einigen Handschriften wird der Graltempel als Symbol für die Verehrung der Heiligen Jungfrau dargestellt.[319] Abgesehen vom Mittelteil des Werkes, in dem es um Schionatulander und Sigune geht, ist der Ton weitaus religiöser, unterscheidet sich jedoch deutlich von der Religion in der *Queste del Saint-Graal*: In Albrechts Ansatz ist nur wenig von ritterlichen Tugenden zu spüren, vielmehr sind seine Symbolik und seine Moralisierungen an die Allgemeinheit christlicher Laien gerichtet. So überrascht es kaum, dass der Parzival für die meisten mittelalterlichen deutschen Leser weiterhin die klassische Darstellung der Gralgeschichte repräsentierte.

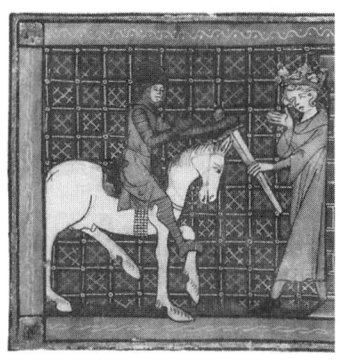

Neuntes Kapitel

Die letzte Blüte

In einem Gemach ist eine Frau in ihre Lektüre vertieft. Das reich illuminierte Manuskript liegt offen vor ihr auf einem Lesepult aus Elfenbein und Holz, Kerzen stehen auf jeder Seite; die Handschrift kann sich mit jedem Werk in der großen Bibliothek Jeans de Berry, des Prinzen von Frankreich, messen.[320] Die Büchersammlung dieses großen Bibliophilen aus königlichem Geblüt stand wegen ihres Reichtums und der Pracht ihrer Codices in Europa einzig da; der Text auf dem Lesepult, seine in Blau, Purpur und Gold leuchtenden Miniaturen, die aufwändig dekorierten Initialen der einzelnen Abschnitte, ist in einem ebenso prächtigen Stil gehalten, wie es einer der berühmtesten Liebesgeschichten zukommt – der Erzählung von *Tristan und Iseult*. In die Geschichte ihrer Abenteuer sind all die Lieder eingestreut, die von ihrer Liebe künden, ergänzt durch Melodien, sodass ein Spielmann das berühmte Harfenspiel und den Gesang Tristans neu erschaffen kann, während der Leser innehält und die Schilderung ihrer Abenteuer auf sich wirken lässt.[321] Ein solch exotisches Experiment multimedialer Präsentation ist nur in einer höchst luxuriösen Umgebung vorstellbar, und so bezeugen die Bildteppiche an den Wänden des Raumes und seine ganze Ausstattung ein weltliches, sinnenfrohes Ambiente.

In dem Buch auf dem Lesepult finden sich aber auch die Abenteuer des Grals als integraler Bestandteil des umfangreichen Romans, den wir als *Prosa-Tristan* kennen. Um herauszufinden, wie die Extreme religiöses Rittertum und romantische Liebe in einem Werk miteinander kombiniert werden können, müssen wir zu den Ursprüngen der Prosaerzählungen und zu dem Material zurückkehren, aus dem sie hervorgegangen sind, und wir

müssen außerdem die Reaktionen des Publikums auf diese verhältnismäßig neue Art des Erzählens berücksichtigen. Und wiederum ist bemerkenswert, wie schnell sich diese Romane entwickelt haben, denn der
Prosa-Tristan ist gerade einmal 50 Jahre nach den ersten erhaltenen Artusromanen entstanden.

Tristan und die Tafelrunde

Die frühesten Romane stellten jeweils einen einzigen Helden in den Mittelpunkt des Geschehens. Chrétiens Erzählungen sind oft nur nach den
Namen ihrer Protagonisten bekannt. Als im *Lancelot-Gral* die Einzelerzäh-
lungen in die Artusgeschichte eingearbeitet wurden, ergab sich eine innere
Spannung zwischen den verschiedenen Aspekten der Geschichte, von
denen der Zyklus handelte: Im Erzählstrang über Artus ging es um Königtum und Eroberung, in der Lanzelotgeschichte um Liebe und ritterliche
Taten und bei Galahad um eine spirituelle Suche. Was die einen erfreut
haben mochte, konnte die anderen langweilen, und als sich neue Autoren
der Geschichten annahmen, wichen die etablierten Themen von Eroberung und Heldentaten auf der einen Seite und frommer Religiosität auf der
anderen Seite vor dem unstillbaren Verlangen nach Abenteuern zurück.
Das Publikum wollte aufregende Geschichten und Wunder, keine Ideale.
Die komplizierten Allegorien in *Die Suche nach dem Heiligen Gral* gab man
zu Gunsten von noch mehr Wunder- und Mysteriengeschichten auf, während neue Spielarten von Turnierkämpfen und Fahrendem Rittertum in
Mode kamen. In den Händen unerfahrener und vor Begeisterung über-
schäumender Schreiber konnte diese Mode zu einem Debakel führen –
zu einem kaum entwirrbaren Durcheinander voneinander isolierter Episoden –, in den Händen geschickter Autoren jedoch konnte dieses literarische
Unterfangen durchaus gelingen. Nicht nur, dass die besten der späteren
Autoren ihre eigenen Beiträge wahrhaftig sorgfältig kontrollieren, sie versuchen auch, die vielen offenen Enden der früheren Romane so miteinander zu verbinden, dass sie die offenen Episoden früherer Versionen zu
einem erfolgreichen Abschluss bringen.

Zudem wollte das Publikum von seinen favorisierten Helden in dem
breiteren Zusammenhang der Geschichte der Tafelrunde hören; so geriet
Tristan in den Artuszyklus. Im *Prosa-Tristan* selbst ist deshalb noch etwas
von diesem lebhaften Interesse zu spüren. Es wird gesagt, dass Karl der

Große den Tristan unter seinen Rittern als etwas Besonderes empfand und ihm gegenüber Galahad den Vorzug gab. Diese Geschichte indessen klingt eher unwahrscheinlich, denn Karl der Große konnte von beiden Helden keinerlei Kenntnis haben, aber sie transportiert genau die intensive Loyalität, mit der das Publikum seine bevorzugten Charaktere begleitete.

Der Tristanroman war ursprünglich ein unabhängiges Werk. Im Gegensatz zu den Gralgeschichten ist der Roman ausgesprochen keltisch und spielt in Cornwall, wo man heute noch das mit einem aufragenden Stein markierte Grab Tristans zeigt. Möglicherweise hatte die Geschichte zunächst nichts mit König Artus zu tun, sie wurde aber – wie auch eine Reihe weniger bedeutender Erzählungen – durch den Sog seines Ruhmes im 12. Jahrhundert in seine Sphäre hineingezogen. Aber auch dann bewahrte die Tristangeschichte bis in die Mitte des 13. Jahrhunderts hinein eine gewisse Distanz zu den zentralen Erzählbereichen der Tafelrunde, denn das Ethos der Tristangeschichte widersprach den akzeptierten Idealen höfischer Liebe: Dort ist die Beziehung zwischen Ritter und Dame von Elementen der Selbstverleugnung und Enthaltsamkeit geprägt – ein Reflex der südfranzösischen Troubadourlyrik. Tristan und Iseult dagegen lieben einander tief und mit Leidenschaft, gegen alle Konvention und insbesondere unter Missachtung von Tristans Loyalität gegenüber seinem Onkel, König Marke, der ja Iseults Gemahl ist. Dabei spielt keine Rolle, dass Tristan einen früheren Anspruch auf Iseults Liebe reklamieren kann, weil er in Irland – in Markes Namen – um sie geworben hatte und sich in sie auf der gemeinsamen Rückreise verliebte, ob nun durch Magie oder echte Leidenschaft. Der Kern ihrer Geschichte jedenfalls ist ein Dreieck zerstörter Loyalitäten. Die Beziehung zwischen Lancelot, Guinievere und Artus kann durchaus ein subtiles und komplexes Echo der urtümlichen Kraft jener Geschichte aus Cornwall gewesen sein.

Als diese reine Tragödie gespaltener Liebe und gespaltenen Glaubens von der Poesie in Prosa verwandelt wurde, vermutlich im zweiten Viertel des 13. Jahrhunderts, wurde sie, wie auch schon die Gralgeschichten, unterlegt mit ritterlichen Abenteuern und den Taten fahrender Ritter. Der Autor des *Roman de Tristan en Prose (Prosa-Tristan)* sah seine Erzählung, die er angeblich »dem großen lateinischen Buch, eben jenem, das freimütig die Geschichte des heiligen Grals erzählt« entnommen hat, als Höhepunkt ritterlicher Geschichten und Tristan als Beispiel für ritterliche Liebe. Einen

Gutteil der Handlung verlegt er an den Artushof und macht Tristans Heldentaten zur Hauptursache seines Ruhmes: Tristan wird zum ersten Mal Ritter der Tafelrunde, und wir erfahren, dass

> ... er der berühmteste Ritter war, der je im Reich des großen Britannien lebte, vor und nach den Tagen des Königs Artus, ausgenommen nur der vortreffliche Ritter Lancelot vom See. Und sogar im Latein der Erzählung vom heiligen Gral wird unumwunden gesagt, dass es in den Tagen des Königs Artus nur drei Ritter gab, die sich im Rittertum auszeichneten: Galahad, Lancelot und Tristan.[322]

Aus demselben Grunde nahm der Autor den größten Teil der Geschichte des Artusreiches in seinen Roman auf. So kam es, dass die Erzählung von den spirituellen Errungenschaften des Rittertums – die Suche nach dem Gral – in die leidenschaftliche Welt von Tristan und Iseult integriert wurde. Tristan, der größte Liebende seiner Zeit, ist zugleich auch einer der größten Ritter und teilt mit Lancelot und Galahad dieselbe Abstammung von der Familie des Joseph von Arimathia.[323] Wenn er mit Lancelot und Galahad um den Vorrang wetteifert, enden ihre Kämpfe mit einem Unentschieden.

Auch wenn der Text auf weite Strecken ein Originalwerk ist, werden große Teile des *Lancelot* aus dem *Lancelot-Gral* eingefügt, namentlich der Schlussteil, der zur Gralsuche überleitet, und so fällt Tristan für mehrere Seiten aus der Handlung heraus. Sobald es aber zur eigentlichen Gralsuche kommt, bringt der Autor seinen Helden wieder ins Spiel und verändert Ton und Inhalt des *Lancelot-Gral* radikal. Zu Beginn der Gralsuche kommt Tristan an den Artushof, nachdem sich Galahad auf den Gefährlichen Sitz gesetzt hatte, der ihm allein zustand; mit Tristans Ankunft sind zum ersten und zum letzten Mal alle Ritter der Tafelrunde versammelt. In den nun folgenden Abenteuern werden Tristans Taten mit den ernsthafteren Taten der Gralritter verwoben. Wir erleben nicht mehr die zielstrebige Verfolgung eines Ideals, sondern eine Abfolge ritterlicher Abenteuer, die nur gelegentlich durch Erinnerungen an die höheren Zwecke des Grals unterbrochen werden. Tristan hat wenig mit der Suche zu tun, sondern beschäftigt sich mit seinen Gedanken an Iseult und mit seinem Rivalen Palamedes, einem Sarazenenkönig, der ebenfalls in Liebe zu Iseult entbrannt ist. Palamedes

Szene aus dem Tristan-Roman. Tristan singt und spielt vor Isolde.
Buchmalerei des frühen 15. Jh., heute Wien, Österreichische Nationabibliothek.

ist eine neue Romanfigur[324], ein Heide, der standhaft die Taufe verweigert und den Minnedienst vorzieht; ansonsten kann sich Palamedes mit jedem christlichen Ritter messen. Galahad tritt von Zeit zu Zeit auf, aber nur als einer der »Aventiure-Ritter«, und reitet in Gemeinschaft mit verschiedenen Mitgliedern der Tafelrunde. Dies steht im Gegensatz zu der Suche nach dem Heiligen Gral: Dort erscheint er als Einzelfigur, vollständig gefangen von den Leistungen des Grals; die anderen Ritter bekommen ihn selten zu Gesicht und verwenden viel Zeit darauf, ihn zu suchen. Aber auf dem Höhepunkt der Erzählung tritt die Gralsuche schließlich wieder in Verbindung mit den Geschicken des Liebespaares Tristan und Iseult. Weil sich die Artusritter vom Hof entfernt haben, fällt Marke in Logrien ein und will das Reich erobern. Es gelingt ihm, Iseult in seine Gewalt zu bekommen, und er bringt sie nach Cornwall zurück, wird aber in einer Schlacht von Galahad und Tristan besiegt, die gerade noch rechtzeitig König Artus zu Hilfe kommen. Der schwer verwundete Tristan begibt sich nach Cornwall, um sich dort von seinen Wunden zu erholen, wird aber verräterisch von Marke mit einem vergifteten Speer getötet: Iseult stirbt aus Kummer, und Marke lässt voller Reue und mit gebrochenem Herzen einen prächtigen Schrein, einen Tempel der Liebe, zum Andenken an Iseult errichten.[325]

Jetzt ist Palamedes das Bindeglied zwischen Tristans Welt und der Welt des Grals. Bis hierhin ist er uns nur im Kontext seiner Rivalität zu Tristan begegnet, nun willigt er auf Artus' Drängen in die Taufe ein und beteiligt sich an der Gralsuche; er ist einer der zwölf Ritter, die sich in Corbenic versammeln. An diesem Punkt indessen nimmt die Erzählung eine überraschende Wendung. Galahad begibt sich auf Bitten zweier Ritter, die vom gelähmten (verwundeten?) König gesandt worden waren, alleine in die Burg:

Die beiden Ritter geleiteten Galahad unverzüglich zu dem Raum, in dem der Gelähmte König lag, und hießen ihn einzutreten. Er ging hinein und sah ein schönes Bett, in dem der Gelähmte König, sein Großvater, lag. »Gottes Segen über Euch, Herr«, sagte Galahad, als er ihn erblickte. Und der König antwortete: »Sei willkommen; Dank sei Gott, der Dich hierhergeführt hat.« Dann sagte er: »Galahad, mein Sohn, gehe in das Heilige Gemach, nimm die Lanze, die Du dort findest, und bringe sie mir.« »Das will ich«, sagte Galahad. Er begab sich in den Raum, und es schien ihm, als seien alle Balsamdüfte der Welt dort versammelt. Er sah die Lanze, mit der unser Herr in die Seite gestochen wurde als er am Heiligen Kreuz hing; er ergriff sie, verließ den Raum und kehrte zum Gelähmten König zurück. Darauf sagte der König: »Galahad, mein Sohn, nimm das Blut an der Spitze der Lanze und reibe damt meine Beine und Schenkel ein.« Und Galahad nahm voll frommer Ehrfurcht das Blut und rieb Beine und Schenkel des Königs damit ein. Und auf der Stelle war der König geheilt.

Der König sagte: »Mein Sohn, lass uns in den Heiligen Raum gehen und nimm die Lanze mit.« Ein magerer und bleicher Mann erschien, mehr tot als lebendig, und sagte: »Ach, Herr Galahad, um Gottes Liebe willen, befreit mich von der Qual, die ich erdulde!« Zwei Schlangen hingen von seinem Nacken herab, die ihn vorn und hinten bissen. Galahad ergriff die Schlangen und riss sie von seinem Nacken – und der Mann war geheilt, lebte aber darauf nur noch einen Monat lang. Sodann kamen zwölf Mädchen, in erbärmliche Lumpen gehüllt und in heißen Tränen, zu Galahad und sprachen: »Herr, um der Liebe Gottes willen, befreit uns von der Qual, die wir erdulden!« »Was soll ich tun?« versetzte dieser. »Herr, führt uns aus dem Raum.« Er willigte ein, nahm sie bei der Hand und führte sie aus dem Raum. »Herr, wir sind gerettet!« Galahad wies sie an, Gott zu danken, und so taten sie es. Dann sagte der König: »Galahad, mein Sohn, es ist da eine wunderbare Probe, die Du bestehen musst.« »Zeigt mir, was es ist«, erwiderte Galahad. Der König führte ihn in einen anderen Raum und zeigte ihm das zerbrochene Schwert, das einst zerbrach, als es benutzt wurde, um Joseph von Arimathia am Bein zu verwunden. Galahad ergriff die zwei Teile, fügte sie aneinander, und das Schwert war wieder ganz und besser als je zuvor; später vollbrachte es noch viele Wunder.

»Galahad, mein Sohn, wir wollen in den Heiligen Raum zurückkehren«, sagte der König. Sie vernahmen den Gesang süßer Stimmen, und es ertönten alle nur erdenklichen Musikinstrumente, Harfe, Laute, Viola, Fidel, Glockenspiel; die klangvollsten Instrumente ließen sich nicht vergleichen mit der Schönheit dieses Gesangs. Und die Stimmen verkündeten: »Gesegnet die Stunde, in der Jesus Christus geboren! Jetzt beginnt das höchste Abenteuer, das Gott für Dich und Bors und Perceval bestimmte.« Dann fragte der König: »Hast Du diese Stimme gehört?« »Ich habe sie genau vernommen!« »Dann lass uns in den Raum gehen.« »Geht Ihr voran, in Gottes Namen«, sagte Galahad. Sie betraten den Raum und sahen das hellste Licht, das man sich vorstellen kann; und Galahad glaubte wahrlich, er sei im Paradies. Hätte man alle Gewürze und Düfte der Welt dort versammelt, sie wären nichts gewesen gegen den Duft in diesem Raum, und alle Wonnen der Seele wurden hier zur

Wirklichkeit. Galahad sagte: »Ah, Herr, ich bitte Euch, führt mich nicht fort von dieser Glückseligkeit.« Aber eine Stimme antwortete »Galahad, dies ist nicht Gottes eigener Wille; Du und Deine Gefährten werden den Gral zum geistigen Palast bringen. Dort wirst Du empfangen, worum Du Unseren Herrn gebeten hast, denn Du hast Ihm gut gedient.« »Wenn das der Wille meines Gottes ist«, sagte Galahad, »dann folge ich ihm.« Dann sagte er zu dem König, seinem Großvater: »Herr, ich bitte Euch, sagt mir, was der Heilige Gral ist und was die Lanze, von der drei Blutstropfen herabfielen, die Euch heilten!« »Mein Sohn, ich will es Dir sagen. Ich weiß, dass Du es schon weißt, aber ich will Dir die Geschichte erzählen, denn niemand kennt sie genau: Als die Juden Unseren Herrn Jesus Christus gekreuzigt hatten – und das ist die Wahrheit – kam ein Jude hoch zum Kreuz mit einer Lanze in seiner Hand und stieß sie in Jesu Seite. Das Blut quoll sogleich hervor, und drei Tropfen blieben an der Lanze haften, wie Du gesehen hast. Das Blut rann an der Seite unseres Herrn hinab, als sich eine blinde Dame näherte, in ihrer Hand ein Gefäß in Form eines Kelchs. Sie kam so nahe an das Kreuz heran, dass Christi Blut in ihre Augen fiel; sofort war sie geheilt und konnte wieder sehen. Sie stellte den Kelch unter das Kreuz, um das Blut des Gekreuzigten darin zu sammeln. Und als das Gefäß gefüllt war, verbarg sie es in ihrem Haus. Ich will die Geschichte der Auferstehung unseres Wahren Gottes nicht erzählen, denn die vier Evangelisten erzählen sie bereits in der Passionsgeschichte, aber ich werde Dir die Wahrheit über den Heiligen Gral berichten.[326]

Der König erzählt nun die Geschichte des Joseph von Arimathia und der Ankunft des Grals in Britannien, er erläutert auch die Geschichte des Mannes mit der Schlange und die der in Lumpen gehüllten Mädchen. Drei Männer und zwölf Mädchen unter Josephs Gefolgschaft hatten sich über den Graldienst lustig gemacht und wurden zu ewiger Verdammnis verurteilt. Allein auf Josephs Bitten hin wurde ihnen eine geringe Strafe gewährt: zwei der Männer, Moyse und Simeu, sollten bei der Ankunft Galahads verbrannt werden, während der Rest im Palast der Abenteuer sein Ankunft erwarten sollten. Der Autor des Prosa-Tristan lüftet damit ein Geheimnis, das *Die Suche nach dem Heiligen Gral* offen gelassen hatte: das Mysterium des Harfenspielers, mit dem Bors in der Nacht der Prüfung zusammentraf.

Bevor Galahad aufbricht, bringt man ihn zu seiner Mutter: sie begrüßen einander liebevoll, aber Galahad erlaubt ihr nicht, ihn zu umarmen, weil er angesichts der großen Aufgabe, die vor ihm liegt – der Transport des Grals nach Sarras – nicht von einer Frau berührt werden will. Er schließt sich seinen Gefährten an, und mit Bors und Perceval trägt er den Gral auf seinem silbernen Tisch zum wartenden Schiff, das bei günstigem Wind in See sticht.

Vor der Schlussszene in Sarras erfahren wir vom Tod des Palamedes, der verräterisch von Gauvain getötet wurde, nachdem er in einer Tjost gegen Lancelot eine schwere Verwundung davongetragen hatte. Es ist eine sonderbare Szene an einem sonderbaren Punkt der Erzählung, so als ob der Autor die Geschichten all derer, die Anteil an den Taten Tristans und Iseults hatten, zu einem Abschluss bringen wollte. Die Szene gestaltet sich noch düsterer durch den Selbstmord von Palamedes' Vater Esclabor, der den Tod seines Sohnes nicht verwinden konnte. Die Szene lässt sich nur als Kontrastpunkt zu den Leistungen des Grals deuten – eine Erinnerung daran, dass auf den Abenteuern des Grals der Fluch des Unglücks liegt und dass aus der Gralsuche Böses und Gutes gleichermaßen hervorgegangen sind. Als Artus von diesen tragischen Ereignissen erfährt, äußert er den Wunsch, Gauvain möge sich niemals mehr wieder auf Camelot blicken lassen.

Die Ankunft des Grals in Sarras ist, in abgekürzter Form, wiederum dem *Lancelot-Gral* entnommen, aber der Rausch der Schlussszene steht im Gegensatz zu den vorherigen, aber auch zu den zukünftigen Ereignissen. Bors kehrt an den Artushof zurück und berichtet Artus vom Ausgang der Gralsuche, aber auch Gauvain kehrt zurück, und Artus beschuldigt ihn, für den Tod von vielen der vierundfünfzig Ritter verantwortlich zu sein, die sich an der Suche nach dem Gral beteiligt hatten. Gauvain gibt zu, zweiunddreißig von ihnen getötet zu haben, macht aber das Missgeschick, das »*malheur*«, dafür verantwortlich. Und damit endet der Roman unvermittelt:

Die Geschichte hört nun auf, von den Abenteuern des Heiligen Gral zu sprechen, denn sie sind zu ihrem Abschluss gekommen, und jeder, der darüber noch mehr sagen möchte, würde nur lügen. So endet die Geschichte von Herrn Tristan und dem Heiligen Gral, so vollständig, dass niemand noch etwas hinzufügen könnte.[327]

Der Prosa-Tristan repräsentiert einen Neuanfang für die Gralliteratur, indem der Versuch unternommen wird, alle großen Helden der Artuswelt in einem Werk zusammenzuführen. Dies ist vielleicht der letzte Grund für den Auftritt des Grals, der trotz der Tatsache, dass er der Erzählung am Anfang und am Ende einen Rahmen verleiht, nur ein weniger bedeutendes Element in der Erzählung darstellt. Ritterliche Aventiuren treten in dem gesamten umfänglichen Werk in den Vordergrund, im Zentrum stehen die bisweilen eher verbalen als physischen Kämpfe zwischen einzelnen Rittern. In dem Roman findet eine immer wiederkehrende Debatte über das Rittertum statt, an dem sich Tristans Gefährten Dinadan und Palamedes vornehmlich beteiligen: Dinadan zynisch und spottend und Palamedes, der Heide, der dennoch die höchsten ritterlichen Ideale vertritt. (Es ist reizvoll, Palamedes mit Feirefis im *Parzival* in Beziehung zu setzen, aber die Figur des edlen Sarazenen kommt in anderen französischen Romanen nicht vor.) Den Gral könnte man als die spirituelle Seite des Rittertums betrachten, aber er wird nur mit geringem Enthusiasmus behandelt, auch wenn der Autor behauptet, er habe die Geschichte »immer wieder gelesen und gelesen«[328], und das Thema des Missgeschicks, das die Suche nach dem Gral begleitet, spielt für die suchenden Ritter eine viel größere Rolle als die religiösen Aspekte.

Eine neue Version des Lancelot-Gral

Der Prozess, durch den das Abenteuer die Handlung dominiert, beginnt schon eine Stufe früher, im so genannten *Roman du Graal* (*Roman des Graal*/auch *Großer Saint Graal*; in der wissenschaftlichen Literatur wird dafür meist der umständliche Titel »*Post-Vulgata-Zyklus*« gewählt). Wie auch bei früheren Romanen lässt sich eine Priorität des einen Textes gegenüber einem anderen nur schwer feststellen; den *Roman du Graal* jedenfalls betrachtete man als Quelle für das Material im *Prosa-Tristan*. Zwar gibt es gute Argumente, dass der *Prosa-Tristan* der originale Text ist, es scheint aber, dass sich die beiden Romane bis zu einem gewissen Grad parallel entwickelt haben. Es gibt zahlreiche vollständige oder fast vollständige Kopien des *Tristan*, der *Roman du Graal* aber ist ein anderer Fall. Es handelt sich um ein hoch kompliziertes Werk, weil uns nicht im Entferntesten ein vollständiger Text vorliegt; er muss aus Fragmenten des französischen Originals sowie aus erhaltenen spanischen und portugiesischen Versionen rekonstruiert werden. Offenkundig war der Text weit verbreitet, denn einige der französischen Fragmente hat man in Norditalien aufgefunden. Der größte Teil des Werkes kann mit einiger Zuverlässigkeit wiederhergestellt werden, dabei wird der Versuch deutlich, die widerstreitenden Elemente, die verschiedene Schreiber zum originalen *Lancelot-Gral* beigetragen haben, zusammenzufügen. Dieser *Roman du Graal* wird auch »Pseudo-Robert de Boron« genannt, weil der unbekannte Editor seine Version Robert de Boron zuschrieb, den er als große Autorität in Sachen Artusstoff betrachtete. Seinem Werk gab er deshalb einen ähnlichen Titel: *Die Geschichte des Grals.*[329] Bisweilen können wir die Flicken im *Lancelot-Gral* entdecken, wo das Ende des Lancelot-Abschnittes – einst wohl ein unabhängiger Roman mit eigenem Schluss – umgearbeitet wurde, um eine Überleitung zu den Abenteuern der Gralsuche *(Queste)* zu schaffen. In dieser neuen Version wurden solche Übergänge geglättet, und der gesamte Zyklus wurde zusammengeschweißt in ein »Artusepos – in die Geschichte vom Aufstieg und Fall des *roiaume aventureus*«.[330]

In gewisser Weise geht der Text zielstrebiger vor als seine Vorgänger: An Stelle der Gralgeschichte bildet die Tragödie des Königreichs Logrien und seiner Ritter den übergreifenden Rahmen. Den Untergang des Reiches bewirkten zwei Sünden, die durch *malheur* und *mescheance*, Unglück und Missgeschick, bestraft wurden. Die eine Sünde ist das bekannte Thema von Artus' Blutschande mit seiner Halbschwester und die Zeugung Mordreds; die andere Sünde ist eine relativ neue Erscheinung.

Das Wüste Land und der Schmerzliche Schlag

Das Wüste Land wurde, dank T. S. Eliots Übernahme dieser Metapher (»The Waste Land«, 1922), zu einer der berühmtesten Assoziationen, die mit dem Gral verbunden sind. In den frühesten Gralgeschichten hat die Verwüstung des Landes nichts Magisches an sich: sie ist einfach eine Folge der Krankheit des Gralskönigs, der seine Männer nicht mehr in die Schlacht führen und damit sein Land verteidigen kann. Chrétien beschreibt diese Folgen nicht als Naturkatastrophe, sondern als Menschenwerk: wir brauchen nur zur Kenntnis zu nehmen, was Perceval von der grässlichen Botin erfährt:

Und weißt du, welche Folgen seine Unfähigkeit zu herrschen, seine nicht heilenden Wunden zeitigen werden? Frauen werden deshalb ihre Gatten verlieren, Länder verloren gehen (escillies »exiliert«), Mädchen als Waisen zurückbleiben und ohne Obhut (desconseillies »ohne Rat«) sein, und viele Ritter werden sterben.[331]

Dies ist die schonungslose Schilderung des Zustands eines führungslosen Landes, ein besonders akutes Problem der feudalen Gesellschaft, wie sie sich zur Zeit Chrétiens darstellte. Wenn wir den Text richtig lesen, werden die Probleme in einer ausgesprochen feudalen Terminologie präsentiert: Landesteile gehen verloren, weil sie von ihrem rechtmäßigen Eigentümer »exiliert« werden, und wenn Frauen das Erbe antreten, weil die männlichen Erben ihrer Familien im Kampf gefallen sind, gibt es niemanden mehr, der sie verteidigen könnte. Auch gibt es keine magische Veränderung der Länder des Gralskönigs, als Perceval die Burg am Morgen nach dem Fest verlässt, an dem er versäumt hatte, die entscheidende Frage zu stellen: Die Burg liegt verlassen da, kein Mensch ist zu sehen, die Landschaft aber hat sich nicht verändert. In der *Ersten Fortsetzung* wiederum, als der Gralkönig Ritter Gauvain das zerbrochene Schwert zeigt, spricht der König von der Zerstörung durch den Schlag, der das Schwert zerbrach, in den selben Worten wie Chrétien auch.

Im *Perlesvaus* hängt die Schwäche des Königs unmittelbar mit der nicht gestellten Frage zusammen: Er ist nicht versehrt bis Perlesvaus diesen Fehler begeht. Aber die Folgen sind die gleichen, denn »das ganze Land versank in Krieg; wann immer ein Ritter einen anderen in einem Wald oder auf einer Waldeslichtung traf, kämpften sie gegeneinander ohne jeglichen Grund«.[332] Es gibt viele Hinweise auf den desolaten Zustand des Königreichs Logrien, aber an dieser Trostlosigkeit ist nichts Magisches zu erkennen, sie ist lediglich die Folge der zusammengebrochenen Ordnung: Wir brauchen uns nur daran zu erinnern, mit welchen Worten die Angelsächsische Chronik die anarchischen Zustände in England unter König Stephan schildert – »man konnte leicht eine ganze Tagesreise zurücklegen ohne ein bewohntes Dorf zu finden oder jemanden, der das Land bestellt«[333] – und es wird deutlich, dass der Autor des *Perlesvaus* ein von Bügerkriegen zerstörtes Land im Auge hatte.

Eine andere beiläufige Bemerkung bei Chrétien könnte ebenfalls zur Geschichte des verwüsteten Landes geführt haben. Bei seiner Suche nach der Lanze erfährt Gauvain »die Zeit wird kommen, so steht es geschrieben, dass das ganze Königreich Logrien, einst Land der Riesen, durch diese Lanze zerstört werden wird«, aber weil der Roman unvollendet blieb, wird dieser Hinweis, wie auch das Ende von Percevals Gralsuche, nicht weiterentwickelt. Auch in der *Ersten Fortsetzung* und im *Elucidationsprolog* wird die Lanze mit Zerstörungskräften zusammengebracht: Gauvain reitet in einem heftigen Sturm zur Gralburg, und als er einen Teilerfolg mit seiner Frage über das Wesen der Lanze erzielt hatte, erholte sich das Land wieder, es wird aber nicht deutlich, ob sich diese Erholung auf die Zerstörungskraft des Sturmes bezieht oder auf eine frühere Verwüstung. Wenn wir uns streng an den Wortlaut halten, wird uns nicht erzählt, dass die Flüsse wieder zu fließen beginnen, sondern dass sie wiederum ihren alten Lauf einnehmen, so als habe sie der Sturm über die Ufer treten lassen und sie aus ihrem alten Flussbett gezwungen, und dass die Bäume wieder in Grün gehüllt sind, so als hätten sie im Sturm ihre Blätter verloren. Es liegt nahe, diese Passage als Rückkehr zur Normalität nach einem verheerenden Sturm zu lesen.[334] Das Wüste Land ist somit ein peripheres Motiv in den *Fortsetzungen* und hängt mehr mit der Lanze als mit dem Gral zusammen.[335]

Im *Roman du Graal* stützt sich ein phantasiebegabter Autor wiederum auf ein Detail und hat das Herz der Geschichte neu geschaffen und setzt es geschickt ein, um der akzeptierten Version der Erzählung eine neue Perspektive zu geben. Es ist die entscheidende Episode, als Balin an den Hof König Pellehans kommt, wo der Gral aufbewahrt wird. Balin liegt in einem berechtigten Streit mit des Königs Bruder Garlon. Er entdeckt, dass sich Garlon unsichtbar machen kann, sobald er bewaffnet ist, und erkennt, dass er auf dem Festbankett, zu dem er geladen ist, sofort handeln muss, wenn er dem noch unbewaffneten Garlon gegenübersteht. Unter dem Vorwand einer von Garlon empfangenen Beleidigung tötet ihn Balin. König Pellehan greift Balin an, um seines Bruders Tod zu rächen und zerbricht Balins Schwert. Seiner Waffe beraubt, hetzt Balin durch die Burg bis er zu einem reich ausgestatteten Raum kommt, wo ihn eine Stimme davor warnt, einzutreten; dennoch stürmt Balin in den Raum.

In einem Teil des Raumes stand ein silberner Tisch, breit und hoch, auf drei silbernen Stützen. Genau in der Mitte des Tisches befand sich ein Gefäß aus Silber und Gold, und in diesem Gefäß stand eine Lanze, die Spitze nach oben und der Schaft nach unten weisend. Und wer immer die Lanze lange betrachtete wunderte sich, wie sie aufrecht stehen konnte, denn sie wurde an keiner Seite gehalten.

Der Ritter mit den Zwei Schwertern schaute auf die Lanze, bemerkte es aber nicht. Er ging auf sie zu, und er hörte eine andere Stimme, die ihn anschrie: »Berühre sie nicht! Du wirst sündigen!«

Trotz dieser Warnung ergriff er die Lanze mit beiden Händen und traf König Pellehan, der hinter ihm war, so stark, dass er beide Oberschenkel durchstieß. Der König fiel zu Boden, schwer verwundet. Der Ritter zog die Lanze wieder zu sich heran und stellte sie in das Gefäß zurück, aus dem er sie genommen hatte. Sobald sie sich dort wieder befand, stand sie so aufrecht wie zuvor. Als er dies getan hatte, wandte er sich schnell dem Palast zu, denn er meinte, er sei nun ausreichend gerächt, aber bevor er dort anlangte, begann der Palast zu schwanken und ebenso alle Räume, und alle Wände schwankten als wollten sie sofort zusammenbrechen und auseinanderfallen. Jedermann in dem Palast war so verblüfft über dieses Wunder, dass niemand so mutig war, aufrecht stehen zu bleiben ... Sie dachten, das Ende der Welt sei gekommen und sie müssten jetzt alle sterben.

Sodann kam über sie ein Stimme so laut wie die eines wilden Mannes, die laut und vernehmlich verkündete: »Jetzt beginnen die Abenteuer und Wunder des Königreichs der Aventüren, die nicht enden werden, bis der hohe Preis bezahlt ist ...«[336]

Das Ziel der Gralsuche ist sowohl die Befreiung Logriens (»das Reich der Abenteuer« von der Wirkung dieses »Schmerzlichen Schlages« zu befreien), wie auch die Gewinnung des Grals selbst. Einst der spirituelle Höhepunkt der Artustragödie, wird der Gral jetzt – wie auch im *Prosa-Tristan* – lediglich zum Anlass ritterlicher Konfrontationen mit den Geheimnissen und Gefahren der Welt außerhalb der Burg. »Abenteuer, Aventiuren« sind die treibende Kraft des Romans, auch wenn der Autor andere ritterliche Werte durchaus kritisch betrachtet. »Fin amors«, die Liebe des Ritters zu seiner Dame, und insbesondere die Liebe Lancelots zu Guinievere, wird kurz abgefertigt, und die vielen Abenteuer Lancelots werden stark reduziert, weil sie das Buch sonst zu umfangreich gemacht hätten. Sie werden ersetzt durch zahlreiche individuelle »Abenteuer und wundersame Begebenheiten«; selbst große Turniere werden nur in aller Kürze beschrieben. Dieser Ton wird schon ganz am Anfang angeschlagen, an der ersten, von Artus einberufenen Hofversammlung; ein Knappe reitet in die Festhalle mit dem Leichnam seines Herrn, den man kurz zuvor erschlagen hat. Merlin sagt:

> Dies ist das erste der Abenteuer, das sich an deinem Hof zugetragen hat, und es verdrießt mich sehr, dass sie auf diese Weise beginnen, denn das ist ein schlechtes und betrübliches Zeichen. Lass es schriftlich aufzeichnen und alle anderen danach auch, so wie sie im Königreich von Logrien geschehen. Und wisse, bevor du von dieser Welt scheidest, werden sich so viele zugetragen haben, dass all die Aufzeichnungen ein großes Buch füllen werden.[337]

Die Abenteuer werden mit dem Gral und mit Artus' Königtum im Allgemeinen verknüpft. Gauvain tötet unbeabsichtigt ein Mädchen, das sich zwischen ihn und seinen Gegner – ihren Liebhaber – geworfen hat. Er wird dazu verurteilt, zum Hof zurückzureiten mit ihrem Leichnam vor ihm auf dem Pferd, dabei soll ihr Kopf an seinem Nacken festgebunden werden. Merlin wendet sich an die Hofgesellschaft: »Ihr möget dieses Abenteuer als eines der Gralabenteuer nehmen, und von nun an werdet ihr solche noch oft erleben, grausamer und hässlicher als dieses.« Er setzt nun zu einer langen Rede an und erläutert die Bedeutung und den Zweck der Abenteuer und erklärt, dass Artus selbst

> … gezeugt wurde durch Abenteuer, und durch Abenteuer hast Du Deine Deine Krone erlangt, denn so gefällt es Unserem Herrn. Wisse, dass so viele und so wundersame Abenteuer sich wegen nichts zugetragen haben, sondern als Zeichen und Beginn solcher Abenteuer, die sich an Deinem Hof und an vielen anderen Orten unter Deiner Herrschaft ereignen werden. Deshalb, so sage ich, sollst Du König der Aventüren und Dein Reich Königreich der Aventüren genannt werden. Und wisse, so wie das Abenteuer Dir die Krone gab, so wird sie Dir das Abenteuer auch nehmen … Viele werden Mühsal auf sich nehmen, um ritterliche

Abenteuer zu suchen, und deren Anstrengungen werden häufig misslingen, und viele Male werden sie Schmach, Hässlichkeiten und Gemeinheiten erdulden, und oft werden sie durch Waffen überwunden werden.[338]

Dieser Rede erinnerte sich Artus in seinen letzten Worten an Girflet, bevor er mit dem geheimnisvollen Schiff davonfährt: »Wenn sie dich um Nachricht von mir fragen, dann sage ihnen, König Artus ist durch Gottes Abenteuer gekommen und ist durch Gottes Abenteuer gegangen, und er allein ist der König der Abenteuer.«

Die Struktur des Romans wird beherrscht von Abenteuersequenzen, wobei eine Episode in die andere übergeht, und obwohl der Autor geschickt die Erzählstränge miteinander zu verweben weiß, sodass keine offenen Enden bleiben – und dabei auch die von seinen Vorgängern offen gelassenen Enden miteinander verknüpft – versinken die großen Ideen der früheren Artusepik in all dem Hin und Her von Kämpfen und Wundern, falsch gedeuteten Identitäten und unerwarteten Begegnungen. Wie schon im *Prosa-Tristan* wird der Gral auf wenig mehr als auf ein Wunder unter vielen reduziert. Die Art und Weise, wie etwa Lancelot von seinem Wahnsinn geheilt wird, ist bezeichnend dafür, wie der Gral geradezu zu einer wundertätigen Reliquie unter anderen geworden ist und seinen Charakter als non plus ultra des Spirituellen verloren hat. Lancelots Wahnsinn wird dem Teufel zugeschrieben, der Besitz von ihm ergriffen hat, und als er zur Burg des Königs Pelles kommt, wo der Gral aufbewahrt wird, erscheint ein Mädchen mit dem Gral. »Sobald sie Lancelot erblickte, konnte er ihr Kommen nicht aushalten, denn der Dämon, der in seinen Leib eingefahren war und ihn in dieser Raserei hielt, konnte nicht dort bleiben, wohin ein so heiliges Ding wie der Heilige Gral kommen sollte«. Lancelot flieht, kehrt aber um, nachdem man den Gral weggebracht hat. Pelles aber erkennt ihn und lässt ihn an Händen und Füßen fesseln und zum Palast der Abenteuer bringen. Als der Gral erneut hereingetragen wird, kann sich Lancelot nicht bewegen; der Dämon fährt aus ihm aus, weil er die Anwesenheit des Grals nicht ertragen kann, und Lancelot ist geheilt. Solche Geschichten werden von vielen mittelalterlichen Heiligen erzählt; die wesentlich einfachere Version im originalen *Lancelot-Gral* ist noch mächtiger in ihrer Untertreibung.[339] Es geht nicht darum, die Heiligkeit des Grals in irgendeiner Weise zu verkleinern: Als das Unglück des Schmerzlichen Schlages geschieht, wagt

Merlin nicht, den Raum des Grals selbst zu betreten, sondern holt sich einen Priester und heißt ihn, sein Messgewand anzulegen – »das Wappen Jesu Christi« – bevor der Priester eintreten kann, um Pellehan und seinen Angreifer zu retten.[340] Aber jegliche spirituelle Botschaft, die diese Heiligkeit mit sich bringen könnte, wird verwässert durch all die Abenteuer und Wunder, von denen der Gral überlagert wird.

Die starke Betonung des Abenteuers spiegelt die Entwicklung der ritterlichen Kultur im Allgemeinen wieder. Die frühesten Wurzeln des Rittertums liegen im gemeinschaftlichen Training für den Krieg, aus dem heraus die Frühform des Turniers entstand: Trupps von Rittern griffen sich in Kriegsformation an, häufig mit durchaus realistischer Kampfeswut. Daraus entwickelten sich nach und nach das Bedürfnis nach individuellen Tapferkeitsbeweisen, die Einführung der Wappen als Mittel der Identifizierung des einzelnen Kämpfers sowie dann neuere Turnierformen, in deren Mittelpunkt vor allem der ritterliche Zweikampf zu Pferde stand. In den späteren Romanen tritt der Ritter in erster Linie in einen Wettbewerb um Ruhm und Ehre; die Tafelrunde funktioniert nun eher als Ehrendienst, aber auch ihr mythischer Status, genauso wie die Stellung des Grals, erfährt eine bedeutende Minderung. Der krönende Moment der Tafelrunde ist erreicht, als sich Galahad auf den Gefährlichen Sitz setzt, der jeden Ritter verschlingt, der nicht würdig ist, auf ihm Platz zu nehmen. Im *Post-Vulgata-Zyklus* werden diese Begebenheiten ebenfalls angeführt, aber wie auch im *Prosa-Tristan* sind erst mit der Ankunft Tristans alle Ritter der Tafelrunde zum ersten und zum letzten Mal versammelt, und der Heilige Gral erscheint allen Anwesenden.

Die Handlung konzentriert sich auf die einzelnen Helden und auf ihr Zusammentreffen mit den anderen. Die Geschichte entwickelt sich über eine lange Kette von Motiven und Umständen, und hier zeigt sich der Autor der *Post-Vulgata* als Meister der Rationalisierung und Organisierung der Handlungssequenzen: Wenn es einer Episode im *Lancelot-Gral* an Begründung fehlt oder wenn es keine Anknüpfung an eine auch sonst wichtige Szene gibt, baut er das fehlende Element ein und nutzt es zur Strukturierung seiner Erzählung. Im Falle des Grals lenkt das neue Motiv des Schmerzlichen Schlags von der Integrität der Gralsuche ab, und ein Gutteil des spirituellen Zusammenhangs geht verloren. Wo der *Lancelot-Gral* symbolische Abenteuer anbietet, deren tiefer liegende Bedeutung von den

Einsiedlern in der Waldwildnis erläutert werden, wartet die *Post-Vulgata* mit Abenteuern auf, deren Anlass und Konsequenzen sorgfältig herausgearbeitet werden, aber ohne innere Bedeutung sind. Die vom *Lancelot-Gral* übernommenen Abschnitte werden überlagert von ständigen Abenteuern, und diese Abenteuer sind düster und bedrückend – es dominiert die *mescheance*, das Unglück oder Missgeschick: Es ist dasselbe *malheur*, das Gauvain oder die anderen Ritter im *Prosa-Tristan* heimsucht. Ritter töten unschuldige Mädchen aus Versehen, die besten Freunde bekämpfen sich bis zum Tod; ein vorschnell gegebenes Versprechen führt dazu, dass ein Ritter seine Schwester enthauptet.

Die Atmosphäre ist nicht so sehr von spiritueller Erlösung geprägt wie sie bei dem Fluch herausgearbeitet wird, den der *Haut Mestre*, der »Hohe Meister« auferlegt – eine Erscheinung wie der alttestamentliche Rachegott. Wie es Girflet und Kay gegenüber Yvain ausdrücken, der bei einem Abenteuer verwundet wurde: »Die Wunder dieses Landes – und auch die des Heiligen Gral – werden für dich und jeden anderen Ritter geschehen, solange es Unserem Herrn gefällt, dass sie geschehen. Denn Unser Herr gießt seine Rache über die Gerechten und Ungerechten ganz nach seinem Willen.« Und um Rache handelt es sich gewiss: In der neuen Version der *Gralsuche (Queste)* gibt eine ganze Reihe von Selbstmorden neben all den bereits erwähnten Unglücksfällen sowie Tod durch ein unsichtbares Schwert. Gauvains Missetaten im *Lancelot-Gral* geraten zu einem regelrechten Verbrechenskatalog: Am Beginn der Gralsuche sagt ein Mädchen: »Er wird töten gut achtzehn dieser eurer Gefährten, solche, die bessere Ritter sind als ihr.« Es sind solche Ereignisse, die in den Vordergrund drängen: Obwohl viele Episoden von der *Lancelot-Gral* Version übernommen wurden, nehmen wir über weite Teile des Romans nur schemenhaft wahr, wie Galahad und Perceval ihre Gralsuche vollenden. Und als sie schließlich Corbenic erreichen, ist es genauso wichtig, Pellehan zu heilen und den Schmerzlichen Schlag aus der Welt zu schaffen als den Gral zu gewinnen. Vielleicht wegen seiner vor Kurzem erfolgten dramatischen Bekehrung wird Palamedes an Stelle von Bors zu ihrem Gefährten; weil aber Palamedes bald nach seinem Besuch auf Corbenic von Galahad getötet wird, hat Bors – wie auch im *Lancelot-Gral* – seinen Auftritt in der Schlussepisode in Sarras. Bei der auf Corbenic zelebrierten Messe wird die Identität des Priesters an keiner Stelle preisgegeben, und es ist diese anonyme Figur, die

Joseph von Arimathia ersetzt; sein Gesicht »war von solcher Helligkeit, dass ihn kein sterbliches Auge anschauen konnte, sondern sich in Demut schloss, sodass niemandes Augenlicht dieses himmlische Wunder schauen konnte.« Die im *Lancelot-Gral* so ekstatisch beschriebene Vision der realen Präsenz in der Eucharistie wird auf eine einfachere Ebene heruntergefahren: »Wisset aber, dass jeder von ihnen glaubte, er nähme einen lebendigen Menschen in seinen Mund.« Die Vision ewiger Dinge wird ausgeschlossen und von einer düsteren Vision göttlicher Rache und von einer Vision der Sühne ersetzt.

Die großen Versionen der Artusromane wurden auch in den nächsten zweihundert Jahren kopiert und gelesen, auch wenn der *Prosa-Tristan* bei weitem der populärste war. Sie wurden übersetzt und in neue Erzählungen integriert, wie beispielsweise in den außergewöhnlichen *Perceforest*, der die heidnische Vorgeschichte des Artuskönigtums erzählt. In diesen neuen Werken finden sich einige fast kuriose Vorstellungen vom Gral: Bei einer Gelegenheit zieht der gesamte Hofstaat des Fischerkönigs an einem Frühlingstag zur Kurzweil in den Wald, und als man zur Mahlzeit rüstet, erscheint der Gral pünktlich und serviert jedem seine Leibspeise, wie auch bei den Festbanketten auf Corbenic.[341] In den *Prophezeiungen Merlins* verhindert der Gral weiteres Unglück, als man aus Versehen Fische in einem magischen Fluss gefangen hatte: »Aus der Richtung des Palastes kam ein so großes Rufen und Lärmen, dass dies eines der großen Wunder der Welt war. Und jeder schaute in diese Richtung: Wie ein Donner erschien der Gral mit den Fischen, die auf der Unterseite gekocht waren, und sie warfen sich ins Wasser, und der Gral begab sich auf das trockene Land zurück.«[342] Einzelne Fragmente der alten Erzählungen brachte man in eine neue Ordnung: Die von Perceval im Wald erblickten Lichter als in der *Zweiten Fortsetzung* der Gral den Fischerkönig begleitete, könnte die erste Szene inspiriert haben, und die Fische, von denen in der *Erzählung vom Gral* gesagt wurde, sie hätten sich gerade *nicht* im Gral befunden, mögen die Quelle für die komische zweite Episode gewesen sein.

Eine ähnliche Konfusion halb erinnerter Aspekte der Gralgeschichte ist verantwortlich für die seltsame Episode im *Sone de Nansay*, einem Roman vom Ende des 13. Jahrhunderts, der keinerlei arthurische Beziehungen aufweist.[343] Sone, der Held der Geschichte, kommt im Verlauf seiner Reisen auf der Suche nach heidnischen Gegnern nach Norwegen und weilt in einem Kloster, wo der Gral aufbewahrt wird. Joseph von Arimathia hatte den Gral aus Syrien dorthin gebracht; Joseph war von Gott mit Wunden geschlagen worden, weil er eine heidnische Prinzessin geheiratet und ihr Land an sich gerissen hatte; seitdem nannte man ihn Fischerkönig. Logrien – und nicht Norwegen, wie man hätte erwarten können – verfiel in Ödland an dem Tag, als Joseph seine Wunde empfing. Der Gral wird bei einer Messe im Kloster verwendet und ist »ein Gefäß aus Elfenbein, in das viele Geschichten eingraviert sind«; die von Longinus bei der Verwundung Christi benutzte Waffe wird dort ebenfalls aufbewahrt, an der Spitze hängt ein Tropfen Blut. Joseph von Arimathia und seine Söhne Adam und Josephus sind dort begraben. Man hat gemeint, dieser Wirrwarr sei ein Reflex früherer Überlieferungen[344], es ist aber wesentlich wahrscheinlicher, dass dies alles verderbte Details aus dem *Lancelot-Gral*-Zyklus sind, mit einigen Reflexen aus der *Erzählung vom Gral.*

Im Laufe der Zeit gab es indessen – angesichts der zahlreichen konkurrierenden Versionen – ein Bedürfnis nach kürzeren, konzentrierteren Fassungen der Geschichte. Um die Mitte des 15. Jahrhunderts entstanden mehrere kürzere Fassungen des *Prosa-Tristan*: In einer davon, die Grundlage für die frühen Druckfassung wurde, finden sich Anzeichen eines antiquarischen Interesses daran, wie die wahre Geschichte wohl ausgesehen haben mochte. Der Verfasser scheint Zugang zu einer Abschrift des *Prosa-Perceval* gehabt zu haben; daraus entnimmt er eine Szene, in der Perceval vergeblich versucht, auf dem Gefährlichen Sitz Platz zu nehmen. Perceval entrinnt ohne Schaden zu nehmen, und eine Stimme verkündet, dass der Versehrte König nur von einem Ritter der Tafelrunde geheilt werden könne, der ihn zur Lanze und zum Gral befragt und der »von ihnen bedient wird«. Sobald diese Frage gestellt worden sei, wären die Gralabenteuer zu Ende. Der Wortlaut der Frage entspricht fast genau dem Wortlaut bei Chrétien, der sonst nur noch in der *Erzählung vom Gral* und in den *Fortsetzungen* erscheint.[345]

Derselbe Wunsch zu wissen, wie die wahre Artusgeschichte aussah, inspirierte zumindest teilweise auch die größte englische Fassung der Artusgeschichte: *Le Morte Darthur* des Sir Thomas Malory von 1470 (dem einzigen erhaltenen Manuskript fehlen die Eröffnungsseiten; der Titel stammt von William Caxton nach seiner 1485 gedruckten Version). Seine erste Untersuchung des arthurischen Materials erfolgte wohl an Hand eines englischen Werkes mit ähnlichem Titel, *Morte Arthure* (»Artus' Tod«), dessen Sprache und Stil bereits archaischen Charakter hatten und das Malory in eine moderne Prosafassung brachte. Sicher ist, dass er viele Bücher über Artus und seine Ritter in englischer und französischer Sprache las und dass ihm die Vielfalt der Versionen der Kerngeschichte bewusst war. Zum Ende seines Werkes hin ist er geradezu zu einem Experten auf diesem Gebiet geworden und war damit in der Lage, die Ergebnisse seiner Forschungen in den Erzählungen über den »rex quondam rexque futurus«, den »einstigen und zukünftigen König« darzulegen; Malory zitiert diesen Satz als Epitaph auf der vorgeblichen Grablege des Königs Artus in Glastonbury.[346]

Das Resultat ist, dass sich Malory mit leichter Hand von einer Quelle zur anderen bewegt und die oft lang gewundenen und philosophischen französischen Texte in seinem unnachahmlichen direkten Stil neu erzählt. Im Laufe dieses Prozesses kürzt er drastisch, in aller Regel mit günstiger Auswirkung auf den Text, manchmal aber auch zum Nachteil einer stringenten Darstellung des Stoffes, und es glückt ihm auch nicht immer, die verschiedenen Versionen ohne Brüche und Widersprüche im Erzählablauf zusammenzufügen: Ritter treten auf, viele Seiten nachdem von ihrem Tod berichtet worden war, und wichtige Themen beginnen, ohne zu einem Abschluss gebracht zu werden. So hat der Gral in Malorys Werk seinen ersten Auftritt, wenn er aus der Post-Vulgata-Version übersetzt. Merlin prophezeit, dass die zwölf Kerzen an den Gräbern der von König Artus getöteten Ritter erst dann zu brennen aufhören, »nachdem die Abenteuer des Sankgreall, die noch über euch kommen, abgeschlossen sein werden«.[347] Etwas später bezieht sich Malory auf ein anderes Abenteuer, das seinen Abschluss »im SANKGREALL« findet.[348] Die Geschichte von Joseph von Arimathia und seinen Wanderungen, wie sie in der *Geschichte vom Heiligen Gral* erzählt werden, war Malory entweder nicht bekannt, oder er ließ sie in ihrer Gesamtheit für die Zwecke seines Buches unter den Tisch fallen. Deshalb erscheint auch der Gral zum ersten Mal überhaupt im Zusammenhang mit der entscheidenden Episode vom Schmerzlichen Schlag, die in der *Post-Vulgata* schon sehr früh erzählt wird, noch vor der Vermählung des Königs Artus mit Guinevere und der Einsetzung der Tafelrunde. Es scheint, dass Malory auf dasselbe übergreifende Motiv des Sakrilegs und der Rache Gottes setzt, das auch die Handlung im *Roman du Graal* antreibt, und er fasst die zu dem Schlag führenden Ereignisse in einem kurzen, aber eindringlichen Erzählstück zusammen: Balin tötet König Pellams Bruder, der ein Hexenmeister ist, und Pellam zerbricht bei seiner Rache Balins Schwert mit dem ersten Schlag. Es folgt nun, wie auch in der *Post-Vulgata*, die Geschichte der Lanze, aber Malory fügt an dieser Stelle eine eigene Bemerkung ein:

> Und König Pellam lag so viele Jahre in bitterer Verwundung und konnte nicht genesen, bis Galahad, der Hohe Prinz, ihn heilte in der Suche nach dem Sankgreall. Denn an diesem Ort war etwas vom Blut unseres Herrn Jesus Christus, das Joseph von Arimathia in dieses Land brachte. Und er selbst lag in diesem prächtigen Bett. Und dies war der Speer, den Longinus ins Herz unseres Herrn stieß.[349]

Dies ist unser erster Einblick in Malorys gänzlich andere Auffassung vom Gral und der Lanze. In den Romanen war der Gral nämliche niemals mit einer Blutreliquie assoziiert worden, auch wenn er das Gefäß war, in dem das Blut Jesu Christi aufgefangen worden war. Die von Malory hinzuge-fügten Sätze bieten uns die Gralperspektive eines Laien und seine Assozia-tionen: Für Malory ist es eindeutig der Kreuzigungskontext, wie er im *Nikodemusevangelium* geschildert wird. Er bezeichnet den Gral nicht eigentlich als Reliquie des Heiligen Blutes, sondern sagt uns nur, dass sich ein solches Reliquiar in dem Raum befand. Auch dass Joseph von Arima-thia im Bett liegt ist ungewöhnlich: Die nächste Parallele zu den frühen Romanen ist König Mordrains, der überlebt, um seinen Nachfahren Gala-had zu sehen, bevor dieser den Gral gewinnt. Malory schrieb diese Passage vermutlich ehe er die Version der Gralsuche übersetzte, und dies ist ein faszinierender Einblick in seine ursprüngliche Vorstellung von der Geschichte.[350] Wie wir sehen werden, ist für Malory das heilige Gefäß ein integraler Bestandteil der Kreuzigung und ist untrennbar mit der Eucharis-tie verbunden: Wir sind zurück an den Wurzeln der Gralgeschichte des 12. Jahrhunderts.

Überdies definiert Malory den Gral als Gegenstand genauer als das fran-zösische Original. In der *Suche nach dem Gral* (*Queste*) ist es das Ziel der suchenden Ritter, mehr über den Gral herauszufinden; der Leser wird dementsprechend über seine äußere Erscheinung und seinen Charakter in Ungewissheit gehalten. Bei Malory mögen die Ritter im Stande der Unwissenheit sein, aber der Leser weiß genau, was das für ein Gegenstand ist, nach dem gesucht wird.[351]

Am Ende der ersten Erzählung entfernt sich Malory von der Post-Vulgata-Version der Artusgeschichte und kehrt nicht wieder zu ihr zurück: Das Thema des Schmerzlichen Schlages wird fallen gelassen; Balins Schwert taucht nur noch einmal kurz zu Beginn der *Erzählung vom Sankgreal* auf.[352] Stattdessen verwendet er erste kurze Auszüge aus dem *Lancelot* und übernimmt dann für seinen Text große Teile aus dem *Prosa-Tristan*. Dieser wiederum hat bei den Abenteuern, die eine Art Auftakt zur Gralsuche bilden, lange Passagen aus dem *Lancelot* entlehnt[353], und so stammt Malorys Bericht über die Zeugung Galahads indirekt aus dem *Lancelot-Gral*. Es hat den Anschein, dass Malory auch mit dem *Lancelot-Gral* selbst vertraut war, denn anstatt der ungewöhnlichen Version der Gralsuche im *Prosa-Tristan* zu folgen, verkündet er mit Bestimmtheit: »dies hier ist aber keine Wiederholung des dritten Buches« und fährt stattdessen fort mit der »ehrwürdigen Erzählung von Sankgreall, den man das heilige Gefäß nennt und das gesegnete Blut unseres Herrn Jesus Christus bedeutet, das Joseph von Arimathia in unser Land gebracht hat.« Dies sind Malorys eigene, nicht in der Vorlage enthaltenen Worte, und bezeichnenderweise wiederholt er hier die Verbindung zwischen dem Heiligen Blut und Joseph von Arimathia.[354]

In diesem Zusammenhang müssen wir den Namen betrachten, den Malory für den Gral verwendet, denn nur selten nennt er ihn »Gral«[355], sondern meist »Sancgreal«. Dies scheint eine englische Tradition zu sein: Die irische Übersetzung der *Queste*, eine wortgetreue Übertragung aus dem Französischen, bezeichnet ihn durchgängig als »heiliges Gefäß«, *Soidheach Naomhthla*, während die walisische Fassung daraus »der heilige Gral« macht, *y seint greal*.[356] Henry Lovelich, der die *Lancelot-Gral* Versionen aus der *Geschichte des Heiligen Gral* und dem *Merlin* innerhalb eines Jahrzehnts nach Malory in englische Verse übersetzte, sagt, dass »die Leute dieses Gefäß »Sank Ryal« oder »Seint Graal« nannten«[357]; damit bewahrte er die französische Bezeichnung und erfand die neue Bedeutung »königliches Blut« oder »heiliger Gral«. Dasselbe Thema der Blutreliquie findet sich im *Joseph von Arimathia*, einer wesentlich früheren Versübersetzung der *Geschichte des Heiligen Gral*. Die Gralschau Josephs in einem Schrein ergänzt der Autor durch einen »Altar mit prächtigen Altardecken; an einem Ende waren die Lanze und die Nägel, und am anderen Ende die Schale mit dem Blut, dazwischen ein goldenes Gefäß«.[358] Das Original hatte »drei Nägel triefend von Blut und eine blutige Lanzenspitze«, aber es ist keine Rede von einer Schale mit Blut.[359]

Als Perceval und Ector im *Morte Darthur* vom Gral geheilt werden, hat sich die von Ector gelieferte Definition des Grals vollständig verändert: Im französischen Text ist er »das Gefäß, in dem unser Herr am Ostertag das Lamm aß mit seinen Jüngern«[360], aber jetzt wird der Gral zu »einem heiligen Gefäß, getragen von einer Jungfrau, und darinnen ist etwas vom Blute unseres Herr Jesus Christus«.[361] Perceval, der rein an Geist und Körper ist, kann Gefäß und Mädchen nur undeutlich erkennen, aber Ector ist dazu nicht in der Lage, obwohl er es ist, der angeben kann, worum es sich handelt. Die Macht des Grals, Spiritualität zu enthüllen und zu übertragen, wird mit seinem Erscheinen am Artushof bestätigt: Malory fügt das Detail hinzu, dass den Rittern, verklärt durch den Gral »jeder von ihnen schöner erschien, als sie es jemals zuvor waren«.[362]

Wenn Malory indessen die Geschichte der Suche nach dem Heiligen Gral zu erzählen beginnt, behandelt er das französische Original voller Respekt, und der Aspekt des heiligen Blutes verflüchtigt sich weitgehend. Er bietet eine textnahe Neuschöpfung der im französischen Buch erzählten Begebenheiten, kürzt sie aber substantiell.[363] Die originale *Queste* gehörte keineswegs zu den längeren Romanen, aber Malory verkürzt den Text um etwa ein Drittel. Das entspricht einer überall in Europa zu beobachtenden Tendenz: Die Autoren des 15. Jahrhunderts bieten alle verkürzte Versionen der Artusgeschichten, aber wo andere Verfasser die Erzählstoffe lediglich in demselben vorgegebenen Stil kondensieren, hebt Malory den Stoff auf eine andere Erfahrungsebene und nähert sich ihm zielstrebig und souverän. Er ist ein Meister des Erzählerischen und des Dialogs und nutzt die lebensvolle Präzision der englischen Sprache zum Vorteil des Textes. Während das französische Original mit seinen Passagen voller Vorbehalte und Bewertungen zur Sprache der akademischen Gelehrsamkeit neigt, steht Malorys Stil der Alltagssprache wesentlich näher. Auch behandelt er seine Übersetzungen nicht als eine Übertragung des Originaltexts in eine andere Sprache, sondern reflektiert den Text, während er ihn bearbeitet. Er zieht das klar aufscheinende Bild der indirekten, verschleierten Schilderung des

Originals vor. Dieses Verfahren wird geradezu dramatisch sinnfällig bei der Schilderung der Gralmesse auf Burg Corbenic. Nachdem Joseph von Arimathia die Eucharistie zelebriert hatte, heißt es in dem französischen Buch, wie Malory es nennt: »Als dann die Gefährten ihre Augen erhoben, sahen sie aus dem Heiligen Gefäß einen Mann hervorkommen, unbekleidet und blutend aus seinen Händen, Füßen und aus seiner Seite …« Malory ersetzt diese unvollendet gebliebene, aber unmittelbar wahrnehmbare Figur: »Dann schauten sie hin und sahen einen Mann aus dem Heiligen Gefäß kommen, an dem alle Zeichen der Passion Jesu Christi sichtbar waren, die alle klaffend bluteten …«[364]

Die Wirkung der Methode Malorys liegt in der Betonung der Abenteuer des Grals im Einklang mit der handlungsbetonten Darstellung in späteren französischen Gralerzählungen sowie in der Rückkehr zur Einfachheit der Originalgeschichte. Malory präsentiert uns die Gralgeschichte, wie sie zweihundertfünfzig Jahre früher erzählt worden war. Denn sobald er die Vorstellung vom Gral als Reliquiar für das Heilige Blut nicht mehr weiter verfolgt, setzt er an die Stelle ein klares Konzept vom Gral als eucharistisches Gefäß, das nach der Weihe auch das Blut Christi enthält – in diesem Falle aber als Teil des lebendigen Glaubens und nicht als Reliquie. Die Verbindung zu dem geweihten Wein, der sich in Blut wandelt, wird noch einmal deutlich in Bors Vision vom Pelikan, jenem Vogel, der nach den mittelalterlichen Bestiarien seine Jungen mit Blut aus seiner eigenen Brust ernährt. Der Pelikan war das Symbol für das Corpus Christi, für den Leib und das Blut Christi[365], und wo der französische Dichter nur auf das vergossene Blut Christi bei der Kreuzigung verweist, fügt Malory hinzu, dass »da war das Zeichen und das Abbild des Sankgreall, das vor euch erschien.« Und als Lancelot schlief, während der Gral einem kranken Ritter erschien, betete dieser: »Lieber, guter Gott, der du hier anwesend bist in diesem heiligen Gefäß …«[366] und setzte damit voraus, dass sich das Blut Christi im Gral befindet. Als Lancelot über seine Abenteuer nachdenkt, beklagt er, dass er »nicht die Kraft hatte weder zu schauen noch zu sprechen, als das heilige Blut vor mir erschien«. Der Inhalt des Grals ist wichtiger als das Gefäß selbst.[367]

Hier ergibt sich eine verblüffende Verbindung zu der berühmtesten Blutreliquie in England, die in der Abtei Hailes in Gloucestershire aufbewahrt wurde. Die Abtei liegt rund dreißig Meilen von Malorys Herrenhaus in Newbold Revel entfernt und war ein viel besuchter Wallfahrtsort im England des 15. Jahrhunderts: Margery Kempe, die ostanglische Mystikerin, war dort, und John Myrc, dessen *Instructions to a Parish Priest* als das populärste Handbuch dieser Art galt, berichtet von der Reliquie in Hailes und ihrer Heilkraft. Im frühen 16. Jahrhundert druckte Richard Pynson eine Art Pilgerführer über die dortigen Wunder und bezeugt damit die immer noch lebendige Wallfahrt und das Interesse an dieser Reliquie.[368] Ein Gedicht aus der Zeit Malorys erzählt, dass das Heilige Blut von Hailes von Joseph von Arimathia in einem Gefäß gesammelt wurde und dass es ihm in der Gefangenschaft Kraft verlieh – ein Echo der Gralversionen seiner Legende.[369] Und wir haben gesehen, dass der anonyme Verfasser des allitierierenden *Joseph of Arimathie* denselben Nachdruck auf den Inhalt des Grals legt und weniger auf das Gefäß selbst. Die einzige erhaltene Kopie stammt aus den West Midlands unweit von Hailes. Der Schreiber des Textes vermeidet es, den Gral beim Namen zu nennen, sondern umschreibt ihn mit »das Blut« oder mit »die Schale mit dem Blut«.[370]

Die Reliquie von Hailes ist die wahrscheinlichste Quelle für Malorys Verknüpfung des Grals mit dem Heiligen Blut; sie ist ein vertrauter Teil seiner religiösen Erfahrung, und angesichts seiner Vorliebe für konkrete Bilder wäre die Blutreliquie ein geeignetes Modell, auf das sich Malorys Vorstellung vom Gral hätte stützen können. Dies wiederum würde gut zu Malorys genereller Haltung zum Gral passen – es ist die eines Laien, der mehr an den äußeren und sichtbaren Zeichen der Religion orientiert ist, als an ihren komplizierten, tieferen Dimensionen.

Malory jedoch lernte aus seiner französischen Quelle, dass der Gral mehr ist als der Behälter für das Heilige Blut: Er ist der Urspung aller Messkelche, in denen sich das Wunder der Wandlung von Wein in Blut vollzieht. Er ist die Schale des Letzten Abendmahls und er ist deshalb Zielpunkt der ritterlichen Gralsuche. Der Gral ist die kostbarste aller Reliquien, der gegenständliche Beweis des Opfers Christi für das Menschengeschlecht.

Malorys Darstellung der abschließenden Szene der Gralsuche intensiviert die Inbrunst der französischen Erzählung durch die Unmittelbarkeit seines Stils. Dieser Schreibstil ähnelt durchaus dem zeitgenössischer englischer Mystiker wie Richard Rolle und Nicholas Love, die mit ihm einen Sprachgebrauch teilen, der direkte und persönliche Dialoge mehr schätzt als verschlüsselte und theologische Diskurse. Seine Haltung entspricht der praktischen Frömmigkeit und dem Glauben englischer Laien in der Mitte des 15. Jahrhunderts.[371] Die Zelebrierung der Messe war eine Gelegenheit zur Anbetung, nicht zur Teilnahme, und die Ferne und Unzugänglichkeit des Grals lässt sich mit der Ferne der Eucharistie für den normalen Gläubigen vergleichen, der gewöhnlich nur einmal im Jahr an der Heiligen Kommunion teilnahm. Der Messkelch enthielt den geweihten Wein, der zur Zeit Malorys von der Laiengemeinde ferngehalten wurde, trotz gegenteilig lautender päpstlicher Edikte. Wenn Laien zur Kommunion gingen, erhielten sie Brot und Wein nur in Form der Hostie, und so wurde der Kelch zu einem Gegenstand fast abergläubischer Verehrung. Die Feier der Eucharistie wird durch die anhaltende Popularität des Fronleichnamfestes mit all jenen prächtigen Prozessionen, die von den zahlreichen frommen Laienbruderschaften veranstaltet wurden, vergegenständlicht. Überhaupt haben wir es mit einer frommen Gesellschaft zu tun, ersichtlich an den zeitgenössischen Büchern und Handschriften: Es wurden nicht nur Texte mit religiöser Unterweisung für Laien in gewaltiger Anzahl gedruckt, sondern Laien standen auch in Kontakt zu den führenden mystischen Autoren, wie beispielsweise Richard Rolle, der zwar als Eremit in Yorkshire lebte, aber berühmt dafür war, dass er Laien im Glauben unterwies und gerade für sie seine Schriften verfasste und nicht so sehr für seine Mitbrüder.

Von seinen Vorgängern unterscheidet sich Malory vor allem durch die Eigenschaften, durch die seine Ritter bei der Gralsuche erfolgreich sind oder scheitern. Die *Queste* besteht darauf, dass religiöse Tugenden über das Schicksal der Ritter entscheiden; irdische Taten haben da keinen Platz. Für Malory hat irdischer Ruhm durchaus etwas Verdiensvolles, und an einer Stelle äußert Bors über die Gralsuche sogar, dass »der hier auf Erden Verehrung erfahren wird, der sie zu einem Ende bringt«. Der Einsiedler, an den er seine Worte richtet, erwidert: »Gewiss, das ist wahr, ganz bestimmt, denn er wird der beste Ritter der Welt sein und der hervorragenste unter seinesgleichen.« Malory hat genau das französische Gespräch übertragen, das von »solch einer Ehre« spricht, »die sich das Herz eines sterblichen Menschen nicht vorstellen kann« und von dem »loyalsten Gefolgsmann und dem Getreuesten der ganzen Gralsuche.«[372] Dabei ignoriert Malory geflissentlich die religiösen Untertöne und betont »irdischen Ruhm« und »der beste Ritter der *Welt*«. Das Gralabenteuer ist ein weiteres Wunder der Artusepoche, selbst wenn es zu einem gänzlich spirituellen Abschluss führt: Als Lancelot versucht, den Gral zu gewinnen, betont Malory mehr seinen relativen Erfolg als seine vollständige Zurückweisung im letzten und entscheidenden Augenblick. Als sich Lancelot vom Todesschlaf erholt, mit dem er für seinen Versuch, in das Zimmer einzutreten, bestraft worden war, erfährt er von den Burgbewohnern, dass seine Beteiligung an der Suche nun zu Ende sei und dass er von dem Gral nicht mehr sehen werde, als was sich bereits zuvor vor seinen Augen abgespielt hatte. Im französischen Text fügen sie hinzu: »Möge uns Gott andere senden, denen mehr zu sehen bstimmt ist.«[373] Malory übernimmt diese Aussage nicht, sondern lässt Lancelot sagen: »Jetzt danke ich Gott für seine große Gnade und dafür, was ich gesehen habe, denn dies genügt mir. Es dünkt mich, dass niemand auf der Welt besser gelebt hat als ich es tat, um zu gewinnen, was ich erreicht habe.«[374]

Diese Akzentverlagerung mindert aber den Gral keineswegs. Die Erscheinungsszene des Grals schildert Malory getreu dem französischen Original. Jede der Gralzeremonien, beginnend mit Lancelots unglücklich endender Vision, gibt Malory fast wortwörtlich wieder, kürzt leicht, greift aber nicht in die zentrale religiöse Metaphorik ein:

> Dann blickte er zur Mitte des Raumes und sah einen Tisch aus Silber und das heilige Gefäß mit rotem Samt bedeckt und viele Engel darum, einer hielt eine brennende Wachskerze und der andere hielt ein Kreuz und den Schmuck eines Altars. Und vor dem Gefäß sah er einen Mann als Priester gekleidet, und es schien, dass er die Hostie weihte. Und es schien Sir Lancelot, dass über den Händen des Priesters drei Männer waren, zwei von ihnen gaben den jüngsten von Aussehen in die Hände des Priesters, und so hob er ihn hoch empor, und es schien, dass er es tat, um dies den Leuten zu zeigen.[375]

> Dann ließ er seinen Blick im Raume schweifen und bemerkte das Heilige Gefäß unter einem Tuch von hellrotem Samt auf einem Silbertisch stehen. Und überall waren dienende Engel, einige schwangen silberne Weihrauchgefäße, andere hielten brennende Kerzen, Kreuze und anderes Altargerät, ein jeder war mit einem Dienst beschäftigt. Vor dem heiligen Gefäß war ein alter Mann in Priestergewändern, der allem Anschein nach die Hostie weihte. Als er die Hostie emporhob, erschien es Lancelot so, als

erblickte er über seinen ausgestreckten Händen drei Männer, von denen zwei den jüngsten in die Hand des Priesters gaben, der ihn hoch hinauf hob, als wolle er ihn den Leuten zeigen.

Und dann tat der Bischof so, als wolle er beginnen, die Hostie zu weihen, und dann nahm er die Hostie, die als Brot geformt war. Und beim Emporheben kam eine Person in Gestalt eines Kindes, und sein Antlitz war so hell wie Feuer; und es schlug sich selbst in das Brot hinein, sodass alle sahen, dass das Brot wie ein fleischlicher Mensch geformt war. Und dann legte er es in das heilige Gefäß zurück, und tat sodann, was ein Priester tun muss, um die Heilige Messe zu zelebrieren.[376]

Alsdann handelte Josephus so, als wolle er mit der Weihe der Hostie beginnen. Nachdem er einen Augenblick in Ruhe verharrte, nahm er aus dem Gefäß eine Hostie in Gestalt eines Brotes. Als er sie hoch über sich hielt, stieg von oben eine Gestalt wie ein Kind hernieder, dessen Antlitz glühte und loderte so hell wie ein Feuer; und sie ging in das Brot ein, das deutlich vor den Augen der Versammelten die Form eines Menschen annahm. Als Josephus eine Weile gestanden und seine Bürde hochgehalten hatte, damit man sie sehen könne, legte er sie in das heilige Gefäß zurück.[377]

Nur in der abschließenden Szene kürzt Malory die Rituale ab, und es scheint, als wollte er absichtlich Galahads Vision ein wenig im Dunkeln belassen, vielleicht, weil dies immer noch ein gefährliches Terrain war: Das Wesen der Eucharistie war immer noch eine umstrittene Frage, namentlich in England, wo die Bewegung der Lollarden die orthodoxe Lehre in Frage stellte und Menschen wegen ihrer Einstellung zum zentralen Vorgang der Messe verbrannt wurden. Alles, was Malory bis dahin geschrieben hatte, stand im Einklang mit der orthodoxen Lehre, aber die letzte Szene stellte ihn vor ein Problem. Wenn Galahad im französischen Text unmittelbar nach der Weihe in das Gefäß blickt, konnte das, was er sah so aufgefasst werden, als würde hier eine Interpretation des eigentlichen Wesens des Grals angeboten. Im Französischen sind Gral und Eucharistie einander zugeordnet, sind aber getrennte Elemente bis zum Moment der abschließenden Zeremonie. Wäre Malory dem französischen Text in seinem Wortlaut gefolgt, hätte er den Gral allzu deutlich mit der Eucharisitie identifiziert. Die Vision in der letzten Szene hätte man dann als Interpretation der Eucharistie deuten können. Das war ein Terrain, auf dem sich niemand, schon gar nicht ein Laie, hätte bewegen dürfen.[378] In der französischen Version steht außer Frage, dass sich Galahads Gralvision auf den Inhalt des Grals bezieht:

Als das Jahr vergangen war und derselbe Tag, an dem Galahad die Krone empfangen hatte, wiederkehrte, erhoben sich die drei Gefährten bei Tagesanbruch und begaben sich hinauf zu dem Palast, den die Leute den Geistigen nennen. Indem sie das Heilige Gefäß anschauten, sahen sie einen ehrwürdigen Mann im Gewand eines Bischofs vor dem Tisch knien, der das Confiteor betete. Nach einiger Zeit erhob er sich von den Knien und sang die Messe der glorreichen Mutter Gottes. Als er zum feierlichen Teil der Messe kam und die Patene aus dem heiligen Gefäß nahm, rief er Galahad zu sich mit den Worten:

»Komm herbei, Knecht Jesu Christi, und schaue das, was du so glühend zu sehen wünschtest.«

Galahad trat näher und schaute in das Heilige Gefäß. Er hatte nur einen kurzen Blick hineingeworfen, als ihn bei der Betrachtung der heiligen Mysterien ein heftiges Beben seines sterblichen Fleisches ergriff. Sodann hob er die Hände gen Himmel und sprach:

»Herr, ich bete Dich an und sage Dir Dank, dass Du meinen Wunsch erfüllt hast, denn nun sehe ich offenbart, was die Zunge nicht sagen und das Herz nicht erfassen kann. Hier ist die Quelle unerschrockener Tapferkeit, die Triebfeder aller Mühen; hier sehe ich das Wunder, das jedes andere übertrifft! Und da Du, o Herr, meinen Wunsch erfüllt hast das zu sehen, worum ich Dich stets angefleht habe, bitte ich Dich nun, dass Du mir gestattest, vom irdischen Leben in das ewige Leben überzugehen.«[379]

Bei Malory sind die Mysterien nicht speziell mit dem Gral selbst verbunden, auch beschreibt Galahad nicht den Kern der Mysterien; er sagt nur, dass seine Wünsche erfüllt sind, denn Malory lässt absichtlich die Passage beiseite, in der wir erfahren, wo Galahad die heiligen Mysterien erblickte. Als vornehmlich visuell geprägter Autor scheint Malory erkannt zu haben, dass in diesem Fall Worte und Augenschein versagen müssen.

Jetzt am Ende des Jahres und an demselben Sonntag, an dem Sir Galahad die Goldkrone getragen hatte, machten sich er und seine Gefährten auf und kamen zu dem Palast. Er erblickte vor sich das heilige Gefäß und sah einen Mann in Gestalt eines Bischofs auf seinen Knien; um ihn herum war eine große Schar von Engeln als wäre dies Jesus Christus selbst. Dieser erhob sich sodann und begann mit der Messe der Heiligen Jungfrau; er kam zur Weihe und als er geendet, rief er Galahad zu sich und sagte,

»Komm herbei, du Knecht Jesu Christi, und du sollst sehen, was du dir so sehr gewünscht hast zu sehen.«

Und dann begann er heftig zu beben, als sterbliches Fleisch spirituelle Dinge erblickte. Er hob die Hände gen Himmel und sprach: »Herr ich danke Dir, denn jetzt sehe ich, was so viele Tage mein Wunsch gewesen ist. Jetzt, Du gesegneter Herr, will ich nicht länger in dieser erbärmlichen Welt leben, wenn es Dein Wille ist.«[380]

Auch wenn die Vision verschleiert und geheimnisvoll ist, erfahren wir doch kurz danach, dass Galahad wahrhaftig die »Wunder des Sankgreall« geschaut hat.

Für Malory waren der Heilige Gral und die Eucharistie eng miteinander verbunden, und er hatte die Bilder der Trinität und der Transsubstantiation wohl verstanden. Da er ein Laie war, darf es uns nicht überraschen, dass er zu diesen Szenen nichts mehr hinzufügte, aber im Gegensatz zu allen anderen, welche die in der originalen französischen *Queste del Saint Graal* erzählte Geschichte übersetzten oder bearbeiteten, bewahrte er den sakralen Charakter der »Erzählung vom Sankgreal …, ein Erzählung, die aufgezeichnet wurde für etwas, welches zu dem Wahrsten und Heiligsten zählt, das in dieser Welt ist.«[381] Mit der Macht seiner Sprache und der konzentrierten Schärfe seiner Erzählweise hat er eine überragende Version der mittelalterlichen Gralschilderung geschaffen.

Epilog

Für die Autoren, deren Werke wir erkundet haben, ist der Gral wahrhaftig der Heilige Gral. Der Heilige Gral bewegt sich im Grenzgebiet zwischen orthodoxer Doktrin und Laienfrömmigkeit. Er reflektiert die religiöse Begeisterung für Reliquien sowie für die Eucharistie als lebendige Reliquie Christi und Gegenstand innigen Sehnens und inbrünstiger Verehrung. Was Galahad in seiner letzten Vision sieht, können wir geringeren Sterblichen nur »durch ein dunkles Glas« erahnen, denn es befindet sich jenseits jeglicher menschlicher Sprache: Dennoch kann kein Zweifel daran bestehen, dass die Autoren das zentrale Mysterium der Heiligen Messe im Auge hatten.

In den Händen des phantasievollsten der arthurischen Dichter, Wolfram von Eschenbach, entsteht der Gral als ein Medium, durch welches Gott auf Erden wirkt. Wenn Wolfram den Gral mit Geheimnissen umgibt, damit er Parzivals Streben nach vollkommenem Menschentum und nicht so sehr Gottesschau besser herausarbeiten kann, schuldet der Gral seine Macht dennoch der Hostie, die der Himmelsbote an jedem Karfreitag im Gral niederlegt. Leser und Deuter von Wolframs Dichtung scheinen an der sakralen Natur des Grals nicht gezweifelt zu haben. Aber diese sakrale Natur, anfangs beseelt durch die Eucharistie und noch zweieinhalb Jahrhunderte später akzeptiert, wurde neu erschaffen durch säkulare Einbildungskraft, und es ist dieses Zusammentreffen zwischen den größten Dichtern und Autoren der gesamten Epoche und dem zentralen Symbol ihres Glaubens, das dem Gral seine außergewöhnliche Kraft verleiht. Wir werden niemals erfahren, wie Chrétien de Troyes seine Erzählung beendet hätte, aber nehmen wir die letzten Seiten des *Perlesvaus*, der *Suche nach dem Heiligen Gral*, bei Wolfram und Malory – sie sind jede für sich meisterhaft: die spirituelle Aura der verwüsteten Burg im *Perlesvaus*, die Apotheose des Grals in der *Queste*, Parzivals Gewinn spiritueller und emotionaler Reife und die zutiefst persönliche Vision der Eucharistie bei Malory.

Indessen, die religiösen Glaubenselemente im Herzen der Gralgeschichten sahen sich im frühen 16. Jahrhundert einer dramatischen Herausforderung gegenüber. Der Glaube an die reale Präsenz der geweihten Hostie, mit der der Gral eng verbunden war, wurde erbittert von frommen Christen angefochten, die bestrebt waren, einen Glauben frei von Götzendienst und Aberglaube zu etablieren. Und im Gegenzug verlegten sich die Reformer innerhalb der Kirche darauf – bei gleichzeitiger Bestätigung der traditionellen Lehre –, ihre Kritiker auf neuem Terrain anzugreifen und missbilligten die Ausbrüche volkstümlicher religiöser Begeisterung. Mit dem Herannahen der Reformation verschwand der Gral aus der poetischen Imagination: »und seitdem gab es niemanden, der so kühn gewesen wäre zu behaupten, er habe den Heiligen Gral gesehen.«[382]

Dritter Teil

Der Neue Gral

Gelehrte, Künstler, Gralsucher

Prolog

Der mittelalterliche Gral hatte einen eminent religiösen Charakter, gehörte aber nicht zu den offiziellen Glaubensinhalten der Kirche. Die protestantischen Reformatoren des 16. Jahrhunderts standen volkstümlichen und nicht sanktionierten Kulten äußerst feindselig gegenüber, und der Gral mit seiner entwickelten fiktionalen Geschichte war kaum geeignet, auf die Vorstellungswelt von Puritanern eine sonderliche Anziehungskraft auszuüben. Es bestand daher keine Neigung, die Gralerzählungen von der allgemeinen Verdammung der Artusromane auszunehmen, denen man insgesamt einen schädlichen Einfluss zusprach. In seinem Bedauern, dass Malorys Werk vor kurzem im Druck erschienen war, beklagte der puritanische Prediger Nathanael Baxter, dass es neben anderen unmoralischen Dingen »die abscheuliche und miserable Geschichte des Sangreall« enthielt.[383] Aber auch die katholische Gegenreformation war in ihrem Bestreben, zu strengeren Glaubensgrundsätzen zurückzukehren, keineswegs bereit, solchen marginalen Phantasien einen Platz einzuräumen.

Selbst vor der Reformation gab es Autoren, die den Gral als eine mehr oder weniger säkulare Institution betrachteten. John Hardyng, ein Zeitgenosse Malorys, beginnt seine Gralerzählung ähnlich wie dieser, mit der Erscheinung des Heiligen Gefäßes vor der Tafelrunde als Zeichen für die nun folgende Gralsuche. Galahad findet nach vierjähriger Suche den »sank roiall« in Wales. Wie sein Zeitgenosse Henry Lovelich verwendet auch Hardyng die falsche Lesart »sang real« für »san greal«, sodass der »heilige Gral« zu »königlichem Blut« wird.[384] Hardyng wendet sodann das Ende der Gralsuche in ein Kreuzzugsunternehmen: Nach seiner Entdeckung begibt sich Galahad nach Palästina, »durch Gott und heilige Inspiration«, und wird König von Sarras, wo er den Orden des »sanke roiall« gründet, dessen zwölf Mitglieder ein Abbild der zwölf Apostel sein sollen.[385] Der Orden beinhaltet einen ritterlichen Eid, nicht unähnlich den Eiden der weltlichen Ritterorden der damaligen Zeit. Hardyngs eigentliches Interesse indessen gilt Galahads Schild, jenem Schild mit rotem Kreuz, das einst Joseph von Arimathia gehörte; dieser Schild ist für Hardyng der Ursprung des Wappens des hl. Georg und damit des englischen Wappens. Perceval bringt den Schild voller Verehrung nach Galahads Tod zurück; in Glastonbury hängt er über der Stelle, an der Galahads Herz begraben ist.[386] Dies alles hat weniger zu tun mit der spirituellen ritterlichen Suche, sondern mehr mit der Glorifizierung eines im Niedergang begriffenen England und im Besonderen mit der Verteidigung des Königs Artus gegen die Angriffe schottischer Geschichtsschreiber wie etwa John of Fordun. Die Schotten hatten eine besonders feindliche Einstellung gegenüber der Artusgeschichte, weil sie von Eduard I. zur Untermauerung seines Herrschaftsanspruchs über Schottland benutzt worden war. Hardyng war eifrig bemüht, die Reputation des Königs Artus wiederherzustellen, und sein Bericht über Galahads Kreuzfahrt ist ein Versuch, die Geschichte vom Tod Robert Bruces auszustechen, dessen Herz ebenfalls aus Palästina zurückgeführt worden war. Es ist eine fremdartige, verworrene Episode der Gralgeschichte, aber auch eine Erinnerung daran, dass nicht alle Autoren des 15. Jahrhunderts das Thema mit Ehrerbietung behandelten.

Obwohl sich ein Gutteil unserer Beschäftigung mit dem mittelalterlichen Gral auf den historischen Hintergrund bezog, war der Gral doch letztlich ein literarisches Konzept, und sein Schicksal hing gänzlich von den Veränderungen des literarischen Geschmacks ab. Für ein Renaissancepublikum waren die mittelalterlichen Gralromane völlig uninteressant, und das änderte sich auch nicht in den nächsten zweihundert Jahren. Eine kurze Atempause gab es jedoch, als die Erfindung des Buchdrucks den Geschichten eine neue Leserschaft zuführte.

Der früheste gedruckte Artusroman war Wolframs *Parzival* aus dem Jahre 1477, aber weil es sich entgegen der literarischen Mode um eine Versdichtung handelte, dürfte er nicht sonderlich häufig gelesen worden sein.[387] In Frankreich wurde die *Lancelot-Gral*-Version der *Queste* elf Jahre später

als Teil der Trilogie *Lancelot, Queste* und *Artus' Tod* gedruckt.[388] Diese beiden hübschen Foliobände waren offenkundig ein wirtschaftlicher Erfolg,
denn der Text wurde zwischen 1494 und 1533 sechsmal nachgedruckt,
zumeist als dreibändige Ausgabe, die ohne Zweifel recht teuer war. Die erste
englische Druckfassung des Grals erschien 1485 in Caxtons Edition von
Malorys *Morte Darthur*, 1498 nachgedruckt von Wynkyn de Worde und
noch einmal 1529. Dieser Druck erfreute sich einer längeren Nachfrage als
alle anderen Druckversionen, denn die letzte Ausgabe erfolgte 1634. Die
Gralgeschichte erscheint auch im *Prosa-Tristan* von 1489, der siebenmal
nachgedruckt wurde, zuletzt 1533. *Die Geschichte des Heiligen Gral*, der rest-
liche Teil der *Lancelot-Gral*-Version, musste bis 1514-1516 auf seine Veröffentlichung im Druck warten. Der zweite Band der zweibändigen Ausgabe wurde durch eine Adaptation des *Perlesvaus* erweitert, vermutlich weil
der Verleger zögerte, den Gralstext im Lancelot zu wiederholen und stattdessen bemüht war, der Geschichte einen Abschluss zu verleihen. Zuletzt
erschien 1530 Chrétiens *Perceval* mit drei der Kontinuationen und Versionen der beiden Prologe. Ab 1530 jedoch waren die klassischen Artusromane
des 13. Jahrhunderts nicht mehr gefragt. In Frankreich wurde nach 1533 nur
die Version des *Lancelot-Gral* nachgedruckt, eine verkürzte Fassung dann
noch einmal 1591. An die Stelle der Artusromane traten Hirtenromane mit
Schäferinnen und Schäfern als Protagonisten; sie waren so beliebt, dass ab
1509 bis zum Ende des Jahrhunderts ein neuer Titel pro Jahr erschien. Die
Leser der Ritterromane verlangten nach phantastischerem Lesestoff, und es
waren Bücher wie *Amadis de Gaul* und *Tirant lo Blanc*, die Don Quijote verschlang, und nicht *Lancelot* oder *Tristan* und gewiss nicht die Grals-
geschichten. Selbst Rabelais, dieser Erzspötter über alles Verstaubte und
Mittelalterliche, parodiert den Gral eher beiläufig, wenn er Pantagruel auf
die Suche nach der *dive bouteille*, der »heiligen Flasche«, schickt. Zwei Jahrhunderte lang geriet der Gral mehr in Vergessenheit als in Verruf.

Erstes Kapitel

Die Forscher und der Gral

J'ai seul la clef de cette parade, cette parade sauvage.

Arthur Rimbaud

I ignore entirely the pseudo-problems raised by reading which regards symbols as a sort of quarry or game, to be pursued, shot down, bagged and brought in, including chiefly a feeling of achievement on the part of the hunter.

Rosemond Tuve, *Allegorical Imagery*[389]

In einem Raum kopiert ein Mann ein Manuskript. Zwischen den dramatischen Bildvisionen an der barocken Decke und den üppigen Mustern des Fußbodens, zwischen Balustraden und durch Säulen unterteilten Bücherregalen verliert sich das Auge; alles hier ist neu und in dem reichen und prunkvollen Stil gestaltet, der sich für St. Gallen, die älteste und größte Abtei der Schweiz, geziemt.[390] Der Gelehrte ist Christoph Heinrich Müller, der bei dem verstorbenen Professor für Helvetische Geschichte in Zürich, Johann Jakob Bodmer, studiert hatte. Gerade ist Müller dabei, einen Text zu kopieren. Dieser Text ist in Versen, ein recht bescheidenes Manuskript mit roten und blauen Initialen und ab und an einem Fleckchen Gold. Wie so oft in mittelalterlichen Handschriften ist die erste Seite in schlechtem Zustand, danach aber lässt sich der von drei verschiedenen Schreibern hergestellte Text ziemlich gut lesen. Die meisten Besucher der Bibliothek kommen wegen historischer Texte oder illuminierter Handschriften. Ungewöhnlich ist, dass Müller weder das eine noch das andere vor sich liegen hat, sondern ein fiktionales Werk, Wolframs *Parzival*, einen der lange Zeit

271

vernachlässigten Gralromane. Das Resultat seiner Arbeiten in St. Gallen erschien 1784: es war der Druck der ersten genauen Textfassung eines mittelalterlichen Artusromans. Die Handschriften selbst ruhten seit dem frühen 16. Jahrhundert weitgehend unbenutzt in den Bibliotheken.

Warum befassten sich die Gelehrten gerade jetzt mit mittelalterlicher Literatur und betrachteten sie als angemessenen Gegenstand für ihre Forschungen? Warum fahndeten sie in diesem vorgeblichen Zeitalter der Vernunft nach den alten fantastischen Erzählungen? Um dies zu verstehen, müssen wir kurz die Geschichte der europäischen Gelehrsamkeit in den vorangegangenen Jahrzehnten betrachten:

Das 17. Jahrhundert, genauer die Periode zwischen 1630 und 1730, war ein goldenes Zeitalter der Wissenschaften: Überall in Europa begeisterte sich jetzt eine Generation hoch gebildeter und kultivierter Männer voller Wissbegierde und Wertschätzung für die Geschichte und die Literatur einer fernen Vergangenheit und wandte sich den gedruckten und ungedruckten Schätzen zu, die in den großen europäischen Bibliotheken und Sammlungen angehäuft waren. Der Geist einer Zeit, die so viele Triumphe mathematischer Entdeckungen und epochale Fortschritte in den Naturwissenschaften erlebte, machte sich auf dem Felde der Geisteswissenschaften als ein auf Kritik und Analyse gerichteter mächtiger Einfluss geltend.[391]

Die Historiker wandten sich von ihren kirchlichen Kontroversen der jeweiligen Nationalgeschichte zu. Die alte Welt der Wissenschaften mit dem Lateinischen als universeller Sprache, die in Stockholm genauso gelesen und verstanden wurde wie in Sevilla oder Siena, wurde mehr und mehr aufgegeben, weil die neuen Autoren sich in immer größerem Umfang ihrer Muttersprachen bedienten.

Vom selben Interesse für nationale Geschichte beflügelt, gelangte ein Literaturbereich, der weitgehend jenseits der wissenschaftlichen Sphäre lag, nunmehr in den Bereich wissenschaftlicher Diskussion. Literarische Werke waren häufig die ersten Belege nationaler Identität, und die Arbeiten mittelalterlicher Dichter wurden häufig für moderne Polemiken benutzt. Johann Jakob Bodmers Hauptanliegen war es, den Einfluss der französischen Klassik auf die deutsche Literatur zu überwinden. Französisch war die Sprache der gebildeten Deutschen, und französische Kultur war die in

Deutschland akzeptierte Norm. Der Leipziger Professor Johann Christoph Gottsched forderte von den deutschen Autoren und Dichtern, sie sollten sich in Form und Geist ihrer Werke nach den Prinzipien der Académie Française richten und die drei Einheiten der klassischen griechischen Literatur, resp. des griechischen Dramas respektieren – die Einheit von Handlung, Ort und Zeit. Form und Disziplin galten mehr als Phantasie und Sprachschmuck. Gegen Gottscheds rationalistischen Literaturbegriff trat Bodmer in seinen *Abhandlungen vom Wunderbaren* (1740) für die Freiheit der Einbildungskraft in der Poesie ein, und was könnte besser zu diesem Anspruch passen als die Höhenflüge phantasievoller Einfälle und bildreicher Beschreibungen im *Parzival*? 1753 stellte der Schweizer eine verkürzte Version der Versdichtung auf der Basis der gedruckten Edition von 1477 her, die ihrerseits eine Überarbeitung war; damit konnte die Substanz des Wolframschen Werkes dem Wissbegierigen zugänglich gemacht werden. Wichtiger noch: Bodmer inspirierte Müllers neue Transkription des originalen *Parzival*.

Anfangs bestand die Anziehungskraft des *Parzival* auf den deutschen Leser nicht im Erzählgegenstand selbst, sondern in seiner Behandlung. Die Brüder Schlegel, die einflussreichsten Kritiker innerhalb der romantischen Bewegung am Beginn des 19. Jahrhunderts, bewunderten Wolframs Werk, wenn auch mit einigen Einschränkungen. August Wilhelm Schlegel nannte Wolframs *Parzival* »eine höchst merkwürdige, aber große und reiche Dichtung« und attackierte die einzige verfügbare Version der französischen Gralromane in der Ausgabe des Grafen Vergne de Tressan als »miserable Exzerpte«, als geschmacklos und leichtgewichtig. Der Gegensatz konnte dann auch kaum extremer sein: Tressan hatte versucht, die alten Geschichten, auf der Grundlage früher Druckeditionen, in eine gefällige Lektüre nach dem Geschmack des 18. Jahrhunderts zu verwandeln. Seine Editionen sind mit wundersamen Stichen der Artushelden im Gewand von Standespersonen des 18. Jahrhunderts illustriert, und auch die Frauenfiguren wurden entsprechend umgemodelt.

Für die deutschen Gelehrten repräsentierte Wolframs Gralroman deshalb das Potenzial echt deutscher, von künstlerischen Regeln unberührter Inspiration – ein Vorgeschmack auf die von Wagner in »Die Meistersinger von Nürnberg« gepriesene »heilige deutsche Kunst«. Der *Parzival* erschien 1833 in der maßgeblichen Ausgabe Karl Lachmanns (die noch heute, in der

Die Suche nach Mythen aus einer heroischen Vorzeit prägte seit etwa der Mitte des 18. Jh. die Vorstellungswelt der europäischen Nationen. Hier eine Darstellung Ossians, des legendären keltischen Barden. Gemälde von N. A. Abildgaard, vor 1787.

siebzehnten Auflage, unangefochten ist). Als Wagner in den 1840er Jahren die Artusromane las, musste er ein umfangreiches Material durcharbeiten, wie der Bestand seiner Bibliothek in Dresden ausweist: es umfasste Editionen und Übersetzungen des *Parzival* von Lachmann, Simrock und »San Marte« (Albert Schulz).[392]

In Frankreich wurden die Romane dagegen entweder trivialisiert, wie wir gesehen haben, oder blieben vergessen. Forschende Leser, wie etwa Lessing in der Mitte des 18. Jahrhunderts, konnten auf den Druck der *Geschichte des Heiligen Gral* von 1516 mit seiner kuriosen Mixtur verschiedener Romane zurückgreifen.[393] 1841 wurden die Robert de Boron zugeschriebenen Dichtungen als Privatdruck in Bordeaux herausgegeben, aber Chrétiens Werk und das seiner Kontinuatoren erschien erst 1865 in der umfänglichen, aber unzuverlässigen Edition des Charles Potvin. Das Gleiche galt für die Übersetzungen: Die erste Version des *Lancelot-Gral* von Paulin Paris (1868-1877) in modernem Französisch war eine freie, oft anschauliche, aber kaum werkgetreue Übersetzung. Chrétiens *Erzählung vom Gral* war zwar Teil der Potvin-Ausgabe von 1865, aber eine sorgfältige Edition lag erst 1932 vor. Die Vernachlässigung der Artus- und Gralromane in Frankreich hängt mit der Vorrangstellung der *chansons de geste* unter den französischen Mittelalterforschern zusammen. Diese ungefähr zeitgleich mit den frühen Artusromanen entstandenen Dichtungen schildern nicht das Reich des Königs Artus, sondern die Welt Karls des Großen und seiner Barone, in der die höfischen Werte nur eine geringe Rolle spielten. Das feudale Band zwischen Gefolgsherr und Vasall ist das zentrale Motiv der *chansons*, und richtige Schlachten werden dort geschlagen, während Tjost und ritterliche Herausforderungen noch unbekannt sind. Man betrachtete die *chansons* damals als Meisterwerke der französischen Literatur. Léon Gautier erklärte in Großbuchstaben »LA CHANSON DE ROLAND VAUT L'ILIADE« (»Das Rolandslied ist ebenso wertvoll wie die Ilias«)[394]; die Artusromane wurden dagegen als dunkel und dekadent angesehen, man vermisste in ihnen den Kampfgeist und die vibrierende Energie eines Roland oder eines Guillaume d'Orange. Wie schon der *Parzival* in Deutschland als Bollwerk gegen den welschen Einfluss instrumentalisiert wurde, galten in Frankreich die mittelalterlichen Epen als Vorbild für die patriotisch gesinnten französischen Autoren.

Aber während man noch diese neue Orthodoxie proklamierte, wurden abweichende Stimmen laut. In seinen Essays in der *Revue des deux mondes* von 1837 nimmt Edgar Quinet Johann Jakob Bodmers Begeisterung für die imaginative Literatur auf und erklärt, die karolingische Epik gehöre zur materialistischen germanischen Tradition, Artus dagegen, »der nichts mit den Kriegern germanischer Herkunft zu tun hat, ist der Traumkönig der unterworfenen Völker.«[395] Quinets Interesse liegt nicht bei den Quellen und der Überlieferung der Geschichten; für ihn sind die Romane der natürliche Ausdruck einer neuen literarischen Form, die allein der Phantasie der Dichter entsprungen ist.

Die Suche nach den Quellen

Bis hierher haben wir Wissenschaftler behandelt, die an der inhaltlichen Substanz der Romane interessiert waren. Wir wenden uns jetzt einem Thema zu, das die moderne Wissenschaft ausgiebig beschäftigte: die Frage nach den Quellen. Erst mit dem Aufkommen der Literaturwissenschaft wird das Problem der Quellen, die Frage, woher ein Autor eine bestimmte Idee bezogen hat, zu einem wichtigen Gegenstand wissenschaftlicher Untersuchung. Genau dies passiert, wenn man die Literatur in die Arena der Nationalgeschichte verpflanzt. Französische Autoren seit der Romantik bevorzugten regionale Kulturen als formative Einflussquellen für die Literatur ihres Landes, und in diesem Kontext wurde die Frage nach den Quellen auch zum ersten Mal gestellt. Claude Fauriel, der erste Inhaber einer Professur für ausländische Literatur in Frankreich (1830), suchte die Ursprünge der Artuserzählungen in der Provence, denn nur eine hoch entwickelte Literaturkultur wie die der Troubadoure konnte nach seiner Meinung zur Entstehung dermaßen kunstvoller Werke beigetragen haben.[396] Diese generalisierende Methode wurde rasch von der Erforschung keltischer Parallelen zu den französischen Romanen abgelöst. Den ersten Versuch einer Verknüpfung des Grals mit keltischen Erzählungen unternahm Théodore de La Villemarqué in seinen *Contes populaires bretons* von 1842:

> Die ältesten dieser Überlieferungen [d. h. der walisischen Barden] sprechen in der Tat von einem Gefäß, das Name und Merkmale des Grals trägt. Die Barden des 6. Jahrhunderts verwenden zu seiner Beschreibung das Wort *per,* ein Wort, welches ein walisisches Glossar mit Schüssel übersetzt; dazu sagt ein modernes Wörterbuch, es bedeute »einen Haushaltsgegenstand, in dem gekochte Gerichte aller Art serviert werden.« Dies nun ist die genaue Bedeutung des Wortes graal ... Taliesin legt die bardische Schüssel im Tempel einer Göttin nieder, die er Schutzherrin der Barden nennt: »Dieses Gefäß«, sagt er »beflügelt die poetische Gabe,

verleiht Weisheit, offenbahrt seinen Verehrern das Wissen von der Zukunft, die Geheimnisse der Welt, den gesamten Schatz menschlichen Wissens...«[397]

Es seien die bretonischen Dichter gewesen, die auf dem Umweg über die Provence die französischen Romane inspiriert hätten:

> Die Autoren der französischen Dichtwerke, die den Artuszyklus bilden, fanden offenkundig in der keltischen Literatur ihre Vorläufer und Vorbilder. Der bretonische Zyklus über Artus ließ den provenzalischen Zyklus über die Tafelrunde entstehen, der zur gleichen Zeit aufkam wie der französische Zyklus. Eine ähnliche Bewegung wie im Westen vollzog sich auch im Süden Europas; die Helden der Tafelrunde wurden von den Trouvères und den Troubadours gleichermaßen gefeiert ... Die von den bretonischen Erzählungen über den Artuskreis angestoßene epische Bewegung umfasste nicht alleine die provenzalische und französische Literatur, sie breitete sich auch in die englische, deutsche und sogar skandinavische Literatur aus ...[398]

La Villemarqué vertrat die Sache der bretonischen Literatur mit großem Engagement, allerdings meinten seine Kritiker, sein Ansatz sei wenig wissenschaftlich. Es finden sich eigentlich auch keine Belege über Vermittlung der Artusstoffe gerade durch bretonische Dichter, der keltische Ursprung der Artusromane wurde jedoch rasch als neue Lehrmeinung akzeptiert. Der einflussreiche Literaturkritiker Ernest Renan glaubte in seinem Essay »La poésie des races celtiques« den Gral als Kessel des Brân identifizieren zu können, und Percevals Zurückhaltung, die entscheidende Frage zu stellen, fasste er als eines der Geheimnisse bardischer Initiation auf: »Der Gral in seiner Urform erscheint als ein Losungswort nach Art der Freimaurer, das sich in Wales noch lange nach der Predigt der Heiligen Schrift erhalten hat ...«[399] Er erkannte, dass die französischen Autoren die bardischen und heidnischen Anfänge geflissentlich übersehen mussten, denn sie erblickten im Gral etwas anderes – eine Ausformung der Eucharistie, und

Perceval wurde zum Vorbild des spirituellen Ritters. Dies war die letzte der Metamorphosen, die ihn jene allmächtige Fee, menschliche Einbildungskraft genannt, durchlaufen ließ, und es war gut und richtig, dass er nach dem Spießrutenlauf so mannigfacher Gefahren unter einem Mönchshabit Ruhe von seinen Abenteuern finden konnte.[400]

Andere Autoren jedoch waren weniger zurückhaltend bei der Ausbreitung ihrer Theorien. Seiner 1842 erschienenen Parzival-Übersetzung stellt San Marte einen umfänglichen Essay über den Ursprung der Legende voran und akzeptiert darin Wolframs eigene Angaben: Kyot ist Wolframs Quelle, die Gralgeschichte stammt aus der Provence und ist eng verknüpft mit dem Aufstieg des Templerordens. »Wir müssten uns schon in allem täuschen, wenn sich nicht Artus und der Sangraal auf halbem Wege in Frankreich um 1150 getroffen hätten, der eine von Norden kommend, der andere von Süden«.[401]

Aber solche spekulativen Theorien wurden schnell zunichte gemacht. Der nächste Übersetzer des Parzival, Karl Simrock, lehnte Kyot als historische Figur ab, stattdessen platzierte er den Gral in den Kult um Johannes den Täufer. Er führte an, im 11. Jahrhundert habe man die Kopfreliquie des Täufers dazu benutzt, einen byzantinischen Kaiser vor dem Tod zu bewahren, denn wie im Falle des Grals würde keiner, der den Gral sah, an dem Tag sterben, an dem er ihn erblickt hatte. Nach Simrock gehört der Gral zu den archetypischen Mythen vom sterbenden und wiedergeborenen Gott und fand Spuren dieser Mythen in der germanischen Überlieferung. Wolfram war lediglich das Sprachrohr einer noch lebendigen germanischen Tradition.[402] Selbst der gemeinhin nüchterne J. F. Campbell meint in Popular Tales of the West Highlands (1860), mit den gälischen Volksüberlieferungen den Schlüssel zu den Gralgeschichten in Händen zu halten. 1896 arbeitete sein Schüler Alfred Nutt diese These aus und gab die Marschrichtung vor für zahlreiche Wissenschaftler des 20. Jahrhunderts, die seinem Weg folgten. In seiner auch Chrétien einschließenden sorgfältigen Analyse arbeitete er unter der Prämisse, die Romanliteratur habe nur wenig mit dichterischer Schöpfungskraft und viel mit verlorenen Volkserzählungen zu tun. Nach seiner Ansicht gab es eine gemeinsame mündliche Tradition, die sich von der Bretagne bis Nordschottland und von Irland bis zur walisischen Grenze im Osten erstreckte und von zweisprachigen Dichtern dem Publikum im anglo-normannischen England und in Nordfrankreich vermittelt wurde. Hier materialisierte sich diese mündliche Tradition in den Romanen Chrétiens.[403] Die Annahme einer der Literatur zu Grunde liegenden mündlichen Tradition macht die Frage überflüssig, wann eine Geschichte oder eine Idee zuerst schriftlich fixiert wurde: Jede mündliche Überlieferung muss nach dieser Theorie zeitlich vor der schriftlichen liegen. Mündliche Überlieferung, so meine ich, sollte nicht von vornherein ausgeschlossen werden, sie ist lediglich mit größter Vorsicht zu behandeln. Parallel zu dieser Idee von der Vorrangstellung der mündlichen Überlieferung entwickelte sich die bei Literaturwissenschaftlern des 20. Jahrhunderts so beliebte Vorstellung, dass jede beliebige Episode in einem späteren Roman Teil eines Puzzles wäre, das, nur richtig zusammengesetzt, unweigerlich zur Entdeckung des »Originals« führen würde; alle späteren Versionen konnten dann nur noch »korrupte« Versionen dieses angenommenen »Originals« sein.

Die Geschichte der Gralromane

Der erste bedeutende wissenschaftliche Überblick über die Gralliteratur lieferte A. Birch-Hirschfeld in *Die Sage vom Gral*.[404] Nach seiner Ansicht war Chrétien von Robert de Boron abhängig, auch bemerkte er, dass Walter Map wohl kaum größere Teile des *Lancelot-Gral* selbst geschrieben hatte. Seine Schlussfolgerungen, eine einfühlsame Kombination literarischer und historischer Kritik, hatten über die Zeiten hin Bestand, mit Ausnahme seiner zentralen Hypothese, dass Roberts Werk zeitlich vor dem Chrétiens liegen müsse. Er plädiert für Wolframs Abhängigkeit von Chrétien und lehnt Kyot als Wolframs Quelle ab. Allerdings beruft er sich nicht auf die Volksüberlieferung und parallele Legenden, sondern konzentriert sich auf den Text und die wenigen historischen Auskünfte über die jeweiligen Autoren und ihr Milieu. Dies nun lieferte seinen Gegnern Munition, die eine stärkere Einbeziehung der keltischen Umgebung forderten und nicht so sehr die Konzentration auf die Texte und ihre historischen Autoren.

Hierin nun folgten Birch-Hirschfelds Kritiker einem anderen Strang der wissenschaftlichen Entwicklung im ausgehenden 19. Jahrhundert: Die Anthropologie und das massive Werk J. G. Frazers, *The Golden Bough*, setzten Maßstäbe für eine ganze wissenschaftliche Schule. Analogien wird das gleiche Gewicht zugemessen wie dem Zeugnis der Texte selbst – und damit wuchsen die Möglichkeiten spekulativer Schlussfolgerungen sprunghaft an. Das ureigene Gebiet anthropologischer Interpretation ist die Grundannahme, dass Legenden wie die Grallegende in sich vorchristlich sind. In Alfred Nutts Worten behauptet diese Theorie, »dass dieser gewaltige Romancorpus einer einfachen, aber hochfliegenden spirituellen Konzeption entsprang, und eine Legendenentwicklung vorliegt, die sich von der normalen Legendenentwicklung unterscheidet.«[405] Als »normal« gilt dabei die heidnische Vergangenheit, das Christentum wird als Abirrung betrachtet.

Jede auf dieser Annahme basierende Analyse muss jedoch in der Lage sein, die heidnische Vergangenheit zu rekonstruieren, und hier beginnen die Probleme. Was wir über keltische Mythologie wissen, lässt sich nur schwer in einem klaren Bild fassen, wie alles, was aus mündlicher Tradition erwachsen ist. In den Worten von Proinsias MacCana: »Es bleibt ein beachtlicher Restbestand an Beweismaterial, aber es ist von seinem Charakter her eher umrisshaft als deskriptiv oder ist aus zweiter Hand überliefert, und so ist der moderne Wissenschaftler beständig in der unbequemen Lage, sich bei seiner Arbeit zwischen dem Vieldeutigen und dem Unbekannten bewegen zu müssen.«[406] Mit gebührender Vorsicht lässt sich so manches aus diesem schwierigen Material ableiten, im Falle des Grals jedoch führte der Weg allzu oft von der Mehrdeutigkeit zur reinen Spekulation. Das Problem der Wissenschaftler, die nach einem keltischen Ursprung des Grals suchen, liegt darin, dass der Gral bei seinem ersten Auftreten in den Romanen ein Tischgeschirr ist, in dem Speisen serviert werden. In den keltischen Legenden findet sich kein Gegenstand, der dem Gral in dieser Form ähneln würde, man verweist stattdessen gewöhnlich auf die verschiedenen, in den Erzählungen hervorgehobenen magischen Kessel. Dies jedoch hat nichts mit Logik zu tun, sondern mit Einbildung: Beide Gefäße können Speisen enthalten, aber Form und Funktion unterscheiden sich, weil in dem einen die Speisen serviert, im anderen aber zubereitet werden. Diese Gleichsetzung findet sich noch in der neuesten Forschung, und man erklärt den Übergang zu einem heiligen christlichen Gefäß mit schwachen Argumenten wie »wenn der Ursprung dieses Gefäßes ... ein Besitztum keltischer Meeresgötter wie Manannan und Bran war, lässt sich leicht einsehen, dass es von einer Aura der Heiligkeit umgeben war.«[407] Der klassische Vertreter der Keltentheorie unter den Wissenschaftlern des 20. Jahrhunderts war R. S. Loomis, der die von früheren Autoren erstellten Parallelen weiterentwickelte. In seiner Begeisterung unterlief ihm eine Überstrapazierung seines Arbeitsmaterials, und so beruht seine Argumentation auf einer Serie von Vermutungen und Analogien, die kaum in einen Zusammenhang zu bringen sind. Auch seine Lektüre der französischen Romane ist oft selektiv: In seiner Analyse des Grals betont er zu Recht seine Funktion als Servierschüssel sowie das Attribut der Speisung, lässt aber seine Rolle als Trinkgefäß und heiliges Gefäß vollkommen beiseite. Das erst in den späten Romanen wichtige Thema des Wüsten Landes wird als essenzieller Teil der Gralgeschichte betrachtet. Am Schluss seiner Gralstudien entwickelt er eine für seine Argumentation typische Theorie und erklärt dabei Probleme, die sein eigenes Beharren auf dem keltischen Ursprung erst schufen:

> Wir haben gute Gründe anzunehmen, dass eine oft wiederholte Fehlinterpretation folgenschwere Konsequenzen für die Entwicklung der Grallegende hatte. Der Ausdruck cors beneïz oder benoiz, »gesegnetes Horn«, der sich auf das speise- und trankspendende Horn des walisischen Helden Brân bezieht, muss häufig mit dem Ausdruck sains graaus assoziiert gewesen sein, der die heilige Schale desselben Brân meint … Nun konnte das Wort cors im Nominativ neben »Horn« auch noch andere Bedeutungen haben, und die Franzosen waren mit heiligen Trinkhörnern nicht allzu vertraut. Andererseits hörte man ständig von Wundern durch den Leib Christi in Form der Hostie. Da cors auch »Körper« bedeuten kann, ist es dann unter diesen Umständen ein Wunder, dass die Wörter cors benoiz oder beneïz regelmäßig mit »Gesegneter Leib Christi« übersetzt wurden…?[408]

Es ergeben sich viele Probleme aus solchen Gedankengängen, nicht zuletzt, dass es keine erhaltene Übersetzung der Taten Brâns ins Französische gibt und dass die Anglonormannen zumindest ebenso vertraut mit Trinkhörnern waren, heiligen oder sonstigen, wie die Waliser. Allerhöchstens ist das Ganze ein Beispiel für eine machtvoll wirkende Phantasie über die keltische Tradition, wenngleich gewiss nicht so machtvoll wie die eines gewissen Chrétien de Troyes.

Der Gral aus dem Osten

Die Befürworter des Keltengrals stützen sich auf Chrétien als ihren Ausgangspunkt. Es gibt aber auch glühende Anhänger eines orientalischen Grals, und für diese ist Wolframs *Parzival* der entscheidende Text.[409] Sie verweisen auf die überall im Text auftretenden Wörter und Ausdrücke mit Bezügen zum Orient sowie auf den Luxus, den man mit ihm im 13. Jahrhundert verband. Der geheimnisvolle *achmardi*, auf dem Repanse de Schoye den Gral trägt, ist ein Beispiel für dieses Vokabular; der »Brokat aus Araby«, mit dem sie bekleidet ist, spiegelt den Reichtum des Orients. Es finden sich Analogien zum Gral auch in orientalischen Legenden, so etwa im jüdischen *schamir*, dem Stein Salomons: Beide stammen aus dem Paradies, beide verleihen Macht über ein Königreich, beide können nur durch eine prädestinierte Person gewonnen werden, von beiden geht ein heller Glanz aus und auf beiden stehen Namen geschrieben. Andere Forscher verweisen auf das Kleinod »Chvarenah« in iranischen Mythen sowie auf die von gnostischen Adepten gesuchte »Perle« im christlichen Milieu Alexandrias des 4. Jahrhunderts.

Die Ansicht, dass die Gralvorstellung aus dem iranischen Bereich stammt, vertrat 1951 der Schwede Lars-Ivar Ringbom.[410] Er verlegt die Heimstatt des Grals nach Shiz, dem Geburtsort Zoroasters und nationalen Heiligtum des Sasanidenreiches vom 2. bis 6. Jahrhundert n. Chr. Die dortigen Bauten sollen Munsalvaesche entsprechen und dem Graltempel im *Jüngeren Titurel*. Abgesehen davon, dass uns Wolfram eigentlich nichts über das Aussehen Munsalvaesches berichtet, weist der Tempel im *Jüngeren Titurel* deutlich auf ein gotisches Bauwerk, zudem geht es dem Autor mehr darum, die Großartigkeit des Gebäudes zu schildern als dessen genaue Architektur. Letztlich ist dieser Graltempel nichts anderes als ein gigantischer Reliquienschrein, dessen kleinere Vorbilder in den Schatzkammern der meisten gotischen Kathedralen zu finden sind.

Den Gral selbst verknüpft Ringbom mit dem Gohar, einer in einem Kelch befindlichen Perle. Dabei soll es sich um den Ur-Gral handeln, denn der Gohar liegt in einem Gefäß »wie die Perle der Hostie im Kelch des Blutes, wie die Erdkugel im Weltmeer« – ein Verweis auf den Aspekt der Lebenskraft in zoroastrischen Glaubensvorstellungen.[411] Abgesehen von allen anderen Fragen ergibt sich das Problem, wie Wolfram von all dem Kenntnis erhalten haben sollte; immerhin nennt er doch »Kyot« als Antwort auf alle Geheimnisse.

Wir stehen hier letztlich vor dem ewigen Rätsel volkskundlicher Forschung: Warum entstehen vergleichbare Geschichten und Traditionen in Kulturen, die zu bestimmten Zeiten keinerlei Kontakt miteinander hatten. Ein gerne angeführtes Beispiel für dieses Phänomen ist der *immram* der keltischen Heiligen, eine Fahrt übers offene Meer auf Booten ohne Ruder und Segel, allein abhängig von der Gnade Gottes. Genauso verhalten sich buddhistische Mönche in Japan. In beiden so weit von einander entfernten Kulturen ist dieselbe Vorstellung am Werk: die vollständige Unterwerfung unter den Willen Gottes. Es gibt keine gemeinsamen Quellen, nur eine gemeinsame Existenzform in den Weiten eines unbekannten und Furcht erregenden Ozeans. So verhält es sich auch mit dem Gral: Diese Vielzahl geografisch weit von einander entfernter Schalen und Steine verbindet nicht ein Text oder eine Erzählung, sondern allein eine gemeinsame Vorstellung.

Die Argumentation des vorliegenden Buches, dass die Quellen für den Gral im Christentum zu finden sind, markiert den eigentlichen Gegensatz zu den Jägern nach den keltischen und orientalischen Quellen des Grals. Der springende Punkt indessen ist, dass der Gral keinerlei »Quellen« als solche hat; er ist das Produkt einer bestimmten Zeit und eines bestimmten Ortes, und das gewichtigste Argument dafür ist die Tatsache, dass alle wichtigen Romane in einer überraschend kurzen Zeitspanne geschrieben wurden. Die »Quelle« der Gralvorstellung ist weniger wichtig als unser Verständnis vom Kontext dieser Vorstellung, und auch in dieser Richtung wurde eine ausgedehnte Forschungsarbeit geleistet.[412] Unterhalb der Argumente über theologische Spitzfindigkeiten und Akzentunterschiede erlaubt diese Sichtweise zumindest, dass sich Geschichten organisch und natürlich entwickeln können, trotz der mittelalterlichen Konvention, alles von einer »Autorität« ableiten zu müssen, eine Idee, die uns indirekt zum Begriff des »Autors« führte. Die zentrale Inspirationsquelle mag christliche Metaphorik gewesen sein, aber das heißt nicht, dass das Ergebnis ausschließlich christlich ist. Um nur einen Aspekt aufzugreifen: Die Vorstellung, dass der Gral auf Grund seiner spirituellen Eigenschaften Leben erhalten kann, wie im Falle des eingekerkerten Joseph von Arimathia, inspiriert Wolfram und andere Dichter, den Gral mit der rein säkularen Fähigkeit auszustatten, bei einem Festbankett Speisen und Getränke zu spenden: Das säkulare Bild leitet sich zwanglos vom christlichen Vorbild ab.

Die Suche nach einem »Schlüssel«

Die volkskundliche Methode suchte bei der Identitätsbestimmung des Grals nach einer alle Aspekte des Grals umfassenden Lösung – nach einem Ur-Gral, der die Unterschiede erklären könnte, um daraus wieder eine Einheit zu machen. In den Worten Jessie Westons

… kann keine Theorie über den Ursprung der Geschichte als wirklich und endgültig zufriedenstellend angesehen werden, solange sie keine Erklärung der Geschichte als Ganzes … und für die verschiedenen Formen des Grals liefert: warum er einmal ein Speise spendender Gegenstand unbestimmten Aussehens ist, ein anderes Mal eine Schale, zu einem Zeitpunkt ein Behälter für die Blutströme von der Lanze, dann wieder das Trinkgefäß des Letzten Abendmahls; hier ein »Etwas« ohne materielle Substanz, dort ein Stein; warum er überall und zu jeder Zeit dieselbe Grundbedeutung besitzt und warum er in jedweder Form zu Recht mit Der Gral bezeichnet werden kann?[413]

In ihrer berühmten Arbeit *From Ritual to Romance* unternimmt es Jessie Weston, die Antwort auf all diese Fragen zu finden: Der Gral geht auf heidnische Fruchtbarkeitsriten zurück. Sie stellt das Wüste Land in den Mittelpunkt ihrer Argumentation, obwohl diese Szenerie erst in den späten Romanen auftaucht und dann auch nur eine geringe Rolle spielt. Weston benutzt das Wüste Land als schlagenden Beweis für den Ursprung des Grals in einem Ritual von Tod und Wiedergeburt. Durch dieses Ritual wird das Land jedes Jahr wieder zum Leben erweckt. Die Gralprozession ist das Symbol für diese Fruchtbarkeit; Schale und Speer repräsentieren die weibliche und männliche Sexualität. Westons Interpretation hat die Literatur des 20. Jahrhunderts in einem Ausmaß beeinflusst, das in keinem Verhältnis zur faktischen Basis ihrer Argumentation steht; die machtvollen Bilder, die sie in ihrem Buch entfaltet, haben ihre Erkenntnis überlagert, dass die letzte Version der Legende dem Christentum ebensoviel, wenn nicht noch mehr, verdankt wie der heidnischen Vergangenheit.

Dass die Gralprozession mit ihrer Abfolge von Lanze und Gral ein Ritual darstellt, meinen auch andere, bieten aber unterschiedliche Lösungen. Richard Heinzel (1892) sieht darin eine Verbindung zum Ritual der Orthodoxen Kirche[414], spätere Forscher nehmen einen Ursprung in der byzantinischen Liturgie an, namentlich in der Zeremonie des »Großen Introitus« in der Liturgie des Johannes Chrystostomos, in der symbolische Gegenstände ähnlich wie in der Gralprozession Verwendung finden.[415] Gewiss ist byzantinischer Einfluss durchaus möglich, aber die Details der Liturgiezeremonie haben keine direkte Entsprechung zu den Gralprozessionen in den Romanen.[416]

Eine noch radikalere Ansicht vertrat Eugene Weinraub in seiner Arbeit *Chrétien's Jewish Grail*.[417] Er sieht eine Parallele zur Seder-Zeremonie im Rahmen des Passahfestes, in deren Verlauf symbolische Gegenstände hereingetragen werden, und die jüngste anwesende Person Fragen stellt, die dann zur Nacherzählung der Passahgeschichte führen. Eine mögliche Parallele besteht sicherlich im Falle der Gralträgerin, nach jüdischem Brauch indessen wird die Sederplatte nach der ersten Frage von einem Mädchen in heiratsfähigem Alter weggeräumt. Ob es aber der Logik entsprach, einem Roman mit ausgesprochen christlicher Thematik (der Gral als »heiliges Ding« und Behälter der Hostie) ein jüdisches Ritual zugrundezulegen, darüber bleibt der Autor die Antwort schuldig. Auch die Abstammung der Gralshüter von David, von dem auch Christus abstammte, ist eine ganz und gar christliche Parallele und hat nichts mit dem jüdischen Stammbaum Christi zu tun.[418]

Noch dramatischer ist die These Leo Olschkis, für den die Gralzeremonie eine Widerspiegelung häretischer Zeremonien ist. Die ungeweihte Hostie und die säkulare Umgebung der Prozession soll an Riten ohne Priester erinnern, wie sie für die antiklerikalen Bewegungen der Niederlande und der Katharer in Südfrankreich charakteristisch gewesen seien. Chrétien wollte »diskret, doch mit gebührender Deutlichkeit, die religiösen Abweichungen ins Spiel bringen, die die Rechtgläubigkeit der höfischen Gesellschaft bedrohte.«[419] Wiederum verträgt sich diese Lesart nicht mit der Textaussage der Romane, denn dort wird die Gralzeremonie in einem positiven Sinne dargestellt und nicht etwa negativ, wie man nach Olschki hätte erwarten dürfen. Die Gralzeremonie ist schließlich eine Prüfung, die zu Percevals spiritueller Erweckung führt. Michel Roqueberts Auffassung in *Les Cathares et le Graal* ist da schon viel plausibler: Chrétiens Werk ist ein anti-katharischer Schlüsseltext, der die von den Katharern abgelehnte Macht der Eucharistie feiert.[420]

Der Gral und die Alchemie

Die Alchemisten haben natürlich ein reiches Material in den Grallegenden gefunden, und so wurden viele Versuche unternommen, den Gral mit der Alchemie in Verbindung zu setzen; die Textbasis dazu war in der Regel Wolframs *Parzival*. Seine enzyklopädische Wissbegierde war schon in seiner eigenen Zeit wohlbekannt, insbesondere sein Interesse für die Lehre von den Edelsteinen; so kommt es nicht von Ungefähr, dass der Gral in seiner Dichtung ebenfalls ein Stein ist. Wiederum befinden wir uns in gefährlichen Gewässern, denn Alchemie ist, auch auf wissenschaftlicher Ebene, etwas für Eingeweihte, und ich kann mich nur als Amateur in diesem Terrain bewegen. In den Erzählungen jedoch wirkliche alchemistische Überlieferung zu finden, ist schwieriger, als sich selbst die Anhänger des alchemistischen Einflusses wünschen können, und Thesen wie die der Paulette Duval in *La pensée alchimique et le Conte du Graal* nehmen Zuflucht zur Darstellung alchemistischer Denkstrukturen, die weit vom Inhalt der Texte entfernt sind.

Die Argumente für einen alchemistischen Hintergrund bei Wolfram unterscheiden sich kaum von den angenommenen hermetischen und esoterischen Bedeutungen im *Parzival*. Beide rücken Chrétien als Vermittler der wirklichen Geschichte an die Seite und nehmen Wolframs Bemerkungen über ihn wörtlich. So wird Kyot zur Schlüsselfigur, seine Ursprünge werden in das mozarabische Spanien verlegt, bevorzugt in den Umkreis der Schulen von Toledo. Das ist durchaus vertretbar, teilt aber in gewissem Sinne die mittelalterlichen Gralgeschichten in zwei Abteilungen, in den philosophischen Ur-Gral und seine geheime Geschichte sowie in die daraus abgeleitete verfälschte christliche Allegorie. Es gibt Material in den Gralgeschichten, die von der geheimen Überlieferung umwittert scheinen, wie etwa die Bemerkungen bei Robert de Boron und bei den Kontinuatoren Chrétiens über die Unmöglichkeit, etwas über den heiligen Ursprung der Gralgeschichten zu wissen und über die Strafen, wenn man sie dem falschen Publikum enthüllt. All dies ermunterte Untersuchungen wie die von Henry und Renée Kahane in *The Krater and the Grail*.[421] Sie betrachten Kyot als identifizierbare Person: nämlich Wilhelm (Guillot) von Tudela, der Autor der *Chanson de la Croisade contre les Albigeois* (»Lied vom Kreuzzug gegen die Albigenser«) mit seinen Beziehungen zur jüdischen Gemeinde von Tudela, die als Vermittlerin hermetischer Überlieferung aus dem griechischen und arabischen Bereich gilt. Die hermetische Überlieferung war rein heidnisch und leitete sich von der legendarischen Figur des Hermes Trismegistos ab. Sie bezog sich auf vielfältige religiöse und philosophische Systeme, die sie zu harmonisieren versuchte, und lässt sich am besten als heidnische Gnosis beschreiben. Der *krater* ist ein Gefäß, das von Gott herstammendes Wissen enthält; er ist zugleich Taufbecken für die Initianten. Wiederum ergeben sich Schwierigkeiten, wenn allzu weite Teile des Wolframschen Werkes dem hermetischen Einfluss zugeschrieben werden, als ob eine einzige Quelle die umfassende Bedeutung des *Parzival* erschließen könnte.

Dies ist das entscheidende Merkmal einer ganzen Gruppe wissenschaftlicher – und weniger wissenschaftlicher – Untersuchungsmethoden: die Annahme, dass es einen Schlüssel gibt, der, einmal gefunden, alles über den Gral offenbaren wird. Ein gutes Beispiel für diese Methode ist André de Mandachs Buch über den »originalen« Gralroman.[422] Seine Untersuchungen führen ihn nach Spanien in das aragonesische Kloster San Juan de la Peña sowie zum Königshaus von Aragón, das mit Hilfe recht fadenscheiniger Belege als das Personal in Wolframs *Parzival* identifiziert wird: Alfons I. ist Anfortius/Anfortas; Ramón Berengar IV. ist Guiot; die Nichte Alfons' I., Peroniella, wird irgendwie zu Schoysiane, Parzivals Tante. Von San Juan de la Peña geht es weiter zur Reliquie in der Kathedrale von Valencia, die man dort inbrünstig als Kelch des Letzten Abendmahls verehrt. Nach Mandach soll diese Reliquie der wahre Gral sein; die arabische Inschrift darauf deutet er als die Schrift, die als göttliche Botschaft an die Ritter auf dem Gral erscheint. Diese Methode, und das ist das Problem, würde die Gralgeschichten zu etwas Einzigartigem in der mittelalterlichen Literatur machen, denn bei keinem anderen Romanwerk des Mittelalters hat man einen derartigen historischen Schlüssel nachweisen können. Wollte man die Erzählung vom Gral als politische Tendenzschrift im Zusammenhang mit den Kreuzzugsaktivitäten des Grafen Philipp von Flandern, Chrétiens Gönner, interpretieren, oder würde man Wolframs *Parzival* mit den vergeblichen Bemühungen Kaiser Ottos IV., ins Heilige Land zu ziehen, zusammenbringen, käme man in erhebliche Schwierigkeiten. Auch wenn in dem ein oder anderen Fall die Identifizierung einer Romanfigur mit einer historischen Person möglich erscheint – die entscheidende Frage wird nicht gelöst: Wie verhalten sich die jeweiligen Romane zu den Personen, die darin angeblich dargestellt sind? Geht es um einen Kreuzzugsaufruf? Sind die Romane eine Kritik an ihrem Scheitern? Keine dieser Ideen greift wirklich, und ohne erkennbare Absicht muss das Argument in sich zusammenfallen. Die Texte stützen eine solche Lesart nicht. Die Kreuzzüge waren die große Erscheinung der Zeit, und einige der Gönner unserer Autoren waren ja auch wirklich Kreuzfahrer. Dies macht Parallelen zur zeitgenössischen historischen Wirklichkeit plausibler als die Annahme einer kunstvoll versteckten geheimen Agenda. Gesetzt, alle diese Interpretationen wären korrekt, dann bleibt noch eine letzte Frage offen: Wofür steht der Gral? Es zeigt sich, dass der Gral in der Systematik dieser Autoren keine Rolle spielt. Nur Helen Adolf bemüht sich um eine präzise Identifizierung des Grals – er ist das Heilige Grab; immerhin eine entfernte Beziehung zum Gral der Romane, weil beide der Kreuzigungsgeschichte angehören.[423] Sobald wir jedoch die Identifizierung weiter treiben, bricht die Theorie in sich zusammen: Wie kann das Heilige Grab mit einer Tranchierplatte oder einem Trinkgefäß identifiziert werden, insbesondere wenn diesem Gefäß eine genaue Geschichte und Herkunft beigegeben ist? Ein Beispiel für eine solche Art Allegorie gibt es nicht. Letztendlich kann gesagt werden, dass die Romane einfach ungeeignet sind für die Konstruktion solcher historischer Parallelen.

Am Anfang des Kapitels stehen zwei Zitate. Gegenüber den Wissenschaftlern, die nach Jessie Westens »Erklärung der Geschichte als Ganzes« suchen, stehen die Quellenjäger, die Rosemond Tuve so eloquent auseinandernimmt. Es ist richtig zu sagen, dass der Gral nicht ein einziges Konzept mit verloren gegangener Bedeutung ist, sondern ein literarisches Symbol, das über die Jahre hin entstanden ist. Hier legt die Forschung zu großen Wert auf die Quellen, die hinter dieser Entwicklung stehen sollen. Alle, die diesem Weg folgen, müssen in der Lage sein, jedes Stadium der Entwicklung zu belegen, es müssen Quellen und Analogien vorhanden sein: Nichts kann *ex nihilo* geschaffen werden. Dies aber ist meiner Ansicht nach die Erzketzerei der Literaturkritik und ihre größte Gefahr: die Schöpferkraft, die dichterische Phantasie zu verneinen. Daran sollten sich alle erinnern, die interpretieren und deuten wollen. Wir haben es mit imaginativer Literatur zu tun, und ich meine in Übereinstimmung mit Johann Jakob Bodmer, dass wir der poetischen Phantasie einen Ehrenplatz einräumen müssen. Dichter und Schriftsteller sind Schöpfer; der Gral ist eine Schöpfung, nicht der Mystik, nicht der heidnischen Religion, nicht einmal der christlichen Überlieferung und auch nicht der Literaturwissenschaftler – er ist die Schöpfung einer poetischen Vorstellungskraft, die mit all diesen Stoffen arbeitet.

Zweites Kapitel

Die Wiedergeburt des Grals –
Von den Dichtern der Romantik
zu Richard Wagner

Im Zimmer fragt ein krankes Kind seine Mutter: »Wo ist das große Buch? Ich will mir die Bilder betrachten.« »Welches Buch?« »Das mit dem goldenen Umschlag und den großen goldenen Wappenschilden und den Seiten, auf denen in hellen, aber sanften Farben die Taten Parcivals zu sehen sind. Du hast mir schon oft von ihm erzählt. Ich mag ihn.« Das Buch ist nicht auffindbar, und das Kind fragt sich, ob es das alles nur geträumt hat. Die Mutter ermuntert es, sich zu erinnern oder sich vielleicht vorzustellen, was es davon noch behalten hat und hilft ihm, die verlorenen Bilder wieder herzustellen. Als erstes sieht das Kind, wie Parcival zu einem großen Schloss kommt, wo er vom Burgherrn willkommen geheißen und mit einem prächtigen Umhang geschmückt wird. Dann streitet sich Parcival mit einem Knappen, und die nächste Szene zeigt ihn in einem wunderbaren Raum, wo ein Fest vorbereitet wird. Und doch, trotz des funkelnden Lichts, das sich in den Marmorwänden spiegelt, und trotz der Harfenmusik scheint die versammelte Gesellschaft traurig zu sein. Auf der nächsten Seite sieht man einen Knappen mit einer blutigen Lanze in den Saal hineinlaufen, und man bemerkt die Sorge der Anwesenden bei diesem Anblick. Schließlich sagt das Kind: »Dann sah ich ein anderes prächtiges Bild, das Bild einer Königin in reichen Kleidern, mit lächelnden Augen, die aber voller Tränen waren; sie hielt ein Gefäß von lauter Licht, das wie tausend Edelsteine funkelte, nein, wie alles Feuer am Himmel, und doch sandte es nur Licht aus und brannte nicht.« Die Königin setzt das Gefäß neben dem Burgherrn nieder, der von seinem Anblick offenbar getröstet wird. Parcival beobachtet alles, sagt aber nichts. Das Kind ärgert sich über Parcival, weil er stumm bleibt, schläft aber darüber sofort wieder ein und lässt seine Mutter in der Hoffnung zurück, dass es später einmal lernen wird, »nie zuviel und nie zu wenig« zu fragen.

So schildert einer der ersten Autoren, die der Gralgeschichte eine moderne Form verliehen haben, die entscheidende Szene bei Parzivals erstem Besuch auf der Gralburg. Die Idee, die Szene als Bilderbuchgeschichte darzustellen – oder als Phantasie eines Kindes – fasziniert, weil damit der Kern der Szene im mittelalterlichen Original, sei es in Wolframs *Parzival* oder in *Die Erzählung vom Gral*, erfasst wird: es ist eine zutiefst visuelle Episode, bei der alles Gesehene von höchster Bedeutung ist. Als diese moderne Version geschrieben wurde, war der Farbdruck, namenlich die Lithographie, bereits dabei, sich Geltung zu verschaffen, sodass Bilder in einem Buch als aufregende Neuerung erlebt wurden. Aber auch der erzählte Gegenstand war, freilich auf andere Weise, eine Neuerung, und um den Hintergrund sichtbar zu machen, müssen wir zu den Wissenschaftlern zurückkehren und zu deren Erforschung der arthurischen Texte.

Als Wissenschaftler im 18. Jahrhundert die überlieferten Bestände der europäischen mittelalterlichen Bibliotheken durchforschten, wandten sich Dichter und Schriftsteller von den vorherrschenden, die literarische Mode dominierenden klassischen Vorbildern ab, und das »Gotische« – ursprünglich ein Schimpfwort italienischer Renaissancegelehrter für vermeintliche mittelalterliche Barbarei – wurde zur großen Mode. Die vorgeblich natürliche Ungebundenheit des »Gotischen« wurde dem Formalismus der griechischen und römischen Literatur gegenübergestellt. Erneut rückten Rittertum und ritterliche Taten ins Visier der Geschichtenerzähler, aber zumeist war diese neue Literatur eine fiktionale und weniger eine historische Rekonstruktion des Mittelalters. Selbst ein Schriftsteller wie Sir Walter Scott, der die englische Version der Tristangeschichte edierte, dachte nicht daran, die alten Romane nach modernen literarischen Formen nachzuerzählen, sondern er schuf stattdessen die neue Gattung des historischen Romans. In Deutschland und später auch in Frankreich führte die Begeisterung für Shakespeare zu einem Aufblühen historischer Theaterstücke, und seit der Mitte des 18. Jahrhunderts füllte sich die English Royal

Academy mit mächtigen Ölgemälden über die großen Augenblicke der englischen Geschichte.

Das waren Neuschöpfungen, diesmal aber über historische Themen. Nur die Arbeit der Wissenschaftler konnte wiederum mit mittelalterlicher Literatur vertraut machen und Schriftsteller in den Stand versetzen, sich mit Stoffen der mittelalterlichen Romanlitertur auf der Basis von Originalwerken auseinanderzusetzen. Modernisierungen und Übersetzungen ebenso wie Neuausgaben waren notwendig, bevor Themen des Artuskreises zur Grundlage neuer Werke werden konnten. Malory dürfte für einen englischen Autor relativ leicht lesbar gewesen sein; neue Editionen erschienen 1816 und 1817. Wolframs *Parzival* jedoch bietet im Original selbst dem deutschsprachigen Leser erhebliche Schwierigkeiten, und französische Werke waren nur verfügbar in den Fraktureditionen des frühen 16. Jahrhunderts, bis neue Ausgaben im Jahre 1841 aufgelegt wurden. Die vorsichtigen Anfänge einer Erneuerung des kreativen Interesses an arthurischen Legenden datieren in den Anfang des 19. Jahrhunderts, aber erst in den 1830er Jahren erscheinen die Hauptwerke über den Gral.

Aber auch dann gab es Probleme. Die Szene am Anfang dieses Kapitels stammt aus dem ersten ernsthaften Versuch, eine moderne Version der auf Wolframs *Parzival* basierenden Gralgeschichte herzustellen. Der Autor war Friedrich de la Motte Fouqué, ein preußischer Aristokrat, der seinen klangvollen französischen Namen seiner hugenottischen Abstammung verdankte. Fouqué hatte große Erfolge mit seiner im Mittelalter angesiedelten Märchennovelle *Undine* und anderen, ähnlichen Werken erzielt, die zwischen 1803 und 1813 erschienen waren. Mit dem Ende der Napoleonischen Kriege jedoch veränderte sich der allgemeine Literaturgeschmack, und sein Stern begann zu sinken, als sich eine neue Dichtergeneration – die er selbst ermutigt hatte – Themen zuwandte, die wir heute »romantisch« nennen. Fouqué »versenkte sich immer mehr in seine Ritterbücher«, wie sich Heinrich Heine über ihn auslässt.[424] Im Jahre 1815 kam ihm die Idee, »ein episches Gedicht über den Heiligen Gral« zu schreiben, und im Dezember schrieb Fouqué einem Freund, dass »dieses Werk zum Höhepunkt meines gesamten poetischen Schaffens werden wird«. Die eigentliche Niederschrift jedoch verzögerte sich bis 1831. *Der Parcival* wurde im April 1832 abgeschlossen, aber zu dieser Zeit waren solche Stoffe bereits völlig aus der Mode gekommen. Überdies wählte er die Form des Versdramas, das jedoch

Friedrich Baron de la Motte Fouqué. Stich von F. Fleischmann nach einer Zeichnung von Wilhelm Hensel.

mehr zur Lektüre als für eine Aufführung auf der Bühne gedacht war. Allerdings bestand durchaus Interesse an der originalen Literatur: Im folgenden Jahr edierte Karl Lachmann Wolframs *Parzival*, und im Lauf der nächste

Dekade erschienen die Übersetzungen von Karl Simrock und »San Marte« (Albert Schulz). Fouqués Versdichtung indessen siechte als Manuskript dahin. Bei seinem Tod war sie noch nicht veröffentlicht und erschien erst 1997 im Druck.[425]

Der Parcival ist weit davon entfernt, eine werkgetreue Nacherzählung zu sein. Erzähltechnisch ist er sogar sehr interessant: Fouqué spielt mit verschiedenen Erzählern und mit verschiedenen Blickrichtungen auf den Erzählgegenstand. Er selbst erscheint als »Meister Friedrich«, und durch das ganze Werk zieht sich ein Kommentar in Form eines Dialogs mit »Meister Wolfram«, der natürlich Wolfram von Eschenbach ist: Bisweilen bilden die beiden eine Art griechischer Chorus, der die Handlung begleitet, während die Geschichte des Parcival von einem ganzen Ensemble von Darstellern vorgetragen, erzählt oder ausgemalt wird, die zugleich auch als Publikum fungieren. Selbst nach den Maßstäben romantischer Dichter, denen das Instrument unterschiedlicher Erzähler oder die Erzählform der Geschichte in der Geschichte durchaus vertraut war, haben wir es hier mit einem kühnen und komplexen Verfahren zu tun, und es ist gut möglich, dass die Verleger, auch die avantgardistischen, das Werk deshalb als zu schwierig befanden, und nicht so sehr ablehnten, weil es ein altmodisches »Ritterbuch« war, wie Heine geurteilt hätte. Für einen modernen Leser könnte *Der Parcival* durchaus als »ein Werk von beindruckender Virtuosität und überraschender Individualität« erscheinen.[426]

Fouqués Konzept des Grals entfaltet sich nur zögerlich. Er erscheint zunächst als »Lichtgefäß« in der Szene, die wir bereits kennengelernt haben. Die Erklärung Trevrizents in Wolframs *Parzival* wird nicht wieder aufgenommen, sondern es entwickelt sich eine andere Geschichte. Nach naturkundlichen Schriften des Mittelalters errichtete der Phoenix beim Herannahen des Todes einen Scheiterhaufen und gab sich selbst dem Verbrennungstod hin – aus der Asche entstand ein neuer Phoenix. Wolfram hatte diese Überlieferung in seiner Version des Grals erwähnt; Fouqué macht diese beiläufige Episode zum Kernstück seines Gralkonzepts: Ein magischer Stein, dessen Name so sehr durch Magie gebannt ist, dass ihn niemand aufschreiben kann, ist das Mittel, mit dem der Phoenix seinen Scheiterhaufen entzündet, und »von solchen Steinen ist der Gral gemacht«. Der Gral aber kann nur von dem »christlichen Orden« gehütet werden und verschwindet spurlos, wenn er in heidnische Hände fällt. Der Dichter Guyot, der vom Gral in Toledo erfährt, begnügt sich nicht mit seinem Wissen und macht sich auf die Suche nach dem »Licht des Grals«. In Frankreich bewahrt man Stillschweigen über ihn, in England scheinen die Leute etwas über ihn zu wissen, verstummen aber plötzlich, wenn man nach ihm fragt. In Irland erzählen alte Lieder vom Gral, aber wenn sie gesungen werden, wird der Sänger von einem zornigen Schrei unterbrochen. Über das Ergebnis der Suche Guyots hören wir nichts, nur, dass ein wunderbares Lied über seine Wanderungen geschrieben werden könnte. Der Gral wird zum Objekt einer poetischen und zugleich einer ritterlichen Suche.[427]

Etwas mehr hören wir vom Gral in der Szene, in der Anfortas um seinen Tod bittet: Wie bei Wolfram bewahrt ihn der Anblick des Grals vor dem Sterben. Wiederum liegt die Betonung auf seiner Eigenschaft als Quelle des Lichts – »er strahlt in göttlichem Licht« – und auf seiner magischen Macht, Leben zu erhalten. In der Schlussszene stellt Parcival die heilende Frage; als die Ritter aufschauen, »flammt in der Schrift der Sterne um den Gral ›Parcival, Hüter des Grals‹«.

Fouqués Kunstfertigkeit liegt in der Präsentation und in der Farbigkeit der Geschichte, in seiner reichen Sprache und seiner Bildhaftigkeit. Er bietet eine Erzählung, die sehr dem prächtigen Buch des kranken Kindes ähnelt: voll von betörenden Bildern. Die Stimmung entwickelt sich im Austausch zwischen Meister Wolfram und Meister Friedrich: »Alles, Menschen, ihre Taten, ihre Schicksale – was auch immer deinem und meinem Geiste widerfuhr, sei es groß und ernst oder beschwingt und kindlich und verlockend – laß uns wahrhaftig damit umgehen … Was immer von außen hereingeflattert sein mag – laß die Leute mit Passierscheinen und die amtlichen Besucher der Literatur die Aufgabe übernehmen, es in die rechte Ordnung zu bringen.«[428] Fouqué zielt auf den Geist der Vergangenheit ab, nicht auf die eigentliche Historie, und zu diesem Zweck verwendet er Farbe und Vielfalt und Anekdote und eben nicht eine direkte Erzählweise. Und doch, bei all seiner Brillanz, im Innersten seiner Dichtung gibt es keine hochragenden Ideen und kein neues Gralmanifest für ein neues Jahrhundert. Im Grunde behandelt er ihn nüchterner als Wolfram, indem er ihm die spezifisch christliche Metaphorik nimmt und sie durch eine Mixtur aus Magie und Blendwerk ersetzt. Es scheint fast so, als zögerte Fouqué, die Probleme direkt anzugehen, die der Gral bereithalten könnte.[429]

Karl Immermann, ein Freund und Protegé Fouqués, war ebenfalls faszi-niert von den Legenden der Artuswelt; er hatte indessen mehr Erfolg, und sein Werk erschien im Druck, gerade als Fouqué seinen *Parcival* abschloss. Obwohl Immermanns Dichtung den Titel *Merlin. Eine Mythe* trägt, ist der zentrale Teil mit »Der Gral« überschrieben. Der Gralmythos ist in den Mythos von Merlin eingearbeitet, aber nicht wegen einer gründlichen Kenntnis des Originalschemas bei Robert de Boron, das den mittelalter-lichen Romanen ihre Gestalt verliehen hatte, sondern auf Grund von Immermanns eigener schöpferischer Neufassung der Geschichten, die in nicht geringem Ausmaß Goethes *Faust* und vielleicht auch Milton ver-pflichtet ist. Merlin ist eine zwiespältige Figur: Er bekennt sich dazu, Satans Sohn zu sein, widersetzt sich ihm aber paradoxerweise und hat den Wunsch, die Welt zu retten. Im Anfangsteil der Dichtung erzählt er Placi-dus, dem Vater seiner Mutter, vom Gral.[430] Er ist das Blut Christi, in einer Schale von Joseph von Arimathia nach der Kreuzigung aufgefangen, die beim Letzten Abendmahl verwendet worden war. Er nährt Joseph im Gefängnis, aber Joseph erlangt seine Freiheit nicht. Als Kaiser Titus Jerusa-lem stürmt, bricht der Turm, in dem Joseph gefangen ist, in sich zusammen und begräbt ihn unter den Trümmern. Als er stirbt, schwebt der Gral über ihm, »wie eine Rose eines Mädchens Haar berührt« und entschwindet gen Himmel, »kehrt zu dem Seinen zurück«. Merlin aber weiß, dass der Gral wiederum zur Erde herabgekommen ist: Er verkündet, der Gral sei jetzt auf Montsalvatsch gefangen und werde von dem »törichten Titurel« bewacht. Merlin erklärt, er sei von Gott auserwählt, dem Gral einen würdigeren Hüter zu verschaffen – und damit meint er sich selbst.

Auch Artus weiß von der Rückkehr des Grals, und das bereitet ihm Sorge. Als ein Spielmann davon singt, wie vier Engel den Gral zu Titurel bringen, der ihn seit seiner Jugend gesucht hatte, befiehlt der König davon zu schweigen. Gawein sagt, das Lied enthalte »geheime Magie«, und die Ritter sprechen niemals vom Gral und seinen Hütern, wenn Artus zugegen ist. Der König träumt, er würde die Ritter der Tafelrunde zum Gral führen, aber die Inschrift im Graltempel besagt, dass nur der, den der Gral erwählt, ihn auch finden werde; die ihn suchten, könnten ihn nicht finden. Merlin erbietet sich, Artus zum Gralkönig zu machen und ihn zum Gral zu führen, denn er selbst sei der Heilige Geist. Der Gral jedoch beschuldigt Merlin, der Antichrist zu sein, und weist Titurel und seine Gefolgschaft an, ihn in den

Karl Leberecht Immermann. Portrait von Wilhelm von Schadow, um 1835.

Osten zu begleiten, denn »den Unbezwungenen zwingt das völlig Schlimme«. Das Werk endet damit, dass Artus und die Seinen in der Ödnis um die Gralburg verdursten; ihre Hilferufe nach Merlin sind vergeblich, denn er befindet sich in Gefangenschaft bei Niniana, die ihn mit einem Zauberspruch belegt hat. Er hat seine Macht verloren, und die Ritter gehen zugrunde. In einem Epilog beklagt Lohengrin den Tod und sieht »die schwarze Flagge der Zerstörung wehen«; Satan erlangt erneut die Gewalt über den wahnsinnigen Merlin; dieser stirbt in verzweifelter Reue, ein Gebet auf den Lippen.

Immermann hat Wolframs *Parzival* gelesen, aber seine Kenntnisse der anderen Artusromane stammen meist aus zweiter Hand, namentlich von der Version des französischen *Merlin*, die 1804 von Dorothee Caroline Schlegel, der Gattin Friedrich Schlegels, herausgegeben worden war. Andere Zusammenfassungen der Romane erschienen in Deutschland zwischen 1810 und 1820, insbesondere die modernisierte Textsammlung »altgermanische Dichtung aus der Zeit der Tafelrunde«.[431] Aus einem dieser Bücher entnahm Immermann die Version der Gralgeschichte von Robert de Boron; in ihr findet sich die Vorstellung, dass Merlin, der Antichrist, ein Geschöpf böser Mächte war. Bei Robert de Boron schlägt Merlin seiner Mutter nach und wird erlöst; Immermann kehrt die Verhältnisse um und macht aus ihm eine bösartige und zerstörerische Figur, trotz seiner offenkundig guten Absichten. Merlins Erlösung bleibt ungewiss. Immermann bedient sich vieler Ideen aus den originalen Romanen, gibt aber letztlich den Geschichten von Merlin und dem Gral eine gänzlich neue Richtung. *Merlin. Eine Mythe* ist ein faszinierendes, hochfliegendes Werk mit Anklängen an Goethe und Milton, zweifellos eine bedeutende literarische Leistung, die jedoch hinter Immermanns ambitionierten Absichten zurück bleibt.

Richard Wagner und der Gral

Die Begeisterung für alles Mittelalterliche, die England nach der Neuausgabe von Malorys *Morte Darthur* erfasst hatte, verdankte ihre Nachhaltigkeit Tennyson und den Präraffaeliten. In Deutschland dagegen inspirierten die großen Meisterwerke der deutschen Artusliteratur, nach einer ersten Aufwallung romanischer Zelebrierung des Mittelalters, nicht die bildenden Künstler und Dichter, sondern einen Komponisten: Richard Wagner. Die Kontroversen um diesen außerordentlich hoch talentierten Künstler und tief zerrissenen Menschen dauern unvermindert an. Nirgendwo wird das Diktum »Man muss den Menschen von seinem Werk trennen«[432] heftiger diskutiert: Überblickt man die gewaltige Literatur über Wagner, beschleicht uns das Gefühl, dass wir zu viel über ihn wissen, als dass wir zu einem endgültigen Urteil kommen könnten, aber die Fülle der Dokumentation erlaubt uns zugleich, seinen Denkprozessen bis ins kleinste Detail zu folgen. Und nirgendwo trifft dies mehr zu als im Falle des *Parsifal*, seiner letzten Oper, in der Wagner die Gralgeschichte zu seinem Thema macht: Wir können das Werden dieses Werkes nachverfolgen und erkennen – und dies gewiss nicht erst in der Rückschau –, dass der *Parsifal* über lange Jahre sein höchstes Ziel gewesen ist, das Ergebnis einer lebenslangen Beschäftigung mit diesem Gegenstand.

Wagner verschlang mittelalterliche Texte, und das schon von früh an. Er hatte bereits in den 1840er Jahren, vielleicht auch schon früher, in Nacherzählungen und in wissenschaftlichen Editionen Texte des Artuskreises kennen gelernt. Den *Parzival* Wolframs von Eschenbach las er zuerst 1845, und er hatte ihn immer noch im Sinn, als er sich ein Jahrzehnt später mit einem anderen arthurischen Stoff, mit dem Tristan, befasste. Der *Tristan* Gottfrieds von Straßburg und Wolframs Versroman sind – neben dem Nibelungenlied – die beiden großen Meisterwerke der mittelalterlichen deutschen Epik. Wenn wir diesen noch Wagners Oper über Parzivals Sohn *Lohengrin* hinzufügen, weiterhin sein Werk über den Dichter und Minnesänger *Tannhäuser* und schließlich die Tetralogie *Der Ring des Nibelungen,* steht Wagners Kennerschaft mittelalterlicher Dichtkunst außer Frage. Zum ersten Mal erscheint dann auch der Gral im 1848 vollendeten *Lohengrin*:

In fernem Land, unnahbar euren Schritten,
Liegt eine Burg, die Montsalvat genannt,
Ein lichter Tempel stehet dort inmitten,
So kostbar als auf Erden nichts bekannt,
Drin ein Gefäß von wundertät'gem Segen,
Wird dort als höchstes Heiligtum bewacht:
Es ward, daß sein der Menschen reinste pflegen,
Herab von einer Engelschar gebracht;
Alljährlich naht vom Himmel eine Taube,
Um neu zu stärken seine Wunderkraft:
Es heißt der Gral, und selig reinster Glaube
Erteilt durch ihn sich seiner Ritterschaft.

Dieser Monolog des Lohengrin im Dritten Akt der Oper, die »Gralserzählung«, geht weitestgehend auf Wolfram von Eschenbach zurück, aber der im *Parzival* beschriebene Stein ist bereits zu einem »Gefäß« geworden. Der Gral beschäftigte Wagner beständig: Während er am *Tristan* schrieb, dachte Wagner daran, im dritten Akt Parsifal auf seiner Suche nach der Gralburg mit Tristan zusammentreffen zu lassen und wies auf die Ähnlichkeit zwischen dem verwundeten Tristan und dem verwundeten Anfortas hin. Das war im Jahre 1855; ein Jahrzehnt später, als er an der Oper *Die Meistersinger von Nürnberg* arbeitete, legte er eine viertägige Unterbrechung ein und skizzierte die Handlung des *Parsifal*. Die Grundzüge dieses Entwurfs veränderten sich kaum, als er 1877 zu diesem Thema zurückkehrte.

Wagner behandelt die Geschichte von Parsifal durchaus im Einklang mit Wolframs Dichtung, aber dennoch recht unterschiedlich. Der junge Tor am Anfang der Geschichte gelangt zur Reife durch sein Mitleid mit dem Leiden des Amfortas. Die sonstigen Details jedoch haben sich verändert: Allein durch den Speer kann Amfortas geheilt werden, und Parsifals Suche gilt dem Speer, nicht dem Gral. Bei Wolfram erscheint der Speer nur für einen kurzen Augenblick, als der Page mit einer Lanze durch die Halle läuft, von deren Spitze Blut tropft und bei deren Anblick alle Anwesenden in lautes Klagen ausbrechen. Bei Wagner indessen ist der Speer ausdrücklich der Speer des Longinus und steht so mit der Erzählung vom Schmerzhaften Schlag in Verbindung. Hier aber wird der Speer nicht gegen einen unbescholtenen König eingesetzt, er wird vielmehr zum Instrument göttlicher Strafe für Amfortas' Unkeuschheit, und bei Parsifals Suche geht es darum, den Speer zu finden, um damit die Wunde des Königs zu heilen. Wir hören von dem Speer, bevor wir etwas über den Gral erfahren, denn Wagners Gral erfüllt eine ganz andere Funktion. Er ist nicht Gegenstand einer Suche, sondern der Mittelpunkt des Gralskönigtums, Symbol des Glaubens, das die Ritter zu ihren Taten motiviert. Die Vereinigung beider geschieht bereits zu Beginn der Handlung als Gurnemanz die beiden jungen Gralritter weckt; sie beten in Entgegnung auf den Klang der Posaunen von der Gralburg, die sowohl das Thema des Grals wie das des Glaubens verkünden.

Das Gralmotiv selbst basiert auf dem so genannten »Dresdner Amen«, das Ende des 18. Jahrhunderts von J. G. Naumann für die Königskapelle zu Dresden komponiert wurde, wo Wagner in den 1840er Jahren als Kapellmeister wirkte. Das »Amen« am Schluss eines Gebets ist eine Bekräftigung des Glaubens: Wiederum scheint Wagner die Verbindung zwischen Gral und Glaube betonen zu wollen. Gurnemanz berichtet, wie Titurel der Gral übergeben wurde, »als die Hinterlist und die Macht wilder Feinde das Königreich des reinen Glaubens bedrohte ... verneigten sich die gesegneten Boten des Erlösers in einer heiligen, feierlichen Nacht vor ihm; das heilige Gefäß, die heilige, edle Schale, aus der Er trank am Letzten Abendmahl, in welche auch sein heiliges Blut am Kreuze floß, zusammen mit der Lanze,

Richard und Cosima Wagner. Fotografie von Fritz Luckhardt.

die es fließen ließ – diese Symbole herrlicher Fülle gaben sie in die Obhut unseres Königs.«[433] Die Gralbruderschaft wird »gestärkt durch die wunderbare Macht des Grals, um die höchsten Werke der Erlösung zu vollbringen.« Der Gral ist die Mitte des von Amfortas regierten Reiches und wirkt als Inspiration und Quell der Stärke der Gralsritter. Der Gral selbst wird niemals von Parsifal gesucht. Als der Anblick von Amfortas' Agonie Parsifals Mitleid erweckt, macht er sich auf die Suche nach dem Speer, der des Königs Wunde heilen wird. Erst als er den Speer auffindet, sucht er nach der Gralburg, aber wiederum ist nicht der Gral der Gegenstand seiner Suche, sondern Amfortas. Für Wagner fungiert der Gral als ruhender Mittelpunkt, als Zentrum des Glaubensreiches: In gewissem Sinne hat Parsifal seinen Glauben durch den Kuss Kundrys verloren, in eben dem Augenblick, als er den Speer zurückgewonnen hatte, und erst als ihn Gurnemanz rügt, weil er am heiligsten der Tage, am Karfreitag, Rüstung und Waffen trägt, gewinnt er Glaube und Gral zurück.

In der Gralzeremonie selbst singen die Knaben- und Jünglingsstimmen zuerst von der Erlösung: Das Opfer seines Blutes, dargebracht durch den »Erlösungshelden«,[434] soll seine Entsprechung in den Gralrittern haben, die ihr Blut für Seine Sache opfern. Von der Höhe verkünden die Knabenstimmen: »Der Glaube lebt, die Taube schwebt, des Heilands holder Bote. Der für euch fließt des Weins genießt und nehmt vom Lebensbrote.«[435] Glaube ist das Herzstück des Gralrituals. Als man den Gral aufdeckt, sieht der verzweifelte Amfortas, wie sich ein Lichtstrahl auf ihn herabsenkt und »des Weihgefäßes göttlicher Gehalt erglüht mit leuchtender Gewalt.«[436] Als den Rittern Brot und Wein dargebracht werden, wiederholt ihr Ruf auf dem Höhepunkt der Zeremonie das Thema des Glaubens:

Selig im Glauben:
Selig in Liebe!

und die Knaben und Jünglinge antworten

Selig in Liebe,
Selig im Glauben!

Aus der Bayreuther Uraufführung des Parsifal, 1882. Das Schlussbild.

und als die Zeremonie endet, wiederholen unsichtbare Stimmen »Selig im Glauben«.[437]

Gurnemanz hat Parsifal während der ganzen Zeremonie genau beobachtet, kann in seinem Verhalten aber keine Anzeichen von Verständnis erkennen. Ärgerlich schickt er ihn weg, im Glauben, Parsifal sei nichts anderes als dumm und töricht. Seine äußere Ruhe indessen ist Zeichen einer tiefen, inneren Erregung, die er beim Anblick von Amfortas' Leiden empfindet; die Szene hat in ihm ein heftiges Mitleiden entfacht. Er beschließt, den verlorenen Speer zu finden und ihn zurückzubringen, um den verwundeten Gralkönig zu heilen. Der Speer also ist der Gegenstand seiner Suche, nicht der Gral selbst. So tritt der Gral auch nicht im zweiten Akt auf, in dem Parsifal den Verführungen Kundrys widersteht, die sich nun mit Hilfe des Magiers Klingsor in eine schöne Frau verwandelt hat. Klingsor hat seine Reinheit mit Gewalt, durch Selbstkastration, erlangt und hofft, Herr des Grals zu werden, wenn er erst alle Ritter vernichtet hat. Allerdings versagt seine Macht angesichts der Standhaftigkeit Parsifals gegenüber den Verlockungen fleischlicher Liebe, und als Klingsor versucht, Parsifal mit dem Speer zu töten, bleibt dieser in der Luft schwebend stehen: Parsifal ergreift den Speer und macht das Zeichen des Kreuzes, woraufhin Klingsors Schloss verschwindet.

Wenn es in der Oper eine Gralsuche gibt, dann im Vorspiel zum dritten Akt, in dem Parsifals Wanderungen und Zweifel geschildert werden, bevor er schließlich den Weg zu den Wäldern des Gralsreiches findet. Hier greift Wagner wieder auf Wolframs Dichtung zurück, aber erhöht das Bild von Parsifals spiritueller Erweckung am Karfreitag mit einer Musik, die wohl zu seiner ekstatischsten und herrlichsten kompositorischen Schöpfungen gehört. Diese lange Szene, in der Gurnemanz den Fremden und den Speer in seiner Hand erkennt und ihn als neuen Herrn des Grals anerkennt, leitet über zu einem verhältnismäßig kurzen Abschluss in der Gralburg. Amfortas weigert sich, noch einmal den Gral zu enthüllen und die Gralzeremonie zu vollziehen: Er verweist auf seine tödliche Verwundung, die sich durch seine Reuegefühle beim Anblick des Grals nur noch verschlimmern würden; er sehnt sich nach dem Tod und nicht nach der Erneuerung des Lebens durch den Gral. Parsifal tritt mit dem Speer ein, Amfortas wird geheilt, und es ist Parsifal, der den Schrein des Grals öffnet. Er hebt ihn heraus und kniet vor ihm nieder, während die Ritter und Knaben die kryptischen letzten Zeilen singen:

Höchsten Heiles Wunder!
Erlösung dem Erlöser!«[438]

Für das zeitgenössische Publikum war der *Parsifal* ein Rätsel und eine Herausforderung, und auch heute noch ist er ein Gegenstand tief greifender Kontroversen. Die Musik wird allgemein bewundert, selbst von denen, die den Stil Wagners sonst nicht schätzen. Die Parsifalmusik ist von einer anderen Welt als die der früheren Wagneropern. Text und Bedeutung des Werkes indessen haben sehr unterschiedliche Leidenschaften geweckt. Ist es eine christliche Oper, wie viele zeigenössische Hörer glaubten? Im Jahre 1894 schrieb ein schottischer Geistlicher, nachdem er den *Parsifal* in Bayreuth gesehen hatte: »Die im Parsifal waltende Unmittelbarkeit der christlichen Wahrheit wird durch die Wahl des dramatischen Sujets erhöht.«[439] Andere nannten das Stück blasphemisch und beklagten, dass im Theater das Ritual der Heiligen Kommunion inszeniert werde; für viele Gläubige war das Theater noch immer eine mit tiefen moralischen Vorbehalten behaftete Institution. Friedrich Nietzsche, ehemals ein enger Freund Wagners, war zutiefst getroffen von Wagners vermeintlicher Kapitulation vor dem orthodoxen christlichen Glauben und verfasste einen wütenden Angriff auf ihn: »Richard Wagner, ersichtlich höchst triumphierend, in Wirklichkeit aber ein zerfallender und verzweifelter Dekadent, sank plötzlich nieder, hilflos und gebrochen vor dem Christenkreuz.«[440] In etwas jüngerer Zeit wurde die nachdrückliche Charakterisierung Parsifals als »reiner Tor« zusammen mit den Passagen über das heilige Blut des Erlösers und das sündige Blut des Amfortas, einschließlich des kontrovers gedeuteten Schlussworts »Erlösung dem Erlöser!« als wegbereitende Idee für die rassenideologischen Vorstellungen der Nationalsozialisten interpretiert. Das ist nachweislich Unsinn: Tatsächlich wurde der *Parsifal* von den Nazis als »ideologisch nicht vertretbar« eingestuft, und von 1939 bis zum Ende des Krieges führte man den *Parsifal* in Bayreuth nicht mehr auf.[441] Versuche, die Kundry-Figur antisemitisch zu deuten, laufen ins Leere. Es gibt keinen Hinweis darauf, dass sie Wagner in irgendeiner Weise als »jüdisch« konzipiert hatte, auch wenn er die Legende vom Ewigen Juden als Grund für ihre ruhelosen Wanderungen durch die Welt anführt: Sie sagt, sie habe über »Ihn« in seinem Todeskampf gelacht und sei deshalb zum Unglück verdammt worden. Um es noch einmal zu wiederholen: Nicht einmal den Namen Christi erwähnt Wagner – alles bleibt angedeutet und wird sorgfältig im Unklaren belassen.

Viele Jahre lang wurde der *Parsifal* nur in Bayreuth aufgeführt, ganz gemäß dem Wunsch des Komponisten; selbst die amerikanischen »Piratenproduktionen« – das Werk unterlag dort nicht dem Copyright – ahmten die Bayreuther Aufführungen nach. Noch nach dem Ersten Weltkrieg setzte sich die Ehrerbietung für das Bayreuther Original fort und erst 1951 vollzog sich eine substanzielle Neuinterpretation der Inszenierung, und das unter der Regie Wieland Wagners am traditionellen Aufführungsort Bayreuth. Die naturalistische Szenengestaltung ersetzte man durch offene Räume und durch eine symbolisch-minimalistische Szenerie; im Kern jedoch blieb die Produktion traditionell. Wiederum folgten andere Opernhäuser diesem neuen Vorbild, aber erst mit dem Aufkommen des Dirigenten/Regisseurs als künstlerischer Protagonist und nicht mehr als reiner Mediator der Kompositionen Wagners in der zweiten Hälfte des 20. Jahrhunderts beginnt sich eine drastische Neubewertung des *Parsifal* zu entwickeln.[442] Die erste und augenfälligste dieser neuen Produktionen war Jürgen Sybergs Film von 1978, in dem ganz verschiedenartige kulturgeschichtliche

Bezüge beschworen werden und der eine radikal neue Auffassung des Helden bietet. Es ist leicht, sich auf all den alten Requisitenkram zu stürzen, auf die riesige Totenmaske Wagners, die die gesamte Bühne ausfüllt, auf die einige Augenblicke erscheinende Hakenkreuzfahne und auf die Gralritter mit dem Wappenschmuck des Deutschen Ordens. Aber diese Dinge stehen in einem größeren Zusammenhang: Die mittelalterliche englische Standarte ist nicht weit vom Nazibanner entfernt, und die Totenmaske ist ein Element der spätviktorianischen Kunst; sie beherrscht den Auftritt des Knabenchors in der Gralszene; die Knaben werden zu Frauen, die im Stil dekorativer Bildwerke auf ein großes Buch blicken. Amfortas' Wunde nimmt eine separate Existenz an und wird auf einem Kissen getragen, und Parsifal selbst teilt sich in eine männliche und eine weibliche Hälfte, deren Vereinigung am Ende der Höhepunkt des Films zu sein scheint. Aber trotz dieser möglichen Abschweifungen ist die Kraft des Originals auf weite Strecken in Syberbergs Vision und in seiner intensiven theatralischen Präsentation gut bewahrt. Ganz besonders ist der Film – worauf Syberberg selbst hinweist – mit seinen Nahaufnahmen bestens geeignet, Wagners Betonung präziser Gesten und Bewegungen zu realisieren.[443] In all dem zieht sich der Gral in ein viktorianisches Kästchen zurück, aus dem er emporsteigt als glühende Vase, nicht unähnlich seinen anderen cineastischen Inkarnationen; Syberberg – und das überrascht nicht – scheint der Gral nicht sonderlich zu interessieren.

Bühnenversionen gingen sogar noch radikaler vor: In Frankfurt porträtierte Ruth Berghaus 1982 die Gralgesellschaft am Rande der Auflösung, als eine hierarchische, geschlossene Männergesellschaft, in die Parsifal von außen hereinbricht und neues Leben bringt, zugleich aber auch einen kindlichen Sinn für alles Spielerische. In anderen Inszenierung ist der Speer die zentrale Waffe (Rolf Liebermann in Genf); Götz Friedrich in Bayreuth bot eine Science-Fiction-Version, in welcher der Gral die Leben spendende Befreiung vom übertriebenen Erfindergeist des modernen Menschen gewährte. Die extremste Version lieferte Robert Wilson, dessen Inszenierung beinahe von allen gewohnten Requisiten entblößt war: Selbst der Speer ist verschwunden, aber der Gral überlebte als ein »schwarzes Kästchen, das von der Spitze einer glühenden Eispyramide zurückgeholt wird.[444]

Diese Überfülle an Interpretationen hängt wohl in weiten Teilen mit dem gegenwärtigen Hang zur Neuschöpfung klassischer Opern zusam-

Kundry und Parsifal in der Parsifal-*Inszenierung von Jean-Pierre Ponnelle, Oper der Stadt Köln 1983. Mit Waltraud Meier und Peter Lindroos (2. Akt.).*

men, wobei die Interpretation eher zu kurz kommt, aber die Vielfalt der Ansätze – seien sie nun schwach oder großartig – unterstreicht die außergewöhnliche Macht der Wagnerschen Visionen und die Faszination, die seine Themen auf uns ausüben.

Was aber hatte Wagner im Sinn, als er sowohl das Libretto als auch die Oper selbst schrieb? Es gibt da keine einfache Antwort. Dr. Friedrich Keppler, der Arzt, der sich in Venedig um ihn kümmerte und einen Bericht über die körperlichen Ursachen seines Todes verfasste, fügte am Ende die folgende Bemerkung an:

Dass die zahllosen psychischen Aufregungen, welchen Wagner durch seine eigenthümliche Geistesanlage und Geistesrichtung, durch seine scharf prononcirte Stellung zu einer Reihe brennender Fragen in Kunst,

Wissenschaft und Politik, durch seine merkwürdige gesellschaftliche Position alltäglich ausgesetzt war, viel zur Beschleunigung des unglücklichen Endes beigetragen haben, ist selbstverständlich.[445]

Die enorme Bandbreite der Interessen Wagners, seine reiche Belesenheit auf den Gebieten Literatur und Philosophie, sein geradezu zwanghaftes Verfassen streitbarer Essays in seinen späten Jahren vergrößern die Schwierigkeit, sein Denken zu analysieren, ein Denken, das sich nicht im Rahmen einer folgerichtigen Philosophie vollzog, sondern von verschiedenartigen Ideen beeinflusst war, mit denen er in Berührung kam und die seine Phantasie beschäftigten. Der *Parsifal* jedenfalls nahm bereits Gestalt an vor Wagners späten Essays, in denen seine Widersprüche (und sein Antisemitismus) einen Höhepunkt erreichten. Als er den Entwurf zum *Parsifal* 1865 niederschrieb, war sein literarisches Interesse immer noch von seiner Begeisterung für die mittelalterliche Literatur geprägt, und Schopenhauer war für ihn die beherrschende philosophische Leitfigur. Wagner hörte nicht auf, ihn zu bewundern, selbst als seine eigenen Ideen zunehmend andere Wege einschlugen. Nahezu alle wichtigen Elemente im *Parsifal* können auf diese beiden Quellen zurückgeführt werden.

Wenn wir zwei Konzepte betrachten, die im Nachhinein mehr Probleme bereiteten als andere – die des Blutes und der Reinheit –, so wurzeln beide in den mittelalterlichen Texten, die Wagners originale Quellen waren. »Des Weihgefäßes göttlicher Gehalt« ist das »heiligste Blut«: ein uns vertrautes Thema aus französischen Romanen, die Wagner für sein Gralbild herangezogen hatte. Alle Bezüge im Libretto auf Blut – von denen Nietzsche bekanntermaßen meinte, es würden sich davon im *Parsifal* zu viele finden – stehen im Zusammenhang mit jenem göttlichen Blut als Quelle spiritueller und irdischer Speise. Amfortas stellt das sündige Blut aus der Wunde in seiner Seite dem göttlichen Blut gegenüber, das aus einer ähnlichen Wunde fließt, um die Gemeinschaft zu nähren (Wiederum bleibt der Bezug zur Kreuzigung im Unklaren). Wagner beschränkt die Verwendung dieser Idee auf diesen einen Punkt, und der Gegensatz zwischen göttlichem und sündigem Blut entsteht ganz natürlich aus der Parallelität der beiden, durch denselben Speer verursachten Wunden: die eine ist erlösend, die andere quälend. Desgleichen entstammt die Idee der Reinheit aus denselben französischen Quellen: Parsifal hat die Eigenschaften Galahads angenommen und wurde eher zum keuschen Helden als zu der warmen und menschlichen Figur, wie sie Wolfram von Eschenbach gezeichnet hatte. Wiederum bezieht sich der Aspekt der Reinheit allein auf Parsifal selbst, einmal abgesehen von einer kurzen Bemerkung, dass Reinheit auch von den Gralrittern verlangt wird – eine dem Lancelot-Gral entnommene Idee: Der Gral wird nur diejenigen nähren, die sich ihm reinen Herzens nähern: »Wenn du rein bist, wird dir der Gral jetzt Essen und Trinken darreichen.«[446]

Im Parsifal findet sich ein beachtlicher Bestand an christlicher Metaphorik, und Wagner selbst könnte dem traditionellen Christentum näher gestanden haben, als uns viele seiner überlieferten Äußerungen Glauben machen möchten. Es wird aber auch eine deutliche Vermeidung christlicher Bezüge erkennbar: Abgesehen davon, dass der Name Christi an keiner Stelle erscheint, wird auch die Auferstehung nicht erwähnt und nur das erlösende Opfer der Kreuzigung betont. Die Gestalt am Kreuz wird zwar »der Herr« genannt, »der Erlöser«, bleibt aber ein universelles Symbol, nicht die überlieferte Gestalt des Jesus Christus. Parsifal beschwört »den Heiland« in seiner heftigen Reaktion auf Kundrys Kuss, aber wiederum bleibt die Figur schattenhaft, der mysteriöse Herr des Grals, der ihn, so scheint es Parsifal, bittet, das heilige Gefäß aus den sündigen Händen des Amfortas zu erretten. Wagners ursprünglicher Entwurf verdeutlicht, dass auch Amfortas selbst diese Schuld fühlt und dass sie Parsifal über sein Mitleid mit Amfortas ebenfalls erfährt.[447]

Aber genauso, wie die mittelalterlichen Gralromane außerhalb der offiziellen Religion standen, nutzt Wagner die äußeren Formen der Religion, um eine künstlerische Botschaft zu vermitteln. Er war sich durchaus bewusst, dass er die Rituale der Kirche neu erschafft – wenn auch eher die lutherischen als die römisch-katholischen –, und er äußerte gegenüber Cosima, dass »diese Szene der Heiligen Kommunion die Hauptszene werden wird, der Kern des gesamten Werkes«.[448] Allerdings handelt es sich um eine höchst unorthodoxe Form der Kommunion. Hier wird Blut und Leib des Erlösers – Christus bleibt natürlich ungenannt – zu Brot und Wein, um die Ritter in ihrem Kampf um die Erhaltung des Glaubens zu nähren – eine genaue Umkehrung der Lehre von der Transsubstantiation. Das Motiv des Grals als Nahrungsquelle für die Reinen im Herzen erfährt hier seinen wörtlichsten Ausdruck. Wir haben es hier nicht mit einem Ritual zu tun, sondern mit einer realen und praktischen Notwendigkeit für das Weiterbestehen der Gralgesellschaft.

Der *Parsifal* ist kein religiöses Werk im allgemein akzeptierten Sinne. Genauso wie die mittelalterlichen Autoren das zeitgenössische Konzept des Rittertums in den religiösen Kontext eingeführt haben, so schlägt Wagner einen ganz ähnlichen Weg ein. Er verweigert sich den Orthodoxien des etablierten Glaubens zu Gunsten eines Synkretismus', der um die Mitte des 19. Jahrhunderts zu einer Modeerscheinung zu werden begann. Nach Wagners Auffassung waren Christentum, Buddhismus und Hinduismus die drei genuinen Religionen, und in ihrer reinen und ursprünglichen Form betonten sie alle drei die Nächstenliebe, die Kernwahrheit religiösen Fühlens. Diese Sympathie, dieses Mitleid ist der zentrale Gedanke des *Parsifal*, und die christlichen Rituale sind lediglich der Hintergrund, vor dem sich das Drama entfaltet: Der Schlüssel ist die Entwicklung Parsifals, vom unbekümmerten Kind, das zur Erprobung seiner Geschicklichkeit auf Schwäne schießt, bis hin zum gereiften Mann mit seinem Bestreben, seinen Mitmenschen von Schmerzen zu befreien, weil er Mitleid mit dessen Pein hat. In diesem Zusammenhang repräsentiert Kundry und ihr Lachen den Antityp zu Parsifal; sie ist ein Menschenwesen, dem jede Spur des Mitleids fehlt. Nur das Mitleid vermittelt das wahre Wissen um die Lage des Menschen.

Darin liegt ein stark buddhistisches Element, und tatsächlich sprach Wagner viele Jahre von einer Oper über ein Ereignis aus der Jugend Buddhas; sie sollte *Die Eroberer* heißen, weil Held und Heldin irdisches Verlangen überkam. Aber die Ideen, die ihn zu diesem Thema hinzogen, waren weitestgehend bereits im *Tristan* und im *Parsifal* bearbeitet, und er verfolgte sie nicht weiter, vermutlich weil Wagner diese philosophische Ebene verlassen hatte, nachdem er das Gerüst des *Parsifal* fertiggestellt hatte.

Ein anderes wichtiges Element in Wagners Beziehung zur Religion war, dass er die weiter entwickelten religiösen Formen als Abirrung von der urspünglichen Gedankenklarheit der Religionsgründer verurteilte, insbesondere verabscheute er die äußerlichen Aspekte des Katholizismus: »Ich komme immer mehr darauf zurück, dass es ein Skandal ist, dass dieser (= der Katholizismus) noch besteht.«[449] Einem mit »Religion und Kunst« überschriebener, kurz nach Vollendung des *Parsifals* verfasster Essay stellte Wagner ein Zitat Friedrich Schillers voran: »Ich finde in der christlichen Religion virtualiter die Anlage zu dem Höchsten und Edelsten, und die ver-

König Ludwig II. Gemälde von Ferdinand Piloty. 1865.

schiedenen Erscheinungsformen derselben im Leben scheinen mir bloß deswegen so widrig und abgeschmackt, weil sie verfehlte Darstellungen dieses Höchsten sind.«[450] Im Essay selbst stellt er zahlreiche Forderungen nach der Rolle der Kunst in der Welt der Religion auf. Gegen Ende erklärt er Schopenhauer zu seinem »Führer durch das unerbittliche metaphysische Problem des Menschengeschlechts« und führt aus, dass dieses Problem nur über die Unterdrückung des persönlichen Willens gelöst werden könne sowie über eine Selbsterkenntnis, »die letztlich nur durch Erbarmen, geboren aus dem Leiden, gewonnen werden kann – welches unter Abschaffung des Willens, die Negation eines Negativen ausdrückt, und dies bedeutet, nach allen Regeln der Logik, Bestätigung.«[451] »Muss eine neue Religion gegründet werden?«, so fragt sich Wagner selbst; dies aber sei nicht die Aufgabe des Künstlers:

> Man könnte sagen, dass da, wo die Religion künstlich wird, der Kunst es vorbehalten sei, den Kern der Religion zu retten, indem sie die mythischen Symbole, welche die erstere im eigentlichen Sinne als wahr geglaubt wissen will, ihrem symbolischen Werthe nach erfasst, um durch ideale Darstellung derselben die in ihnen verborgene tiefe Wahrheit erkennen zu lassen. Während dem Priester Alles daran liegt, die religiösen Allegorien für tathsächliche Wahrheiten angesehen zu wissen, kommt es dagegen dem Künstler hierauf ganz und gar nicht an, da er offen und frei sein Werk als seine Erfindung ausgiebt.[452]

Der *Parsifal* ist somit eine Neuschöpfung sowohl der mittelalterlichen Erzählungen als auch der Religion, die das Kernelement dieser Geschichten ausmacht. Es ist kein Werk der Religion, sondern ein musikalisches Drama über Religion, und wenn Wagner seine ernsthaftesten und tiefsten religiösen Gedanken hineinlegt, versucht er dennoch nicht, einen neuen Glauben zu schaffen oder gar eine religiöse Erfahrung. Der Gral ist ein ideales Symbol für seine Zwecke: Er ist zum einen ein mythisches, von Künstlern zurückliegender Jahrhunderte geschaffenes Emblem, zum anderen ein zentrales Exempel – in seiner Gestalt als Messkelch – einer religiösen Allegorie, dargestellt als faktische Wahrheit.

Mitleid mag als Thema im Mittelpunkt des *Parsifal* stehen, aber Wagner erkundet noch andere Ideen, namentlich die der Erlösung: Der Mensch »in

Die Einsiedelei des Gurnemanz *im Park von Schloss Linderhof, 1881 für Ludwig II. errichtet. Gemälde von Heinrich Breling.*

seiner Erkenntnis über den Irrtum jeglicher Existenz, wird zum Erlöser der Welt.«[453] Die letzten Worte der Oper sind ein rätselhaftes Echo dieser Idee: die Ritter und Knaben singen »Erlösung dem Erlöser!« Ich lese darin die Bedeutung, dass Parsifal ihre Erlösung und zugleich seine eigene Erlösung erlangte, indem er seinen Willen kraft seines Mitleids überwunden hatte.[454] Noch rätselhafter ist die Betonung des Glaubens in der Gralszene des 1. Akts. Wie wir gesehen haben, stehen in der Partitur die musikalischen Themen für den Gral und den Glauben häufig in Nachbarschaft zusammen. Wenn Glaube so geheiligt und entscheidend ist – die Worte »Gesegnet im Glauben« markieren den Höhepunkt der Gralszene – dann entspricht dies ohne Zweifel nicht der Auffassung Wagners von Religion, die er als etwas Trennendes zwischen dem Menschen und dem Göttlichen betrachtet: Glaube ist das Argument, mit dem der Einbruch der Vernunft abgewehrt wird. Aber Wagner argumentiert nicht, dass Religion selbst die

Schuld trägt, vielmehr betont er den wahren Glauben in den ursprünglichen und reinen Formen der Religion. Er hatte sich eingehend mit der Geschichte des frühen Christentums befasst, weil er dort auf Autoren stieß, in denen er seine eigenen Ansichten wiederfand, weiterhin mit vergessenen Legenden, die er vor allem in gnostischen Schriften entdeckte. Er bewunderte Markion, einen frühchristlichen Theologen, der dafür eintrat, dass die Christen das Alte Testament nicht anerkennen sollten, sondern nur das Neue Testament. Man nahm auch an, dass er möglicherweise die apokryphe Schrift vom Gottessohn kannte, der ausgesandt wurde, um Ägypten von Geistern zu befreien, selbst aber Opfer ihrer Verführungen wurde und zu einem Erlöser wird, der selbst die Erlösung erwartete.[455]

Schließlich kommen wir wieder zurück zu der Passage in »Religion und Kunst«: Diese religiösen Szenen sind die »mythischen Symbole«, mit denen die Kunst »ihre tiefe und verborgene Wahrheit durch eine ideale Darstellung« enthüllt. Sein Ansatz steht dem Goethes in der Schlussszene des *Faust* nahe: In der Anerkenntnis, dass es schwierig sei, die endgültige Erlösung und Apotheose von Gretchen, Fausts Geliebter und Opfer, darzustellen, schrieb Goethe:

… Daß ich bei so übersinnlichen, kaum zu ahnenden Dingen, mich sehr leicht im Vagen hätte verlieren können, wenn ich nicht meinen poetischen Intentionen durch die scharf umrissenen christlich-kirchlichen Figuren und Vorstellungen eine wohltätig beschränkende Form und Festigkeit gegeben hätte.[456]

Wagner geht es darum, die Essenz des Christentums, die Idee der Sünde und Erlösung, der Vergebung und der Barmherzigkeit, aus den Begrenzungen der rein historischen und verkrusteten Rituale späterer Jahrhunderte herauszulösen.[457]

Die Wirkung von Wagners *Parsifal* war enorm. Ganz abgesehen von seinem elektrisierenden Effekt auf die Musikwelt, inspirierte er Künstler, sich mit Begeisterung dieses Themas anzunehmen. Wagners junge Bewunderer, darunter der Komponist Engelbert Humperdinck und der Pianist Josef Rubinstein, schlossen sich noch vor der Vollendung des *Parsifal* zu der Gruppe »Ritter des Grals« zusammen[458]: sie übersandten Wagner ihr

Das Wohnzimmer Ludwigs II. auf Schloss Neuschwanstein mit dem Gemälde
Gralswunder *von Wilhelm Hauschild*

künstlerisches Manifest, das er zwar billigte, aber öffentlich nicht unter-
schreiben wollte. Es war Wagners Gönner, Ludwig II. von Bayern, der
Künstler beauftragte, sein Phantasieschloss Neuschwanstein mit bildlichen
Entsprechungen zur Oper zu dekorieren. Seitdem er im Jahre 1861 den
Lohengrin gesehen hatte, begeisterte sich Ludwig für das Werk Wagners
und war seit den 1860er Jahren an seinen Plänen und Projekten aktiv beteiligt. Mit Wagner teilte er seine Vorliebe für die deutsche mittelalterliche
Literatur, und noch bevor die Arbeiten am *Parsifal* beendet waren, wurde
eine auf Wolframs Dichtung basierender Bildzyklus geplant, zusammen
mit ähnlichen Zyklen zum Tannhäuser und zu Tristan und Isolde. In den
1870er Jahren, noch während der Bautätigkeiten an Neuschwanstein, beauftragte er Eduard Ille, Entwürfe des Gralstempels anzufertigen, wie er im
Jüngeren Titurel beschrieben war. Er präsentierte den Tempel nicht als gotisches Bauwerk, wie ihn sich der gelehrte Sulpice Boisserée gut dreißig Jahre
zuvor vorgestellt hatte[459], sondern weitgehend in byzantinischem Stil nach

dem Vorbild der Hagia Sophia in Konstantinopel. Dieser Entwurf sollte zum Modell für alle zukünftigen Darstellungen werden, auch für das erste Bühnenbild des *Parsifal* selbst. Im Jahre 1877 ließ Ludwig die Einsiedlerhütte, aus der Gurnemanz im 3. Akt hervortritt, im Park seines Schlosses Linderhof nachbauen und schrieb an Wagner: »Hier höre ich, ahnungsvoll, die silbernen Fanfaren aus der Gralsburg erschallen.«[460]

Als sich abzeichnete, dass man einen byzantinischen Palast, so wie ihn auftragsgemäß Ille entworfen hatte, nicht bauen würde, benutzte man die Entwürfe für die Gestaltung des Thronsaales auf Neuschwanstein. Die endgültige Version beruhte indessen mehr auf spätbyzantinischer Kirchenarchitektur als auf Illes Phantasien, und so sind es die Fresken auf Neuschwanstein, die das Gralthema am besten repräsentieren. Trotz Ludwigs Wagnerbegeisterung ordnete er an, dass das Dekorationsprogramm auf der »historischen« Fassung der Geschichten basieren sollte und nicht auf Wagners Neubearbeitung der mittelalterlichen Romane. Im Sängersaal, einer Erinnerung an den Sängerkrieg im *Tannhäuser*, finden wir die Szenen aus Wolframs *Parzival*. Sie wurden zwischen 1883 und 1884 ausgeführt, bald nach der Premiere des *Parsifal*. Ludwig lebte so intensiv in der Welt der Romane, dass er anordnete, der Künstler, der die Szene vom Zusammentreffen Parzivals mit den Pilgern am Karfreitag gestaltete, möge sein Werk ebenfalls am Karfreitag beenden. Leider sind die Malereien nicht mehr als formale Dekorationen, und das gesamte Ensemble ist eher ein Dokument der Mittelalterobsession des Königs und der ungezügelten Extravaganz seiner wechselhaften Vorstellungen von der Ausführung des Freskenzyklus'.

Dieselbe leidenschaftliche Extravaganz dokumentiert der pompöse, von einem Münchner Modejuwelier ausgeführte Tafelaufsatz, der die Gralburg mit dem Gral in seinem Schrein darstellt; über allem der Fisch, das Symbol Christi, so wie er in den frühesten französischen Romanen mit den Gral assoziiert wurde.[461] Dieses Phantasiewerk war, zusammen mit einigen Graltapisserien des Engländers Edward Burne-Jones, eine der herausragenden Attraktionen auf der Weltausstellung in Paris des Jahres 1900. Zu Beginn des 20. Jahrhunderts ist der Gral zu einem Symbol des säkularen Luxus geworden – die erste der vielen veränderten und oft unangemessenen Ausformungen, die der Gral in den nächsten einhundert Jahren durchlaufen sollte.

Drittes Kapitel

Der Gral als Spiegel – Geheime Überlieferungen, esoterische Lehren

Bis zum Ende des 19. Jahrhunderts blieb der Gral ein in der Religion verwurzeltes Symbol, das sich niemals von seinen mittelalterlichen Ursprüngen wirklich entfernt hatte. Für die Dichter und Künstler, die sich mit dem Gral befassten, war unbestritten, dass er in den Kontext mittelalterlicher Romanliteratur und mittelalterlicher Religiosität gehörte. Selbst Wagner näherte sich diesem Thema von einem mittelalterlichen Standpunkt aus, trotz seiner Verachtung für die rituellen Formen des Christentums und seiner radikalen Auffassung religiöser Werte. Das 20. Jahrhundert indessen eröffnete eine ganz andere Perpektive, deren Vorläufer Karl Immermann und Edgar Quinet waren. Der Gral gerät zu einem Spiegel, der die eigenen Gedanken der einzelnen Autoren und deren intellektuelles Milieu reflektiert. Für die meisten Autoren bewegt sich der Gral nun befreit von seinen christlichen Konnotationen; es herrscht die allgemeine Ansicht, dass die alten Symbole neu interpretiert werden müssten, ganz gleich, ob nach heidnischen oder philosophischen Prinzipien oder im Sinne C. G. Jungs. Nichts wird als gegeben hingenommen, alles und jedes wird in den alten Geschichten in Frage gestellt und erhält eine neue Form, je nach der Stimmung des Augenblicks.

Geheimes Wissen und das Okkulte

Wagner hatte eine Rückkehr zur einfachen Reinheit des frühen Christentums gefordert. In der zunehmend komplexen und industrialisierten Gesellschaft des ausgehenden 19. Jahrhunderts war dies nicht mehr als ein frommer Wunsch. Aber die Unzufriedenheit mit dem aufkommenden

Materialismus und der Dominanz des Kapitalismus sowie die offenkundige Nachgiebigkeit der etablierten Kirchen gegenüber deren Prinzipien hatte bereits zu deutlich radikaleren Alternativen geführt. Das Konzept des »Okkulten« ist geeignet, tiefes Misstrauen zu erwecken, wenn nicht offene Feindschaft, aber es war in Wirklichkeit bereits seit Jahrhunderten eine durchaus respektable Richtung der westlichen Philosophie und lässt sich bis ins vierte nachchristliche Jahrhundert zurückverfolgen, bis zu den Anhängern platonischen Denkens im Umkreis der spätantiken Schule von Alexandria. Der Terminus selbst wurde in Deutschland von Cornelius Agrippa geprägt, der 1533 drei Bände über Magie unter dem Titel *Über okkulte Philosophie* veröffentlichte. Er argumentierte, die Magie bediene sich der unsichtbaren Verbindungen zwischen Materie und Geist; spirituelle Kräfte könnten mittels ihrer materiellen Gegenstücke mobilisiert werden, wenn die Schlüssel zu diesen Verbindungssträngen bekannt wären. Auf dieser philosophischen Grundlage beruhten Alchemie, Astrologie und Wahrsagerei. Als im 17. Jahrhundert die Naturwissenschaften zu einer wissenschaftlichen Disziplin wurden, bei der die Beobachtung physikalischer Ergebnisse an oberster Stelle rangierte, wurden diese »okkulten« Wissenszweige mit Hilfe der neuen Verfahren einer Überprüfung unterzogen, und es zeigte sich schließlich, dass sie wissenschaftlich nicht bewiesen werden konnten. Aber die »Wissenschaftler« dieser Periode waren erfüllt von den Ideen der Renaissance, auf welche die spätantike alexandrinische Gelehrsamkeit und die Welt der Hermetiker einen machtvollen Einfluss ausübten. (Die Hermetiker leiteten ihre Vorstellungen aus den offenbarten oder verborgenen Geheimnissen in den Schriften des Hermes Trismegistos ab.) Was wissenschaftlich nicht erklärt werden konnte, wurde nun als »okkult« oder verborgen eingestuft, denn es verschloss sich rationaler Überprüfung. Solche Wissensgebiete grenzten häufig an das Territorium orthodoxer Religion und erregten das Misstrauen der etablierten Kirchen; und da die Wissenschaft zunehmend von Rationalisten beherrscht wurde, behandelten auch die Naturwissenschaftler den »okkulten« Bereich mit zunehmender Vorsicht.

Diese Idee vom geheimen Wissen ist ein wichtiges Element im Gralbild des 20. Jahrhunderts, und um sie richtig zu verstehen, müssen wir uns Bewegungen zuwenden, die in voller Absicht eine Atmosphäre des Geheimen kultivierten, insbesondere die Rosenkreuzer und die Freimaurer. Die

Ursprünge beider Bewegungen sind rätselhaft: Die Wurzeln der Rosenkreuzer können bis etwa 1610 zurückverfolgt werden, zu einem mysteriösen Bericht über den angeblichen Gründer Christian Rosenkreuz, der 1484 gestorben sein soll und der eine gänzlich fiktionale Figur zu sein scheint. Der Autor des 1614 erschienenen ersten Werkes über ihn, *Fama Fraternitatis, Oder Brüderschafft des Hochlöblichen Ordens des R.C.*, der lutheranische Theologe Johannes Valentin Andreae, erklärte später, seine Abhandlung sei als *ludibrium*, als Farce oder Spiel gedacht gewesen. Wahrscheinlich hat Andreae an eine Art belehrende Allegorie im Stil zeitgenössischer höfischer Maskeraden gedacht und nicht an eine Satire über die aktuelle Mode okkulter Studien; so liefert er eine als Unterhaltung getarnte Reihe von Meinungen und Gesichtspunkten.[462] Hintergrund seiner Veröffentlichung sind die Versuche, in Böhmen wiederum einen protestantischen Regenten einzusetzen. Die Grenzen zwischen Alchemie und Naturwissenschaften, zwischen Philosophie und Mystizismus standen den Protestanten zu weiteren Erkundungen offen, seitdem die entsprechenden Beschränkungen und Tabuisierungen durch die Katholische Kirche für sie nicht mehr gültig waren. Die Manifeste der Rosenkreuzer bezogen sich mit Nachdruck auf dieses neuartige Material und schufen damit ein Gegenstück zu den mittelalterlichen Prophetien; man verhieß eine neue Ordnung ohne Krankheit und Armut, ein Ende der päpstlichen Tyrannei, und insgesamt sah man eine neues Zeitalter lichtvoller Geistigkeit heraufziehen.

Obwohl eine Wiedererrichtung des Protestantismus in Böhmen scheiterte, überlebten rosenkreuzerische Ideen diesen Rückschlag. Es ist möglich, dass das Freimaurertum aus dem Rosenkreuzertum hervorging, obwohl »der Ursprung des Freimaurertums eines der am meisten diskutierten und diskussionswürdigen Themen im gesamten Bereich historischer Forschung ist«, wie Frances Yates meint.[463] Es existieren Verbindungen zur Alchemie, die sich um die Mitte des 17. Jahrhunderts im Gewande der Chemie zu einem respektierten Wissensgebiet entwickelt hatte; auch die Gründung der Royal Society in London im Jahre 1660 kann mit dem Freimaurertum und dem Rosenkreuzertum in Verbindung gebracht werden. Die Neigung der Freimaurer zum Geheimen und zu einer degenerierten Form altertümlicher symbolischer Zeichen ließ ihren Ursprung noch mysteriöser erscheinen, als er er vielleicht in Wirklichkeit war; sie dienten als Vorbild für Geheimgesellschaften mit noch exotischeren Zielsetzungen.

Zu dem Miasma mystischer Gesellschaften in der Mitte des 19. Jahrhunderts gehörten als weiteres Element die Anhänger des schwedischen Naturforschers Emanuel Swedenborg, der nach einer Vision im Jahre 1745 die Wissenschaften zu Gunsten von Theologie und Theosophie (»Göttliche Weisheit«) aufgab und die Ansicht vertrat, alle Kirchen sollten sich vereinigen und eine neue Religion erschaffen. Die erste Theosophische Gesellschaft wurde 1783 in London gegründet; ihr Ziel war, die Schriften Swedenborgs zu studieren und Forschungen im Bereich der östlichen und westlichen Mystik zu betreiben. In den Jahren der Französischen Revolution löste sich die Gesellschaft auf; die zweite, 1875 gegründete Theosophische Gesellschaft war indessen nur indirekt von Swedenborgs Lehre beeinflusst. Vielmehr stand sie im Zusammenhang mit der neuen Vorliebe für Spiritismus und ägyptische Religion: Unter der Führung der Russin Helena P. Blavatsky, die Reisen nach Ostasien unternommen hatte, bemühte sich die Theosophische Gesellschaft, die eher unbestimmt christlichen Aktivitäten der Spiritisten durch eine Neubelebung genuin okkulter Praktiken zu ersetzen.[464]

Dieser notwendigerweise kurze und stichwortartige Abriss eines oft vernachlässigten Gebietes westlicher Geistesgeschichte führt uns schließlich wieder zum Gral zurück. Während das Freimaurertum, das eine rationale und konkrete Aufklärung hinter dem Schleier abstruser Rituale verfolgte, eher für Menschen des praktischen Lebens, etwa für Politiker und Kaufleute, reserviert war, tendierten Künstler und Schriftsteller zu den Rosenkreuzern, die spirituelle Erleuchtung und die Offenbarung von Mysterien boten und damit zur Erkundung der Traditionen mittelalterlicher okkulter Praktiken führten. So verhielt es sich mit dem Kreis um William Blake im frühen 19. Jahrhundert und bei den französischen romantischen Dichtern ein halbes Jahrhundert später: Ein lebhaftes Interesse an den mystischen und spirituellen Ideen der Rosenkreuzer sowie an Magie findet sich in den Werken Victor Hugos genauso wie bei den Dichtern der »Décadence«, etwa bei Gérard de Nerval, Baudelaire und Rimbaud oder bei dem Symbolisten Stéphane Mallarmé. In den 1890er Jahren öffnete sich der Kreis für Künstler und Musiker, und ein Artikel des Kritikers Maurice Barrès auf der ersten Seite des Figaro vom 27. Juni 1890 unter dem Titel »Die Magier« befasste sich mit der neuen Mode für alles Okkulte. Der von Joséphin Péladan mit dem Beinamen »Sâr Méradock« gegründete Rosenkreuz-Orden unter der

Bezeichnung »Ordre de la Rose + Croix, du Temple et du Graal«[465] bedeutete eine Ablehnung des ursprünglichen Rosenkreuz-Ordens, den Péladan als häretisch betrachtete. Der neue Orden sollte katholisch und, vor allem, ästhetisch sein, und so wurde er zu einem wichtigen Element der Kunstszene in Paris. Auch Péladans älterer Bruder zeigte ein außerordentliches Interesse am Okkulten und hatte viel über das Thema publiziert; Péladan selbst hatte 1883 eine Schrift über den Gral verfasst, acht Jahre vor der Gründung seines Ordens.[466] Er ist der erste dieser Enthusiasten, dem wir begegnen werden, und bevor wir sie als Exzentriker oder Phantasten abtun, sei doch bemerkt, dass die Einbeziehung des Grals in einen okkulten Zusammenhang ein wichtiges Element seines Bildes im 20. Jahrhundert darstellt. Trotz Péladans Vorliebe für dramatische Gewandung – er liebte es »assyrisch« oder mittelalterlich – und seines ausgeprochenen Gespürs für Selbstdarstellung, erweckten seine Aktivitäten die Aufmerksamkeit der künstlerischen und literarischen Welt, auch die der Komponisten Debussy und Satie. Das wichtigste Forum des Péladan-Ordens jedoch war die jährliche Kunstausstellung »Le Salon de la Rose + Croix«, deren erste 1892 die Pariser Kunstwelt in bedeutende Unruhe versetzte. Bei der Eröffnung des ersten Salons wurden die Besucher mit den Klängen einer Blechkapelle begrüßt, die das Vorspiel zum *Parsifal* intonierte, und Gemälde über Themen der Oper präsentierte man in mehreren folgenden Ausstellungen. Die Graldarstellungen von Rogelio de Egusquiza könnte die Frucht eines Zusammentreffens mit Péladan in Bayreuth gewesen sein.[467] Der belgische Künstler Jean Delville stellte regelmäßig im Salon aus; auch sein »Parsifal« ist das Produkt derselben Wagnerbegeisterung.[468]

Der Lyriker Paul Verlaine schrieb Beiträge für die Zeitschrift *Le Saint-Graal*, zu deren Autorenkreis auch Péladan gehörte. Sie wurde von Emmanuel Signoret herausgegeben; zwischen 1892 und 1899 erschienen zwanzig Nummern in unregelmäßigen Abständen, die letzten Ausgaben wurden fast ausschließlich von Signoret geschrieben. Verlaine übermittelte seine guten Wünsche für die erste Ausgabe am 20. Januar 1892:

Der Heilige Gral, welch ein Wort, welch ein Name! Doppelte Bedeutung: der Höhepunkt moderner Kunst, der Gipfel ewiger Wahrheit. Heiliger Gral, Wahres Blut, das Blut Christi in weißglühendem Golde; Heiliger Gral, Lohengrin, Parsifal, die triumphale und triumphierende Manifestation der erhabensten Musik, vielleicht die höchste poetische Leistung unserer Zeit![469]

Verlaine begeisterte sich für Wagner und hatte bereits in seine Gedichtsammlung *Amour* Gedichte über Parsifal und den Gral aufgenommen. »Parsifal« ist eine elegante Zusammenfassung von Wagners Erzählung im Rahmen eines Sonetts; »Saint Graal« ist in der schweren religiösen Sprache der letzten Jahre des Dichters gehalten, eine Vision von Christi Blut, das sich über Frankreich ergießt, »ein reißender Strom der Liebe des Gottes der Liebe und der Güte« soll »unser Land erlösen, o Blut, das unseren Durst löscht!«

Péladan selbst veröffentlichte in *Le Saint-Graal* eine seltsame Träumerei über Narziss und den Gral.[470] Außer *Le mystère du Graal* publizierte er 1892 einen Band mit Prosagedichten, ein Auszug aus seinem Novellenzyklus *La décadence Latine*, unter dem Titel *La Queste du Graal*, wobei der Gral nur im Buchtitel genannt wird. In seinem wichtigsten Beitrag, einer kleinen Schrift aus dem Jahre 1906, befasste er sich erneut mit der Verbindung des Grals mit den Katharern. Dieses schmale Büchlein sollte eine überraschende und bemerkenswerte Wirkung zeitigen.

Um die Mitte des 19. Jahrhundert etablierten sich die Rosenkreuzer auch in England, und die »Societas Rosicruciana in Anglia« war ein angesehener Ableger der Freimaurer. In der Zwischenzeit war 1883 die Theosophische Gesellschaft in Misskredit geraten, als man Madame Blavatsky Betrug bei ihren spiritistischen Sitzungen nachweisen konnte; sie wurde von der Society of Psychical Research der Hochstapelei bezichtigt. Die Präsidentin der Gesellschaft, Anna Kingsford, gründete 1884 eine neue Gruppe, die »Hermetische Gesellschaft«, welche die ursprünglichen Ziele der Theosophen weiterverfolgte. Sie konzentrierte sich mehr auf das Mystische als auf das Okkulte, verwarf den Anspruch, über paranormale Kräfte zu verfügen und war nicht »von der Führung durch irgendwelche Mahatmas« abhängig, eine pointierte Anspielung auf Blavatskys Vorliebe für östliche Gurus zweifelhafter Provenienz. Als 1888 ein anderer Rosenkreuzer-Orden gegründet wurde, der »Hermetische Orden von der Goldenen Morgenröte« (Hermetic Order of the Golden Dawn), zog er unter anderem Mitglieder der kürzlich diskreditierten Theosophischen Gesellschaft an. Der Ordensgründer William Westcott behauptete, er habe ihn mit Genehmi-

Gralsblatt des völkisch-esoterischen Jugendstilkünstlers Fidus.

gung eines deutschen Ordens gleichen Namens gegründet, der auch einen Zweig in Frankreich unterhalte. Später sollte das berühmteste Mitglied, W. B. Yeats, schreiben, dass die Gründung des Ordens

> … beinahe so im Dunkeln liegt wie manche der alten Religionen … Leute, die sich in den Besitz seiner Rituale gebracht haben, behaupten, ohne Beweise zu liefern, eine Genehmigung deutscher und österreichischer Rosenkreuzer zu besitzen. Ich füge jedoch hinzu, dass ich auf Grund innewohnender Beweiskraft überzeugt bin, dass die Rituale, so wie ich sie kenne, in ihrer Substanz alt sind … Es war ein Weniges, das mir offensichtlich und melodramatisch vorkam, und es war genau dieses Wenige, so sagte man mir, das den Ritualen der Freimaurer entsprach, es gab aber vieles, das ich als schön und tief empfand.[471]

Die Ziele des Ordens wurden vom Ordensoberen MacGregor Mathers 1901 in einem Brief umrissen:

> Es ist ein Zusammenschluss zum Studium der Archäologie des Mystizismus' und zum Studium des Ursprungs und des Gebrauchs religiöser und okkulter Symbole. Die Ordenslehren sind strikt moralisch und schärfen einen tiefen Respekt für die Wahrheiten aller Religionen ein.[472]

1894 gab es »Tempel« in Edinburgh und Paris, und außer Yeats schlossen sich noch weitere literarische Persönlichkeiten an, darunter Arthur Machen and A. E. Waite. Allerdings brachte 1901 ein handfester Skandal den Orden in schwersten Misskredit: Ein amerikanisches Gaunerpärchen, Frank und Editha Jackson, hatte die Rituale der »Goldenen Morgenröte« dazu benutzt, einen falschen Orden ins Leben zu rufen, der nicht nur als Deckmantel für Betrug, sondern auch für die Verführung und Vergewaltigung dreier junger Frauen benutzt wurde. Der Orden überlebte diese Affäre nur mit Mühe, und es spalteten sich verschiedene Gruppen ab. Es war eine dieser Gruppen, »The Fellowship of the Rosy Cross«, geleitet von A. E. Waite und 1915 gegründet, der ein junger Dichter namens Charles Williams beitrat.

Das Interessenspektrum dieser Gesellschaften und Orden war wesentlich ausgedehnter, als die zurückhaltende Definition Mathers' nahe legte.

Einige Mitglieder, so Waite und Machen, hatten sogar mit Ritualen der Schwarzen Magie experimentiert, wie man sie etwa bei Cornelius Agrippa und in ähnlichen Büchern vorfand, freilich außerhalb der eigentlichen Aktivitäten des Ordens. Andere befassten sich mit den dunkleren Seiten der Kabbalah, der Lehre der großen jüdischen religiösen Denker, erforschten die Rätsel der Tarotkarten oder dilettierten auf dem Gebiet der Alchemie. Der Flirt mit der Schwarzen Kunst wurde ausgeglichen durch eine wissenschaftliche Beschäftigung, die sich diesen Themen von einem rationalen und skeptischen Standpunkt aus näherten. Die beiden Extreme dieser oft unorganisierten und zerstrittenen Gruppen werden am besten repräsentiert durch Aleister Crowley, von der Presse »der bösartigste Mensch der Welt« genannt, ein abstruser und doch bedrohlicher Praktiker satanischer Riten, der das Diktum des Rabelais »Tu, was du willst, das sei das ganze Gesetz« zu seinem philosophischen Motto machte, sowie durch Charles Williams, Dichter, Romancier und Verleger, Freund von C. S. Lewis, von dem T. S. Eliot sagte, er stünde »dem Heiligen näher als irgend jemand, der mir vertraut ist.«[473]

In dieser Welt der Symbole, des Mystizismus und Spiritismus darf es nicht überraschen, dass der Gral ein immer wiederkehrender Diskussionsgegenstand war. A. E. Waite und Arthur Machen stritten 1903 »so leidenschaftlich wie immer über den Heiligen Gral und über alle Themen, die sie interessierten«, und gemeinsam verfassten sie das Versdrama *The Hidden Sacrament of the Holy Grail* (Das geheime Sakrament des Heiligen Gral).[474] In seinem Tagebuch berichtet Waite unter dem 19. Januar 1903, dass er Yeats aufgesucht hatte, um sich mit ihm über die Grallegenden zu unterhalten.[475] Und Charles Williams schickte Waite ein Exemplar seines ersten Buches, nachdem er dessen 1909 erschienenes Buch *The Hidden Church of the Holy Graal* (Die geheime Kirche des Heiligen Gral) gelesen hatte. Indessen wäre es falsch, den Gral jenen okkulten Gegenständen an die Seite zu stellen, mit denen sich Mitglieder dieser Orden in ihren Untersuchungen befassten. Der Gral war eher Ausdruck einer persönlichen Begeisterung Waites und des einen oder anderen Mitglieds als Mittelpunkt eines Geheimrituals oder einer Philosophie. Waite entfernte sich von seinen frühen Experimenten mit dem Magischen und wandte sich der »Teilhabe an den ›Tugenden‹, nicht den ›Kräften‹ des Geistes« zu.[476] Seine Gedichtsequenz *The Book of the Holy Grail* (1921) konnte dann auch ohne Bedenken von orthodoxen

Christen gelesen werden; das Werk passt durchaus in die Atmosphäre spät-viktorianischer religiöser Dichtung.

A. E. Waites Werk ist oft solide und wissenschaftlich, aber bisweilen fand er Parallelen und Bedeutungen, wo keine waren. Auf ihn geht die Verknüpfung des Grals mit den Tarotkarten zurück, die immer wieder einmal in Abständen in seinen Phantasien über den »wahren« Gral auftauchten, denn er identifizierte die vier »Geheiligten des Grals« – »den Kelch, die Lanze, die Schale und das Schwert« – mit den vier Tarotfarben Kelche, Stäbe, Schwerter und Pentagramme (Scheiben). Nach seinen eigenen Maß-stäben war die Identifikation von Pentagramm (Drudenfuß) und Schale etwas weit hergeholt, und er fügte Hinweise auf okkulte Rituale und Tarot-karten des 14. Jahrhunderts bei, während er sich zugleich über den »Wahr-sagequatsch« lustig machte, den man mit den Tarotkarten verband.[477] Die beste neuere Studie über die Tarotkarten stellt rundheraus fest, dass es »in den ersten drei Jahrhunderten ihrer Existenz der einzige Zweck der Tarot-karten war, eine bestimmte Art Kartenspiel zu spielen«.[478] Der okkulte Gebrauch des Kartenspiels ist eng verknüpft mit Scharlatanen des 18. Jahr-hunderts und mit selbst ernannten Magiern des 19. Jahrhunderts. Die Far-ben des Tarot sind nichts anderes als eine Variation der bekannten Farben Herz, Kreuz, Karo und Pik, deren verborgene Bedeutung man niemals einer Untersuchung für wert befand.

Aber das Thema Tarot und Gral war eine Lappalie verglichen mit Waites Hauptanliegen, das er mit weitaus stärkerem Nachdruck vertrat: die Idee, dass es innerhalb des Christentums eine geheime Überlieferung gab, »Die verborgene Kirche des Heiligen Gral«, wie er es im Titel seines Buches for-muliert. Er argumentiert, dass

… der Gral selbst in seinem Kern eine Reliquienlegende ist. Die Legende wurde übernommen oder erfunden und wurde verbunden mit dem Gerücht über eine Geheimlehre im Zusammenhang mit der Eucharistie und dem Priestertum. Sie gelangte in die Romane oder wurde darin befördert und nahm Elemente der Volksüberlieferung in sich auf, die für ihre Zwecke dienlich schienen; sie sind natürlich ein Hindernis … Die in der Literatur sich wiederspiegelnde Geheimlehre hatte ihre Heimstatt in einer geheimen Schule: es war die Schule der christlichen Mystiker und war im Herzen notwendigerweise katholisch.[479]

Er stellt eine Verbindung her zwischen der Gralmesse und der Vision von der Herrlichkeit des Himmels, sieht darin aber nicht den Geniestreich einer literarischen Phantasie, sondern den Reflex einer realen mystischen Praxis, die außerhalb der kirchlichen Lehre weitergegeben wurde. »Jenseits allen Wissens über die äußere Welt, gegründet auf Glaube und Lehre, gibt es noch ein anderes Wissen, aber dies wohnt an den verborgenen Orten des Geistes...«[480] Waite umgeht geschickt die Verpflichtung, eine fassbare, dokumentierte Geheimkirche zu enthüllen. Er entlässt uns mit dem Hinweis, dass das Geheimnis bei einer Gruppe gleichgesinnter Menschen aufgehoben ist, die über ein instinktives »Wissen« um diese Mysterien verfügt. Waite war sehr belesen und kannte das wissenschaftliche Material, aber seine Schlussfolgerungen sind allesamt von einer anderen Art:

> Alle geheiligten Symbole dienen dem Bedürfnis, symbolische Tore und immerwährende Portale an der Grenze zur Welt der Zeichen zu öffnen, und deshalb kann das Sanctum Mirabile nach der Definition auf jedes Symbol angewendet werden. Aber das des Heiligen Gefäßes, so scheint es mir, ist der »Generalschlüssel« für alle Heiligen Schätze. Er gewährt Einlaß in die Meisterhalle und danach in die Innere Kapelle, wo Gloria in Excelsis Deo ohne Unterlaß gesungen wird.[481]

Hier sind wir jenseits der Sphäre orthodoxer Methodologie und Erfahrung; Waites zitiert Elias Ashmole, den Gelehrten aus dem 17. Jahrhunderts, der die Welt der Alchemie erforschte und von dieser Sphäre der Erfahrung sprach, von der er genug wisse, um seinen Mund zu halten, aber auch nicht genug, um darüber zu sprechen.

Die Suche nach dem wahren Gral

Dieses Insistieren auf den Grenzen rationalen Denkens und auf dem Wert persönlicher mystischer Erfahrung, frei von den Fesseln des Rituals und der Doktrin, sollte die Gralliteratur im England des beginnenden 20. Jahrhunderts wesentlich beeinflussen. Dies führt uns zum Werk von Charles Williams[482]; es führt uns zu der Vorstellung von einem verlorenen Gralritual, und es führt uns zur New-Age-Philosophie, die vor jedem formalen oder verborgenen Wissen der persönlichen Erfahrung den Vorzug gibt. Alle jedoch betonen die Überlegenheit des Spirituellen und seiner Absonderung von der materiellen Welt, selbst wenn man sich bisweilen heimlich danach sehnt, den physischen Gral wieder zu entdecken. Die Idee, dass der reale Gral, die Schale des Letzten Abendmahls, aufgefunden werden könnte, erfuhr mit dem Aufstieg der Archäologie und durch spektakuläre archäologische Entdeckungen kräftig Nahrung. Wenn man legendäre Städte wie Troja wieder auferstehen lassen konnte, warum sollte dann der Gral unerreichbar sein? Die katholischen Reliquien, die vorgaben, die Schale oder der Kelch des Letzten Abendmahls zu sein, schob man beiseite und neue Kandidaten tauchten auf.

Der erste dieser Kandidaten war mit der okkulten Bewegung verknüpft, und der Schauplatz seiner Enthüllung war kein geringerer Ort als Glastonbury, dessen nebelhafte und tastende Assoziierung mit den mittelalterlichen Gralgeschichten bereits behandelt wurde. Am Ende des 19. Jahrhunderts war Glastonbury, ein Städtchen mit mittelalterlichen Ruinen, von einigem antiquarischen Interesse, es hatte aber längst seinen besonderen Platz in der Historie Britanniens verloren. Romantische Schriftsteller und Künstler waren von der Idee beseelt, dort in der Abtei sei das Grab des Königs Artus zu finden. Die unklare mittelalterliche monastische Überlieferung, die niemals davon sprach, dass der Gral im Besitz der Abtei gestanden hätte, wurde vergessen zu Gunsten einer auf den Romanen basierenden Version. In Tennysons »The Holy Grail« stellt Artus Percival die Frage:

… hast du gesehen den heiligen Kelch,
den Joseph ehedem brachte nach Glastonbury?

Es ist unmöglich, den Ursprung dieser Bemerkung festzustellen; es kann sich durchaus um Tennysons eigene Erfindung handeln, um eine vage Erinnerung an das Fläschchen mit dem Blut und Schweiß Christi, das in der Tat von den Mönchen als Reliquie aufbewahrt wurde. Aber nachdem die Idee erst einmal zur volkstümlichen Tradition Glastonburys geworden war, dauerte es nicht lange, bis sie eine handfeste Form annahm.

Die Geschichte, wie man 1906 den Gral in »Bride's Well« in Glastonbury »fand«, ist absolut merkwürdig, und manches davon könnte auch auf fiktionaler Überlieferung beruhen.[483] Ein gewisser Dr. Goodchild erwarb während einer Italienreise in den 1890er Jahren in Bordighera eine kleine Schale aus blauem Glas mit grüner Einfassung und dekoriert mit kleinen

Kreuzen. Man sagte ihm, sie sei von einem Bauern in einem Felsspalt gefunden worden – und sie schien alt zu sein. Einige Jahre später hatte sein Sohn eine Vision, in der ihm befohlen wurde, die Schale »in den Frauentrakt der Abtei Glastonbury« zu bringen, und das tat er auch, als er 1898 die Schale nach seines Vaters Tod erbte; er verbarg sie dort in einem Brunnen. Die einzige Person, der er anscheinend davon erzählte, war William Sharp, besser bekannt als der Dichter »Fiona Macleod«, Autor romantischer Verse über die Hebriden.[484] Auf welchem Wege auch immer, man scheint das Geheimnis nach Goodchilds Tod weitergegeben zu haben, und die Schale wurde 1906 geborgen, nachdem eine andere exzentrische Persönlichkeit, Wellesley Tudor Pole, in einer Vision die Anweisung empfangen hatte, einen Boten »rein im Angesicht Gottes« auf die Suche nach einer Quelle in Glastonbury zu schicken; auch diesen Boten erblickte er in seiner Vision. Er entsandte also seine Tochter und einen Freund zur Abtei, und sie identifizierten den Platz mit Bride's Well. Man holte die Glasschale aus dem Brunnen, und für einige wenige kurze Monate war die ganze Sache eine Sensation. Dom Aidan Gasquet, ein ausgewiesener benediktinischer Gelehrter, brachte die Schale zur Untersuchung nach Birmingham, und A. E. Waite und Annie Besant, Vorsitzende der Theosophischen Gesellschaft, schauten sie sich in London an. Waite verhielt sich vorsichtig und recht skeptisch, aber Wellesley Tudor Pole kannte den Archidiakon Wilberforce, Kanoniker von Westminster, bereits seit dreißig Jahren. Wilberforce war der Meinung, Tudor Pole habe schon immer unter religiösem Wahn gelitten, zeigte sich jetzt aber beeindruckt von seinem veränderten Verhalten und von seinem Bericht über diese Angelegenheit. So war es Wilberforce, der der Welt am 20. Juli 1907 den Gral präsentierte. Schnell stürzte sich die Presse auf das Fundstück, und man zeigte ihn herbeigeeilten Berühmtheiten, unter ihnen Mark Twain. Die Reaktion des *Daily Express* vom 26. Juli und die Reaktion Mark Twains sind beide höchst interessant. Der anonyme Reporter des *Daily Express* gibt sich gelassen und distanziert:

Es ist gut für die Welt gelernt zu haben, »dass es mehr Dinge zwischen Himmel und Erde gibt, als es sich unsere Philosophie träumen lässt«. Die Naturwissenschaft in der mittelviktorianischen Ära war sich ihres Materialismus vollkommen sicher. Sie verlachte hochmütig die Idee von

Wundern, sie höhnte über die Existenz des Mystischen und Unsichtbaren. Aber Weisheit begann und endete nicht mit den Schülern von
Darwin und Huxley ... Gewiss hat das eher moderne Interesse am Mystischen zu allerlei Torheiten geführt und so manchen Betrug leicht
gemacht. Aber indem wir uns von der rein materialistischen Erklärung
des Universums entfernen, bewegen wir uns in die richtige Richtung ...
Wir äußern uns nicht darüber, was es mit dem Fund von Glastonbury
auf sich haben mag, aber es erscheint uns sowohl bemerkenswert als
auch in gewissem Sinne bewundernswert zu sein, dass der Fund einer
vorgeblich »heiligen Reliquie« das Interesse zahlreicher hervorragender
Männer unterschiedlichster Ansichten und Kultur zu erwecken vermag.
(Daily Express, 26. Juli 1907)[485]

Mark Twains Bericht ist weitaus farbiger und vermittelt sowohl Begeisterung als auch eine nüchterne Bewertung des Gesehenen:

Ich bin glücklich, diese halbe Stunde erlebt zu haben – diese erstaunli-
che halbe Stunde. Auf ihre Weise steht sie einzigartig da unter den
Erfahrungen meines Lebens. Nach Ansicht zweier anwesender Personen war es genau dieses Gefäß, das nächtens und in Heimlichkeit dem
Nikodemus gebracht und ausgehändigt wurde, vor beinahe neunzehn-
hundert Jahren, nachdem der Schöpfer des Universums sein Leben am
Kreuz hingegeben hatte für die Erlösung des Menschengeschlechts;
dieselbe Schale, die der makellose Sir Galahad mit ritterlicher Hingabe
gesucht hat in den weiten Gefilden von Gefahr und Abenteuer zu
Artus' Zeiten, vor vierzehnhundert Jahren; dieselbe Schale, für die
fürstliche Ritter in anderen verflossenen Zeitaltern ihr Leben weihten
in langen und geduldigen Bemühungen, sie zu finden und enttäuscht
aus dem Leben schieden – und hier war sie nun, ausgegraben von
einem Getreidehändler ohne Rücksicht auf Blut und Mühen, und
offenbar wurde keine andere Reinheit von ihm verlangt als die durch-
schnittliche Reinheit eines Händlers des zwanzigsten Jahrhunderts für
Getreide-Termingeschäfte; nicht einmal ein imposanter Name wurde
verlangt – nicht Sir Galahad, nicht Sir Bors de Ganis, nicht Sir Lancelot
vom See – nicht mehr als Mr. Pole.[486]

Die Abtei Glastonbury, *Wallfahrtsort des Artus- und Gralmythos. Die hier abgebildete Lady Chapel soll nach der Legende an der Stelle der von Joseph von Arimathia gestifteten »Old Church« stehen.*

Das Fundstück wurde wieder zurückgebracht und in Clifton aufbewahrt, in einem »Oratorium« genannten Raum, der Besuchern auf Verlangen geöffnet wurde. Da wirkliche Belege über den Ursprung des Gegenstandes

fehlten, schwand das Interesse nach und nach dahin, und das »Oratorium«
wurde geschlossen. Der Kelch befand sich dann in der Obhut der Familie
Pole und ist jetzt Eigentum des Chalice Well Trust. Er wurde den Mitgliedern der Society of Antiquaries gezeigt, als diese 1965 Wells besuchten, und
es war die allgemeine Meinung, dass das Stück zu gut erhalten sei, um als alt
gelten zu können.[487]

Der von Wellesley Tudor Pole »entdeckte« Kelch von Glastonbury erhielt
beinahe unverzüglich Konkurrenz durch eine andere Entdeckung dieser
Art in Wales.[488] Sie wurde zuerst in der in Aberystwyth veröffentlichten
Schrift eines amerikanischen Besuchers, Ethelwyn Amery, behandelt, der
sowohl den Aufbewahrungsort des Fundstücks als auch den Namen des
Eigentümers verheimlichte. Das Haus identifizierte man bald mit Nanteos,
dem Heim George Powells. Amery schilderte, wie der Kelch von sieben
Mönchen aus Glastonbury fortgebracht wurde; sie konnten gerade noch
rechtzeitig vor der Ankunft der Kommissare Heinrichs VIII. fliehen, die das
Kloster auflösen sollten. Sie begaben sich in die inzwischen in Privatbesitz
befindliche Abtei Strata Florida, deren Eigentümer ihnen Unterschlupf
gewährten. Als der letzte Mönch gestorben war, ging der Kelch in den
Besitz der Familie über »bis die Kirche ihr Eigentum wieder zurückfordern
sollte«. Durch Heirat kam Strata Florida schließlich in den Besitz der Familie Powell. Erst um die Mitte des 19. Jahrhunderts ist der Kelch belegt, den
man vermutlich irgendwann in den vorangegangenen einhundert Jahren
in der Abtei gefunden hatte. Er wurde zuerst 1878 öffentlich gezeigt, und
man sprach ihm wundersame Heilkräfte zu. Nach neueren wissenschaftlichen Untersuchungen handelt es sich um ein spätmittelalterliches Trinkgefäß aus Ulmenholz, ein wertvolles, aber keineswegs seltenes Stück; in den
meisten Klöstern dürfte eine ganze Reihe solche Gefäße vorhanden gewesen sein.

Wie konnte der zufällige Fund einer solchen mittelalterlichen Trinkschale in einen neuen Heiligen Gral umgemünzt werden? Die Geschichte
der Flucht aus Glastonbury scheint man, unter Verwendung alter Berichte
über die Auflösung des Klosters, erfunden zu haben. Historische Belege für
die Geschichte sind niemals vorgelegt worden, und der Ruf des Gefäßes
stieg durch ständige, bestätigende Wiederholung. Solche »erfundenen«
Legenden erweisen sich nichtsdestoweniger als außerordentlich widerstandsfähig: die Nanteosgeschichte überlebte die Kritik Jessie Westons bald

nach ihrer Veröffentlichung, und gleichermaßen die Anfeindungen der Anhänger des Glastonbury-Kelchs. Die Legende gehört zu einem ähnlichen Genre, nämlich zu den »urbanen Mythen« (»moderne Märchen«) der modernen Folklore, bei denen der Augenzeuge immer der Bekannte eines Bekannten ist und ein Beweis niemals direkt erbracht wird. Solche Geschichten enthüllen mehr über Geisteshaltung und Sehnsüchte der Gesellschaft, aus deren Mitte sie entstanden sind, als über irgendeine verlorene historische Überlieferung. Der Mythos des Nanteos-Grals aber blüht und gedeiht weiterhin, wie ein Blick ins Internet beweist.

Auch zwei archäologische Funde in Palästina bejubelte man kurzerhand als Grale, wenn auch mit etwas mehr Plausibilität als im Falles des Nanteos-Grals. Beide firmierten unter der Bezeichnung »Antiochia-Kelch«. Der erste wurde in den 1930er Jahren in der Nähe von Antiochia gefunden und 1935 in London ausgestellt. Es handelte sich um eine unversehrte römische Glasschale mit Stil, ein schönes Exemplar dieses Gefäßtyps. Eine zeitgenössische Darstellung[489] identifizierte den Fund als einen der »vier Kelche des Passahfestes« und unterschrieb die Fotografie vorsichtig mit »bekannt dafür, mit dem Heiligen Gral assoziiert zu werden«. Aber eine Anzeige in *The Times* verkündete selbstsicher, dass »DER HEILIGE GRAL« ab 1. August in der Ausstellung über Palästina und die biblischen Länder gezeigt werde, was zu einer scharfen Zurechtweisung seitens des Herausgebers von *Antiquity* führte: »Wir würden uns glücklich schätzen genau zu erfahren, woher der Verfasser der Anzeige weiß, dass die kürzliche entdeckte Schale' der Heilige Gral ist ... «[490]

Der zweite Antiochia-Kelch befindet sich in The Cloisters, der Mittelaltersammlung des Metropolitan Museum of Art in New York und ist Teil des Antiochia-Schatzes, eine Sammlung liturgischer Geräte, die man 1910 außerhalb der Stadt entdeckt hatte. Das äußere versilberte Rahmenwerk des Kelchs umschließt ein Glasgefäß, von dem man annahm, es handele sich um den Kelch des Letzten Abenmahls – aus keineswegs besseren Gründen als im Falle des Trinkgefäßes von London. Der Antiochia-Kelch wurde 1933 auf der Weltausstellung in Chicago von seinen Eigentümern als der Heilige Gral ausgestellt, und als er 1937 in Harvard erneut gezeigt wurde, bewachte ihn bewaffnetes Wachpersonal, und die Besucher durften sich ihm nur bis auf einen Meter nähern. The Cloisters erwarb das Objekt im Jahre 1950; es ist nach wie vor ein spektakuläres Ausstellungsstück, aber die

Website des Museums äußert sich vorsichtig, »dass der Kelch wohl nicht älter als das 6. Jahrhundert ist«. Die Vorstellung, dass der Gral ein Glaskelch sein müsse, wird in einem 1927 in Manchester gehaltenen Vortrag wieder aufgegriffen, wobei der Referent – nach der Untersuchung eines halben Dutzends Glaskelche aus dem Palästina des 1. Jahrhunderts – zu dem Schluss gelangte: »Der Heilige Gral war ein Glaskelch mit einer griechischen Inschrift darauf«; diese Inschrift soll die Worte enthalten, die Jesus im Matthäus-Evangelium an Judas gerichtet hatte.[491] Dieselbe Gewissheit, dass man den Gral wiederfinden könne – und würde – wird auch an diesem Beispiel wieder deutlich.

Im letzten halben Jahrhundert haben sich die arthurischen Legenden von einer antiquarischen Kuriosität und einem Thema für eine Handvoll Dichter und Künstler zu einem hochfrequentierten Komplex einer neuen Art von Volkskultur entwickel. Die Figur des legendären Königs Artus kommt dem öffentlichen Interesse an ungelösten historischen Fragen und der zunehmenden Vorliebe für die englische Lokalgeschichte in hohem Maße entgegen. Das Rinnsal gelehrter Bemühungen seit dem 19. Jahrhundert, den König Artus als historische Gestalt zu identifizieren, ist jetzt zu einem reißenden Strom angeschwollen. Beiträge dazu kommen von akademischer Seite genauso wie von reinen Amateuren, aber gerade weil man sich auf so wenig Quellenmaterial stützen kann, eröffnet sich die Möglichkeit, scheinbar plausible, kaum zu widerlegende Theorien zu entwickeln. Das einzige Problem aber ist, dass man kaum über das Theoretisieren hinauskommt. Das indessen hat das Publikum mehr ermutigt als entmutigt, und noch besser: das Thema eignet sich hervorragend für eine Populärarchäologie, die immer bereit ist, unabweisliche Belege zu liefern, die das Geheimnis ein für allemal zu lösen vorgeben. Die Archäologie ist auch das Bindeglied zur Lokalgeschichte: König Artus für einen bestimmten Ort zu reklamieren, ist nicht mehr nur ein Faktor des Lokalstolzes, sondern verspricht reiche Belohnung als Touristenattraktion. Der Einsatz, häufig auch der Missbrauch, der Geschichte als verkaufsförderndes Element für einen großen Produktbereich außerhalb des Tourismus' ist ein weiteres neues Phänomen, welches das unstillbare öffentliche Verlangen nach Identifizierung mit der Vergangenheit unterstreicht.

Die letzte Entdeckung des Grals gehört eindeutig in diesen Kontext. Es ist *Die Suche nach dem Gral* von Graham Phillips, der die Graltradition in das Grenzgebiet zwischen Wales und England lokalisiert und sich stark auf die schwache, aber interessante Verbindung zwischen *Fulke Fitzwarin*, einen Roman über einen der Grenzlords, *Perlesvaus* und Glastonbury Abbey stützt. Philipps »findet« einen Onyxkelch unsicheren Alters, welcher der Gral sein kann oder auch nicht; er wurde anscheinend von dem Altertumsfreund Thomas Wright in den 1850er Jahren in die Basis einer Skulptur eines Adlers, Symbol für den Evangelisten Johannes, platziert, die in einer Grotte in Hawkstone Park aufgestellt ist. Das Ergebnis erscheint kläglich angesichts des Rummels, der mit diesem Buch verbunden war. Vielleicht hätte der Autor eine bessere Story gehabt, wenn er bemerkt hätte, dass Wright neben anderen Arbeiten auch eine wegweisende Textedition über Hexerei und Magie herausgebracht hatte, die man mit Tarot und anderen okkulten Themen hätte verknüpfen können.[492]

Unter diesen fünf »Entdeckungen« des Grals ist die von Glastonbury die wichtigste; sie hat einen bedeutenden Anteil am Image Glastonburys als spiritueller »Kraftplatz«. Die Entwicklung der mit Glastonbury verknüpften modernen Überlieferungen ist alles andere als klar. Der Name »Chalice Well«, »Kelchbrunnen«, mit seinem offenkundigen Bezug zum Gral, scheint ins 18. Jahrhundert zu datieren, aber viele der anderen als alt angesehenen Geschichten sind vermutlich Resultate jener Gralbegeisterung zu Beginn des 20. Jahrhunderts. Welche weiten Kreise das ziehen kann, wird daran deutlich, dass bei der Versteigerung der Abtei im Jahre 1907 das Anwesen beinahe von einer Gruppe von Amerikanern erworben wurde, die dort eine »Schule des Rittertums« gründen wollte. Okkultisten wie die Schriftstellerin Dion Fortune (Violet Firth) wurden von Glastonbury angezogen; sie war Mitglied der Nachfolgeorganisation des ursprünglichen Ordens der Goldenen Morgenröte und hatte sich tief in die Theosophie versenkt. Ihr Buch *Avalon of the Heart* war typisch für diese Art Enthusiasmus, den die Abtei und ihre Umgebung jetzt erweckten. In ihren Schriften beschwor sie nicht nur die christliche Vergangenheit des Ortes, sondern auch den »alten Glauben der Briten … ihre Hinterlassenschaften sind ausgelöscht, ihre Legenden zu christlichen Zwecken hin verbogen … schattenhaft und verschleiert.«[493] Die Vorstellung einer realen Präsenz des Grals in Glastonbury wird immer wieder einmal geäußert, so in Flavia Andersons *The Ancient Secret* (1953), wo uns der Gral als Kristallkugel zur Erzeugung von Feuer präsentiert wird, als Zentrum von Mysterien, die im

»britischen Hades« abgehalten werden – und dieser »Hades« ist nichts anderes als die berühmte Höhle von Wookey Hole.[494]

Die geheime Überlieferung

Den Fahndern nach dem physischen Gral stehen auf dem anderen Extrem diejenigen gegenüber, die den Gral als Emblem einer geheimen Überlieferung innerhalb der christlichen Kirche auffassen. Der Kern der Idee von einem »Geheimnis« des Grals gehört, wie wir gesehen haben, bereits zu den frühesten mittelalterlichen Romanen; aber dort handelt es sich um ein theologisches Geheimnis, um das Mysterium der Eucharistiemesse der Katholischen Kirche. Mit diesem Mysterium will die Kirche eigentlich zum Ausdruck bingen, dass die Lehren im Umkreis der Messe zu schwierig sind, als dass sie normale Menschen verstehen könnten. Die Gralromane können aber auch »als der große Versuch des Mittelalters gelesen werden, gegen die Vorherrschaft Roms bei der Verkündigung kirchlicher Lehren anzukämpfen und eine andere Autorität an die Stelle von St. Peter zu setzen.«[495] Wie real dieser Versuch gewesen sein mag, ist eine offene Frage, aber die moderne Forschung hat argumentiert, dass es durchaus solche geheimen und häretischen Tendenzen gab, die sich auf den Gral berufen.

Nach der einen Auffassung manifestieren sich diese Tendenzen innerhalb der Kirche selbst. Hinter den äußeren Formen von Glaube und Ritus im Umkreis der Eucharistie gab es eine zweite Ebene der Initiation und des Geheimwissens, in der die Eucharistie durch den Gral repräsentiert wurde.[496] Die Werke der Heiligen Petrus und Paulus bewegen sich auf der ersten, äußeren Ebene, der Evangelist Johannes und Joseph von Arimathia auf der zweiten. In diesem Schema wird Joseph von Arimathia – in den Evangelien lediglich eine Randfigur – zur zentralen Gestalt der Geheimtradition, eine Tradition, die mindestens bis zum Ende des 16. Jahrhunderts Bestand hatte. Joseph als der »heimliche Jünger« Jesu[497] und Hüter seines Leichnams, wird als Führungsfigur dieser alternativen Überlieferung betrachtet, die man in den Evangelien mit Absicht unterdrückt habe. Nach dem Johannes-Evangelium soll er seine Anhängerschaft an die Lehre Christi geheim gehalten haben »aus Furcht vor den Juden«; dies aber hält man für einen späteren Zusatz, durch den die Heimlichkeit seines Glaubens zum entscheidenden Punkt gemacht wird – Johannes deutet an, dass die gesamte, sonst nicht dokumentierte Geheimtradition wirklich existiert.

Der Gral ist nach dieser Tradition ein Ersatz – unmittelbarer noch als in der Messe – für den Leib Christi. Das Problem ist nun, dass die Belege für einen solchen Geheimkultus weitgehend aus zwei Quellen gespeist werden: Einmal aus den Gralromanen selbst, die, wie wir gesehen haben, eher ein ungeeignetes Medium für die Vermittlung theologischer Diskussionen sind (und schon gar nicht für eine geheime und potenziell höchst kontroverse Lehre); zum anderen aus der selektiven Lektüre der zahlreichen Abhandlungen über die viel umstrittene Frage der Transsubstantiation. Diese Version der Geheimtradition ist letztlich nur, was einst orthodoxer Glaube war, unterlegt mit der legendarischen Geschichte über Joseph von Arimathia.

Ein ähnliches Schema für eine Geheimlehre des Grals führt Wolframs *Parzival* als Beleg an und damit ein ganzes Bündel exotischer Elemente; hierbei haben wir es mit einer »definierten Lehre« zu tun, enthalten entweder in einem Buch wie bei Robert de Boron oder erläutert durch einen Meister (wie Trevrizent im *Parzival*).[498] »Diese Lehre bezieht sich auf ein auf der Erde befindliches Mysterium, *in der Fülle der himmlischen Macht*, zu dem man nur Zugang erlangt auf dem Pfad der Befähigung und in Todesgefahr.« Das Mysterium wird an einem geheimen Ort gehütet (die Gralburg) und hat eine eigene, spezielle Liturgie. Aber die Existenz dieser Lehre kann nur nach den Maßstäben traditioneller esoterischer Lehren erklärt werden, die immer nur auf sich selbst zurückverweisen und keiner normalen wissenschaftlichen Kritik unterliegen können. Dennoch argumentierte man, dass die Prüfung der bei Wolfram erkennbaren islamischen Einflüsse die Quellen dieser Überlieferung aufdecken würden, die sich zudem auch auf jüdisch-esoterische Überlieferungen stützten. Zur Bewertung dieses Arguments müssen wir die reale Existenz des ›Kyot‹ als Wolframs Gewährsmann akzeptieren: Wir müssen aber auch Beziehungen zwischen Kyots Flegetanis, den Wolfram einen ›fisîon‹ nennt, und dem Templerorden akzeptieren. Salomon gilt nach islamischer Tradition als ein Philosoph der kosmischen Wissenschaften, worauf sich ›fisîon‹ zu beziehen scheint – es handelt sich um ein von Wolfram geprägtes Wort, das Arzt und Philosoph bedeuten kann –, und die Templer wurden »Soldaten des Salomontempels« genannt; so lassen sich die beiden Traditionen lose verknüpfen. Aber Verbindungen wie diese können schwer bestätigt oder verworfen werden, und die Methode der Argumentation besteht allzu häufig darin, weitere Behauptungen hinzuzufügen – Flegetanis sei wirklich der Name eines arabischen Buches, *Felek Thani* oder die Zweite Sphäre; er wird mit dem Evangelistensymbol ›Stier‹ zusammengebracht und so fort. Alle dieser Ansicht widersprechenden Punkte in Wolframs Text werden herabgestuft, weil er »das Geheimnis der Übermittlung [der Geschichte], die er enthüllte, vor dem schrecklichen Unverständnis der einfachen Menschen schützen wollte.« Und so gehen die Deutungen, Missdeutungen und Spekulationen munter weiter: Der Kampf zwischen Feirefis und Parzival ist ein Symbol der »grundsätzlichen Einheit zwischen Christentum und Islam (und zumindest implizit auch der jüdischen Religion).«[499] Bringt man noch keltische Elemente hinein, wird der Gral »zum spirituellen und doktrinären Gefäß der primordialen Überlieferung.«

Jene »primordiale Überlieferung« führt uns zurück zur Wiedergeburt des Okkultismus' in den 1890er Jahren und zu den Theosophen. Es war ein französischer Autor, René Guénon – er betrachtete die Theosophische Gesellschaft im übrigen mit tiefem Misstrauen –, der diese Idee im Zusammenhang mit dem Gral in seinem 1925 erschienen Buch *Le Roi du Monde* (Der König der Welt) entwickelte. Nach Guénon könnte die Volksüberlieferung, freilich verzerrt und verkürzt, Bruchstücke von Dingen enthalten, »die weit von volkstümlichem Ursprung entfernt und noch nicht einmal menschlicher Herkunft sind.«[500] Er sieht in den gemeinsamen Symbolen unterschiedlicher Kulturen einen Corpus auf Initiationsriten basierenden vorchristlichen Wissens, das weder keltischen noch orientalischen noch heidnischen Ursprungs ist, sondern ganz konkret von einer verlorenen »primordialen Überlieferung« herstammt. Diese Tradition wurzelt in einer »universellen Offenbarung« in den frühesten Tagen der Menschheit, aus der sich alle großen Religionen der Welt ableiten. Der Gral, gefertigt aus einem Smaragd, der aus Lucifers Krone fiel, wurde von Adam im irdischen Paradies aufbewahrt. Als er aus dem Garten Eden vertrieben wurde, war er nicht in der Lage, ihn mitzunehmen. Seth, sein Nachkomme, konnte das Paradies wieder betreten und den Gral an sich nehmen. Die Geschichte des Grals liegt danach im Dunkeln bis er beim Letzten Abendmahl verwendet wurde. Er könnte sich im Besitz der Druiden befunden haben, die damit für die keltischen Gralgeschichten verantwortlich wären. Das »Blut Christi«, das er enthält, ist eine Art *soma*, jener Trank, der in den Mythen der Hindus und Perser Unsterblichkeit verleiht.[501] Die Gralsuche in den

Artusromanen ist eine Metapher für die Wiedererlangung der verlorenen Überlieferungen. Der Gral selbst wird an einem für alle Nichteingeweihten unsichtbaren Ort aufbewahrt; er wird von ausgesuchten Wächtern bewacht, deren Hauptaufgabe es ist, die primordiale Überlieferung zu hüten und weiterzugeben. Dies alles muss mehr auf einer symbolischen als auf einer wörtlichen Ebene gelesen werden. Die Spuren des Mythos, so wie sie bei den mittelalterlichen Autoren aufscheinen, belegen nicht, dass viele den Mythos kannten und verstanden oder in seine Rituale eingeführt waren. Sie wurden ausgewählt, um die Geschichten nachzuerzählen, und es wurden ihnen Hinweise und Bruchstücke des Wissens vom Gral gegeben, damit sie ihre Aufgabe erfüllen konnten. Auch sollte man sich diese Vorgänge nicht im Rahmen einer formalen Struktur in Bezug auf die jeweiligen Gesellschaften und Rituale vorstellen. Die Gralwelt Guénons funktioniert auf der spirituellen und nicht auf der physischen Ebene. Guénon postuliert, dass sich die »primordiale Überlieferung« mündlich vollzieht und dass selbst ihre gegenwärtigen Formen von hohem Alter sind.

Guénon bietet die am besten ausgearbeitete Version der Gralmythen des 20. Jahrhunderts. Wenn er auch indirekt andere Autoren beeinflusst haben mag, so ist seine allgemeine Wirkung doch eher gering. Patrick Rivière etwa hat Guénons Schlussfolgerungen wiederholt und festgestellt, dass »der Gralmythos in sich selbst eine Synthese der primordialen Überlieferung« ist; er warnt die Unvorsichtigen vor falschen Interpretationen des transzendenten Bildes.[502] Ein Nachfolger indessen muss genannt werden: Es ist Julius Evola, dessen Buch *The mystery of the Grail and the Ghibelline tradition of Empire* im Jahre 1937 erschien. Evola spricht den Grallegenden einen spezifisch keltischen, oder eher irisch-arischen Ursprung zu; sie liefern das Bild einer heroischen Gesellschaft, in der eine Elitegruppe nach spiritueller Transzendenz strebt, während sie gleichzeitig die materielle Welt gegen die Mächte des Chaos und der Finsternis verteidigt. Er erörtert die christlichen Versionen der Mythen, die er als Auflösung und Entstellung der ursprünglichen Ideen auffasst. Evolas Denken ist stark von seinem Interesse am Buddhismus geprägt. Er verwendet Guénons Ideen als eine Art allgemeinen Hintergrund, nutzt sie aber auch zur Diskussion seines eigenen Themas: nicht die Kirche, sondern das heidnische Imperium ist der wahre Erbe der alten spirituellen Kräfte. Daraus folgt, dass mit dem »König der Welt« nicht mehr eine spirituelle Person gemeint ist, sondern das mittelalterliche Heilige Römische Reich, dessen Anhänger in Italien Ghibellinen genannt wurden. Evola erwartet die Wiedergeburt dieses Reiches nach allgemein faschistischen Maßstäben, obwohl er die ausdrückliche Unterstützung der faschistischen Idee eines neuen *imperium* vermeidet. Im Vorwort zur italienischen Originalausgabe zitiert er die berüchtigte Fälschung der »Protokolle der Weisen von Zion« (die er ins Italienische übersetzt hatte) als Beleg, dass der moderne Geist auf der Suche nach einem universalen Reich ist; ob die Protokolle nun wahr seien oder nicht, belegten sie doch, dass solche Ideen im Umlauf waren, wenn auch in Form einer pervertierten »Verschwörung des Weltjudentums und des Freimaurertums«. Das Gralideal wird in ähnlicher Weise von einer »Intelligenz« unterminiert, die alle Anstrengungen darauf richtet, ein umgekehrtes Bild der Wirklichkeit zu schaffen: »Die moderne Epoche ... endet, indem sie die Dinge auf den Kopf stellt und ins Gegenteil verkehrt ... Auf einer anderen Ebene wird das Konzept der nordischen Überlieferung und einer arischen überlegenen Rasse von einigen zu zoologischem Materialismus und politischer Mythologie erklärt.«[503] Der Kaiser und der Gralheld gehören nicht zu einer toten romantischen Vergangenheit, sondern »sind die Wahrheit derjenigen, die sich heute mit vollem Recht alleine als lebendig betrachten können.« Evola mischt Rhetorik, Vorurteil, Gelehrtheit und Politik unter eine merkwürdig anmutende Auffassung von Gegenwart und Zukunft, aber im Laufe dieses Prozesses vereinigt er zum ersten Mal das Interesse für die esoterische und die konspirative Theorie, das über weite Strecken für die spätere Gralliteratur charakteristisch werden sollte.

Die Templer und der Gral

Sowohl Guénon als auch Evola benennen die Templer und Katharer als Hüter der verborgenen spirituellen Überlieferung. Wir versuchen im Folgenden, den angeblichen Templer- respektive Katharer-Gral sowie die geheime christliche Überlieferung in historischem Sinne – und nicht in esoterischem Sinne – zu rekonstruieren. Angesichts dessen ist die Verknüpfung der Templer mit dem Gral höchst unglaubwürdig. Die Templer waren ein praktisch orientierter Ritterorden, dessen Spiritualität nicht anders geartet war als die der ritterlichen Klasse, aus der sich seine Mitglieder meist rekrutierten; sie waren bestens organisiert und außerordentlich diszipliniert und zeigten absolut kein Interesse an mystischen oder höheren theologischen Fragen. Keine mittelalterliche Quelle enthält einen Hinweis auf eine Verbindung der Templer zur Gralliteratur. Der erste Gedanke an eine solche Möglichkeit kommt aus einer gänzlich unerwarteten Ecke – von Gotthold Ephraim Lessing. Der Dichter, der als Bibliothekar an der Herzoglichen Bibliothek zu Wolfenbüttel tätig war, hatte ohne Zweifel die Gralromane gelesen[504], und von ihm hat Friedrich Schlegel die Idee einer möglichen Beziehung zwischen der Gralliteratur und den Templern übernommen. In einem Vortrag in Wien 1812 führte Schlegel aus:

> Man darf annehmen …, daß nicht bloß das Ideal eines geistlichen Ritters, wie es damals in dem Zeitalter, da die vornehmsten geistlichen Ritterorden entstanden und blühten, in den Gemütern war, darin ausgesprochen wird, sondern auch manche von den sinnbildlichen Begriffen und Überlieferungen, welche einige dieser Orden, besonders die Tempelherren unter sich hatten, in diesen Dichtungen niedergelegt sind … Lessing, welcher, so viel ich weiß, diese Bemerkung zuerst gemacht, und der eine sehr sorgfältige Untersuchung darauf gewandt hat, war wohl im Stande darüber zu urteilen…[505]

Lessing war zur Geschichte der Templer über seine Beschäftigung mit den Freimaurern gekommen und hatte viel über dieses Thema gelesen.[506] Er kannte nicht nur die historischen Werke, die in dieser Zeit in Deutschland über den Orden erschienen waren, sondern wusste auch, dass die Templer von schottischen Freimaurern als Teil der Freimaurergeschichte vereinnahmt worden waren. Die Verbindung zwischen dem Kreuzfahrerorden und den Maurern wurde, wohl zum ersten Mal, von dem schottischen Freimaurer Andrew Michael Ramsay in einer Rede vor Freimaurern am 21. März 1737 in Paris hergestellt. Er sagte:

> Zur Zeit der Kreuzzüge in Palästina schlossen sich viele Fürsten, Herren und Bürger zusammen und gelobten, den Tempel der Christen im Heiligen Land wiederherzustellen und sich dafür einzusetzen, seine Bauweise wieder so einzurichten, wie sie bei seiner Gründung gewesen war. Sie verständigten sich auf verschiedene Zeichen und symbolische Worte, hergeleitet aus dem Quell der Religion, damit sie sich unter all den Heiden und Sarazenen wiedererkennen könnten … Einige Zeit später

bildete unser Orden eine feste Gemeinschaft mit den Rittern des heiligen Johannes von Jerusalem. Seit dieser Zeit nahmen unsere Logen den Namen Loge vom Heiligen Johannes an. Unser Orden darf somit nicht als Wiedergeburt der Bacchanten, der Verehrer des Bacchus, angesehen werden, sondern als ein Orden, gegründet in frühem Altertum und erneuert im Heiligen Land von unseren Vorfahren, um die Erinnerung an die höchsten Wahrheiten inmitten den Annehmlichkeiten der Gesellschaft zurückzurufen.[507]

Diese Ansprache ist in gewissem Maß ein Reflex der anderen Theorien Ramsays: Er befasste sich mit Mythologie, und für ihn repräsentierten die heidnischen Götter Aspekte des Einen Gottes.[508] Genauso ist den verschiedenen Zivilisationen eine gemeinsame Organisation eigen, die den »höchsten Wahrheiten« verpflichtet ist. Der Text wurde rasch zu einem Teil der Geschichte des Freimaurertums und erschien im Jahre 1742 in Frankfurt in einem Bericht über den Orden; er wurde im restlichen 18. Jahrhundert häufig in Handbüchern der Freimaurer abgedruckt.

Das einzige Problem ist, dass Ramsay die Templer überhaupt nicht erwähnt, sondern die Freimaurer mit dem Johanniterorden, auch Hospitaliter genannt, zusammenbringt. Wie die Übertragung auf die Templer zustande kam, ist unklar, sie scheint aber in Deutschland stattgefunden zu haben, wo um 1760 mindestens drei Versionen der Verbindung Freimaurer/Templer in Umlauf waren.[509] Lessing kannte ohne Zweifel wenigstens eine dieser Mythen und interessierte sich überhaupt für den Templerorden. Ein Tempelherr spielt dann auch eine wichtige Rolle in seinem Schauspiel *Nathan der Weise*, in dem sich jedoch keinerlei freimaurerische Bezüge finden. In den fünf Dialogen in *Ernst und Falk* unterhält sich ein Freimaurer mit einem Laien, der neugierig auf den Orden ist und ihm beizutreten gedenkt. An einer Stelle beschreibt Lessing die umläufigen Ansichten über die Maurer, insbesondere über diejenigen, welche die schottischen Riten befolgen: unter den zukünftigen Mitgliedern »will der eine Gold machen, der andere will Geister beschwören, der Dritte will die xxx (= die Tempelherren) wieder herstellen.«[510] Obwohl Schlegels Bemerkungen genuin erscheinen, konnte ich in Lessings Werk keine spezielle Erörterung der Gralromane und ihrer Beziehung zu den Templern feststellen: so stehen wir, wie so oft, vor einem Rätsel. Es hat den Anschein, dass wir nicht sagen können, wie der Gral ursprünglich in diesen Kontext des Geheimwissens geraten ist, ein Geheimwissen, das seinerseits fälschlicherweise den Freimaurern zugeschrieben wurde. Deren Geheimnisse haben mehr zu tun mit Losungen und Ritualen als mit irgendeiner großartigen, aus lang vergangenen Tagen übermittelten Geheimtradition.

Indessen, eine Verbindung zwischen den Templern und dem Gral als Gegenstand konstruierte bald nach Schlegels Vortrag der österreichische Orientalist Joseph von Hammer-Purgstall in einem monumentalen Folioband, der 1818 in Wien als Teil einer Schriftenreihe über morgenländische Quellen und Literaturdenkmäler erschien. Hammer-Purgstall verfügte über einige Kenntnisse der Freimaurertraditionen und glaubte wie andere Konservative, dass die Freimaurer das Zentrum eines Komplotts gegen die österreichische Monarchie und andere römisch-katholische Regierungen bildeten. Er verdächtigte sie, in diesem Zusammenhang ketzerische Lehren und Überlieferungen des 1307 aufgehobenen Templerordens zu verbreiten, in der Überzeugung, dass die Pflege eines derartigen Gedankengutes zu den subversiven Aktivitäten der Freimaurer gegen den Katholizismus gehörte. Er suchte daher nachzuweisen, dass die Templer ganz zu Recht verurteilt worden seien und stützte seine Darstellung auf einige Schnitzereien, die – so versicherte er – wahrhaftige Götzenbilder gewesen wären, und diese seien der Beweis, dass es bei den Templern einen »Baphomet«-Kult gegeben habe. Die Verehrung eines solchen Götzenbildes war einer der Hauptanklagepunkte im Templerprozess. Nach Hammers Meinung gehörte dieser Kult zur orphischen Version der Gnostik: Man verehrte dort die Schlange des Paradieses, weil sie die Menschheit gelehrt hatte, ihren wahren Zustand zu erkennen – eine von den Kirchenvätern einst heftig bekämpfte häretische Ansicht. Hammer fand vierundzwanzig Baphometköpfe sowie Gefäße in Form des griechischen »Krater« mit zwei Henkeln, die mit diesen Köpfen in Zusammenhang gebracht wurden. Bei seiner Beschreibung dieser »Krater« verkündet er unvermittelt, ohne dass seine vorangegangene Argumentation darauf Bezug genommen hätte:

Hiernach kann kein Zweifel bestehen, dass dies das berühmteste Trinkgefäß des Mittelalters ist, bekannt unter dem Namen Heiliger Gral; es ist das Symbol der Templergemeinschaft für gnostische Weisheit.[511]

Sodann verweist er auf den *Jüngeren Titurel*, beschreibt kurz den Tempel auf »Monsalvaz«, wo der Gral aufbewahrt wird, und erwähnt, dass er von *Templeisen* bewacht wird, die er mit »Templer« übersetzt. Wenn der Gral das Symbol für gnostische Weisheit ist – so argumentiert er weiter –, dann repräsentiert die Tafelrunde die zwölf Templer, die den Orden regieren, obwohl die Anzahl der Ritter der Tafelrunde an keiner Stelle auf zwölf festgelegt wird. Diese zwölf Ritter sollen seiner Ansicht nach die Hüter des Grals sein. Auf einer der so genannten Baphometstatuen entdeckt Hammer-Purgstall dann noch eine Graldarstellung und schlägt vor, dass GRAL ein Akronym der lateinischen Fassung des gnostischen Mottos »Gnosis Regit Animas Libras« oder vielleicht auch »Gnosis Retribuit Animi Laborem« ist. Diese abstruse These ist übertüncht mit dem Firnis der Gelehrsamkeit: Hammer war auf seinem Spezialgebiet ohne Zweifel ein Experte, hier aber bewegte er sich in unerforschten Gefilden und fühlte sich veranlasst, seine eigene Landkarte zu erfinden. Seine Arbeit besagt zusammenfassend, dass eine heidnische Religion neben dem Katholizismus bis ins Mittelalter hinein überlebte und hinter der Maske des Freimaurertums sogar noch zu Beginn des 19. Jahrhunderts eine Bedrohung für die Kirche darstellte. Das war die Botschaft, die Hammers politischer Herr und Meister hören wollte – der Orientkenner war immerhin Diplomat unter Metternich, dem österreichischen Kanzler und Schöpfer der Heiligen Allianz – hinter Hammers spekulativen Theorien steht aber auch eine romantische Begeisterung für das Primitive, eine Vorliebe für vorzeitliche, vorchristliche Mythen.

Das von Hammer geschaffene Szenario übte auf viele Gralenthusiasten seitdem eine unwiderstehliche Anziehungskraft aus. Das entscheidende Bindeglied besteht in Wolframs Ausdruck *Templeisen* für die Wächter des Grals, womit er mit ziemlicher Sicherheit lediglich »Tempelwächter« meinte und nicht »Templerorden«. Aber das ist Ansichtssache und kann nicht bewiesen werden, deshalb ist die ganze Frage offen für alle Arten spekulativer Verknüpfungen. San Marte (Albert Schulz), der den *Parzival* 1842 übersetzte, wiederholte einige der Ideen Hammers in seiner Studie über arthurische Legenden (1841)[512] und verwies auf die Parallele zwischen dem Kopf in einer Schale im *Peredur* (die er als Gral identifiziert) und der Baphomet-Verehrung der Templer. Er behauptete, nach dem Glauben der Templer hätte Baphomet Bäume und Wälder erblühen lassen können und sieht darin eine Verbindung zu den Vegetationsmythen in *The Golden Bough* und ihrer Bedeutung für das Ödlandmotiv in den Gralromanen. Auch Jessie Weston ließ sich zu Spekulationen über die Templer verleiten. Zunächst unterstellt sie, dass zwischen dem Gral und den Riten einer obskuren gnostischen Sekte des 3. Jahrhunderts, den Naassenern, eine Verbindung bestand und vermutete sodann, die Templer hätten mit deren Nachfolgern im 13. Jahrhundert in Kontakt gestanden und dass der Gral und seine Geheimnisse so gefährlich und häretisch waren, dass man die Templer hätte verfolgen müssen.[513] Zur Unterstützung ihrer These führte sie an, dass die Entstehungszeit der Gralromane gerade dann zu ihrem Ende kam, als der Orden aufgelöst wurde.

Die Verschwörungstheorie und der Gral

Der Templer/Gral-Mythos lebte ernsthaft erst wieder in den letzten beiden Jahrzehnten des 20. Jahrhunderts auf. Er steht im Mittelpunkt der bekanntesten Pseudogeschichte des Grals, *The Holy Blood and the Holy Grail* (1982), verfasst von M. Baigent, R. Leigh und H. Lincoln, das klassische Beispiel der geschichtlichen Verschwörungstheorie. Für »Verschwörungstheoretiker« ist die Historie kein Humbug, wie es Henry Ford einmal formulierte, sondern ein gewaltiger Betrug der jeweiligen Machthaber zur Verschleierung der Wahrheit. Historische Belege sind natürlich oft unklar und offen für unterschiedliche Interpretationen, und wenn sogar solche nicht lange zurückliegenden Ereignisse wie die Ermordung des amerikanischen Präsidenten John F. Kennedy von Rätseln umgeben sind, lässt sich leicht einsehen, warum die von einer alternativen Geschichtsversion angebotenen Gewissheiten so attraktiv sind. Es würde ein ebenso umfängliches Buch wie das Original beanspruchen, wenn man die Aussagen in *The Blood and the Holy Grail* Punkt für Punkt auseinandernehmen und widerlegen wollte: Es handelt sich im Wesentlichen um einen Text, der mit Hilfe von Vermutungen arbeitet, die außerhalb der Prinzipien einer wissenschaftlichen Diskussion liegen. Dabei bezieht sich ein entscheidendes Element der Argumentationskette auf einen anonymen Informanten und auf den Umstand, dass ein von ihm genannter Mann viele Jahre zuvor in Paris mit einer anderen Person, die im Verlauf der Ereignisse eine Rolle spielte, bekannt war. Die gesamte Argumentation ist im Grunde eine eher durchsichtig konstruierte Kette von Vermutungen, kombiniert mit einer einseitigen Auslegung der ausgewählten sicheren Fakten. Was wirklich von Interesse ist, ist der Rahmen der gesamten Darstellung. Alles beginnt mit einem Rätsel: Wie konnte ein einfacher Dorfpfarrer aus den Cevennen ein so großes Vermögen erwerben, dass er seine Pfarrkirche in Rennes-le-Château (im Pyrenäenvorland, bei Couiza südlich von Carcassonne) mit mysteriösen Inschriften und Malereien ausschmücken konnte? Letztlich sind hier alle Zutaten für eine handfeste Schatzsuche versammelt, wobei sich der »Schatz« von pekuniärem Reichtum in ein Mysterium von weltbewegender Bedeutung verwandelt. Im Zentrum der Untersuchung steht ein vermuteter großer Dokumentenbestand in der Bibliothèque Nationale, der Material über den kleinen Ort enthält, in der die Kirche steht. Nach der entsprechenden Beschreibung durch die Autoren scheinen diese Dokumente den harmlosen Phantasien entsprungen zu sein, die von Zeit zu Zeit einbildungsstarke Amateure heimsuchen, die glauben, plötzlich den Schlüssel »zum Leben, zum Universum und zu allem möglichen« gefunden zu haben. Es handelt sich um ein Genre, worüber sich durchaus eine Studie über Manifestationen der Volkskultur im 20. Jahrhundert lohnen würde – wäre es nicht so ermüdend: Ein guter Volkskundler hätte nur wenig Mühe, dieses Genre so zu behandeln, wie man es im Falle der so genannten »modernen Märchen« getan hat. Die übliche Quelle ist eine verfälschte – oder notwendigerweise nicht einmal verfälschte – Form extremen Schrifttums der Freimaurer des 18. und 19. Jahrhunderts oder deren Sympathisanten. Dies wird sodann mit Geheimschriften und den bereits erwähnten Spekulationen kombiniert und ein fiktiver Fall konstruiert: »Mit Hilfe kryptischer Nebenbemerkungen und Anmerkungen vergrößert und bestätigt jedes Stück die anderen.«[514] Dies ist des Autors eigene Beschreibung des Materials, auf welches sich die Argumentation des Autorenteams stützt, und damit ist ihre Methode perfekt charakterisiert.

Wie führt uns das zum Gral? Die Autoren beschreiben »das Eindringen des Grals in unsere Untersuchung« und fragen sich, ob es hier »eine zu Grunde liegende und verbindende Kontinuität« gab. Die Kontinuität wird hergestellt durch eine Reihe von Angaben, die auf Gralspekulationen des 18. und 19. Jahrhunderts beruhen: In drei Sätzen erscheinen die Katharer als Eigentümer des Grals, die Templer als seine Wächter, und die Templerköpfe als Parallelen zum Gral.[515] Zwischendurch gelingt es ihnen, die symbolischen Szenen in Romanen wie dem *Perlesvaus* als dunkle Anspielungen auf die Verbrechen zu lesen, deren man die Templer beschuldigt haben soll.[516]

Dies nun bildet den Vorwand für einen raschen Überblick über die Gral-geschichten, und wir erfahren, »dass sich die moderne Wissenschaft einig ist, dass die Gralromane der Merowingerzeit zuzuschreiben sind«, was den Leser des vorliegenden Buches doch einigermaßen überraschen dürfte. An dieser Stelle wird ein Exkurs über die »Notwendigkeit der Synthese« einge-schaltet, eine schlecht verhüllte Attacke auf »Experten« und auf die Spezia-lisierung moderner akademischer Forschung:

> Was notwendig ist, ist eine interdisziplinäre Beschäftigung mit dem gewählten Material – eine mobile und flexible Methode, die es einem erlaubt, sich frei zwischen ganz verschiedenen Fächern über Raum und Zeit zu bewegen. Es muß möglich sein, Daten miteinander zu verknüp-fen und Verbindungen zwischen Menschen, Ereignissen und Phänome-nen herzustellen, die weit voneinander entfernt sind. Es muß möglich sein, wenn es die Notwendigkeit gebietet, sich vom dritten zum zwölften, zum siebten, zum achtzehnten Jahrhundert zu bewegen…[517]

Und »es reicht nicht, sich selbst allein auf Fakten zu beschränken«. Das ist der Freibrief für ein imaginiertes Netzwerk von zuvor unsichtbaren Verknüpfungen, und das genau ist die Verfahrensweise der Autoren, wenn sie von »unserer Hypothese« sprechen. Die falsch verstandene Gral-Ety-mologie ›Sang real‹ aus dem 15. Jahrhundert, John Hardyngs Verweltli-chung des Grals, wird für definitiv gehalten: Eine falsche Lesung oder die Laune eines englischen Autors, der vielleicht nicht vollständig auf gutem Fuß mit dem Französischen stand, wird zum Schlüssel des gesam-ten Mysteriums. Wenn der Heilige Gral nicht das »sang real« oder »heilige Blut« ist, fällt das gesamte Argumentationsgebäude in sich zusammen, und in der wunderbar phantasievollen Konstruktion einer »Blutverbin-dung« zwischen den Merowingerkönigen und einem niemals gekreuzig-ten Jesus kann sich nichts auf den Gral beziehen und gewiss auch auf nichts anderes in der realen Welt. Noch einmal: die wahre Funktion des Grals scheint die eines Leitsterns für Phantasiegebilde zu sein, in diesem Fall als Historie verkleidet, in Wahrheit aber nichts anderes als reine Phantasie.

Ein weiteres Element spielt im Falle Rennes-le-Château eine Rolle. Die Entstehung des obigen Buches geht auf eine TV-Dokumentation zurück. Eine attraktive Fernsehsendung ist genau das Gegenteil eines Forums, auf dem komplexe Zusammenhänge verlässlich dargestellt werden können. Geht man davon aus, dass das Skript einer halbstündigen Sendung vielleicht 3000 gesprochene Wörter enthält – rund sieben Seiten des vorliegenden Buches, dann bleibt es nicht aus, dass Argumente auf das Niveau von Tatsachenbehauptungen reduziert werden müssen, und das Problem, wie man einen Faktenkomplex mit dem nächsten verknüpft, wird ignoriert oder nur mit einer kurzen Bemerkung angedeutet. Stil und Aufbau solcher Dokumentationssendungen bedeuten, dass man ein enormes Vertrauen in die Fachkenntnis und Verlässlichkeit des Autors setzen muss. Da bleibt nur wenig Raum für eine detaillierte Beweisführung. *The Holy Blood and the Holy Grail* ist wahrhaftig nichts anderes als ein im Stile einer TV-Sendung geschriebenes Buch. Aber anstatt die Quintessenz der Forschung als Basis zu nehmen, stellt es sich so dar, als habe man das Skript zuerst geschrieben und zunächst den Gang der Untersuchung und die Ergebnisse festgelegt, um dann die Beweise und Verknüpfungen später hinzuzufügen. In gewisser Weise sind wir damit in einem Kreis gelaufen: Wir begannen in einer Zeit, als sich die mündliche Kultur zur Schriftkultur entwickelte, und jetzt müssen wir feststellen, dass die Schriftkultur von der mündlichen Kultur dominiert wird.

Die in *The Holy Blood and the Holy Grail* angewendete Methode ist äußerst populär geworden. Zwei andere Autoren überprüften die vorgeblichen Belege und brauten eine genauso wirre Theorie zusammen, nach der »der Kern des Schatzes ein sonderbares Artefakt sei, eine unerklärliche Kraftquelle, hergestellt nach einer uralten, lang vergessenen Technik oder auch zur Erde gebracht von einem Raumschiff ...«, dessen Eigenschaften seine Besitzer in den Stand versetzten, einen gewaltigen Schatz anzuhäufen.[518] Wenigstens haben die Autoren die Güte einzuräumen, dass »es natürlich für diese Theorie keinen Beweis gibt«; hier begegnet uns ein neues Genre, die fiktionale Geschichte. Ein anderes gutes Beispiel liefert Andrew Sinclairs Buch über die Verbindung zwischen der vermuteten schottischen Templertradition und dem Gral, in dem seine eigene Familie, die Saint Clairs, eine wichtige Rolle zugewiesen bekommen. Der Weg führt von der Rosslyn Chapel, einst im Besitz der Sinclairs und angeblich voller geheimnisvoller Templer- und Freimaurersymbole, bis zu einem angeblichen venezianischen Bericht über eine schottische Expedition nach Amerika im Jahre 1400 und endet in einer Freimaurerloge in Kirkwall, deren geheime Schriftrolle der Schlüssel zu allen Mysterien ist.[519] Der Gral liegt verborgen in einem geheimen Gewölbe in Rosslyn Chapel.

Dieses Genre lässt sich am besten mit »selektiver Historie« umschreiben; einzelne, die Argumentation stützende historische Fakten werden herangezogen, um zu beweisen, dass das Ganze wahr ist, ohne den jeweiligen Kontext oder widerstreitende Belege zu berücksichtigen. Bisweilen ist das Ergebnis an der Oberfläche gut dokumentiert und belegt und umfasst auch seriöse historische Forschung. Ein gutes Beispiel dafür ist Noel Currer-Briggs' Versuch in *The Shroud and the Grail,* das Grabtuch von Turin, den Heiligen Gral und die Templer miteinander zu verknüpfen. Hier wird der Gral zu dem Kästchen, in dem das Grabtuch mit dem Abdruck der Gestalt Christi, durchtränkt von seinem Blut und Schweiß, aufbewahrt wird. Die Überlieferung, die den Gral so eng mit dem erlösenden Blut Christi verbindet, wird fallengelassen, weil »allein die Idee [Blut als Reliquie zu sammeln] empörend ist«.[520] Das mag auf moderne Empfindlichkeiten zutreffen, aber nicht auf den reliquienhungrigen mittelalterlichen gläubigen Menschen, der sich nach einem handgreiflichen Kontakt zu seinem Erlöser sehnte.

Die Katharer und der Gral

Eine andere Schatzsuche führt uns zu den Katharern. Die Katharer eignen sich so wenig für eine Verbindung mit dem Gral wie die Templer, denn der Gral repräsentiert genau diejenigen Aspekte des Christentums, welche sie ablehnten, nämlich die ausgesprochen christuszentrierten Rituale der Katholischen Kirche. Nach ihren religiösen Vorstellungen war Christus lediglich ein Bote, der Träger des neuen Evangeliums der Liebe. Kreuzigung und Auferstehung waren nicht Teil ihres Glaubens. Somit konnte der Gral, der ohne diese beiden Grundelemente der katholischen Lehre nicht denkbar ist, für sie keinerlei Bedeutung haben. Wir haben gesehen, dass im Lichte der mittelalterlichen Romane eine solche Verbindung unwahrscheinlich ist. Wir haben aber auch gesehen, dass die Idee vom Ursprung der Artusliteratur in Südfrankreich zu Beginn des 19. Jahrhunderts von Claude Fauriel vetreten wurde. Er hatte vorgeschlagen, Munsalvaesche in die Pyrenäen zu verlegen, weil er beobachtet hatte, dass die Romane niemals einen Ort nach seinem wirklichen Namen benannten.[521] Eine Variante dieser Idee legte 1858 Eugène Aroux in seinem Buch *Les mystères de la Chevalerie et de l'Amour platonique au Moyen Age* vor, der zu zeigen versuchte, dass die höfische Liebe, die Minne, in den Romanen eine Schöpfung der Albigenser (Katharer) war, die auf diese Weise ihre Lehre in verhüllter Form verbreiten wollten. Nach außen hin war die Minne eine platonische Liebe, eigentlich aber war sie ein Code für die albigensische Bevorzugung der Liebe vor den Formalien der Religion. Um diese Vorstellungen zu bewahren und zu verkünden, wurde, so Aroux, die geheimnisvolle Gesellschaft »la Massenie du Saint Graal« gegründet, deren Aufgabe es gewesen sein soll »das Gefäß der Wahrheit mit Hilfe glänzender Persönlichkeiten zurückzugewinnen, worin das kostbare Blut des Erlösers aufgefangen wurde; mit anderen Worten, die christliche Kirche wieder in die Zeit der Apostel zurückzuführen zur getreulichen Befolgung der Gebote des Evangeliums.«[522] Die Tafelrunde setzte sich aus *vollkommenen* Rittern zusammen (eine Entsprechung zu den *Vollkommenen/perfecti* der Albigenser). Ein Ritter wurde zu dieser Runde nur nach einer Reihe von Prüfungen zugelassen; »mit welchen Prozeduren ein Ritter aufgenommen wurde und welche Vorsichtsmaßnahmen gegen Indiskretion ergriffen wurden erhellen die Praktiken der heutigen Freimaurer, die nur eine Fortführung der *massenie* sind.« Die Knappen der Ritter entsprachen den Gefährten (*socii*), die nach Aroux, die albigensischen *perfecti* begleiteten. Der Gegenstand ihrer Frömmigkeit waren ihre Mutterkirche, ihr Pfarrsprengel oder ihre Diözese; der eifersüchtige Ehemann, ein häufiges Thema in der Troubadourlyrik, repräsentiert den Amtsklerus, dessen Autorität die Albigenser ablehnten. »Das Rittertum, erdacht und eingesetzt vom albigensischen Protestantismus, ist nur ein Symbol.«[523]

Aroux scheint ein halbes Jahrhundert später das Werk eines wesentlich einflussreicheren Autors inspiriert zu haben. Es war kein anderer als unser alter Bekannter Sâr Méradock, Joséphin Péladan, dessen Schrift zu diesem Thema im Jahre 1906 erschien. Sein älterer Bruder soll mit Aroux über die Rosenkreuzer persönlich bekannt gewesen sein.[524] Seine Arbeit *Le Secret des Troubadours: De Parsifal à Don Quichotte* ist eine allgemeine Studie über die mittelalterliche Ritterliteratur. Das »Geheimnis« war nicht mehr als die Kontinuität von der mittelalterlichen Literatur bis in das Zeitalter eines Rabelais und Cervantes:

Bevor sie das Orakel der dive bouteille [der »Rebensaft« bei Rabelais] aufsuchten, suchte unser unverbildeter Vorfahr den Heiligen Gral. In seiner Niederlage heißt er Don Quixote: das ist das Geheimnis der Troubadoure.[525]

Er zieht sodann eine Parallele zwischen den historischen Templern und »dem Orden des Grals«, der jedoch in der mittelalterlichen Literatur nicht belegt ist, sowie zwischen Montsalvat und dem Montségur in den Pyrenäen. »Die albigensische Seele, welche vage Bedeutung sie auch immer haben mag, ist die Seele Parsifals, eine Manifestation der Geheimlehre des Mittelalters, aus der die Renaissance entstand.«[526]

Mit einiger Vorsicht stellt er eine Verbindung her zwischen dem Glauben der Katharer und den Artusromanen:

An der Tafelrunde und zu Füßen des Grals, eine von Engeln den reinsten Menschen anvertraute Reliquie, wird man mit ein wenig Aufmerksamkeit einen Glauben finden, der lange vor der Reformation die Einheit der Katholiken bedrohte und der alleine dem literarischen und künstlerischen Werk des Westens zwischen dem Jahr 1000 und dem Ende des 16. Jahrhunderts einen Sinn verleiht.[527]

Es war diese Schrift, auf die der junge deutsche Forscher Otto Rahn aufmerksam wurde, der eine Arbeit über die Verbindungen zwischen Mystizismus und der Dichtung des 12. Jahrhunderts und deren Einfluss auf das deutsche mittelalterliche Denken schreiben wollte. Als Teil dieses Projekts stellte er Untersuchungen über die Katharer an. Angeregt durch das Buch *Magiciens et Illuminés* von Maurice Magre[528], der einen Zusammenhang zwischen Katharern und Buddhisten herstellte – er nannte die Katharer »Buddhisten des Westens« –, entschloss sich Rahn zu einer Reise in die Pyrenäen und besuchte den Montségur. Auf seinem Weg nach Südfrankreich arbeitete Rahn in der Bibliothèque Nationale in Paris und stieß auf Péladans Schrift. Im Süden traf er den Lokalhistoriker Antonin Gadal, den ähnliche Ideen beschäftigten und der Rahn mit seiner Schrift *Auf dem Weg zum Heiligen Gral* bekannt machte; darin benennt Gadal eine Grotte nahe dem Pyrenäenort Ussat (Ariège) als letzten Aufbewahrungsort des Grals. Es scheint Maurice Magre gewesen zu sein, der als Erster den legendären

Katharerschatz als den Heiligen Gral identifizierte.[529] Nach Angaben von Augenzeugen wurde dieser Schatz im Jahre 1244 kurz vor dem Fall der Festung auf dem Montségur, dem letzten Bollwerk der Katharer gegen die Truppen des Albigenserkreuzzuges, vom Montségur fortgeschafft.[530]

Rahn nahm sich dieser Geschichte mit Begeisterung an, und mit seinem Buch *Kreuzzug gegen den Gral* (1933) sicherte er der Geschichte vom Katharergral eine breite öffentliche Aufmerksamkeit. Seine These beruht auf der Gleichsetzung des ›Kyot‹, der angeblichen Quelle für Wolframs *Parzival*, mit Guiot de Provins, und mit Hilfe der sparsamen Ortsbeschreibungen bei Wolfram will er die entsprechenden Orte im Stammland der Katharer wiedergefunden haben. Die Identifizierung des Munsalvaesche mit dem Montségur in den Pyrenäen beispielsweise beruht auf einer Zeile im *Parzival*, die da lautet: »Kein Platz war so gut zur Verteidigung gerüstet wie Munsalvaesche«; das nun soll sich auf den Montségur, den »sicheren Berg«, beziehen.[531] Wolfram beschreibt hier jedoch lediglich die Befestigungsstärke von Munsalvaesche, und die Erklärung des Namens Montségur ist bestenfalls zweifelhaft. Eine ähnlich dubiose Etymologie identifiziert Parzival mit Trencavel, einem Anführer der Katharer, und dies führt zur Gleichsetzung wichtiger Personen im *Parzival* mit weiteren Führungspersonen der Katharer.[532] Eine andere Bestätigung, dass der Montségur die Gralburg ist, liegt in der spätmittelalterlichen Identifizierung des Grals mit dem Venusberg, dem Sitz einer heidnischen Liebesgöttin; Rahn hält den Montségur für einen heidnischen Kultplatz.[533] Was der Gral aber eigentlich sein soll, bleibt unklar. Er gilt als der Schatz der Katharer, der in den Inquisitionsakten von Carcassonne erwähnt wird: Vier Katharer sollen der Belagerung des Montségur »mit dem Schatz der Ketzer« entronnen sein.[534] Was aber aus diesem »Schatz« wurde, ist nicht bekannt, und Rahn äußert sich wohlweislich nur vage über diesen Punkt und meint, sie hätten »das Sehnen des Paradieses« gerettet, wie es bei Wolfram heißt, »symbolisiert durch einen glänzenden Stein, den Gral!«[535] Gewiss, nichts im letzten Kapitel seines Buches deutet darauf hin, dass er sich den Gral als physisches Objekt dachte, verborgen in einer Höhle im Sabarthès, in der die letzten Katharer ihren Tod fanden: Diese Geschichte entsprang der Phantasie von Lokalpatrioten.

In seinem nächsten Buch, *Lucifers Hofgesind* (1937), berichtet Rahn erneut von seinen Reisen durch das Katharerland und durch andere Gegen-

Die Katharerburg Montségur, die nach der Meinung von Esoterikern den Gral barg.

den Europas auf der Suche nach dem Gral und ihrer Philosophie sowie von den Troubadouren, die er, wie auch Péladan, als in enger Verbindung mit den Katharern stehend betrachtete. Im Laufe seiner Reisen entwickelt er seine These ganz im Sinne der nationalsozialistischen Propaganda seiner Zeit: Die Katharer sollen Arier gewesen sein, die den Morgenstern, Lucifer, anbeteten.[536] Das Christentum wurde von den Juden erfunden, damit die Menschen einen Juden, Jesus von Nazareth, verehrten.[537] Der Gral war ein Symbol Lucifers und deshalb der große Schatz der Katharer, während die Katholische Kirche die Geschichte vom Gral als den Kelch des Letzten Abendmahls erfunden hatte, um den katharischen Kultgegenstand zu diskreditieren, von dem die Kirche wusste, dass er der wahre Gral ist.[538] Weil Rahn zu einem überzeugten Nazi geworden war, verbreitete sich die Geschichte, die Nationalsozialisten hätten eine Suchexpedition nach dem Katharergral organisiert. Von Rahn nahm man an, er habe eine doppelte Identität angenommen und habe auf Anweisung höchster Stellen gehandelt.[539] Weiterhin hieß es, er habe eine Sammlung seiner »Funde« auf dem Montségur Heinrich Himmler zugänglich gemacht.[540] Nach anderen Quellen wiederum sollen Mitglieder einer rechtsgerichteten französischen Vereinigung eine Grabung im Katharergebiet durchgeführt haben, auf der Suche nach »den Runentäfelchen, die nach bestimmten Hinweisen dem

Text Wolframs zu Grunde lagen.«[541] Alfred Rosenberg, dessen Buch *Der Mythus des Zwanzigsten Jahrhunderts* einer der Schlüsseltexte der Nazi-Ideologie ist, wird nachgesagt, er habe eine heidnische Nazireligion initiieren wollen, auch soll man für ihn einen goldenen Kelch als Gral angefertigt haben.[542] Rosenberg soll sich zudem mit der Gründung eines heidnischen Ordens befasst haben, an dem auch Heinrich Himmler beteiligt war; Himmlers bevorzugte Bettlektüre soll Wolframs *Parzival* gewesen sein. Als sich die örtliche Bevölkerung 1944 am Montségur versammelte, um den siebenhundertsten Jahrestag des Falls der Burg zu begehen, soll ein deutsches Flugzeug die Ruinen auf dem Gipfel des Montségur überflogen und ein keltisches Kreuz an den Himmel gemalt haben. Keiner der Anwesenden indessen scheint eine entsprechende Beobachtung zu Protokoll gegeben zu haben; noch unwahrscheinlicher ist die Annahme, Rosenberg selbst sei an Bord des Flugzeugs gewesen. Da Rosenberg im *Mythus des Zwanzigsten Jahrhunderts* den Katharern gerade einmal vier oder fünf Zeilen widmet, ist die Geschichte nicht mehr als eine spätere Ausschmückung jener Gedenkfeier im Jahre 1944.[543] All diese Geschichten aber erweisen sich als pure Vermutungen ohne wirklichen Wahrheitsgehalt.[544] Sie gehören in die Welt der Gralsuche der Nazis in Steven Spielbergs Film *Indiana Jones und der letzte Kreuzzug* (1989), und sie bildeten die Grundlage für etliche Romane, darunter Pierre Benoits *Montsalvat* (1957) und Marc Augiers *Nouveaux cathares pour Montségur* (1969), veröffentlicht unter dem Pseudonym Saint-Loup und versehen mit einer stattlichen Phalanx neofaschistischer Mythen. Das Problem ist, dass sich Fiktion und Historie vermischen und dass sich scheinbar pseudohistorische Werke sowie Fernsehsendungen auf diese haarsträubende Mixtur stützen, bei der – wie so oft bei dem Gralthema – die Phantasie eine wesentlich größere Rolle spielt als die Realität.[545]

Eine letztes Märchen verdient kurz erörtert zu werden: Es wurde ernsthaft die Meinung vertreten, dass die Nazis den Gral finden wollten, sofern ihnen seine Macht hätte von Nutzen sein können. Mit dieser Suche soll die Organisation »Ahnenerbe« beauftragt gewesen sein, deren grausame, rassistisch motivierte medizinische Experimente durch die Nürnberger Prozesse bekannt geworden sind. »Ahnenerbe« befasste sich auch mit Archäologie und Prähistorie, jedoch mit der Absicht nachzuweisen, dass die arische Rasse Ursprung jeglicher Zivilisation sei. Die unter ihrer Ägide durchgeführten Ausgrabungen verliefen durchaus nach wissenschaftlichen Prinzipien, aber die Interpretation der Funde wurde nach den Maßgaben der NS-Propaganda ausgerichtet. Mit einer Schatzsuche indessen hatte das alles nichts zu tun, vielmehr kann man der Organisation positiv anrechnen, dass sie die Zerstörung vieler deutscher vor- und frühgeschichtlicher Zeugnisse durch das Militär verhinderte. Überhaupt war man weit mehr daran interessiert, die Hinterlassenschaften einer vorgeblichen germanischen Religion wiedererstehen zu lassen, als den Gral zu suchen, wie wissenschaftliche Untersuchungen der erhaltenen Dokumente deutlich machen.[546]

Wenn wir nach einer Verbindung zwischen dem Gral und den Nazis Ausschau halten, müssen wir auf die kulturellen Bedingungen zurückgreifen, aus denen heraus der Nationalsozialismus entstand – auf die völkischnationale Philosophie und Literatur der ersten beiden Jahrzehnte des 20. Jahrhunderts. Ein idealistischer Nationalismus in Deutschland bezog sich auf Wagners Fantasiewelten und proklamierte die Entstehung einer neuen Elite: Es war nicht die Masse des Volkes, sondern jene Elite, die der Gral beschäftigte: »Zum heiligen Gral, diesem auserlesenen Kleinod, wandeln weder Masse noch Mehrheit; der Gral ist dem Tagesgeschwätz entrückt.« Der Auserwählte sucht im Geiste nach »dem stillen Tempelberg, wo das göttliche Kleinod glüht.«[547] Derselbe Geist findet sich besonders in Österreich, wo einige eher regional bekannte katholische Schriftsteller einen »Gralsbund« gründeten, um dem Wiener Ästhetizismus die Stirn zu bieten. Für Schriftsteller, die unter dem Banner des Grals einst zu den Wagnerverehrern gehörten, verband sich die Idee einer germanisierten Religion mit den Idealen Parsifals und des Grals – so im »Templeisen-Orden«, gegründet im Ersten Weltkrieg von dem ehemaligen Mönch Jörg Lanz von Liebenfels. Hitler hatte in jungen Jahren sein Buch *Ostara* gelesen, und möglicherweise stammt aus dieser Quelle die einzige, einigermaßen gesicherte Äußerung Hitlers über den Gral: Hermann Rauschning schrieb 1940, Hitler habe von einer »Brüderschaft der Templeisen um den Gral reinen Blutes« gesprochen.[548]

Der Gral und New Age
Der Gral ist zum Mittelpunkt der Praktiken und Überzeugungen einer Sektion der New-Age-Gemeinde geworden, für die der Grundsatz »das Ich

selbst ist heilig« bestimmend ist.[549] Die Suche nach dem authentischen Ich, nach der wahren Natur des eigenen Daseins, erfolgt über einen Zugriff auf vielfältige spirituelle Traditionen: Der theoretische Synkretismus der Theosophie und verwandter Kulte wird ersetzt durch das Zusammenführen aktueller mystischer und spiritueller Praktiken aus einer Reihe von Religionen und Glaubensrichtungen. Der Gral wird dabei zu einem herausragenden, aber unspezifischen, von allen christlichen Bezügen entkleideten Symbol für die Suche nach innerer Wahrheit. Angesichts der Vorliebe des New Age für eher urzeitlich-primitive religiöse Verhältnisse, die uns der natürlichen Welt und der Harmonie mit der Umwelt näher bringen sollen, ist es nicht überraschend, dass der angenommene keltische Gral in den Schriften des New Age einen wichtigen Platz einnimmt.

Einer der glühendsten Advokaten für die Suche nach dem spirituellen Gral ist John Matthews, der viel über dieses Thema geschrieben hat. Ein Teil seiner Arbeit ist ein mehr oder weniger konventioneller Bericht über die Entwicklung der Grallegenden, freilich aus seiner ganz speziellen Perspektive. Andere seiner Essays greifen uns bereits bekannte Themen auf, etwa die Beziehung der Rosenkreuzer zum Gral. Allzu oft jedoch zeigt eine nähere Überprüfung seiner Äußerungen, dass sie keinen Bezug zu den mittelalterlichen Erzählungen aufweisen: In »The Grail and the Rose« steht der Graltempel auf einem von undurchdringlichen Wäldern oder tiefen Gewässern umgebenen Berggipfel, der nur über eine gefährlich schmale Brücke erreichbar ist; die Burg, die den Tempel beherbergt, kann sich drehen und damit den Zugang verhindern. Wie die im ersten Teil dieses Buches angeführten Texte zeigen, entspricht nichts davon eigentlich der Wahrheit, insbesondere die sich drehende Burg gehört zu einer ganz andern Schicht der Romane. Es ist ein Graltempel wie ihn Matthews gerne haben möchte, »ein temenos, ein abgeschlossener Bezirk, wo eine unsichtbare Linie zeigt, dass hier Göttlichkeit anwesend ist…«[550] Vieles, was er zu sagen hat, ist eine Neubehandlung des Materials, die seinen eigenen Zwecken dient, und die nicht einfach wissenschaftlich oder instruktiv sein soll: der Gral wird gesehen als Weg zur spirituellen Selbstheilung und zu einer höheren spirituellen Wahrnehmung. Zwei seiner Bücher enthalten hierzu eine Reihe von Übungen: In »Elements of the Grail Tradition« schließt jedes Kapitel mit Übungen, die sich auf die im vorangegangenen Abschnitt nacherzählten Kapitel aus der Gralgeschichte beziehen. Es handelt sich um eine Abfolge vorgeschlagener Meditationen, aufgebaut um farbige Bildwelten, die den Gralromanen, dem Symbolismus und der Astronomie entnommen sind. Sie erlauben es dem Ich zu einer bestimmenden Kraft innerhalb der kosmischen Ordnung zu werden, wie beispielsweise in diesem Abschnitt über den Speer des Longinus:

> … jetzt wende dich genau nach Norden, wo du die Konstellation des Piscis Australis, des großen Kosmischen Fisches findest und in dessen Mund der helle Stern Formahalt glüht. Unterhalb der Kontur des Fisches befindet sich der Umriss eines Speeres, jene Waffe, die in der Gralgeschichte gebraucht wird, um zu verwunden, die aber jetzt heilendes Licht auf dich herniedersendet. Du fängst es auf und lässt es von deinem Herzen, durch deine Füße hindurch in die Erde hinabgleiten, wo der kristallene Gral, der seine endgültige Form im Mysterium der Fünf Verwandlungen erlangt[551], wartet, um es aufzunehmen und um es dann wieder auszusenden, das Licht, das du wahrnimmst, wie es durch die Erde dringt …[552]

In *Healing the Wounded King*[553] wird dieses Verfahren weiterentwickelt, um Fälle von mentalen Traumata, »die verwundete Seele«, zu heilen, durch Meditationen über Bilder »archetypischer Geschichten«, von denen Matthew behauptet, bemerkenswerte Heilerfolge erzielt zu haben. Dies nun ist nichts für Skeptiker, aber es scheint, dass auch diese neue Religion ihre Wunder hat.

Denn in vielerlei Hinsicht handelt es sich hier um einen neuen Glauben, der in der Überzeugung von der vorrangigen Bedeutung des Ich, des Indiviuums, wurzelt. Dies steht in scharfem Gegegensatz zur Verleugnung des Ich in östlichen Traditionen, von denen er einige seiner Heil- und Meditationsverfahren entlehnt hat. Die westliche Idealisierung des Individuums hat hier ihr Extrem erreicht, und der Gral, einst Symbol einer universellen Erlösung, ist jetzt lediglich zum Mittel individueller Selbsterfüllung geworden. Es ist eine romantische Ich-Obsession, die man mit den okkultistischen Adepten des frühen 20. Jahrhunderts teilt, jene schattenhaften Vorläufer für so manche Gralvorstellungen des New Age. Deren Werke werden von den New-Age-Anhängern eifrig nach Offenbarungen durchforscht.[554] Der Gral nimmt seinen Platz ein in der »hermetischen Tradition«, und

Jonathan Meese, »Kinski-Gral«, 2004. Öl auf Photo auf Forex.

Matthews erkennt eine Kontinuität durch die Jahrhunderte unter Einbeziehung der Druiden, der Gnostiker, der Katharer, der Atlanter und der okkulten Gesellschaften des 19. Jahrhunderts, um nur einige zu nennen.[555]

Der Gral selbst wird zum Objekt von Kult und Glaube: eine bezeichnende Passage in *At the Table of the Grail* beschreibt die verschiedenen Formen, die der Gral annehmen kann, »Kelch oder Stein, Schale oder Schoß der Frau«, und fährt fort:

> Doch so sehr sich die Ansichten unterscheiden, sie sind sich einig in ihrem Glauben an den Gral als Führer, Ratgeber, Helfer und als Tor zum inneren Leben, zu der inneren Reise, die wir alle bis zu ihrem Ende antreten müssen, bedrängt von Gefahr und Zweifel, Furcht und Verlust des Glaubens. Und solange unser Ziel ein wahrhaftiges ist und nicht vom Bösen befleckt wird, steht uns der Gral stets zur Seite, wie ein Licht in der Finsternis.
>
> Du kannst viel aus diesen Seiten lernen, und selbst wenn du nicht mehr lernst, als den Gral innerhalb deines eigenen Seins anzuerkennen, wirst du eine Wahrheit entdeckt haben, welche dich niemals verlassen wird, die deinem zu gehenden Weg voranleuchtet und dir den Pfad zur Selbstverwirklichung weist.[556]

Wenn wir »Gral« durch »Christus« oder »Buddha« ersetzen, ergibt die Passage immer noch einen Sinn. Ironischerweise ist ein Symbol ausgesprochen christlichen Ursprungs und christlicher Konnotationen zum Mittel der Flucht aus den etablierten Religionen in eine Welt geworden, in der alles und jedes eine Stimme hat. Anstelle des Christentums haben wir »die westliche Mysterientradition«, die für das Heute eine neue Mythologie erfindet, mit dem Gral als zentraler Ikone. New Age hat den Gral neu erdacht, dieses Mal als ein aus sich heraus geheiligtes Kultobjekt. Dieser neue Gral ist in der Lage, eine gewaltige Bandbreite von Konzepten in sich aufzunehmen, darunter die bereits angesprochenen Bereiche, aber auch den Feminismus, die Shaker, die taoistische Lehre – bis wir schließlich das Gefühl haben, dass alles, irgendwo und irgendwie, der Gral sein muss.[557]

Anhang

Anmerkungen

1 High Book of the Grail, 19.
2 Es sind dies Troja, Frankreich und Britannien, die Geschichten von Aeneas, Karl dem Großen und Artus; Wilson 1952, 243.
3 La légende du Graal: origine et évolution, in: Frappier/Grimm, 1984, I, 292.
4 Lewis, 1966, 39-40.
5 Über das Verhältnis zwischen Lesen und Rezitieren hat es manche wissenschaftlichen Diskussionen gegeben; eine gute Zusammenfassung bietet Green, 2002, 35-54. Robert von Gloucester starb 1147.
6 Vgl. »Philomena und Prokne« 1.734, in: Cormier, 1986; das Problem ist, ob der Dichter Chrétien de Troyes ist oder ein Namensvetter, ganz abgesehen von der Bedeutung von *gois*.
7 Bullock-Davies, 1981, 1-61.
8 Anna Comnena, 1956, 326.
9 Karnein, 1978, 1-20.
10 Story of the Grail, 32-37; Perceval, II. 2976-3421 (dt. Chrétien de Troyes, Der Percevalroman oder Die Erzählung vom Gral, Altfranzösisch/Deutsch, übers. v. Felicitas Olef-Krafft, Stuttgart 1991, 168-193 (Verse 3018-3421).
11 Story of the Grail, 51; Perceval II. 4678-83 (dt. Die Erzählung vom Gral, 263, v. 4680).
12 Story of the Grail, 38; Perceval I. 3509 (Die Erzählung vom Gral, 197, v. 3509).
13 Story of the Grail, 51; Perceval II. 4728-40 (dt. Die Erzählung vom Gral, 265, v. 4725 ff.).
14 Dies hatte Perceval schon früher von seiner Base erfahren; Story of the Grail, 39; Perceval II. 3593-95 (dt. Die Erzählung vom Gral, 201, vv. 3591 ff.).
15 Story of the Grail, 67-70; Perceval, II. 6217-6518 (dt. Die Erzählung vom Gral, 349-365, vv. 6217-6518).
16 Zur Beschreibung der Manuskripte vgl. Busby, 1993, IX-XXXIX.
17 Continuation of Perceval, I, XXXIV ff.
18 Diese Zuweisung ist umstritten, vgl. aber Corley, 1984, 351-359, der bestätigt, dass die Passage, in der sich der Autor zu erkennen gibt, ursprünglich ist.
19 Vgl. Salmeri, 1984, 31-39 und Stephens, 1993, 13-15.
20 Story of the Grail, 302; Continuations of Perceval, V, 343.
21 Stanger, 1957, 214-229.
22 Hindman, 1994, 121-124.
23 Vgl. Frappier und Grimm, 1984, 127.

24 Der hervorragende französische Literaturwissenschaftler Gaston Paris meinte, der Verfasser habe auf von Chrétien hinterlassene Notizen zurückgegriffen; das kann jedoch nicht für das ganze Werk zutreffen, denn es läuft auf ein Thema hinaus, zu dem Chrétien keinerlei Hinweise liefert; vgl. Gaston Paris, Histoire littéraire de France, 2. Aufl., Paris 1890, 98.

25 Story of the Grail, 112; Continuations of Perceval IV, II, 1357-1371; II, 11. 3853-3877 (dt. Konrad Sandkühler, Gauwain sucht den Gral, Stuttgart 1959,). Wie immer ist die Chronologie der Graltradition alles andere als sicher; nur zwei der zwölf Manuskripte der *Ersten Fortsetzung* enthalten die Wendung »Heiliger Gral« (I, v, 1363), und es sind diejenigen, die am ehesten unter dem Einfluss anderer Romane stehen.

26 Story of the Grail, 158; Continuations of Perceval IV, II. 25614-17. (dt. K. Sandkühler, Irrfahrt und Prüfung des Ritters Perceval, Stgt. 1960).

27 Story of the Grail, 160; Continuations of Perceval IV, II. 25783-801. (dt. Irrfahrt und Prüfung des Ritters Perceval).

28 Story of the Grail, 191; Continuation of Perceval IV, II. 32396-414. (dt. Irrfahrt und Prüfung des Ritters Perceval).

29 Vgl. Séguy, 2001, 70-76.

30 Continuation of Perceval, V, I, 41966n. (MST).

31 Bliocadran, 1976.

32 Elucidation, 1931.

33 Mas-Latrie, 1852-1861, I, 170-181.

34 Pierre Galais, 1970, I, 313-319; Imbs, 1954, 63-73; Burdach, 1974, 489-494.

35 Ciggaar, 1993, 145-159.

36 Es ist möglich, dass das Gesamtwerk *Das Buch vom Gral* genannt wurde; vgl. *Merlin* (1886) I, 47-48: »Et tes livres … si avra a non tous jours mais li livres dou graal…«

37 Dies wurde bestritten von Gowans, 1996, 1-17, aber angesichts des allgemeinen Musters, dass Versromane immer ihren Prosaversionen vorangehen, erscheint Gowans Ansicht unwahrscheinlich; es gibt keine aussagekräftige Belege dafür, dass das Gegenteil der Fall wäre.

38 Joseph d'Arimathie, 110-111; Merlin and the Grail, 22; Sandkühler, 1979, 26 f.

39 Merlin and the Grail, 22; Joseph d'Arimathie, 112-113; Schöler-Beinhauer, 1981, 93.

40 Merlin and the Grail, 35-36; Joseph d'Arimathie, 254-263; Sandkühler, 1979, 61.

41 Merlin and the Grail, 70-71; Le Roman du Graal, 120-121.

42 Merlin and the Grail, 94; le Roman du Graal, 161.

43 Merlin and the Grail, 113; Le Roman du Graal, 194-195.

44 Merlin and the Grail, 147; Le Roman du Graal, 255.

45 Merlin and the Grail, 141-142; Le Roman du Graal, 245-246.

46 Merlin and the Grail, 154; Le Roman du Graal, 269.

47 Merlin and the Grail, 155; Le Roman du Graal, 270.

48 Mas Latrie, 1852-1861, I, 156.

49 Perlesvaus, II, 73-78.

50 Grand, 1992, 233-235.

51 High Book of the Grail, 19; Perlesvaus, I, 23.

52 High Book of the Grail, 34-35; Perlesvaus, I, 26.

53 High Book of the Grail, 61-62; Perlesvaus, I, 91-92.

54 High Book of the Grail, 79; Perlesvaus, I, 118-120.

55 High Book of the Grail, 112; Perlesvaus, I, 171.

56 High Book of the Grail, 172; Perlesvaus I, 269.

57 Bryant übersetzt »Transsubstantiationen«, im Original steht aber lediglich »muances«, das keinerlei religiöse Untertöne hat.

58 High Book of the Grail, 195-196; Perlesvaus, I, 304-305.

59 High Book of the Grail, 264; Perlesvaus, I, 407.

60 Die Übersetzung basiert auf Lancelot-Grail, III, 100; Lancelot, II, 377.

61 Lancelot-Grail, III, 102; Lancelot II, 387.

62 Lancelot-Grail, III, 163; Lancelot IV, 206.

63 Lancelot-Grail, III, 271; Lancelot, V, 270. Lancelot und der Gral II, 341 ff.

64 Lancelot-Grail, III, 272; Lancelot, V, 273.

65 Lancelot, VI, 204-205; Lancelot-Grail, III, 328; Lancelot und der Gral II, 663.

66 Lancelot, VI, 224; Lancelot-Grail, III, 333.

67 Lancelot, VI, 244; Lancelot-Grail, II, 338.

68 Quest of the Holy Grail, 43-44; Queste del Saint Graal, 15.

69 Quest of the Holy Grail, 162; Queste del Saint Graal, 147.

70 Quest of the Holy Grail, 84; Queste del Saint Graal, 60.

71 Quest of the Holy Grail, 262; Queste del Saint Graal, 255.

72 Quest of the Holy Grail, 269-270; Queste del Saint Graal, 268-270.

73 Quest of the Holy Grail, 282-284; Queste del Saint Graal, 277-279.

74 Lancelot-Grail, I, 4; Estoire del Saint Graal, I, 4.

75 Lancelot-Grail, I, 10; Estoire del Saint Graal, I, 24.

76 Lancelot-Grail, I, 15; »arche de fust«, hölzerner Schrein, Estoire del Saint Graal, I, 41.

77 Lancelot-Grail, I, 24; Estoire del Saint Graal, I, 72-74.

78 Lancelot-Grail, I, 51; Estoire del Saint Graal, I, 167.

79 I Samuel 6,19: Die Leute von Beth-shemesh werden von Gott bestraft, »weil sie in den Schrein des Herrn geschaut hatten«. 2. Samuel 6,6-8: Uzzah ereilt der Tod, weil er seine Hand auf den Schrein legte.

80 Lancelot-Grail, I, 135; Estoire del Saint Graal, II, 473-474.

81 Lancelot-Grail, I, 159; Estoire del Saint Graal, II, 563.

82 Sommer, 1908-1916, II, 334; Lancelot-Grail, I, 352.

83 Parzival, 115, 27-30.

84 Parzival, 297, 20-23.

85 Parzival, 217, 1-5.

86 Gottfried von Straßburg, 1960, 105-106; eine Anspielung auf Parzival, I, 15-19, wo Wolfram sagt, seine Bilder und Vergleiche seien so schnell, dass sie an »dummen Leuten« so schnell vorbeihuschten wie ein flinker Hase.

87 Duby, 1996, 1395-1396.

88 Parzival, 231, 15-30.
89 Ebenda, 233.12-236.22.
90 Ebenda, 238. 2-240.6.
91 Ebenda, 332.1-8.
92 Ebenda, 447, 20-448.7.
93 Story of the Grail, 68; Perceval, II, 6333-36.
94 Parzival, 451.14-452.9.
95 Ebenda, 452.29-455.12.
96 Ebenda, 468.23-471.29.
97 Titurel, in Parzival, I, 6-7.
98 Parzival, 479.2-24.
99 Ebenda, 483.19-484.13.
100 Ebenda, 503, 21-26.
101 Ein Widerhall der Prophezeiung im Perceval, dass Percevals Schwert in einem entscheidenden Moment zerbrechen wird (Erzählung vom Gral, 40).
102 Parzival, 781.3-16; 782.2-30.
103 Ebenda, 827.1-30.
104 Schmolke-Hasselmann, 1998, 14.
105 Ebenda, 34.
106 Zu Hélinands Werdegang und Schriften vgl. Kienzle, 2001, 174-182.
107 PL, 212, 814-15. Die Frage »was folgt wem« stellt sich uns sofort: Das Datum 718 könnte aus der *Geschichte vom Heiligen Gral* stammen, und die Etymologie des Wortes »Gral« von Robert de Boron oder vom Lancelot-Gral. Beides kann aber auch von Hélinand abgeleitet sein. Sein Werk ist schließlich eine Chronik, ein Datum wäre hier eine ganz natürliche Sache, und seine Worterklärung ist typisch für diese Art gelehrsamer Literatur.
108 Die Schlüsselpassagen sind der Prolog zu *Perlesvaus* und der erste Teil von *Joseph d'Arimathie* (Verse 396-400, 507-510, 551-572). Die *Erste Fortsetzung* der *Erzählung vom Gral (Le conte du graal)* II, 524 Verse 17567-17777) sowie die entsprechenden Passagen in III, I, 480-490 (MS A, Verse 7491-7708; MS L, Verse 7459-7670) und Manessiers Fortsetzung (V, 5-7, Verse 32698-3770) enthalten alle Versionen der Geschichte. Eine abweichende Version des Endes der *Zweiten Fortsetzung* enthält sie ebenfalls: Continuations of Perceval, IV, Appendix XI, 590-591.
109 Im Eingangsteil zum *Perlesvaus* wird Joseph von Arimathia nicht genannt, aber Perlesvaus erfährt vom Herrn der Gralburg, dass Joseph das Blut Christi im Gral aufgefangen habe: *Perlesvaus* I, 390-391; *High Book of the Grail*, 252.
110 Continuations of Perceval, I, 9649.
111 Continuations of Perceval, II, 382-366.
112 Gossen, 1959; vgl. auch Lejeune, 1951, 277-282.
113 Spitzer, 1944, 354-363; während die philologischen Argumente außerhalb meines Fachgebietes liegen, scheint mir doch der von Spitzer vertretene plötzliche Übergang von »geflochtenem Korb« zu »Silberschale« recht unwahrscheinlich zu sein.

114 Roques, 1956.

115 Gossen, 1959; Duval, 1979, 291-295.

116 Girart de Roussillon, 1963, 73.

117 *Roman d'Alexandre*, V.611. Die Erwähnung von »lanza ni – 1 grazaus« durch den Troubadour Rigaut de Barbezieux, den man in die 1180 Jahre datierte, mithin in die Zeit vor Chrétien, wird jetzt ins frühe 13. Jahrhundert datiert, vgl. Lexikon des Mittelalters VII, Sp. 849.

118 *Continuations of Perceval*, I, 262, V.9649, MS V; die deutsche Übersetzung des 14. Jahrhunderts verwendet *teller*; II, 404, V.13431, MS M. Beide Handschriften stammen aus dem späten 13. Jahrhundert; zu dieser Zeit hat das Wort wohl seine allgemeine Bedeutung »Schale, Schüssel« verloren.

119 Continuations of Perceval, I, V. 1363.

120 High Book of the Grail, 61; Perlesvaus, I, 304-305.

121 High Book of the Grail, 195-196; Perlesvaus, I, 304-305.

122 Lancelot, V, 206; Lancelot-Grail, III, 163.

123 Lot-Borodine, 1951b, 152.

124 Perlesvaus, I, 91-92; High Book of the Grail, 61-62.

125 Lancelot-Grail, I, 135, 169; Estoire del Saint Graal, II, 473, 563.

126 Quest of the Holy Grail, 262; Queste del Saint Graal, 255.

127 Perlesvaus, I, 119; The High Book of the Grail, 79.

128 Johannes Chrysostomos, 1926, 51.

129 Riant, 1877, I, 116.

130 Riant, 1875, 188-189, 194195, 210-211.

131 Durandus, (1859), 284.

132 Loomis u. Loomis, 1938, 123-124.

133 Lancelot, II, 384-385.

134 Lancelot, VI, 204-205.

135 Lancelot, VI, 224.

136 Continuations of Perceval, II, 17348-17356; III, I, Ms L, 7276-7283; Mss A, S, P, 7240-7247. Acht von zehn Manuskripten haben diese Lesart. Die beiden anderen (Mss T und V: I, 13278-13304) lassen den Wein nicht vom Gral selbst servieren, er wird von Mundschenken eingegossen, während das Brot offenbar von Dienern ausgeteilt wird. Aus dem Rest der Passage geht jedoch hervor, dass der Gral die einzelnen Gänge des Festmahles auftischt. Die Szene ist Quelle für die Beschreibung des Gralsfestes im *Elucidation*-Prolog.

137 Continuations of Perceval, IV, 31184-31227.

138 Lancelot, II, 377; Lancelot-Gral, III, 100.

139 Lancelot, V, 255.

140 Quest of the Holy Grail, 44; Queste del Saint Graal, 15.

141 Quest of the Holy Grail, 276; Queste del Saint Graal, 270.

142 Didot-Perceval, 239.

143 Elucidation, 248-255.

144 Parzival, 795, 29.

145 Zur weiteren Diskussion vgl. Johnson, 1982, 83-102.

146 Queste del Saint Graal, 1060-1061.
147 Ebenda, 158-159.
148 Quest of the Holy Grail, 284; Kursivierung von mir.
149 Quest of the Holy Grail, 283; Queste del Saint Graal, 277-278.
150 Jarnes, 1924, XVI-XVII.
151 Vgl. Izydorczyk, 1997.
152 Sommer, 1908-1916, VII, 247-261.
153 Elliott, 1993, 184.
154 Vgl. Peebles, 1911, 15, 166, 185-186.
155 Vgl. Erzählung vom Gral, 35; Perceval, 3200; Ríquer, 1953, II, 231-234 zu Beispielen aus den chansons de geste.
156 Peebles, 185-186.
157 Micha, 1976, 207-250.
158 Merlin and the Grail, 25. Perlesvaus ist gleichermaßen von der Kreuzigung geprägt; zwei Handschriften werden mit einer Miniatur der Kreuzigung eingeleitet.
159 High Book of the Grail, 131; Perlesvaus I, 200-201.
160 High Book of the Grail, 143; Perlesvaus I, 2224
161 Malcor, 1991, 51 ff.
162 Utrecht Psalter, 1996, Psalm 115, vgl. Tafel 14. Vers 13 spricht vom »Kelch der Erlösung«; vgl. Chazelle, 2001, 246-248.
163 Malcor, 1991, 135 ff.
164 Vgl. Jakobi-Mirwald, 1994, I, 189, 196. Ich verdanke diesen Hinweis Dr. Constance Sciacca.
165 Über Reliquien im Allgemeinen vgl. Fichtenau, 1975, I, 108-144.
166 Runciman, 1950, 197-209; Mély, 1904, 23-163; Morris, 1984, 33-46.
167 Constantine VII Porphyrogenitus, 1935, I, 168-169.
168 Lancelot-Grail, III, 102; Lancelot, II, 377.
169 Queste del Saint Graal, 270.
170 Vincent, 2001, bietet jetzt die maßgebliche Darstellung dieses Kults.
171 Vincent, 2001, 54.
172 Vgl. Kruse, 1994, 57-61, sowie die Edition der Texte »De inventione« und »De translatione«, ebenda 102-107.
173 Im Druck bei du Monstier, 1673, 207. Vgl. auch Herval, 1959, 105-126, 359-361.
174 Herval, 1959, 227; Lemarignier, 1937, 198-199.
175 Gouttebroze, 2000, 79-82; das früheste Datum wäre 1171, aber das Ereignis wird im Text in das Abbatiat des Henri de Sully datiert, sodass der Text nach seinem Tod 1187 entstanden sein dürfte.
176 Zum Folgenden vgl. N. Huyghebaert, 1963, 110-187. Stiennon, 1984, und andere Autoren scheinen die Ergebnisse Huyghebaerts ignoriert zu haben.
177 Huyghebaert, 1963, 115.
178 Frolow, 1955, 55-59.
179 Vincent, 2001, 67-69.
180 Diese Handschrift hat die Signatur Trinity College, Cambridge MS R.5.33; vgl. Scott, 1981, 35-37.

181 Joseph d'Arimathie, 308, 3122-24; 314, 3219-3222; Merlin and the Grail, 41.

182 Bezüge auf *insula Avallonia* in Wilhelm von Malmesburys Geschichte von Glastonbury wurden nach dieser Entdeckung eingefügt; vgl. Scott, 1981, 29.

183 High Book of the Grail, 265; Perlesvaus, I, 409.

184 Perlesvaus, II, 105-120; Johannes von Glastonbury, 1985, 76-79; als separate Erzählung: BL MS Cotton Titus A XIX ff.

185 Carley, 2001b, 309-336.

186 Perlesvaus, II, 205-206; Fouke Fitz Waryn, 1975, 60, II.29-20, sowie Burgess, 1997, 127, 182.

187 Perlesvaus, I, 274, 317, 325.

188 Scott, 1981, 46-49, 187.

189 Quest of the Holy Grail, 284; Queste del Saint Graal, 279.

190 1. Korinther 11.25

191 Zum Folgenden vgl. Macy, 1984, 19 ff.

192 McKitterick, 1977, 154.

193 Gerbert de Montreuil, I, 5160-5177.

194 Dazu Dumoutet, 1942, 113-134.

195 Honorius trägt den Beinamen Augustodunensis, der meist mit »von Autun« übersetzt wird und damit nach Burgund weist; man ist sich inwischen einig, dass seine frühe Laufbahn in England begann und später in Regensburg fortgesetzt wurde; vgl. Macy, 1984, 65.

196 PL 172, 558, übersetzt bei Lagorio, 1975, 63.

197 PL 100, 203 (»Epistola ad Laulinum Patriarcham«).

198 Browe, 1938, 49-55.

199 Ralph of Coggeshall, 1875, 125.

200 Matthew Paris, 1876, III, 101.

201 Vgl. etwa Caesarius von Heisterbach, 1929, I, 150.

202 Wisdom of Solomon, 16, 20.

203 Queste del Saint Graal, 163.

204 Peter the Venerable, 1967, 124-125.

205 Ruck, 1991, 45-46.

206 Schiller, 1968, 2, 41-46; ich konnte ihre Bemerkung über das Essen von Fisch am Passahfest nicht bestätigen.

207 Vgl. Roquebert, 1994, 49-50; Roqueberts Arbeit ist im Allgemeinen klar und interessant, nur in diesem Punkt bin ich nicht mit ihm einverstanden.

208 Geary, 1978, 29.

209 Gonzalo de Berceo, 1981, 52, Str. 270.

210 Caesarius von Heisterbach, 1929, II, 108-111, 145-146. Fanni Bogdanow, 1984, meinte, *Perlesvaus* sei später als Caesarius, weil sich beide Erzälungen so sehr ähnelten, aber es gibt keinen Grund, warum Caesarius nicht aus dem *Perlesvaus* hätte entlehen können; angesicht des Interesses an eucharistischen Wundern in dieser Periode könnte man ohne weiteres eine gemeinsame Quelle ansetzen.

211 Rubin, 1991, 118.

212 Caesarius von Heisterbach, 1929, I, 154.

213 Ebenda, 1929, I, 388-389.

214 Merlin and the Grail, 15; Roman du Graal, 18.

215 High Book of the Grail, 19; Perlesvaus I, 1-7.

216 High Book of the Grail, 73; Perlesvaus I, 109-110.

217 Pauphilet, 1921, 137.

218 Gilson, 1932, 59-91.

219 Ebenda, 60-61.

220 Queste del Saint Graal, 159.

221 Quest of the Holy Grail, 129; Queste del Saint Graal, 110.

222 Als Beispiel für eine eher enge Annäherung an das Thema vgl. Hamilton, 1942, 94-110, der den Gral als Eucharistie identifiziert, im Gegensatz zu Etienne Gilson, für den er die göttliche Gnade repräsentiert. Für das Folgende beziehe ich mich hauptsächliche auf Matarasso, 1979, 180-204.

223 Queste del Saint Graal, 16.

224 1. Korinther 13,12.

225 Queste del Saint Graal, 278.

226 Baumgartner, 1981, 146.

227 Vgl. Talarico, 1999.

228 Groos, 1995, 38-40.

229 Parzival 503, 27-29; 468, 2; 803, 3.

230 Von zwei anderen Reliquien ist im Frankreich des 17. Jahrhunderts belegt, dass man sie für die Schale des Letzten Abendmahls hielt; sie befanden sich in der Abtei L'Isle Barbe bei Lyon und in Brive-la-Gaillarde im Périgord. Vgl. Henrich, 1855, 214-15, der C. le Laboureur zitiert (Les masures de l'Abbaye royale de l'Isle Barbe-lès-Lyon 1665, Kap. 2, §§ 8 und 9).

231 Adamnanus von Hy, 1958, 51.

232 Jüngerer Titurel III, 478, Strophe 6295; Wolfram von Eschenbach, 1980, 48.

233 Riant, 1875,40, 190-191.

234 Conway, 1924, 11-18; Zahlten, 1995, 121-131.

235 Wilhelm von Tyrus (William of Tyre), 1943, I, 437.

236 Primera crónica general, 1955, 661.

237 Voragine, 1941, II, 311-312.

238 Zum Folgenden vgl. Beltran Martinez, 1984; Mandach, 1955, 50-52; Schäfer, 1984, 370-377; Schäfer, 1983.

239 Beltran Martinez, 1984, 37.

240 Domínguez Lasierra, 1991, 141.

241 A. a. O.

242 Beltran Martinez, 1984, 38.

243 Syson u. Gordon, 2001, 67-68.

244 Navarro, 1998, 126-127.

245 Elliott, 1993, 159-160.

246 Pedro Pascual, 1905-1907; vgl. Izquierdo, 1997, 131.

247 Robert Grosseteste, 1882, VI, 140.

248 Sommer, 1908-1916, 247 ff.

249 Besamusca u. Brandsma, 1998, I, 121-123.

250 Gerritsen, 1981, 371.

251 Ebenda, 377.

252 A. a. O.

253 Vgl. Fourquet, 1966, und Heinzles Entgegnung, 1975.

254 Parzival, 235, 20-24.

255 Ebenda, 454, 19-455, 1.

256 Einen Überblick über die Frage, die letztlich negativ beantwortet wird, vgl. Lofmark, 1977. Eine ausgezeichnete Zusammenfassung findet sich bei Green, 2002, 78-82.

257 Es ist eine umfängliche Literatur über die mögliche Identifizierung Kyots mit toledaner Alchimisten, Kabbalisten und dergleichen entstanden; vgl. beispielsweise Ernst, 1985, und Daniëls, 1937.

258 Kyot wird an den folgenden Stellen erwähnt: 416, 20; 431, 2; 453, 5; 776, 1; 805, 1; 827, 1.

259 Parzival, 827, 1-11.

260 Im Vergleich zu Hartmann und Gottfried ist Wolfram weit mehr mit seinem Material verbunden: er macht keinen Hehl aus seiner offenkundigen Sympathie für seine Figuren und unterbricht oft die Erzählung, um die Handlung zu kommentieren als sei er persönlich von ihr betroffen.

261 Beispiele bei Lofmark, 1977, 69.

262 Vgl. Lexikon des Mittelalters, IV, 1787.

263 Vgl. Stevens, 1999, 110-116.

264 Wie Arthur Groos formuliert: »Was immer wir aus Kyot und Flegetanis machen wollen, Wolfram war ohne Zweifel mit dem gewaltigen Einbruch arabischer Wissenschaft in die lateinische Kultur des 12. Jahrhunderts vertraut; wahrhaftig ist seine Erzählung zugleich eines der augenfälligsten Dokumente ihrer Rezeption«; 1995, 204. Ende des 13. Jahrhunderts wird Wolfram in *Zebulons Buch*, eine fiktive Debatte zwischen den Dichtern in den großen Anthologien der mittelalterlichen deutschen lyrischen Dichtung, als Kenner der Astronomie geschildert; vgl. Ragotzky, 1971, 68, 70.

265 452, 29; Joseph d'Arimathie, 110, II, 935-936; vgl. Haferland, 1994, 23-51.

266 Vgl. Kleiber, 1962 (über Condwiramurs, 86) und Schröder, 1982.

267 Parzival, 770, 1-10; 772, 1-24.

268 Ebenda, 791, 1-30.

269 Ebenda, 469, 29 ff.

270 Ebenda, 816, 15; dies ist die einzige Stelle, an der Wolfram den Tempel erwähnt, wo der Gral aufbewahrt wird; der Anlass ist die Vermählung von Feirefiz und Repanse de Schoye vor dem Gral.

271 Wolfram verwendet das Wort sparsam: 444, 23 (»die *templeis* von Munsalvaesche«); 792, 21 (»viele wohl gerüstete templeis«); 797, 13 (»ein *templeis*); 805, 22 (ein *templeis* aus Patrigalt«); 816, 18 (»die weisen *templeisen*«); 818, 26 (»ein templeis«).

272 Bulst-Thiele, 1974, 211; Barber, 1994, Karte, 252-253.

273 Vgl. Boulton, 2000, 559-564.

274 Die erotische Atmosphäre bei der Gralprozession kulminiert in Feirefiz' Leiden-schaft für Repanse de Schoye, wohl ein Nachhall von Gawains Unfähigkeit in der *Ersten Fortsetzung*, den Gral wegen der Schönheit seiner Trägerin zu »sehen«; vgl. Pratelidis, 1994, 99-100.

275 Titurel (in Parzival), 6, 13.

276 Ranke, 1946, 20-30.

277 Matthäus 3,16; vgl. Huntley-Speare, 1999, 107-126.

278 Ich verdanke diesen Hinweis Professor Michael Lapidge (persönliche Mit-teilung).

279 Jüngerer Titurel, III, 477, Str. 6292,3.

280 Die alchemistische/hermetische Sichtweise wird u. a. von Kahane und Kahane, 1965, und Palgen, 1922, vertreten. Wie detaillierte Informationen hermetischer Texte zu Wolfram gelangt sein könnten, ist das entscheidende Problem; keiner der Autoren konnte befriedigend erklären, wie diese Kenntnisse zu dem passen, was wir von Wolfram und seinem Werk als Ganzes wissen.

281 Einen umfassenden Überblick über die Lesarten und Interpretationen bieten Nellmann, 2000, und Delcourt-Angélique, 1977, 55-126.

282 Daniëls, 1937, 125-158; Delcourt-Angélique, 1977, 100.

283 Vgl. Faugère, 1979, für einen Überblick über die verschiedenen Vorschläge.

284 Perceval, 3232-3239; Story of the Grail, 35.

285 Fourquet, 1938, 46.

286 Zwei der Handschriften der Prosaversion von *Joseph d'Arimathie* erwähnen Inschriften auf dem Gral: Joseph d'Arimathie, 305, Fußnote zu 1.1291, MSS EH.

287 Wolf, 1950, 73-95, behandelt ausführlich, aber nicht schlüssig, weite Bereiche orientalischer, griechischer und lateinischer Quellen. Nirgendwo ist darin von einer Verbindung zwischen einem Stein und der Wiedergeburt des Phoenix die Rede wie bei Wolfram.

288 Parzival, 238, 14-24.

289 Ebenda, 807, 18

290 Ebenda, 471, 9-12.

291 Joseph d'Arimathie, 216, II, 2089-2138; Merlin and the Grail, 32; Roman du Graal, 48-49.

292 Vgl. beispielsweise Bayer, 1983, sowie die Rezension von D. H. Green in Modern Language Review 80, 1985, 971-975.

293 Story of the Grail, 66; Perceval 6168-6171.

294 Parzival, 798, 24-27; man vgl. aber Martin H. Jones, 1975, 52-71 zum Argument einer wörtlichen, gegenständlichen Interpretation. Es enthält nach meinem Eindruck einige sehr gewundene Argumente über Parzivals Fähigkeit, die Ab-sichten Gottes durch kämpfen zu ändern (S. 69).

295 Vgl. Thomas, 2002, zur allgemeinen Untersuchung des Werkes.

296 Andersen, 1987, 33.

297 Heinrich von dem Türlin, 1852, II, 18896-18932; Heinrich von dem Türlin, 1989, 213-214.

298 Perceval, 6183-6191; Story of the Grail, 66.

299 Heinrich von dem Türlin, 1852, II, 29340-29450; Heinrich von dem Türlin, 1989, 327-328.

300 Cormeau, 1977, 143-155.

301 Nyholm, 1964, Strophen 1293-1304.

302 Nyholm, 1964, Strophen 982-983.

303 Heinrich von Ofterdingen, 1963, 143, 145.

304 Lorengel, 1979, 29, Str. 78.

305 Dietrich von Niem, De schismate libri tres, zitiert bei Golther, 1925, 252.

306 Golther, 1925, 253.

307 Chroniken Magdeburg I, 1869, 168-169.

308 Golther, 1925, 262.

309 Jüngerer Titurel, I, 93, Str. 370.

310 Jüngerer Titurel, I, 96, Str. 370-385; 391-397.

311 Jüngerer Titurel, I, 86, Str. 341; der Herausgeber zieht die Lesung zweiundzwanzig den zweiundsiebzig im besten Manuskript vor.

312 Zatloukal, 1978, 195.

313 Jüngerer Titurel, I, 138, Str. 516.

314 Zatloukal, 1978, 234-235, meint, Albrecht habe erst von Robert de Borons Werk erfahren, nachdem er den ersten Teil seiner Dichtung geschrieben hatte, aber bevor er die Strophen dichtete, die vom Gral und seiner Geschichte handeln.

315 Jüngerer Titurel, I, 138, Str. 516.

316 Jüngerer Titurel, I, X.

317 Jüngerer Titurel, I, 83.153, Str. 311-553; vgl. Barber und Edwards, 2003.

318 Jüngerer Titurel, I, 68, Str. 271.

319 Jüngerer Titurel, I, 111-117 (Marien 106).

320 Zum Lesepult vgl. die Rechnungsbücher des Herzogs von Berry: Jean Syme verkaufte ihm 1378 »palettes d'ivoire et de bois pour tenir chandelle a lire romanz«; Koechlin, 1924, 13.

321 Das beschriebene Manuskript trägt die Signatur MS 2542 der Österreichischen Nationalbibliothek in Wien; es war im Besitz von Jakob, Herzog von Nemours, dem Großneffen des Herzogs Johann von Berry, und wurde vermutlich 1450-1475 in England angefertigt; vgl. Fotich u. Steiner, 1974, 14-15.

322 Le Roman de Tristan en Prose, 1985, 39.

323 Über Sador, den Neffen des Joseph von Arimathia; in einem Prolog werden seine Abenteuer und seine Nachkommenschaft aufgeführt, in ähnlicher Weise, wie die *Geschichte des Heiligen Gral* die Vorgeschichte des Grals präsentiert. Le Roman de Tristan en Prose, 1985, 41-86.

324 Obwohl ein Roman mit seinem Namen, *Palamède*, zeitlich vor dem *Prosa-Tristan* liegen dürfte, berührt der Inhalt seine Taten nur am Rande. Eine moderne Edition des *Palamède* liegt nicht vor, aber der größte Teil des Textes

wurde im frühen 16. Jahrhundert als zwei separate Romane gedruckt: *Meliadus* und *Gyron le Courtois*.

325 Le Roman de Tristan en Prose, 1997, 201-203.

326 Ebenda, 252-253.

327 Ebenda, 285-286.

328 Le Roman de Tristan en Prose, 1985, 39.

329 Lancelot-Grail, IV, 204; Merlin, 1886, I, 280. Der Autor des *Prosa-Tristan* verwendet diesen Titel auch für das Buch, das er als seine Quelle angibt.

330 Bogdanow, 1996, 203.

331 Perceval 4675-4685. Die Lesung wird von der walisischen Übersetzung in Peredur bestätigt: »Aber hinfort Streit und Kampf und Verlust von Rittern, Frauen bleiben als Witwen zurück und Mädchen ohne Hilfe, und alles Euretwegen« (Mabinogion, 1949, 218).

332 Perlesvaus, I, 50; High Book of the Grail, 35.

333 Peterborough Chronicle zum Jahr 1137: Two of the Saxon Chronicles parallel, 1892, I, 264; vgl. Kennedy, 1987, 61-75.

334 Continuation of Perceval I, 13560-13572; II 17820-17834; III, 7753-7763 (MS L); III, 7716-7729 (MSS ASP); Story of the Grail, 132-133; Gerbert de Montreuil I, 312-324, Story of the Grail, 197.

335 Vgl. Vinaver, 1984, 53-67, zur Rekonstruktion der Entwicklung des Themas vom Öden Land, die den dahinter liegenden Prozess literarischer Schöpfung verdeutlicht.

336 Bogdanow, 1966, 245-246; Lancelot-Grail, IV, 212.

337 Merlin, 1886, I, 174-175; Lancelot-Grail IV, 175.

338 Merlin, 1886, II, 97; Lancelot-Grail, IV, 233.

339 Lancelot, VI, 224; Lancelot-Grail, III, 333; V, 75 (Post-Vulgata).

340 Bogdanow, 1966, 248; Lancelot-Grail, IV, 213.

341 Bibliothèque Nationale MS Fr 24400, zitiert bei Berthelot, 1996, 464.

342 Berthelot, 1966, 464-465.

343 Sone von Nansay, 1899, Z. 4555-4938.

344 Loomis, 1959, 279.

345 Didot-Perceval, 311.

346 Die englische Übersetzung stammt von T. H. White; Malory III, 1242.

347 Malory I, 78. An dieser Stelle erzählt Merlin im französischen Original, aber nicht bei Malory, vom Schmerzlichen Schlag und seinen Konsequenzen.

348 Malory I, 82.

349 Malory I, 84-85.

350 Hätte er die Passage nach der *Lancelot-Gral* Version der Gralsuche (Queste) geschrieben, wäre es schon recht außergewöhnlich gewesen, wenn er hier eine Darstellung liefert, die kaum mit den Gralszenen des letzteren Textes korrespondiert; wir werden aber sehen, dass Folgerichtigkeit nicht zu seinen Tugenden zählt.

351 Ihle, 1983, 162-163.

352 Malory II, 863; es handelt sich dort um das Schwert, das Galahad vom schwimmenden Stein nimmt.

353 Die meisten der oben angeführten Episoden wurden in den *Prosa-Tristan* eingefügt.

354 Lagorio, 1978, 359-366.

355 *Graile* oder *grayle* erscheint nur sechsmal, viermal im Zusammenhang mit dem Artushof, zweimal an anderen Stellen.

356 Lorgaireacht, 1953, XXIV; Y Seint Greal, 1987. Beide Übersetzung stehen dem Original ziemlich nahe; der Übersetzung der *Queste* in *Y Seint Greal* folgt einer Version des *Perlesvaus*.

357 Lovelich, 1904, Z. 4360.

358 Joseph of Arimathea, 1983, 9, Z. 295-298.

359 Estoire del Saint Graal, I, 75: Lancelot-Grail, I, 25.

360 Lancelot, VI, 205.

361 Malory, II, 817.

362 Ebenda, II, 865.

363 Keine Handschrift korrespondiert genau mit dem von Malory verwendeten Text: Malory, III, 1534-1535.

364 Quest of the Holy Grail, 269-270; Queste del Saint Graal, 270; Malory, II, 1030.

365 Der Pelikan war ein vertrautes Bild im Kontext mittelalterlich-religiöser Dichtung und religiöser Unterweisung; vgl. Miri Rubin, 1991, 311-312.

366 Malory, II, 894.

367 Ebenda, 896; der französische Text spricht von den Wundern, die Gott vollbrachte »durch das heilige Gefäß, das ich hier sehe«.

368 Oates, 1958, 269-277.

369 Abgedruckt in Horstmann, 1881, 276; vgl. Z. 61-84.

370 Joseph of Arimathea, 1983, 9, Z. 297.

371 Vgl. Riddy, 1987, 113, 123-125, 130-131 zu Malorys Stellung innerhalb der devotionalen Literatur englischer Laien.

372 Malory, II, 955; Queste del Saint Graal, 162.

373 Queste del Saint Graal, 259.

374 Malory, II, 1018.

375 Ebenda, 1015.

376 Ebenda, 1029.

377 Quest of the Holy Grail, 275; Queste del Saint Graal, 269.

378 Ich verdanke diesen Gedanken Professor Felicity Riddy.

379 Quest of the Holy Grail, 282-283; Queste del Saint Graal, 277-278.

380 Malory, II, 1034.

381 Ebenda, 1037; Vinaver druckt dies eher irreführend als Titel der gesamten Erzählung (II, 847), während dies weder in der Handschrift noch in Caxtons Edition so gehandhabt wird.

382 Malory, II, 1035.

383 Zitiert by Paryns, 1988, 59.

384 Diese Lesart findet sich auch in einem mit Hardyng und Malory zeitgleichen französischen Wappenbuch der Ritter der Tafelrunde; vgl. Jefferson, 1996, 145.

385 Hardyng, 1812, 134-135; die ältere, längere Version der Chronik ist unveröffentlicht und findet sich in der British Library, MS Landsdowne 204.

386 Vgl. Riddy, 2000, 397-414. Zu den möglichen politischen Absichten hinter Hardyngs Version der Gralgeschichte, vgl. Kennedy, 1989, 185-206.

387 Flood, 2000, 296.

388 Vgl. Pickford, 1961, 99-109.

389 Tuve, 1976, 219.

390 Die Bibliothek wurde 1758 nach Plänen Peter Thumbs des Älteren und des Jüngeren neu errichtet. Das Parzival-Manuskript wurde zehn Jahre später von einer privaten, im Zürich des 16. Jahrhunderts entstandenen Sammlung erworben.

391 Knowles, 1963, 38.

392 Westernhagen, 1966, 163, 166 (S. 110) und S. 113.

393 Golther, 1925, 285-286.

394 Zitiert bei Glencross, 1995, 83.

395 Über Quinet vgl. Glencross, 1995, 90-106, Zitat S. 96.

396 Glencross, 1995, 60, 124-127.

397 La Villemarqué, 1842, 192-194.

398 Ebenda, 220, 222.

399 Rénan, 1859, 424.

400 Ebenda, 426.

401 Schulz, 1841, 52-54.

402 Wolfram von Eschenbach, 1857, 776-779.

403 Nutt, 1965.

404 Birch-Hirschfeld, 1969.

405 Nutt, 1965, 126.

406 MacCana, 1970, 16.

407 Newstead, 1939, 43.

408 Loomis, 1991, 273-274.

409 Vgl. Faugère, 1979.

410 Ringbom, 1951.

411 Ebenda, 509-512.

412 Zu einer eingehenden Studie über diese Forschungsrichtung vgl. D'Arcy, 2000, 165-223.

413 Weston, 1964, 72-73.

414 Heinzel, 1892, 7-9.

415 Anitchkof, 1929, 181-185, 191-192.

416 St. John Chrysostom, 1926; dasselbe trifft zu für die bei Scavone, 1999, 3-23 geäußerte These.

417 Weinraub, 1976, 50-56.

418 Fiedler, 1979, 151-169.

419 Olschki, 1966, 45.

420 Roquebert, 1994.

421 Kahane & Kahane, 1965.

422 Mandach, 1992, 1995.

423 Adolf, 1960, 106 ff.

424 Die romantische Schule, 3. Buch.

425 La Motte Fouqué, 1997; Zitat auf S. 594.

426 Ebenda, 607.

427 Ebenda, 371-372.

428 Ebenda, 44.

429 Raposo Fernández, 2000, 198.

430 Immermann (o. J.), 65-68.

431 Hofstätter, 1811.

432 Clemens Krauss, Capriccio (Musik von Richard Strauss), 1. Akt, 2. Szene.

433 Wagner (o. J.), 13.

434 Wagner (o. J.), 21.

435 Wagner (o. J.), 22. R. Wagner, Gesammelte Schriften, 10. Bd., hg. W. Golther, 340.

436 Wagner (o. J.), 23. Richard Wagner, Gesammelte Schriften und Dichtungen, 10. Band, hg. v. Wolfgang Golther, Berlin etc., o. J., 341

437 Wagner (o. J.), 26. Wagner, Ges. Schriften, 10. Bd., hg. Golther, 341

438 Wagner (o. J.), 62. Wagner, Ges. Schriften, 10. Bd., hg. Golther, 342

439 Waddell, 1894, 11.

440 Nietzsche, 1971, 676.

441 Spotts, 1994, 166.

442 Beckett, 1981, 87-102.

443 Vgl. Hoffmann, 2000; Müller, 1991b, 157-168.

444 Nach Carnegy, 2001.

445 Cosima Wagner, Die Tagebücher, Bd. II, 1878-1883, hg. u. komm. von M. Gregor-Dellin und D. Mack, München/Zürich 1977, S. 1290.

446 Wagner. o. J., 20.

447 Wagner, 1980, 57.

448 Wagner, 1978-80, I, 977 (11. August 1877). Im Jahre 1843 hatte Wagner die Musik für ein Oratorium mit dem Titel Die Kommunion der Apostel geschrieben, die zumindest Anklänge an das Gralthema im Lohengrin und an die Stimme aus der Höhe im Parsifal aufweist. Er charakterisiert das Werk als einen seiner Fehler, aber könnte es nicht in seinem Unterbewusstsein gelauert haben?

449 Cosima Wagner, Die Tagebücher, Bd. II, 1878-1883, hg. M. Gregor-Dellin/D. Mack, 1977, 224 (10. November 1878).

450 Wagner, Sämtliche Schriften und Dichtungen, 10. Bd., Lpzg. o. J., 211.

451 Wagner, 1897, VI, 244-245, 246.

452 Wagner, Sämtliche Schriften und Dichtungen, 10. Bd., 211.

453 Zitiert nach Magee, 200, 283.

454 Zu einer gegensätzlichen Ansicht, vgl. Borchmeyer, 1991, 388-391.

455 Kühnel, 1989, 210.

456 Eckermann, 1948, 504.

457 Wenngleich ich Lucy Beckets Analyse bewundere (Becket 1981, 128-149), stimme ich nicht mit ihr überein, in welcher Weise sich Wagner auf das Christentum beruft.

458 Wagner, 1978-80, II, 119 (24. Juli 1878).

459 Der Stich wurde auf dem Umschlag des als »Tagebuch Ludwigs II.« bekannt gewordenen Manuskripts reproduziert (Bayerische Verwaltung der staatlichen Schlösser KLM Res. Mü., F. V. III, Bd. VI, fol. 1375. A.1145).

460 Nach Petzet, 1995, 63-68, 71.

461 Anton Seder, Tafelaufsatz des Grals 1900, Bayerisches Nationalmuseum, 93/983.

462 Yates, 1972, 50 ff.

463 Ebenda, 209.

464 Godwin, 1994, 284-289.

465 Die erhaltenen Dokumente des Ordens enthalten nicht immer »et du Graal«, das wohl erst im Nachhinein eingefügt wurde. Vgl. den Anhang bei Pincus-Witten, 1976, in dem das Manifest und die Regeln im Zusammenhang mit der vom Orden veranstalteten Kunstausstellungen abgedruckt sind; hier wird der Orden »Rose+Croix du temple« genannt. Es scheint, dass das monatliche Bulletin des Ordens den Zusatz »et du Graal« enthielt.

466 Pincus-Witten, 1976, 25-28; Péladan, 1883.

467 Pincus-Witten, 1976, 117.

468 Ebenda, 115.

469 Le Saint-Graal, Nr. 1, 1971, 9.

470 Le Saint-Graal, Nr. 7-8, 1971, 201-203.

471 Yeats, 1955, 576.

472 Zitiert bei Gilbert, 1997, 13.

473 Zitiert bei Williams, 1958, XXVIII.

474 Gilbert, 1987, 74.

475 Ebenda, 114.

476 Howe, 1972, 255.

477 Waite, 1961, 573, 574.

478 Vgl. Decker u. a., 1966, 33.

479 Waite, 1961, 507.

480 Ebenda, 508.

481 Ebenda, 534.

482 »Taliessin at Lancelot's Mass« steht mit ziemlicher Sicherheit in Verbindung mit dem letzten Abschnitt von »The Conclusion of this Holy Quest« bei Waite, 1909, 687.

483 Unveröffentlichter Bericht von Col. Harold Mynors Farmar vom 27. März 1909. Ich danke Robert Dunning, dass er mir eine Kopie zur Verfügung gestellt hat. Ein ähnlicher Bericht findet sich bei Benham, 1993.

484 Benham, 1993, 38.

485 Ebenda, 76-77.

486 Paine, 1912, III, 1388.

487 Benham, 1993, 141.

488 Vgl. Wood, 2002, 219-253.

489 Cackett (o. J.).

490 O. G. S. Crawford, in: Antiquity IX, 1935, 356-357.

491 Harris, 1927, 286-295; das angebliche Zitat in Matthäus 22, 50.

492 Einen besseren Zugang zum topografischen Gral bieten Deike und Ean Beigg, 1995, die einen meist nüchternen Bericht über all die Orte liefern, die man mit dem Gral und den Reliquien des Heiligen Blutes zusammenbringt. Es gelingt ihnen, Skeptizismus und Begeisterung in lobenswerter Weise auszubalancieren, selbst wenn einige ihrer historischen Verknüpfungen und Zuweisungen ein wenig dubios ausfallen. Sie betonen die Orte mit einer genuinen Verbindung zur Entwicklung der Gralgeschichte, wie etwa Fécamp und Valencia, sowie zu Gegegenständen, wie beispielsweise die Heilige Lanze in Wien.

493 Benham, 1993, 262.

494 Anderson, 1953, 127.

495 Bertoni, 1940, 7.

496 Insolera, 1997, 9 ff.

497 Johannes 19, 38.

498 Ponsoye, 1976.

499 Faivre, 1996, 81.

500 Guénon, 1951, 39.

501 Guénon, 1958, 41-46.

502 Rivière, 1990, 199; sein Buch ist eine hervorragende Sammlung der eher exzentrischen Versionen des Gralsmythos in moderner Zeit; die meisten davon lehnt er ab.

503 Evola, 1937, 185. Die französische Ausgabe von 1967 hat ein ganz anderes, an die neuen politischen Verhältnisse angepasstes Vorwort.

504 Brief an Johann Joachim Eschenburg, in: Lessing, 1907, XVIII, 114. Die Templer werden in dieser Erörterung über den Gral nicht erwähnt.

505 Friedrich Schlegel, Geschichte der alten und neuen Literatur; Achte Vorlesung (Kritische Friedrich Schlegel Ausgabe, Bd. 6), hg. v. Hans Eichner 1961, 192.

506 Batley, 199, 297-313.

507 Mackey, 1956, II, 82.

508 Vgl. »Discourse upon the Theology and Mythology of Pagans«, in: Ramsay, 1727.

509 Partner, 1982, 110-111.

510 Viertes Gespräch, in: Lessing, 1969, II, 1096. Lessing war recht gut über die Gralromane informiert.

511 Hammer-Purgstall, 1818, 24.

512 Schulz, 1841.

513 Weston, 1957, 187.

514 Baigent et al., 1982, 68.

515 Ebenda, 245.

516 Ebenda; im *Perlesvaus* ist der König, der seinen Sohn hingibt, damit ihn die Leute verschlingen, natürlich als eine Allegorie für Gott, der – im Kontext der Heiligen Messe – seinen Sohn zur Erlösung der Menscheit aussendet, und nicht eine Anspielung auf »das Rösten und Verschlingen von Kindern«, das man den Templern vorwarf.

517 Baigent et al., 1982, 273.
518 Fanthorpe und Fanthorpe, 1982, 143.
519 Sinclair, 2001.
520 Currer-Briggs, 1987, 23.
521 Fauriel, 1846, II, 438.
522 Aroux, 1994, 73.
523 Ebenda, 76.
524 Beaufils, 1986, 16.
525 Péladan, 1906, 5.
526 Ebenda, 45-46.
527 Ebenda, 69.
528 Magiciens et Illuminés, Toulouse 1930.
529 Maurice Magre, La clef des choses cachées, Toulouse 1935.
530 Peyrat, 1870-1872, II, 361-362; 368-369.
531 Rahn, 1964, 67.
532 Ebenda, 75.
533 Ebenda, 163.
534 Ebenda, 254.
535 Ebenda, 255.
536 Ebenda, 95-96.
537 Ebenda, 156-159.
538 Ebenda, 42.
539 Vgl. Bernadac, 1978.
540 Pennick, 1981, 164.
541 Rivière, 2000, 170.
542 In *The Guardian* vom 7. August 2002.
543 Biget, 1979, 317-318.
544 Vgl. Sinclair, 1998, 250-252; 278; es werden da eine Reihe unzulänglich doku-
     mentierter Hinweise benutzt, um das Engagement der Nazis für den Gral zu
     demonstrieren.
545 Beispielsweise bei Angebert, 1974.
546 Kater, 1974, 53-57, 290-302.
547 Friedrich Lienhard, *Der Meister der Menschheit*, Stuttgart 1919-1921, III, 33,
     vgl. auch Hermand, 1962, und Mosse, 1961.
548 Hermand, 1962, 540-542.
549 Heelas, 1996, 2.
550 Matthews, 1999, 35.
551 Ein Verweis auf *Perlesvaus*.
552 Matthews, 1990, 102.
553 Shaftsbury 1997.
554 Vgl. Matthews, 1990.
555 Matthews und Matthews, 1986, II, 18.
556 Matthews, 1987, 3-4.
557 Ein gutes Beispiel für dieses allumfassende Konzept bietet Godwin, 1994.

Achad, Frater, The Chalice of Ecstasy; Magical Interpretation Drama of Parzival, Chicago 1923.

Adamnan, De Locis Sanctis, hg. v. D. Meehan, Scriptores Latini Hiberniae III, Dublin 1958.

Adolf, Helen, Visio Pacis, Holy City and Grail, University Park, PA, 1960.

Albrecht [von *Scharfenberg?*], Jüngerer Titurel, hg. von Werner Wolf (und Kurt Nyholm), Berlin 1955, 1968, 1985, 1992.

Allaire, Gloria, Modern Retellings of Chivalric Texts, Aldershot 1999.

Amalarius von Metz, Amalarii Episcopi opera liturgica omnia, hg. von J. M. Hanssens (Studi e Testi 139), II: Liber officialis, Vatican City 1948.

Andelsen, Elizabeth, Heinrich von dem Turlin's *Diu Crône* and the Prose Lancelot: an intertextual study, in: Arthurian Literature 7, 1987, 23-49.

Anderson, Flavia, The Ancient Secret, London 1953.

Angebert, Jean-Michel, The Occult and the Third Reich: The Mystical Origins of Nazism and the Search for the Holy Grail, New York 1974.

Anitchkof, E., Le Galaad du Lancelot-Graal et les Galaads du Bible, in: Romania 53, 1927, 388-391.

Anitchkof, E., Le Saint Graal et les rites eucharistiques, in: Romania 55, 1929, 174-194.

Anitchkof, Eugène, Joachim de Flore et les milieux courtois, Paris 1931.

Anna Comnena, The Alexiad, hg. u. übers. v. E. R. A. Sowter, Harmondsworth 1956.

Appel, Anne M. Dante: poet of the grail: a study in the relationship between the Commedia and the Queste del Saint Graal, in: Dissertation Abstracts 31:11, 1971, 6044 A.

Aroux, Eugène, Les mystères de la Chevalerie et de l'Amour platonique au Moyen Age, Paris 1858, Nachdruck Puiseaux 1994.

Baigent, Michael/Lincoln, Henry, The Holy Blood and the Holy Grail, London 1982.

Baldwin, John W, From the Ordeal to Confession: In Search of Lay Religion in Early Thirteenth Century France, in: Handling Sin, hg. v. Peter Biller und Alastair Minnis, York etc. 1998, 191-209.

Barb, A. A., Mensa sacra: Round Table and Holy Grail, in: Journal of the Wartburg and Courtauld Institute, 19, 1956, 40-67.

Barber, Malcolm, The New Knighthood: A History of the Order of the Temple, Cambridge/New York 1994 (deutsche Ausg. erscheint Düsseldorf 2005).

Barczewski, Stephanie L., Myth and National Identity in Nineteenth-Century Britain, Oxford 2000.

Bartoli, Renata, Galaad »Figura militis christiani«, in: Museum Patavinum 4,1987, 341-361.

Bastert, Bernd, Der Münchner Hof und Ulrich Füetrers »Buch der Abenteuer«. Literarische Kontinuität im Spätmittelalter, Frankfurt am Main 1993.

Batley, Edward M., Lessing's Templars and the Reform of German Freemasonry', in: German Life and Letters 52, 1999, 297-313.

Baudry, Robert, La vertu nourricière du Graal', in: Banquets et manières de table au Moyen Age, in: Senefiance 38, Centre Universitaire d'Etudes et de Recherches Médiévales d'Aix, Aix-en-Provence 1996, 435-435.

Baudry, Robert, Graal et littératures d'aujourd'hui, Rennes 1998.

Baumgartner, Emmanuèle, Les aventures du Graal, in: Mélanges de langue et littérature françaises ... offerts à Monsieur Charles Foulon, Rennes 1980, I, 23-28.

Baumgartner, Emmanuèle, L'Arbre et le Pain: essai sur la Queste del Saint Graal, Paris 1981.

Baumgartner, Emmanuèle, Robert de Boron et l'imaginaire du livre du Graal, in: Arturus Rex: Acta Conventus Lovaniensis, hg. v. Willy van Hoecke et al., Leiden 1991, II, 259-268.

Baumgartner, Emmanuèle, Le Graal, le temps: les enjeux d'un motif, in: Le Temps, sa mesure et sa perception au Moyen Age, hg. v. Bernard Ribemont, Caen 1992, 9-17.

Baumgartner, Emmanuèle, Chrétien de Troyes: Le conte du graal, Paris 1999.

Baumstark, Reinhold, Der Gral. Artusromantik in der Kunst des 19 Jahrhunderts, Köln 1995.

Bayer, Hans, Gralsburg und Minnegrotte: die religiös-ethische Heilslehre Wolframs von Eschenbach und Gottfrieds von Straßburg (Philologische Studien und Quellen 93), Berlin 1978.

Bayer, Hans, Gral. Die hochmittelalterliche Glaubenskrise im Spiegel der Literatur (Monographien zur Geschichte des Mittelalters), Stuttgart 1983 (Rez. D. H. Green, in: Modern Languages Review 70, 1985, 971-975).

Beaufils, Christophe, Le sâr Péladan: biographie critique, Paris 1986.

Beckett, Lucy, Richard Wagner: Parsifal, Cambridge Opera Handbooks, Cambridge 1981.

Beigg, Ean/Beigg, Deike, In Search of the Holy Grail and the Precious Blood – a travellers' guide, London 1995.

Beltran Martinez, Antonio, Estudio sobre el Santo Cáliz de la Catedral de Valencia, 2. Aufl., Valencia 1984.

Benham, Patrick, The Avalonians, Glastonbury 1993.

Bernadac, Christian, Le mystère Otto Rahn (Le Graal et Montségur): Du Catharisme au Nazisme, Paris 1978.

Berthelot, Anne, The Other-World Incarnate: »Chastel Mortel« and »Chastel des Armes« in the Perlesvaus, in: Yale French Studies, Special Issue 1991, 210-224.

Berthelot, Anne, Le Graal nourricier, in: Banquets et manières de table au Moyen

Age, Senefiance 38, Centre Universitaire d'Etudes et de Recherches Médiévales d'Aix, Aix-en-Provence 1996, 453- 466.

Berthelot, Anne, Perlesvaus ou la fin du Graal, in: PRIS-MA, 14:2 no. 28, 1998, 99-116.

Berthelot, Anne, «L'épée qui décolla saint Jean-Baptiste» dans Perlesvaus: le Haut Livre du Graal, in: Jean-Baptiste le Précurseur au Moyen Age, Senefiance 48, Centre Universitaire d'Etudes et de Recherches Médiévales d'Aix, Aix-en-Provence 2002, 17-28.

Bertin, Georges, La quête du saint Graal et l'imaginaire: essai d'anthropologie arthurienne. Conde-sur-Noireau 1997.

Bertoni, Giorgio, San Gral, Istituto di Filologia Romanza della R. Università di Roma (Testi e Manuali 19), Modena 1940.

Besamusca, Bart/Brandsma, Frank, Jacob de Maerlant, traducteur vigilant, et la valeur didactique de son Graal-Merlin, in: Miscellanea Medievalia, Mélanges offerts a Philippe Ménard, hg. v. J. Claude Faucon et al., Paris 1998 I, 121-131.

Biget, Jean-Louis, Mythographie du Catharisme (1870-1960), in: Cahiers de Fanjeaux 14,1979, 271-342.

Birch-Hirschfeld, Adolf, Die Sage vom Gral: ihre Entwicklung und dichterische Ausbildung in Frankreich und Deutschland im 12. und 13. Jahrhundert, Leipzig 1877, Nachdruck Wiesbaden 1969.

Birks, Walter/Gilbert, R. A., The Treasure of Montségur, Wellingborough 1987.

Blank, Walter, Die positive Utopie des Grals: zu Wolframs »Graldarstellung und ihrer Nachwirkung im Mittelalter«, in: Sprache, Literatur, Kultur. Studien zu ihrer Geschichte im deutschen Süden und Westen. Wolfgang Kleiber zum 60. Geburtstag, hg. v. Albrecht Greule/Uwe Ruhberg, Stuttgart 1989, 337-353.

Bliocadran: A Prologue to the Perceval of Chrétien de Troyes: edition and critical study, hg. v. Leonora D. Wolfgang (Beihefte zur Zeitschrift für Romanische Philologie 150), Tübingen 1976.

Bloete, J. F. D., Die Gralstelle in der Chronik Helinands und der Grand Saint Graal, in: Zeitschrift für Romanische Philologie 48, 1928, 679-694.

Bloete, J. F. D., Nachträgliche Bemerkungen zum Gralpassus in Helinands Chronik, in: Zeitschrift für Französische Sprache und Literatur 55, 1931, 91-96.

Bogdanow, Fanni, The Romance of the Grail, Manchester 1966.

Bogdanow, Fanni, Le Perlesvaus, in: Le roman jusqu'à la fin du XIIIe siècle, in: Frappier/Grimm, 1984, 43-52.

Bogdanow, Fanni, La version post-vulgate de la Queste del Saint Graal (Société des anciens textes français), Paris 1991.

Bohigas Balaguer, P., Los textos españoles y gallego-portugueses de la Demanda del Santo Grial, in: Revista de Filologia Española, Anejo VII, Madrid 1925.

Boisserée, Sulpice, Über die Beschreibung des Tempels des heiligen Grales in dem Heldengedicht: Titurel Kap. III, Abhandlungen der philosophisch-philologische Classe der königlich Bayerischen Akademie der Wissenschaften, I (1835), 307-392.

Bollard, John K., Theme and Meaning in Peredur, in: Arthuriana 10, 2000, 73-98.

Bolton, Brenda M., Some thirteenth-century women in the low countries – a special case?, Nederlands Archief voor Kerkgeschiedenis 61, 1981,7-29.

Bond, F. Bligh, The Glastonbury Scripts V, VI, Glastonbury 1924-1925.

Bonte, Michel, Fabiani, Daniela, Grandiaan, Monique (Hrsg.), La quête de graal chez les écrivains européens contemporains, Nancy 1994.

Borchmeyer, Dieter, Richard Wagner: Theory and Theatre, Oxford 1991.

Borgnet, Guy, Parcival et le graal dans le Buch der Abenteuer d'Ulrich Fuetrer, in: Buschinger/Spiewok, 1994 b, 39-69.

Bouchard, Constance, Brittain, Sword, Miter, and Cloister: Nobility and the Church in Burgundy, lthaca/London 1987, 980-1198.

Bouchard, Constance Brittain, Holy Enterpreneurs: Cistercians, Knights, and Economic Exchange in Twelfth-Century Burgundy, lthaca/London 1991.

Boulton, D'A. J. D., The Knights of the Crown, 2. Aufl., Woodbridge/Rochester, NY 2000.

Bourre, Jean-Paul, La quête du Graal: du paganisme indo-européen à la chevalerie chrétienne, Paris 1993.

Bouyer, Louis, Les liens magiques de la légende du Graal, Paris 1986.

Bradley, Marion Zimmer, Die Nebel von Avalon, übers. v. M. Ohl/H. Sartorius, Frankfurt 2003.

BralI, Helmut, Gralsuche und Adelsheil: Studien zu Wolframs Parzival, Heidelberg 1983.

Breyer, Ralph, Cundrî, die Gralsbotin?, in: Zeitschrift für Germanistik, N. S. 5, 1996, 61-75.

Bridel, Yves, Julien Gracq et le Graal, in: Zwischen den Kulturen: Festgabe für Georg Thürer…, hg. v. Felix lngold, Bern/Stuttgart 1980, 25-38.

Browe, Peter, Die eucharistischen Wunder des Mittelalters (Breslauer Studien zur historischen Theologie, N. S. 4), Breslau 1938.

Brown, A. C. L., Origins of the Graillegend, Cambridge, MA 1943.

Brownlee, Kevin, Romance: Generic Transformation, Hanover, NH/London 1985.

Bruckner, Matilda Tomaryn, Looping the Loop through a Tale of Beginnings, Middles and Ends: From Chrétien to Gerbert in the Perceval Continuations, in: ›Por le soie amisté‹: Essays in Honor of Norris J. Lacy, hg. v. Keith Busby/Catherine M. Jones, Amsterdam 2000, 33-51.

Bryant, Nigel (Übers.), The High Book of the Grail, a translation of the thirteenth century romance of Perlesvaus, Cambridge/Totowa NJ, 1978.

Budge, E. A. Wallis, The Book of the Cave of Treasures, London 1927.

Bullock-Davies, Constance, Chrétien de Troyes and England, in: Arthurian Literature 1,1981, 1-61.

Bulst-Thiele, Marie-Luise, Sacrae Domus Militiae Templi Hierosolymitani Magistri: Untersuchungen zur Geschichte des Templerordens 1118/19-1314, Göttingen 1974.

Bumke, Joachim, Wolfram von Eschenbach, 5. Aufl., Stuttgart 1981.

Bumke, Joachim, Wolfram von Eschenbach, 7. Aufl., Stuttgart 1997.

Bums, E. Jane, Quest and Questioning in the Conte del Graal, in: Romance Philology 41,1988, 251-266.

Burdach, K., Der Gral: Forschungen über seinen Ursprung und seinen Zusammenhang mit der Longinuslegende, 2. Aufl., Darmstadt 1974.

Burgess, Glyn, Two Medieval Outlaws, Woodbridge/Rochester, NY 1997.

Busby, Keith, Nixon, Terry, Stones, Alison, Walters, Lori (Hrsg.), Les manuscrits de Chrétien de Troyes (Faux Titre 73), Amsterdam/Atlanta, GA 1993.

Buschinger, Danielle, Lorengel (Göppinger Arbeiten zur Germanistik CCLIII), Göppingen 1979.

Buschinger, Danielle, L'utopie du Graal, in: Gesellschaftsutopien im Mittelalter/ Discours et figures de l'utopie au Moyen Age, hg. v. Danielle Buschinger, Wolfgang Spiewok, in: Wodan: Greifswalder Beiträge zum Mittelalter 30, 1994, 29-37.

Buschinger, Danielle, Zum Rappoltsteiner Parzival, in: Buschinger, Spiewok, 1994 b, 71-78.

Buschinger, Danielle, Spiewok, Wolfgang, König Artus und der heilige Graal, in: Wodan: Greifswalder Beiträge zum Mittelalter 32, 1994 [=1994 a].

Buschinger, Danielle, Spiewok, Wolfgang, Perceval – Parzival hier et aujourd'hui ... pour fêter les 95 ans de Jean Fourquet, in: Wodan: Greifswalder Beiträge zum Mittelalter 33, 1994 [= 1994 b].

Butts, Mary, Armed with Madness, London/New York 1928, Nachdruck London 2001.

Butts, Mary, The Journals of Mary Butts, hg. v. Nathalie Blondel, New Haven/ London 2002.

Byles, C. E., The Life and Letters of R. S. Hawker, London/New York 1905.

Cackett, S. W. G., The Antioch Cup, London o. J. [1935].

Caesarius von Heisterbach, Dialogus Miraculorum, dt. Übers. v. I. und J. Schneider, 1972.

Calvino, Italo, Das Schloß, darin sich Schicksale kreuzen, aus dem Ital. v. H. Riedt, München 1984.

Calvino, Italo, Der Ritter, den es nicht gab, aus dem Ital. von O. von Nostitz, München 1987.

Campbell, J. F., Popular Tales of the West Highlands, Edinburgh 1994.

Campbell, Joseph, The Masks of God: Creative Mythology, London 1968.

Campbell, Joseph, Indian reflections in the Castle of the Grail, in: The Celtic Consciousness, hg. v. Robert O'Driscoll, New York 1982, 3-29.

Campbell, Mary Baine, Finding the Grail: Fascist Aesthetics and Mysterious Objects, in: King Arthur's Modern Return, hg. v. Debra Mancoff, New York/London 1998, 213-225.

Carley, James P., Glastonbury Abbey: The Holy House at the Head of the Moors Adventurous, Woodbridge/New York 1988.

Carley, James P., (Hrsg.), Glastonbury Abbey and the Arthurian Tradition, Cambridge 2001 [=2001 a].

Carley, James P., A Fragment of *Perlesvaus* at Wells Cathedral Library, in: Carley, 2001 a, 309-336 [= 2001 b].

Carley, James P., A Grave Event: Henry V, Glastonbury Abbey, and Joseph of Arimathea's bones, in: Carley (2001 a) 285-302 [=2001 c].

Carley, James P./Crick, Julia, Constructing Albion's Past: an annotated edition of *De origine gigantum*, in: Carley, 2001a, 347-418.

Carnegy, Patrick, Which Way to the Grail? Programme book for Royal Opera House, Covent Garden Production of *Parsifal*, December 2001, 44-51.

Cavendish, Richard, King Arthur and the Grail, London 1978.

Cazelles, Brigitte, The Unholy Grail: A Social Reading of Chrétien de Troyes ›Conte du Graal‹, Standford, CA 1996.

Cérisy, Colloque de, Graal et Modernité, Cahiers de l'Hermétisme, Paris 1996.

Chandès, Gérard, La société de communication et ses graals: panorama, in: Cérisy, 1996, 151-67.

Chapman, Graham/Jones, Terry/Gilliam, Terry/Palin, Michael/Idle, Eric/Cleese, John, Monty Python and the Holy Grail, London 1977.

Charvet, Louis, Des Vaus d'Avaron à la Queste du Graal, Paris 1967.

Chrétien de Troyes, Cligés, hg. v. Wendelin Foerster (4. Aufl. von Alfons Hilka), Halle 1921.

Chrétien de Troyes, Le Roman de Perceval ou le Conte du Graal, hg. v. William Roach (Textes Littéraires Français), 2. Aufl., Geneva/Paris 1959.

Chrétien de Troyes, Perceval: the Story of the Grail, engl. Übers. von Nigel Bryant, Cambridge/Totowa, NJ, 1982.

Chrétien des Troyes, Perceval (Altfranzösisch/Deutsch), hg. u. übers. v. Felicitas Olef-Krafft, Stuttgart 2003.

Chrétien de Troyes, Le Roman de Perceval ou le Conte du Graal: édition critique d'après tous les manuscrits, hg. v. Keith Busby, Tübingen 1993.

Christian, C., Pendragon, London 1979 (zuerst erschienen unter dem Titel »The Sword and the Flame«, London 1978).

Die Chroniken der niedersächsischen Städte: Magdeburg I, Chroniken der deutsche Städte VII, Leipzig 1869.

Chrysostom, St John, The Divine Liturgy, hg. v. Placid de Meester, London 1926.

Ciggaar, Krijnie N., Robert de Boron en Outremer »Le culte de Joseph d'Arimathie dans le monde byzantin et en Outremer«, in: Polyphonia Byzantina: Studies in Honour of Willem J. Aerts, hg. v. Hero Hokwerda et al. (Mediaevalia Groningana 13), Groningen 1993, 145-159.

Clarke, Lindsay, Parzival and the Stone from Heaven, London 2001.

Cocteau, Jean, Les chevaliers de la table ronde, Paris 1937.

Combarieu, Micheline de, Voir Dieu ou l'Apocalypse du Graal, in: *PRIS-MA*, 9, 1995, II, 55-74.

Constantine VII Porphyrogenitus [Konstantin VII. Porphyrogennetos], Le livre des cérémonies, übers. von Albert Vogt, Paris 1935.

Conway, Sir Martin, The *Sacro Catino* at Genoa, in: Antiquaries Journal 4, 1924, 11-18.

Corley, Corin, Refléxions sur les deux premières Continuations de *Perceval*, in: Romania 103, 1982, 235-258.

Corley, Corin, Wauchier de Denain et la Deuxième Continuation de *Perceval*, in: Romania, 105, 1984, 352-359.

Corley, Corin, Manessier's Continuation of *Perceval* and the Prose *Lancelot* cycle, in: Modern Languages Review 81, 1986, 574-591.

Corley, Corin, The Second Continuation of the Perceval (Modern Humanities Research Association Texts and Dissertations XXIV), London 1987.

Cormeau, Christoph, ›Wigalois‹ und ›Diu Crône‹: Zwei Kapitel zur Gattungsgeschichte des nachklassischen Aventiureromans (Münchner Texte und Untersuchungen zur deutschen Literatur des Mittelalters 57), Zürich/München 1977.

Cormier, Raymond, Three Ovidian Tales of Love, New York/London 1986.

Crawford, Deborah K. E., St Joseph and Britain: the Old French origins, in: Arthuriana 11, 2001, 1-20.

Currer-Briggs, Noel, The Turin Shroud and the Holy Grail: A Genealogist's View, in: Genealogists' Magazine 22, 1986, 125-138.

Currer-Briggs, Noel, The Turin Shroud and the Holy Grail: A Genealogist's View 2, in: Genealogists' Magazine, 22, 1986, 101-106.

Currer-Briggs, Noel, The Turin Shroud and the Holy Grail: A Genealogist's View 3, Genealogists' Magazine 22, 1986, 143-146.

Currer-Briggs, Noel, The Shroud and the Grail: A Modern Quest for the True Grail, London/New York 1987.

D' Arcy, Anne Marie, Wisdom and the Grail: The Image of the Vessel in the Queste del Saint Graal and Malory's Tale of the Sankgreall, Dublin 2000.

Dahlhaus, Carl, Richard Wagner's Music Dramas, Cambridge 1979.

Damian-Grint, Peter, The New Historians of the Twelfth Century Renaissance, Woodbridge/Rochester, NY 1999.

Daniëls, Johannes Cornelius, Wolframs Parzival, S. Johannes der Evangelist und Abraham bar Chija, Nijmegen 1937.

Decker, Ronald, Depaulis, Thierry, Dummett, Michael, A Wicked Pack of Cards: The Origins of the Occult Tarot, London 1996.

Delay, Florence, Roubaud, Jacques, Graal théâtre, Paris 1977.

Delcourt-Angélique, Janine, «Lapsit exillis»: le nom du Graal chez Wolfram von Eschenbach (Parzival 4697), in: Marche romane 27, 1977, 55-126.

Delcourt-Angélique, Janine, Le Graal de Chrétien de Troyes: pour Wolfram von Eschenbach »un objet non identifie au Livre V…«, in: Jacques Stiennon et al., Chrétien de Troyes et le Graal, Paris 1984, 89-105.

Deschaux, Robert, Merveilleux et fantastique dans le Haut Livre du Graal: Perlesvaus, in: Cahiers de civilisation médiévale Xe-XIIe siècles 26, 1983, 335-340.

Diverres, Armel Hugh, The Grail and the Third Crusade. Thoughts on Le Conte de Graal by Chrétien de Troyes, in: Arthurian Literature 10, 1990, 13-109.

Domínguez Lasierra, Juan, Aragón legendario: el Santo Grial, in: Turia, 18, 1991, 140- 159.

Dorst, Tankred, Parzival: Ein Szenarium, Frankfurt am Main 1990.

Dragonetti, Roger, La vie de la lettre au moyen âge: Le conte du Graal, Paris 1980.

Driscoll, Daniel J., (Hrsg. u. Übers.), The Sworn Book of Honourius the Magician, Gillette, NJ, 1983.

Dubost, F., Aspects fantastiques de la littérature médiévale (XIIème-XIIIème siècles): l'Autre, l'Ailleurs, l'Autrefois, Paris 1991.

Dubuis, Roger, La première rencontre de Perceval avec le Graal, dans le »Conte du Graal« de Chrétien de Troyes et le »Parzival« de Wolfram von Eschenbach, in: Germanisch-romanische Monatsschrift, 32, 1982, 129-155.

Duby, Georges, Les «jeunes» dans la société aristocratique dans la France du nord-ouest au XIIe siècle, in: Féodalité, Paris 1996, 1383-1398.

du Monstier, Arthur, Neustria Pia, seu de omnibus et singulis abbatiis et prioratibus totius Normanniae ..., Rouen 1673.

Dumoutet, Edouard, Le désir de voir la hostie et les origines de la dévotion au Saint-Sacrement, Paris 1926.

Dumoutet, Edouard, Le Christ selon la Chair et la Vie liturgique au Moyen Age, Paris 1932.

Dumoutet, Edouard, Corpus Domini. Aux sources de la piété eucharistique médiévale, Paris 1942.

Dundes, Alan, The Father, Son and Holy Grail, in: Literature and Psychology 12, 1962,101-112.

Durandus, Gulielmus, Rationale divinorum officiorum, hg. v. J. Beleth, Napoli 1859.

Duval, Paulette, La pensée alchimique et le Conte du Graal, Paris 1979.

Eckermann, Johann Peter, Gespräche mit Goethe in den letzten Jahren seines Lebens, hg. v. Ernst Beutler, Zürich 1948.

Eco, Umberto, Faith in Fakes, übers. v. William Weaver, London 1986.

Eco, Umberto, Das Foucaultsche Pendel, aus dem Ital. übers. v. B. Kroeber, Frankfurt am Main 1991.

Eco, Umberto, Baudolino, aus dem Ital. übers. v. B. Kroeber, Franfurt am Main 2002.

Eliot, T. S., Collected Poems 1909-1962, London/Boston 1963.

Elliott, J. K., The Apocryphal New Testament, Oxford 1993. The Elucidation Prologue, hg. v. A. W. Thompson, Chicago 1931.

Entwistle, William J., Arthurian Legend in the Literature of the Spanish Peninsula, London/New York 1925.

Ernst, Ulrich, Kyot und Flegetanis in Wolframs »Parzival«: Fiktionaler Fundbericht und jüdisch-arabischer Kulturhintergrund, in: Wirkendes Wort 35, 1985, 176-195.

Erskine, John, Galahad: Enough of his life to explain his reputation, Indianapolis o. J. [1926].

Evans, Sebastian, In Quest of the Holy Grail, London 1898.

Evola, J., Il Mistero del Graal e la tradizione ghibellina dell'Impero, Bari 1937.

Faivre, Antoine, Présence du Graal dans les courants ésoteriques au XXe siècle, in: Graal et Modernité, Cahiers de l'Hermetisme, Paris 1996.

Fanger, Claire (Hrsg.), Conjuring Spirits: Texts and Traditions of Medieval Ritual Magic, Stroud 1998.

Fanthorpe, Patricia/Fanthorpe, Lionel, The Holy Grail Revealed; The Real Secret of Rennes le Château, North Hollywood 1982.

Faugère, Annie, Les origines orientales du Graal chez Wolfram von Eschenbach (Göppinger Arbeiten zur Germanistik 264), Göppingen 1979.

Fauriel, Claude, Historie de la poésie provençale, Paris 1846.

Fichtenau, Heinrich, »Zum Reliquienwesen im früheren Mittelalter«, in: Beiträge zur Mediaevistik, Stuttgart 1975, I, 108-144.

Fiedler, Leslie, »Why is the Grail Knight Jewish« A Passover Meditation, in: Aspects of Jewish Culture in the Middle Ages, hg. v. Paul A. Szarmach, Albany 1979, 151-169.

Fitzgerald, F. Scott, The Great Gatsby (London 1950).

Flood, John L., Early printed versions of the Arthurian romances, in: W. H. Jackson/ S. A. Ranawake, The Arthur of the Germans: the Arthurian Legend in medieval German and Dutch Literature (Arthurian Literature in the Middle Ages III), Cardiff 2000.

Foerster, Wendelin (Hrsg.), Kristian von Troyes Clige's, 4. Aufl., hg. v. Alfons Hilka, Halle 1921.

Folger, Herbert, Eucharistie und Gral, in: Archiv für Liturgiewissenschaft 5, 1957, 96-102.

Fotitch, Tatiana/Steiner, Ruth (Hrsg.), Les lais du roman de Tristan en prose (Münchener Romanistische Arbeiten XXXVIII), München 1974.

Fouke Fitz Waryn, hg. v. E. J. Hathaway et al., Oxford 1975.

Fourquet, Jean, Wolfram von Eschenbach et le Conte du Graal, Paris 1966.

Frantzen, Allen J., Desire for Origins: New Language, Old English, and Teaching the Tradition, New Brunswick/London 1990.

Frappier, Jean, Chrétien de Troyes et le mythe du Graal, Paris 1972.

Frappier, Jean, Autour du Graal (Publications romanes et françaises CXLVII), Geneva 1977.

Frappier, Jean, Chrétien de Troyes: the man and his work, übers. v. Raymond J. Cormier, Athens, OH 1982.

Frappier, Jean, Grimm, Reinhold R. (Hrsg.), Le roman jusqu'à la fin du XIIIe siècle (Grundriß der romanischen Literaturen des Mittelalters IV), Heidelberg 1978, 1984.

Freeman-Regalado, Nancy, La chevalerie celestiel: spiritual transformations of secular romance in La Queste del Saint Graal, in: Romance: Generic Transformation, hg. v. Kevin Brownlee, Hanover NH/London 1985, 91-113.

Frolow, A., Recherches sur la déviation de la IVe croisade vers Constantinople, Paris 1955.

Frolow, A., La relique de la vraie croix, Paris 1961.

Füetrer, Ulrich, Prosaroman von Lanzelot nach der Donaueschinger Handschrift, hg. v. Arthur Peter, Hildesheim/New York 1972.

Gallais, Pierre, Robert de Boron en Orient, in: Mélanges offerts à Jean Frappier, Geneva 1970, I, 313-319.

Gallais, Pierre, Perceval et l'Initiation, Paris 1972.

Gallais, Pierre, L'imaginaire d'un romancier français à la fin du XIIe siècle, in: Faux Titre 33, Amsterdam 1988.

Gavara, Joan J. (Hrsg.), Reliquias y relicarios en la expansión mediterránea de la Corona de Aragón: el Tesoro de la Catedral de Valencia, Valencia 1998.

Gazay, J., Etudes sur les légendes de sainte Marie-Madeleine et de Joseph d'Arimathie, in: Annales du Midi 51, 1939, 225-284, 337-389.

Geary, Patrick J., Furta sacra: Thefts of Relics in the Central Middle Ages, Princeton, NJ 1978.

Gerbert de Montreuil, La continuation de Perceval, hg. v. Mary Williams, Marguerite Oswald (Classiques Françaises du Moyen Age, Paris 1922-1975.

Gerritsen, W. P., Jacob van Maerlant and Geoffrey of Monmouth, in: Arthurian Tapestry. Essays in Memory of Lewis Thrope, hg. v. Kenneth Vary, Glasgow 1981, 368-388.

Gicquel, Bernard, Aux origines du Graal: quelques sources de Chrétien de Troyes et Wolfram von Eschenbach, in: Recherches germaniques 10, 1980, 3-17.

Giffin, Mary E., A reading of Robert de Boron, Publications of the Modern Languages Association of America, 80, 1965, 499-507.

Gilbert, R. A., A. E. Waite, Magician of Many Parts, Wellingborough 1987.

Gilbert, R. A., The Golden Dawn Scrapbook, York Beach, ME 1997.

Gilliam, R. (Hrsg.), Grails: Quest of the Dawn, New York 1994.

Gilson, Etienne, La mystique de la grace dans la Queste del Saint Graal, in: Ders., Les idées et les lettres, Paris 1932, 59-91.

Girart de Roussillon, hg. v. M. Hackett, Paris 1963.

Girouard, Mark, The Return to Camelot, New Haven/London 1981.

Glencross, Michael, Reconstructing Camelot: French Romantic Medievalism and the Arthurian Tradition, Cambridge/Rochester, NY 1995.

Godwin, Joscelyn, The Theosophical Enlightenment, Albany 1994.

Godwin, Malcolm, The Holy Grail: its origins, secrets and meaning revealed, London 1994.

Goetinck, Glenys, Peredur: A Study of Welsh Tradition in the Grail Legends, Cardiff 1975.

Goetinck, Glenys, The Quest for Origins, in: The Grail: A Casebook, hg. v. Dhira A. Mahoney, New York/London 2000, 117-147.

Gogan, L. S., The Ardagh Chalice, Dublin 1932.

Göller, Karl-Heinz, From Logres to Carbonek: the Arthuriad of Charles Williams, in: Arthurian Literature 1, 1981, 121-173.

Golther, Wolfgang, Parzival und der Gral in der Dichtung des Mittelalters und der Neuzeit, Stuttgart 1925, Nachdruck New York 1974.

Golther, Wolfgang, Parzival in der deutschen Literatur (Stoff- und Motivgeschichte der deutschen Literatur 4), Berlin/Leipzig 1929.

Gonzalo de Berceo, El sacrificio de la misa in Obras completas V, hg. v. Brian Dutton, London 1981.

Gossen, Carl Theodor, Zur etymologischen Deutung des Grals, in: Vox Romanica 18, 1959, 177-219.

Gottfried von Straßburg, Tristan, engl. Übers. v. A. T. Hatto, Harmondsworth 1960 (neuhochdt. Übersetzung v. R. Krohn, 3 Bde., 1980).

Goulet, Denyse, Le rôle d'Arthur et du Graal dans *Lohengrin,* in: Le Moyen Age 90, 1984, 39-63.

Gouttebroze, Jean-Guy, A quoi sert le repas du Graal? Remarques sur la liturgie du Graal dans le *Conte du Graal,* in: Banquets et manières de table au Moyen Age, Senefiance 38, Centre Universitaire d'Etudes et de Recherches Médiévales d' Aix, Aix-en-Provence 1996, 451-467.

Gouttebroze, Jean-Guy, Le précieux sang de Fécamp (Essais sur le Moyen Age 23), Paris 2000.

Gowans, Linda M., New Perspectives on the *Didot-Perceval,* in: Arthurian Literature 7, 1987, 1-22.

Gowans, Linda M., The Grail in the West: prose verse and geography in the *Joseph* of Robert de Boron, in: Nottingham French Studies, 35, 1996, 1-17.

Gowans, Linda M., »What did Robert de Boron really write?« [im Druck].

Gracia, Paloma, El mito del Graal, in: Literatura de caballerías y origenes de la novela, hg. v. R. Beltran, Valencia 1998, 63-76.

Gracq, Julien, Œuvres complètes, Paris 1989.

Grand, A. C., *Le Haut Livre du Graal, Perlesvaus:* Jean de Nesle and the terminus ad quem, in: Bulletin bibliographique de la Société internationale arthurienne 44, 1992, 233-235.

Green, D. H., The Beginnings of Medieval Romance: Fact and Fiction, 1150-1220, Cambridge 2002.

Groos, Arthur, Dialogic transpositions: the Grail hero wins a wife, in: Chrétien de Troyes and the German Middle Ages, hg. v. Martin H. Jones, Roy Wisbey, in: Arthurian Studies 27, Cambridge/Rochester, NY 1993, 257-276.

Groos, Arthur, Romancing the Grail: Genre, Science and Quest in Wolfram's Parzival, Ithaca/London 1995.

Grueb, Werner, Wolfram von Eschenbach und die Wirklichkeit des Grals, Dornach 1974.

Guénon, René, L'ésoterisme du Graal, in: Lumière du Graal, hg. v. René Nelli, Paris 1951, 37-49.

Guénon, René, Le roi du monde, Paris 1958.

Gutman, Robert, Richard Wagner: The Man, His Mind and His Music, London 1968.

Haferland, Harald, Die Geheimnisse des Grals. Wolframs »Parzival« als Lesemysterium? In: Zeitschrift für deutsche Philologie 113, 1994, 23-51.

Hagen, Paul, Der Gral (Quellen und Forschungen zur Sprach- und Culturgeschichte der germanischen Völker 85), Straßburg 1900.

Hamel, A. G. van, The Celtic Grail, in: Revue Celtique 47, 1930, 340-382.

Hamilton, Bernard, Montségur: the history and mythology of a Cathar fortress (persönliche Mitteilung).

Hamilton, W. E. M. C., L'interprétation mystique de *La Queste del Saint Graal,* in: Neophilologus 27, 1942, 94-110.

Hammer-Purgstall, Joseph Freiherr von, Mysterium Baphometis Revelatum seu fratres militiae templi, qua Gnostici et quidem Ophiani apostasiae, idolodulae et impuritatis convicti per ipsa eorum monumenta, in: Fundgruben des Orients 6, Wien 1818, 3-120.

Hardy, Thomas, Wessex Tales, London 1952.

Hardyng, John, The Chronicle of Iohn Hardyng …, hg. v. Henry Ellis, London 1812.

Harris, J. Rendel, Glass Chalices of the First Century, in: Bulletin of the John Rylands Library Manchester, II, 1927, 286-295.

Harty, Kevin, Cinema Arthuriana, London/New York 1991.

Hawker, R. S., The Quest of the Sangraal (Cornish Ballads and other poems), London/New York 1908.

Heelas, Paul, The New Age Movement: the Celebration of the Self and Sacralization of Modernity, Oxford 1996.

Hein, Christoph, Die Ritter der Tafelrunde, Frankfurt 1989.

Heinrich, G. A., Le Parcival de Wolfram d'Eschenbach et la légende du Saint-Graal, Paris 1855, Nachdruck Puiseaux 1990.

Heinrich von dem Türlin, Die Crône, hg. v. Gottlob Heinrich Friedrich Scholl (Bibliothek des Literarischen Vereins in Stuttgart 27), Stuttgart 1852.

Heinrich von dem Türlin, The Crown, (engl.) Übers. v. J. W. Thomas, Lincoln, NE/ London 1989.

Heinrich von Ofterdingen, Der Wartburgkrieg und verwandte Dichtungen, hg. v. Friedrich Mess, Weimar 1963.

Heinzel, Richard, Über die französischen Gralromane (Denkschriften der kaiserlichen Akademie der Wissenschaften: Philosophisch-historische Classe, 40), Wien 1892.

Heinzelmann, Martin, Translationsberichte und andere Quellen des Reliquienkultes (Typologie des sources du moyen âge occidental 33), Turnhout 1979.

Heinzle, Joachim, Gralkonzeption und Quellenmischung. Forschungskritische Anmerkungen zur Entstehungsgeschichte von Wolframs »Parzival« und »Titurel«, in: Wolfram-Studien III: Schweinfurter Kolloquium 1972, hg. v. Werner Schröder (Veröffentlichungen der Wolfram von Eschenbach-Gesellschaft), Berlin 1975, 28-39.

Helinand von Froidmont, Chronicon Patrologiae cursus completus. Series Latina, hg. v. J.-P. Migne, Paris 1844-1902, 212, 814-815.

Hempel, Heinrich, Die Ursprünge der Gralsage, in: Zeitschrift für deutsches Altertum und deutsche Literatur 96, 1967, 109-149.

Herbert, Algernon, Britannia after the Romans, London 1836.

Hermand, Jost, Gralsmotive um die Jahrhundertwende, in: Deutsche Vierteljahrsschrift für Literaturwissenschaft und Geistesgeschichte 36, 1962, 521-543.

Herval, René, En marge de la légende du Précieux-Sang – Lucques – Fécamp – Glastonbury, in: L'abbaye bénédictine de Fécamp: ouvrage scientifique du XIIIe centenaire 658-1958, Fécamp 1959, 105-126, 359-361.

Hindman, Sandra, Sealed in Parchment, Chicago 1994.

Hobson, Anthony, Great Libraries of the World, London 1970.

Hoffman, Donald L., Re-Framing Perceval, in: Arthuriana 10, 2000, 48-51.

Hoffman, Walther, Die Quellen des Didot-Perceval, Halle an der Saale 1905.

Hofstätter, Felix Franz (Hrsg.), Altdeutsche Gedichte aus der Zeit der Tafelrunde, Wien 1811.

Holtzmann, Walther, König Heinrich I und die hl. Lanze, Bonn 1947.

Horgan, A. D., The Grail in Wolfram's Parzival, in: Mediaeval Studies 36, 1974, 354-381.

Horstmann, C., Altenglische Legende: Neue Folge, Heilbronn 1881.

Howe, Ellic, The Magicians of the Golden Dawn: A Documentary History of a Magical Order 1887-1923, London 1972.

Huchet, E. (Hrsg.), Le Saint-Graal, ou Le Joseph d'Armathie, première branche des romans de la Table Ronde, Paris 1875.

Huchet, Jean-Charles, Le nom et l'image. De Chrétien de Troyes à Robert de Boron, in: Lacy/Kelly/Busby, 1998, II, 1-16.

Hucker, Bernd Ulrich, Otto IV., Hannover 1990.

Hüe, Denis, Polyphonie du Graal, Orléans 1998.

Hunt, Tony, The Prologue to Chrestien's Li Contes del Graal, in: Romania, 92, 1971, 359-379.

Hunter, Jim, Perceval or the Presence of God, London/Boston 1978.

Huntley-Speare, Anne, The Symbolic Use of a Turtledove for the Holy Spirit, in: Meister, 1999, 107-126.

Hurd, Michael, Rutland Boughton's Arthurian Cycle, in: King Arthur in Music, hg. v. Richard Barber, in: Arthurian Studies 52, 2002, 91-104.

Huschenbett, Dietrich, Über Wort, Sakrament und Gral in Spruchdichtung, Jüngerem Titurel – und bei Wolfram«, in: bickelwort und wildiue maere: Festschrift Eberhard Nellmann zum 65. Geburtstag, hg. v. Dorothee Lindemann (Göppinger Arbeiten zur Germanistik 618), Göppingen 1995, 184-198.

Huyghebaert, N., Iperius et la translation de la relique du Saint-Sang à Bruges, in: Handelingen … Société d'Emulation te Brugge 100, 1963, 110-187.

Hynes-Berry, Mary, Malory's Translation of Meaning: *The Tale of the Sankgreall,* in: Studies in Philology 74, 1977, 243-257.

Ihle, Sandra Ness, Malory's Grail Quest: Invention and Adaptation in Medieval Prose Romance, Madison, WI 1983.

Imbs, Paul, Enygeus, in: Bulletin bibliographique de la Société Internationale Arthurienne 6, 1954, 63-73.

Immermann, Karl, Merlin. Eine Mythe, in: Werke I. 2, Leipzig [o. J.].

Immermann, Karl, Werke in fünf Bänden, hg. v. Benno von Wiese, Wiesbaden 1977.

Insolera, Manuel, L'Eglise et le Graal: étude sur la présence ésoterique du Graal dans la tradition Ecclésiastique, Milan 1997.

Iwersen, Julia, Lexikon der Esoterik, Düsseldorf 2002, s. v. Gral u. a.

Izquierdo, Josep, The *Gospel of Nicodemus* in Medieval Catalan and Occitan Literature, in: Izydorczyk, 1997, 133-164.

Izydorczyk, Zbigniew (Hrsg.), The Medieval Gospel of Nicodemus: Texts, Intertexts and Contexts in Western Europe (Medieval and Renaissance. Texts and Studies 158), Tempe, AZ 1997.

Jackson, W. H./Ranawake, S. A., The Arthur of the Germans: the Arthurian Legend in medieval German and Dutch Literature (Arthurian Literature in the Middle Ages III), Cardiff 2000.

Jakobi-Mirwald, Christine, Kreuzigung und Kreuzabnahme in den Weingartener Handschriften des 12. und 13. Jahrhunderts, in: Kruse/Rudolf, 1994, I, 185-205.

James, M. R., The Apocryphal New Testament, Oxford 1924.

Jefferson, Lisa, Tournaments, Heraldry and the Knights of the Round Table, in: Arthurian Literature 15, 1996, 69-157.

Johannes von Glastonbury, The Chronicle of Glastonbury Abbey: An Edition, Translation and Study of John of Glastonbury's Cronica sive Antiquitates Glastoniensis Ecclesie, hg. v. James P. Carley, (engl.) Übers. v. David Townsend, Woodbridge/Dover, NH 1985.

Johnson, L. P., The Grail-Question in Wolfram and elsewhere, in: From Wolfram and Petrarch to Goethe and Grass: Studies in Literature in Honour of Leonard Forster, hg. v. D. H. Green u. a. (Saecula Spiritualia 5), Baden-Baden 1982, 83-102.

Johnson, Sidney, Doing his own thing: Wolfram's Grail, in: A Companion to Wolfram's Parzival, hg. v. Will Hasty, Rochester, NY/Woodbridge 1999, 78-93.

Jones, Martin H., Parzival's fighting and his election to the Grail', in: Wolfram Studien III: Schweinfurter Kolloquium 1972, hg. v. Werner Schröder, (Veröffentlichungen der Wolfram von Eschenbach-Gesellschaft), Berlin 1975, 52-71.

Joseph of Arimathea: A Critical Edition, hg. v. David Lawton, New York/London 1983.

Jung, C. G., Psychological Types, tr. H. G. Baynes, rev. R. F. C. Hull, Collected Works 6 (London 1986).

Jung, Emma, Franz, Marie-Louise von, The Grail Legend, London 1971 (Nachdruck 1998).

Kahane, Henry, Kahane, Renée, The Krater and the Grail: the Hermetic Sources of the Parzival (Urbana/Chicago 1965 (Nachdruck 1984).

Karczewska, Kathryn, Prophecy and the quest for the Holy Grail: Critiquing Knowledge in the Vulgate Cycle, Frankfurt 1998.

Karnein, Alfred, Auf der Suche nach einem Autor: Andreas, Verfasser von »De Amore«, in: Germanisch-romanische Monatsschrift 28, 1978, 1-27.

Kater, Michael H., Das ›Ahnenerbe‹ der SS 1935-1945: Ein Beitrag zur Kulturpolitik des Dritten Reiches, Stuttgart 1974.

Kay, Sarah, Who was Chretien de Troyes?, in: Arthurian Literature 15, 1997, 1-36.

Keller, Johannes, »Diu Crône« Heinrichs von dem Türlin. Wunderketten, Gral und Tod, Bern 1997.

Kelly, Thomas E., Love in the Perlesvaus: Sinful Passion or Redemptive Force, in: Romanic Review, 66, 1955, 1-12.

Kelly, Thomas E., Le Haut Livre du Graal: Perlesvaus, Geneva 1974.

Kennedy, Angus J., Punishment in the Perlesvaus: The Theme of the Waste Land, in: Rewards and Punishments in the Arthurian Romances and Lyric Poetry of Mediaeval France, hg. v. Peter V. Davies/Angus J. Kennedy, Cambridge/Wolfebore, NH 1987, 61-75.

Kennedy, Edward Donald, John Hardyng and the Holy Grail, in: Arthurian Literature 8, 1989. 185-206.

Kennedy, Elspeth, Lancelot and the Grail, Oxford 1986.

Kienzle, Beverly, Cistercians, Heresy and Crusade, Woodbridge/Rochester, NY 2001.

Kleiber, Wolfgang, Zur Namenforschung in Wolframs *Parzival*, in: Deutschunterricht 14, 1962, 80-90.

Knapp, Fritz Peter, Der Graal zwischen Märchen und Legende, in: Beiträge zur Geschichte der deutschen Sprache und Literatur, 118, 1996, 49-68.

Knowles, David, Great Historical Enterprises, London 1963.

Koechlin, Raymond, Les ivoires gothiques français, Paris 1924.

Koehler, Erich, Ideal und Wirklichkeit in der höfischen Epik: Studien zur Form der frühen Artus- und Graldichtung, in: Beihefte zur Zeitschrift für Romanische Philologie, Tübingen 1983.

Kolb, Herbert, Munsalvaesche. Studien zum Kyotproblem, München 1963.

Kolb, Karl, Vom heiligen Blut, Würzburg 1980.

König Artus und seine Tafelrunde. Europäische Dichung des Mittelalters, hg. v. Karl Langosch, Stuttgart 2003.

Kordt, Christa-Maria, Parzival in Munsalvaesche. Kommentar zu Buch V/1 von Wolframs »Parzival« (224,1-248,30), Herne 1997.

Kraemer, Alfred Robert, Malory's Grail. Seekers and fifteenth Century English Hagiography, New York 1999.

Kraemer, Gabriele, Artusstoff und Gralsthematik in modernen amerikanischen Roman (Beiträge zur Anglistik 8), Gießen 1985.

Kruse, Norbert, Der Weg des Heiligen Bluts von Mantua nach Altdorf-Weingarten, in: Kruse/Rudolf, 1994, 57-107.

Kruse, Norbert/Rudolf, Hans Ulrich, 900 Jahre Heilig-Blut-Verehrung in Weingarten 1094-1994: Festschrift zum Heilig-Blut-Jubiläum am 12 März 1994, Sigmaringen 1994.

Kühn, Dieter, Der Parzival des Wolfram von Eschenbach, Frankfurt am Main 1989.

Kühnel, Jürgen, *Parsifal* »Erlösung dem Erlöser«: von der Aufhebung des Christentums in dem Kunstwerk Richard Wagners, in: Müller/Müller, 1989, 171-227.

Kunitzsch, Paul, Erneut: der Orient in Wolframs »Parzival«, in: Zeitschrift für deutsches Altertum und deutsche Literatur 113, 1984, 79-111.

La Motte Fouqué, Friedrich de, Der Parcival, hg. v. Tilman Spreckelsen et al., Hildesheim/Zürich/New York 1997.

La Queste del Saint Graal: Roman du XIIIe siècle, hg. v. Albert Pauphilet (Classiques français du moyen âge), Paris 1923.

[La Queste del Saint Graal] The Quest of the Holy Grail, (engl.) Übers. v. Pauline Matarasso, Harmondsworth 1969.

La Rue, G. de, Recherches sur les ouvrages des bardes de la Bretagne armoricaine au moyen âge, Caen 1815.

La Rue, G. de, Essais historiques sur les bardes, les jongleurs et les trouvères normands et anglo-normands, Caen 1834.

Lacy, Norris J., The Craft of Chrétien de Troyes: an Essay on Narrative Art, Leiden 1980.

Lacy, Norris J. (Hrsg.), The New Arthurian Encyclopedia, Chicago/London 1991.

Lacy, Norris J., Kelly, Douglas, Busby, Keith (Hrsg.), The Legacy of Chrétien de Troyes, Amsterdam 1988.

Lagorio, Valerie, Pan-Brittonic Hagiography and the Arthurian Grail cycle, in: Traditio 26, 1970, 29-61.

Lagorio, Valerie, Joseph of Arimathea: Vita of a Grail Saint, in: Zeitschrift für romanische Philologie 91, 1975, 209-231.

Lagorio, Valerie, The Glastonbury Legends and the English Grail Romances, in: Neuphilologische Mitteilungen 79, 1978, 359-366.

Lancelot, hg. v. A. Micha, Textes littéraires françaises, Bde. II, IV, V, VI, Geneva/Paris 1978-1980.

Lancelot-Grail: The Old French Arthurian Vulgate and Post-Vulgate in Translation, hg. v. Norris J. Lacy, New York/London 1993-1996.

Laprade, Victor de, Le temple d'ivoire, in: Œuvres politiques [6], Paris o. J. [1906], 33-88.

Lasko, Peter, Ars Sacra 800-1200 (Pelican History of Art), London 1972.

Lavenu, Philippe, L'ésoterisme du Graal: Secret du Mont Saint-Michel, Paris 1989.

Le Bossé, Michel, Le Graal, fiction ou réalité?, in: La Légende arthurienne et la Normandie (Hommage a René Bansard), hg. v. Jean-Charles Payen, Conde-sur Noireau 1983, 191-201.

Le Goff, Jacques, The Medieval Imagination, Chicago/London 1988.

Le Rider, Paule, Le chevalier dans le conte du Graal du Chrétien de Troyes, 2. Aufl., Paris 1978.

Lee, Sonia, The struggle between Cistercian and Cathar 1145-1220 A. D. and its possible influence on Holy Grail literature, in: Dissertation Abstracts 36, 1975, 3656.

Lejeune, Rita, Préfiguration du Graal, in: Studi Medievali 17, 1951, 277-301.

Lemarignier, Jean-François, Etude sur les privilèges d'exemption et de juridiction ecclésiastiques des abbayes normandes depuis les origines jusqu' en 1140 (Archives de la France monastique XLIV), Paris 1937.

Le Roman de Tristan en Prose, I, hg. v. Renée Curtis (Arthurian Studies XII), Cambridge/Dover, NH 1985.

Le Roman de Tristan en Prose, IX, hg. v. Laurence Harf-Lancner (Textes Littéraires Français), Genève/Paris 1997.

Le Saint Graal Numéros 1à 20, Paris 1892-1893 (Nachdruck Genève 1971).

Les Romans du Graal aux XIIe et XIIIe siècles (Colloques Internationaux du Centre National de la Recherche Scientifique III), Paris 1956.

L'estoire del Saint Graal, hg. v. Jean-Paul Ponceau (Classiques Français du Moyen Age, Paris 1997.

Lessing, Gotthold Ephraim, Sämtliche Schriften, hg. v. Karl Lachmann, 3. Aufl., Leipzig 1907.

Lessing, Gotthold Ephraim, Ernst und Falk: Gespräche für Freimaurer, in: Werke II, München 1969.

Leupin, Alexandre, Le Graal et la Littérature: étude sur la Vulgate Arthurienne en prose, Lausanne 1982.

Lewis, C. S., Studies in Medieval and Renaissance Literature, hg. v. W. Hooper, Cambridge 1966.

Lexikon des Mittelalters, 9 Bde., München/Zürich 1977-1998, s. v. Gral u. v. a.

L'Hystorie du Sanct Greaal 1516, hg. v. C. E. Pickford, London 1978.

Littleton, C. Scott/Malcor, Linda A., From Scythia to Camelot, New York/London 1994.

Littleton, C. Scott/Thomas, Ann C., The Sarmatian Connection: New Light on the Origin of the Arthurian and Holy Grail Legends, in: Journal of American Folklore 91, 1978, 513-527.

Lloyd-Morgan, Ceridwen, A Study of Y *Seint Greal* in relation to *La Queste del Saint Graal* and *Perlesvaus*, Phil. Diss., Oxford 1978.

Lloyd-Morgan, Ceridwen, Perceval in Wales: late medieval Welsh grail traditions, in: The Changing Face of Arthurian Romance. Essays on Arthurian Prose Romances in memory of Cedric B. Pickford, hg. v. Alison Adams et al. (Arthurian Studies XVI), Cambridge/Totowa, NJ 1986, 78-91.

Locke, Frederick W., A new approach to the study of the *Queste del Saint Graal, in: Romanic Review*, 45, 1954, 241-250.

Locke, Frederick W., The Quest for the Holy Grail: A Literary Study of a Thirteenth Century French Romance, Stanford 1960.

Lodge, David, Small World, London 1984.

Lofmark, Carl J., Zur Interpretation der Kyotstellen in »*Parzival*«, in: Wolfram Studien 4, 1977, 33-70.

Loomis, Roger Sherman, The Head in the Grail, in: Revue Celtique 47, 1930, 39-62.

Loomis, Roger Sherman, The origin of the Grail legends, in: Arthurian Literature in the Middle Ages, hg. v. Roger Sherman Loomis, Oxford 1959, 274-294.

Loomis, Roger Sherman, The Grail: From Celtic Myth to Christian Symbol, Cardiff 1963 (Nachdruck Princeton 1991).

Loomis, R. S., Loomis, L. H., Arthurian Legends in Medieval Art, London/New York 1938.

Lorengel, hg. v. Danielle Buschinger (Göppinger Arbeiten zur Germanistik 253), Göppingen 1979.

Lorgaireacht an tSoidhigh Naomhtha: an early modern Irish translation of the Quest of the Holy Grail, hg. u. übers. v. Sheila Falconer, Dublin 1953.

Löseth, Eilert, Le Roman en prose de Tristan (Bibliothèque de l'Ecole pratique des Hautes Etudes 82), Paris 1890 (Nachdruck Geneva 1974).

Lot-Borodine, Myrrha, Autour du Graal: apropos des travaux récents, in: Romania 56, 1930, 526-557; 57, 1931, 147-205.

Lot-Borodine, Myrrha, Les apparitions du Christ aux messes de *l'Estoire et de la Queste del Saint Graal,* in: Romania 72, 1951, 202-223 [= 1951 a].

Lot-Borodine, Myrrha, Les grands secrets du Saint-Graal', in: Lumière du Graal, hg. v. René Nelli, Paris 1951 [= 1951 b].

Lot-Borodine, Myrrha, Le *Conte del Graal* de Chrétien de Troyes et sa présentation symbolique, in: Romania 77, 1956, 235-288; 78, 1957, 142-143.

Lovelich, Henry, The History of the Holy Grail, hg. Frederick J. Furnivall (Early English Text Society, Extra Series 20, 24, 28, 30, 95), London 1874-1905.

Lovelich, Henry, Merlin, hg. v. Ernst A. Kock (Early English Text Society, Extra Series 93, 112, London 1904, 1913.

Lozac'hmeur, Jean-Claude, De la tête de Bran à l'hostie du Graal, in: Arthurian Tapestry. Essays in Memory of Lewis Thorpe, hg. v. Kenneth Varty, Glasgow 1981, 275-286.

Lozac'hmeur, Jean-Claude, A propos de deux hypothèses de R. S. Loomis: éléments pour une solution de l'énigme de Graal, in: Bulletin bibliographique de la Société Internationale Arthurienne 34, 1982, 207-221.

Lozac'hmeur, Jean-Claude, Recherches sur les origines indo-européennes et ésotériques de la légende du Graal, in: Cahiers de civilisation médiévale Xe-XIIe siècles 30, 1987, 45-63.

Lupack, Alan/Lupack, Barbara Tepa, King Arthur in America (Arthurian Studies XLI), Cambridge/Rochester, New York 1999.

The Mabinogion, (engl.) Übers. v. Gwyn Jones/Thomas Jones, London 1949.

MacCana, Proinsias, Celtic Mythology, London/New York 1970.

Machen, Arthur, The Secret Glory, London 1922.

Mackey, Albert, Encyclopedia of Freemasonry, überarbeitet von Robert I. Clegg, Chicago 1956.

McKitterick, Rosamond, The Frankish Church and the Carolingian Reforms 789-895 (Studies in History 3), London 1977.

Macy, Gary, The Theologies of the Eucharist in the Early Scholastic Period, Oxford 1984.

Magee, Bryan, Wagner and Philosophy, London/New York 2000.

Magre, Maurice, Magiciens et Illuminés, Toulouse 1930.

Mahoney, Dhira B., The Grail: A Casebook, New York/London 2000.

Malcor, Linda A., The Chalice at the Cross: A study of the grail motif in Medieval Europe, Diss. Phil., University of California, Los Angeles 1991.

Malory, Sir Thomas, Le Mort Darthur, dt. v. Helmut Findeisen, Frankfurt am Main 1977.

Malory, Sir Thomas, The Works of Sir Thomas Malory, hg. v. Eugène Vinaver, überarbeitet von P. J. C. Field, Oxford 1990.

Mancoff, Debra, The Arthurian Revival in Victorian Art, New York/London 1990.

Mancoff, Debra, King Arthur's Modern Return, New York 1998.

Mandach, André de, Le ›Roman du Graal‹ originaire: I Sur les traces du modèle commun (Göppinger Arbeiten zur Germanistik 581), Göppingen 1992.

Mandach, André de, Auf den Spuren des heiligen Gral (Göppinger Arbeiten zur Germanistik 596), Göppingen 1995.

Mann, Jill, Malory and the Grail legend, in: A Companion to Malory, hg. v. Elizabeth Archibald/A. S. G. Edwards (Arthurian Studies XXXVII), Cambridge/Rochester, NY 1996.

Marino, John, Twentieth Century Retellings of the Grail Legend, Cambridge/Rochester, NY, i. Dr.

Markale, Jean, Le Graal, Paris 1982.

Martin, Ernst, Zur Gralsage: Untersuchungen (Quellen und Forschungen zur Sprach- und Culturgeschichte der germanischen Völker XLII), Straßburg 1880.

Marx, Jean, La légende arthurienne et le graal, Paris 1965.

Marx, Jean, Nouvelles recherches sur la littérature arthurienne, Paris 1965.

Mas-Latrie, L. de, Histoire de l'île de Chypre sous le règne des princes de la maison de Lusignan, Paris 1852-1861.

Matarasso, Pauline, The Redemption of Chivalry: a study of the Queste del Saint Graal, Geneva 1979.

Mathiesen, Robert, A thirteenth-century ritual to attain the Beatific Vision from the Sworn Book of Honorius of Thebes, in: Fanger 1998, 143-162.

Matthew, Paris, Matthaei Parisiensis ... Chronica Majora, hg. v. H. R. Luard, Rolls Series, London 1876, III, 101.

Matthews, Caitlin/Matthews, John, The Western Way. A Practical Guide to the Western Mystery Tradition, London 1986.

Matthews, John, The Grail: Quest for the Eternal, London/New York 1981.

Matthews, John, The Grail Seeker's Companion, Wellingborough 1986.

Matthews, John, At the Table of the Grail, London 1987.

Matthews, John, Elements of the Grail Tradition, Shaftesbury/Rockport, MA 1990.

Matthews, John, King Arthur and the Grail Quest, London 1995.

Matthews, John, Sources of the Grail, Edinburgh 1996.

Matthews, John, Healing the Wounded King, Shaftesbury/Rockport, MA 1997.

Matthews, John, The Grail and the Rose, in: White, 1999, 25-42.

Meister, Peter (Hrsg.), Arthurian Literature and Christianity: Notes from the Twentieth Century, New York 1999.

Méla, Charles, Pour une esthétique médiévale, in: Le Moyen Age: Revue d'histoire et de philologie 84, 1978, 113-127.

Méla, Charles, «La lettre tue»; cryptographie du Graal, in: Cahiers de civilisation médiévale Xe-XIIe siècles 26, 1983, 209-221.

Méla, Charles, La Reine et le Graal: conjointure dans les romans du Graal de Chrétien de Troyes au Livre de Lancelot, Paris 1984.

Mély, F. de, Exuviae sacrae constantinopolitanae III, Paris 1904.

Ménard, Philippe, Problèmes et mystères du »Conte du Graal«: un essai d'interpretation', in: Chrétien de Troyes et le Graal, hg. v. J. Stiennon et al. (Lettres médiévales 1, Paris 1984), 61-76.

Ménard, Philippe, Du Chrétien de Troyes au Tristan en Prose (Publications romanes et françaises CCXXIV), Geneva 1999.

Menéndez Pidal, Ramón, Primera Crónica General de España, Madrid 1955.

Mentzel-Reuters, Arno, Vröude. Artusbild, Fortuna- und Gralkonzeption in der »Crône« des Heinrich von dem Türlin als Verteidigung des höfischen Lebensideals, Frankfurt am Main 1989.

Mergell, Bodo, Der Gral in Wolframs Parzival: Entstehung und Ausbildung der Gralsage im Hochmittelalter, Halle 1952.

Merlin: roman en prose du XIIIe siècle, hg. v. Gaston Paris, Jacob Ulrich (Société des anciens textes français, 1886.

Mertens, Volker, Der deutsche Artusroman, Stuttgart 1998.

Mertens, Volker, Der Gral. Mythos und Literatur, Stuttgart 2003.

Micha, A., De la chanson de geste au roman (Publications romanes et françaises CXXXIX), Geneva 1976 [Gesammelte Aufsätze].

Michell, John F., Flying Saucer vision: the Holy Grail restored, London 1967.

Millington, Barry (Hrsg.), The Wagner Compendium: A Guide to Wagner's Life and Music, London 1992.

Mitchison, Naomi, To the Chapel Perilous, London 1955, Nachdruck Oakland, CA, 1999.

Molina, Réjane, La Chapelle royale de Saint-Frambourg de Senlis et le Graal, in: La Légende arthurienne et la Normandie (Hommage à René Bansard), hg. v. Jean Charles Payen, Conde-sur-Noireau 1983, 127-149.

Morris, Colin, Policy and Visions: the case of the Holy Lance at Antioch, in: War and Government in the Middle Ages, hg. v. John Gillingharn/J. C. Holt, Woodbridge/ Totowa, NJ 1984, 33-46.

Mosse, George L., The Mystical Origins of National Socialism, in: Journal of the History of Ideas 22, 1961, 81-96.

Muir, Lynette R., Villard de Honnecourt and the Grail, in: Bibliographical Bulletin of the International Arthurian Society 23, 1971, 137-141.

Müller, Ulrich, Wapnewski, Peter (Hrsg.), Richard-Wagner-Handbuch, Stuttgart 1986

Müller, Ulrich, Gral '89: Mittelalter, Moderne Hermetik und die neue Politik der Perestroika: Zu den »Parzival/Gral-Dramen« von Peter Handke und Christoph Hein, in: Mittelalter-Rezeption IV: Medien, Politik, Ideologie, Œkonomie, hg. v. Irene Burg (Göppinger Arbeiten zur Germanistik), Göppingen 1991, 495-520.

Müller, Ulrich, Blank, Syberberg and the German Arthurian Tradition, in: Harry, 1991, 157-168 [= 1991 b].

Müller, Ursula, Müller, Ulrich (Hrsg.), Richard Wagner und sein Mittelalter (Wort und Musik 1), Anif/Salzburg 1989.

Muschg, Adolf, Der Rote Ritter: eine Geschichte von Parzival, Frankfurt am Main 1993.

Naef, F., Recherches sur les opinions religieuses des Templiers et sur les traces qu'elles ont laissées dans la littérature et l'histoire, Nîmes 1890.

Navarro, M., Pignora Sanctorum, in: Gavara, 1998, 95-133.

Nelli, René (Hrsg.), Lumière du Graal, Paris 1951.

Nellmann, Eberhard, lapsit exillis? jaspis exillix? Die Lesarten der Handschriften, in: Zeitschrift für deutsche Philologie, 119, 2000, 416-420.

Newstead, Helaine, Bran the Blessed in Arthurian Romance, New York 1939.

Nicholson, Helen J., Love, War and the Grail: Templars, Hospitallers and Teutonic Knights in Medieval Epic and Romance 1150-1500 (History of Warfare 4), Leiden 2001.

Nietzsche, Friedrich, Nietzsche contra Wagner, in: Ders., Kritische Studienausg., Bd. 6, hg. v. G. Colli, M. Montanari, München 1999.

397

Nitze, W. A., *Sans et matière* dans les œuvres de Chrétien de Troyes, in: Romania 44, 1915-17, 14-36.

Nitze, W. A., Perceval and the Holy Grail: an essay on the romance of Chrétien de Troyes, in: University of California Publications in Modern Philology 28, 1949, 281-332.

Nitze, W. A., Messire Robert de Boron: Enquiry and Summary, in: Speculum 28, 1953, 279-296.

Nitze, W. A./Jenkins, T. Atkinson (Hrsg.), Le Haut Livre du Graal: Perlesvaus, Chicago 1932-1937.

Nutt, Alfred, Studies on the Legend of the Holy Grail, London 1888, Nachdruck New York 1965.

Nyholm, Kurt, Die Gralepen in Ulrich Fuetrers Bearbeitung (Buch der Abenteuer) (Deutsche Texte des Mittelalters 57), Berlin 1964.

O'Gorman, Richard, Ecclesiastical tradition and the Holy Grail, in: Australian journal of French Studies 6, 1969, 3-8.

O'Gorman, Richard, La tradition manuscrite de Joseph d'Arimathie, in: Revue d'Histoire des Textes 1, 1971, 145-181.

O'Gorman, Richard, Robert de Boron's angelology and elements of heretical doctrine, in: Zeitschrift für romanische Philologie 109, 1993, 539-555.

O'Gorman, Richard, Robert de Boron's *Joseph d'Arimathie* and the sacrament of penance, in: Conjunctures: Medieval Studies in Honor of Douglas Kelly, hg. v. Keith Busby, Norris J. Lacy, Amsterdam 1994, 375-385.

O'Gorman, Richard, *Joseph d'Arimathie:* a critical edition of the verse and prose versions, Toronto 1995.

O'Sharkey, Eithne, The Influence of Joachim of Fiore on some 13th century French Grail Romances, in: Trivium 2, 1967, 47-58.

O'Sharkey, Eithne, Punishments and rewards of the questing knights in La Queste del Saint-Graal, in: Rewards and Punishments in the Arthurian Romances and Lyric Poetry of Medieval France. Essays presented to Kenneth Varty on the occasion of his sixtieth birthday, hg. v. Peter V. Davies/Angus J. Kennedy, Cambridge/Wolfeboro, NH 1987, 101-117.

Oates, J. C. T., Richard Pynson and the Holy Blood of Hailes, in: The Library 5th series 13, 1958, 269-277.

Obermaier, Sabine, Adolf Muschgs *Der Rote Ritter* im Kontext der deutschsprachigen Parzival-Rezeption des ausgehenden Jahrhunderts, in: Raposo Fernández, 2000, 253-267.

Ofterdingen, Heinrich von, Der Wartburgkrieg und verwandte Dichtungen, hg. v. Friedrich Mess, Weimar 1963.

Olef-Krafft, F., Œdipe au château du Graal, in: Le Moyen Age: Revue d'histoire et de philologie 101, 1995, 227-257.

Olmos y Canalda, Elias, Como fue salvado el santo cáliz de la cena: rutas del Santo Grial desde Jerusalen a Valencia, Valencia 1946.

Olschki, Leonardo, The Grail Castle and its Mysteries, Manchester/Berkeley/Los Angeles 1966.

Owen, D. D. R., The Evolution of the Grail Legend, Edinburgh/London 1968.

Owen, William (Pughe), A Dictionary of the Welsh Language, London 1803.

Paden, William D., Jr., »*De monachis rithmos facientibus*«: Hélinant de Froidmont, Bertran de Born and the Cistercian General Chapter of 1199, in: Speculum 55, 1980, 669-685.

Paine, Albert Bigelow, Mark Twain: A Biography, III, New York/London 1912.

Palgen, R., Der Stein der Weisen: Quellenstudien zu Parzival, Breslau 1922.

Paris, Gaston, Histoire littéraire de France, 2. Aufl., Paris 1890.

Partner, Peter, The Murdered Magicians: The Templars and their Myth, Oxford/New York 1982.

Paryns, Marilyn Jackson, Malory: the Critical Heritage, London/New York 1988.

Pastré, Jean-Marc, Munsalvaesche ou l'utopie wolframienne du Gral, in: Gesell-schaftsutopien im Mittelalter/Discours et figures de l'utopie au Moyen Age, hg. v. Danielle Buschinger/Wolfgang Spiewok, Greifswald 1994, 29-37.

Pauphilet, Albert, Etudes sur la Queste del Saint Graal, Paris 1921, Nachdruck 1980.

Pedro Pascual, Obras, hg. v. Pedro Armengol Valenzuela, Rome 1905-1907.

Peebles, R. J., The Legend of Longinus in Ecclesiastical Tradition and in English Lite-rature, and its connection with the Grail, Baltimore 1911.

Péladan, Joséphin, Le mystère du Graal, Paris 1883.

Péladan, Joséphin, La Queste du Graal, Paris 1892.

Péladan, Joséphin, Le Secret des Troubadours: De Parsifal à Don Quichotte, Paris 1906.

Pennick, NigeI, Hitler's Secret Sciences, Sudbury 1981.

[Perlesvaus] The High Book of the Grail, (engl.) Übers. v. Nigel Bryant, Cambridge/Totowa, NJ 1978.

Peter the Venerable, Petri Venerabilis contra petrobrusianos hereticos, hg. v. James Fearns (Corpus Christianorum continuato medievalis 10), Turnhout 1967.

Petersen, Karen-Maria, Zum Grundriß des Graltempels, in: Festschrift für Kurt Her-bert Halbach, hg. v. Rose Beate Schäfer-Maulbetsch et al (Göppinger Arbeiten zur Germanistik 70), Göppingen 1972, 271-306.

Petzet, Michael, Die Gralswelt König Ludwigs II.: Neuschwanstein als Gralsburg und die Idee des Gralstempels, in: Baumstark, 1995, 63-86.

Peyrat, Napoléon, Histoire des albigeois: Les albigeois et l'Inquisition, Paris 1870-1872.

Phillips, Graham, The Search for the Grail, London 1996.

Pickens, Rupert, «Mais de Çou ne parole pas Crestiens de Troies»: A re-examination of the *Didot-Perceval,* in: Romania 105, 1984, 492-510.

Pickens, Rupert, Histoire et commentaire chez Chrétien de Troyes et Robert de Boron: Robert de Boron et le livre de Philippe de Flandre, in: Lacy/Kelly/Busby, 1988, II, 17-39.

Pickford, Cedric Edward, L'Evolution du Roman Arthurien en Prose vers la fin du moyen âge d'après le manuscrit 112 du fonds français de la Bibliothèque Nationale, Paris 1960.

Pickford, Cedric E., Les éditions imprimées de romans arthuriens en prose antérieures à 1600, in: Bibliographical Bulletin of the International Arthurian Society 13, 1961, 99-109.

Pincus-Witten, Robert, Occult Symbolism in France: Joséphin Péladan and the Salons de la Rose-Croix, New York/London 1976.

Poag, James F., Diu verholnen mære umben grâl (Parz. 452,30), in: Wolfram-Studien II, hg. v. Werner Schröder, Berlin 1974, 72-83.

Poirion, Daniel (Hrsg.), Le livre du Graal I, Paris 2001.

Ponsoye, P., L'Islam et Le Graal: Etude sur l'ésoterisme du Parzival de Wolfram von Eschenbach, Milan 1976, 101-139.

Poulson, Christine, The Quest for the Grail: Arthurian Legend in British Art 1840-1920, Manchester 1999.

Powell, Anthony, The Fisher King, London 1986.

Powys, John Cowper, A Glastonbury Romance, London 1933, Nachdruck 1975.

Powys, John Cowper, Autobiography, London 1967.

Pratelidis, Konstantin, Tafelrunde und Gral: Die Artuswelt und ihr Verhältnis zur Gralswelt im »Parzival« Wolframs von Eschenbach (Würzburger Beiträge zur deutschen Philologie 12), Würzburg 1994.

Primera crónica general de España, hg. v. Ramón Menéndez Pidal, Madrid 1955, 661.

Prins-S' Jacob, J. C., The Middle-Dutch version of la Queste del Saint Graal, in: De Nieuwe taalgids: Tijdschrift voor neerlandici 73, 1980, 120-132.

Prosalancelot, 5 Bde. hg. v. Hans-Hugo Steinhoff, Frankfurt 2004.

Quin, E. O., The Quest of Seth for the Oil of Life, Chicago 1962.

Quinet, Edgar, Merlin l'Enchanteur, Œuvres complètes 16, Paris 1895.

Ragotzky, Hedda, Studien zur Wolfram-Rezeption: die Entstehung und Verwandlung der Wolfram-Rolle in der deutschen Literatur des 13. Jahrhunderts, Stuttgart 1971.

Rahn, Otto, La croisade contre le Graal, Paris 1933.

Rahn, Otto, Kreuzzug gegen den Gral, hg. v. Karl Rittersbacher, Stuttgart 1964.

Rahn, Otto, Leben und Werk, hg. v. Hans-Jürgen Lange, Engerda 1995.

Ralph of Coggeshall, Chronicon Anglicanum, hg. v. J. Stevenson (Rolls Series), London 1875.

Ramsay, Alexander Michael, Travels of Cyrus, London 1727.

Ranke, F., Zum Symbol des Grals bei Wolfram von Eschenbach, in: Trivium: Schweizerische Vierteljahrsschrift für Literaturwissenschaft 4, 1946, 20-30.

Raposo Fernández, Berta, Parzival ilustrado, Parzival romántico: Bodmer y Fouqué, in: Raposo Fernández 2000, 185-202.

Raposo Fernández, Berta, Parzival: reescritura y transformación, Valencia 2000.

Rehm, Ulrich, »Daz was ein dinc, daz hiez der Gral«: zur Ikonographie des Gral im Mittelalter, in: Baumstark, 1995, 31-39.

Reiss, Edmund, The Birth of the Grail Quest, in: Innovation in Medieval Literature: Essays to the Memory of Alan Markman, hg. v. Douglas Radcliff-Umstead, Pittsburgh 1971, 20-34.

Rénan, Ernest, Essais de morale et de critique, Paris 1859.

Rhys, Ernest, The Masque of the Grail, London 1908.

Riant, Paul E. D., Des dépouilles religieuses enlevées à Constantinople au XIIIe siècle par les Latins (Extrait des Mémoires de la Société nationale des Antiquaires de France XXXVI), Paris 1875.

Raint, Paul E. D., Exuviae Sacrae Constantinopolitanae I, Geneva 1877.

Ribard, Jacques, Du Philtre au Graal: pour une interprétation philologique du Roman de Tristan et du Conte du Graal, Paris 1989.

Richey, M. F., Studies of Wolfram von Eschenbach, Edinburgh 1957.

Riddy, Felicity, Sir Thomas Malory, Leiden 1987.

Riddy, Felicity, Chivalric nationalism and the Holy Grail in Hardyng's *Chronicle*, in: Mahoney, 2000, 397-415.

Riddy, Felicity J., Glastonbury, Joseph of Arimathea and the Grail in John Hardyng's chronicle, in: The Archaeology and History of Glastonbury Abbey, hg. v. Lesley Abrams/James P. Carley, Woodbridge/Rochester, NY 1991, 317-331.

Riddy, Felicity J., John Hardyng's chronicle and the Wars of the Roses, in: Arthurian Literature 12, 1993, 91-108.

Ringbom, Lars-Ivar, Graltempel und Paradies: Beziehungen zwischen Iran und Europa im Mittelalter (Kungl. Vitterhets Historie och Antikvitetsakademien Handlingar 73), Stockholm 1951.

Ríquer, Martín de, Interpretación cristiana de li contes del graal, in: Miscelnea filoló-gica dedicada a Mons. Griera (7 Congrès internationale de linguistique romane), Barcelona 1953, II, 209-283.

Rivière, Patrick, Le Graal: histoire et symboles, Monaco 1990, Nachdruck 2000.

Roach, William, Eucharistic Tradition in the Perlesvaus, in: Zeitschrift für romani-schen Philologie 59, 1939, 10-56.

Roach, William (Hrsg. u. Übers.), The Didot Perceval according to the Manuscripts of Modena and Paris, Philadelphia 1941.

Roach, William, The Continuations of the Old French Perceval of Chrétien de Troyes, Philadelphia 1952-1983.

Robert de Boron, Die Geschichte des Heiligen Gral, übers. v. Konrad Steinkühler, Stuttgart, 3. Aufl., 1979.

Robert de Boron, Merlin, der Künder des Grals, aus dem Afrz. übers. v. Konrad Stein-kühler, Stuttgart, 2. Aufl., 1980.

Robert de Boron, Le roman du Graal: Manuscrit de Modène, hg. u. übers. v. Bernard Cerquiglini, Paris 1981.

Robert de Boron, Le Roman du Saint-Graal (afrz./dt.), übers. u. eingel. v. Monica Schöler-Beinhauer, München 1981.

Robert de Boron, Le Roman de L'Estoire dou Graal, hg. v. William A. Nitze, Paris 1927 (Nachdruck 1983).

Robert de Boron, Merlin and the Grail: Joseph of Arimathea. Merlin. Perceval, (engl.) Übers. v. Nigel Bryant, Cambridge/Rochester, NY 2001.

Robert Grosseteste, De sanguine Christo, in: Matthew Paris, Chronica majora, hg. v. H. R. Luard, (Rolls Series 57), London 1882.

Robert of Torigni, Chronicles of the Reigns of Stephen, Henry II and Richard I, hg. v. Richard Howlett (Rolls Series), London 1889.

Roberts, Brynley F., Peredur Son of Efrawg: A Text in Transition, in: Arthuriana 10, 2000, 57-72.

Robinson, David W., Deconstructing East Germany; Christoph Hein's Literature of Dissent, Rochester, NY/Woodbridge 1999.

Roethlisberger, Blanca, Die Architektur des Graltempels im Jüngeren Titurel (Sprache und Dichtung 18), Bern 1917.

Rohr, F., Parzival und der Heilige Gral: eine neue Deutung der Symbolik der Graldichtungen, Hildesheim 1922.

Roquebert, Michel, Les Cathares et le Graal, Toulouse 1994.

Roques, Mario, Le Graal de Chrétien et la demoiselle au Graal, in: Romania 76, 1955, 1-27.

Roques, Mario, Le nom du graal, in: Les Romans du Graal, 1956, 5-13.

Roubaud, Jacques, Graal fiction, Paris 1978.

Rubin, Miri, Corpus Christi: the Eucharist in late medieval culture, Cambridge 1991.

Ruck, E. H., An Index of Themes and Motifs in 12th-Century French Arthurian °Poetry (Arthurian Studies XXV), Cambridge/Rochester, NY 1991.

Ruh, Kurt, Der Gralsheld in der »Queste del Saint Graal«, in: Wolfram-Studien [1] hg. v. Werner Schröder, Berlin 1971, 240-263.

Runciman, Steven, The Holy Lance found at Antioch, in: Analecta Bollandiana 68, 1950, 197-209.

Salmeri, Filippo, Manessier: Modello simboli scrittura (Università di Catania, Collana di Studi di Filologia Moderna), Catania 1984.

Salmon, David, The Nanteos Cup, in: Notes & Queries 179, 1940, 295.

Saly, Antoinette, Le Graal et le Château du Graal dans le Perlesvaus, in: Buschinger/ Spiewok, 1994a, 181-187.

Sandkühler, Konrad (Übers.), Gauwein sucht den Gral [1. Fortsetzung von Chrétiens Perceval], Stuttgart 1959.

Sandkühler, Konrad (Übers.), Irrfahrt und Prüfung des Ritters Perceval [2. Fortsetzung von Chrétiens Perceval], Stuttgart 1960.

Sandkühler, Konrad (Übers.), Perceval der Gralkönig [3. Fortsetzung von Chrétiens Perceval], Stuttgart 1964.

Sangorrin, Damaso, El santo Grial en Aragón, in: Aragón 3, 1927, 133-136, 153-155, 173-176, 194-197, 214-218; 4,1928, 25-26, 45-50, 165-169.

Sansonetti, Paul Georges, Graal et alchimie, Paris 1982.

Saul, Mary Lynn, The unholy grail: recasting the Grail myth for an unbelieving age, in: Modern Retellings of Chivalric Texts, hg. v. Gloria Allaire, Aldershot/Brookfield, VT 1999, 51-66.

Scavone, Daniel, Joseph of Arimathea, the Holy Grail, and the Edessa Ikon, in: Arthuriana, 9, 1999, 1-23.

Schaeffer, Albrecht, Parzival. Ein Versroman, Leipzig 1924.

Schäfer, Hans-Wilhelm, Kelch und Stein: Untersuchungen zum Werk Wolframs von Eschenbach, Frankfurt/Bern 1983.

Schäfer, Hans-Wilhelm, Wolframs Calix Lapideus, in: Zeitschrift für romanische Philologie 103, 1984, 370-377.

Schiller, Gertrud, Ikonographie der christlichen Kunst: 2. Die Passion Jesu Christi, Gütersloh 1968.

Schirok, Bernd, Parzivalrezeption im Mittelater (Erträge der Forschung CLXXIV), Darmstadt 1982.

Schlegel, August Wilhelm, Geschichte der alten und neueren Litteratur, Gesammelte Werke 1, Wien 1822.

Schmid, Elisabeth, Familiengeschichten und Heilsmythologie: die Verwandtschafts-strukturen in den französischen und deutschen Gralromanen des 12. und 13. Jahr-hunderts, Tübingen 1986.

Schmidt, Jochen, Parzifals Gralsfrage und Zweifel, in: Festschrift für Friedrich Beiáner, hg. v. Ulrich Gaier/Werner Volke, Tübingen 1974, 370-390.

Schmolke-Hasselmann, Beate, The Evolution of Arthurian Romance: The Verse Tradition from Chrétien to Froissart, übers. v. Margaret und Roger Middleton (Cambridge Studies in Medieval Literature 35), Cambridge 1998.

Schröder, Franz, Die Parzivalfrage, München 1928.

Schröder, Franz Rolf, Kyot und das Gralproblem, in: Beiträge zur Geschichte der deutschen Sprache und Literatur 97, 1975, 263-311.

Schröder, Werner, Die Namen im ›Parzival‹ und im ›Titurel‹ Wolframs von Eschen-bach, Berlin/New York 1981.

Schröder, Werner, Der Schluss des »Jüngeren Titurels«, in: Zeitschrift für deutsches Altertum 111, 1982, 103-130.

Schulz, Albert, An Essay on the influence of Welsh Tradition upon the Literature of Germany, France, and Scandinavia, Llandovery 1841.

Schwietering, Julius, Wolframs Parzival, in: Mystik und Höfische Dichtung im Hoch-mittelalter, München 1960, 37-70.

Scott, John (Hrsg. u. Übers.), The early history of Glastonbury, Woodbridge/Totowa, NJ 1981.

Sechelles, D. de, L'origine du Graal, Saint Brieuc 1954.

Séguy, Mireille, Les romans du Graal ou le signe imaginé, Paris 2001.

Séguy, Mireille, Naming and Renaming: On two Grail scenes in L'Estoire del Graal, in: Arthuriana, 12, 2002, 87-102.

Sinclair, Andrew, The Discovery of the Grail, London 1998.

Sinclair, Andrew, The Secret Scroll, London 2001 (revidierte Fassung von *The Sword and the Grail*, London 1993).

Skeels, Dell, The Romance of Perceval in Prose: A translation of the E Manuscript of the Didot Perceval, Seattle/London 1966.

Skerst, Hermann von, Der Gralstempel im Kaukasus, Stuttgart 1986.

Soboth, Christian, Parzival und die Kunst der Erlösung – Die Lyrik der Jahr-hundertwende auf der Suche nach dem verlorenen Gral, in: bickelwort und wildiue maere: Festschrift Eberhard Nellmann zum 65. Geburtstag, hg. v. Doro-thee Lindemann (Göppinger Arbeiten zur Germanistik 618), Göppingen 1995, 151-166.

Soden, Michael von (Hrsg.), Parsifal, Frankfurt am Main 1983.

Sommer, H. Oskar, The Vulgate Version of the Arthurian Romances edited from manuscripts in the British Museum, London 1908-1916, Nachdruck New York 1979.

Sone von Nansay, hg. v. Moritz Goldschmidt (Bibliothek des Literarischen Vereins in Stuttgart CCXVI), Tübingen 1899.

Spitzer, Leo, The Name of the Holy Grail, in: American Journal of Philology 65, 1944, 354-363.

Spotts, Frederic, Bayreuth: A History of the Wagner Festival, New Haven/London 1994.

Stanger, Mary, Literary patronage at the court of Flanders, in: French Studies 11, 1957, 214-229.

Stanton, Amida, Gerbert de Montreuil as writer of grail romance, Diss. University of Chicago 1942.

Steiner, Rudolf, Christus und die geistige Welt: Von der Suche nach dem Heiligen Gral, Dornach 1925.

Stephens, Louise D., Manessier's Continuation of Chrétien de Troyes' Perceval, Diss. phil. Oxford 1993, BL D184686.

Sterckx, C., Les têtes coupées et le Graal, in: Studia Celtica, 20/21, 1985-1986, 1-42.

Sterckx, Claude, Perceval le Gallois, Bran le Méhaigné et le symbolisme du Graal, in: Revue belge de philologie et d'histoire 62, 1984, 463-473.

Stevens, Adrian, Fiction, Plot and Discourse: Wolfram's *Parzival* and its narrative sources, in: A Companion to Wolfram's Parzival, hg. v. Will Hasty, Rochester, NY/ Woodbridge 1999, 99-123.

Stiennon, Jacques (Hrsg.), Chrétien de Troyes et le Graal (Lettres médiévales 1), Paris 1984.

Straughn, Gregory, Wagner's Musical Quest: the "Grail" in Parsifal, in: Arthuriana, 11, 2001, 54-66.

Syson, Luke/Gordon, Dillian, Pisanello: Painter to the Renaissance Court, London 2001, 67-68.

Szkilnik, Michelle, L'Archipel du Graal – étude de l'Estoire del Saint Graal, Geneva 1991.

Talarico, Kathryn Marie, Romancing the Grail: Fiction and Theology in the *Queste del Saint Graal,* in: Meister, 1999, 29-59.

Tanner, Michael, Wagner, London 1996.

Taylor, Beverly/Brewer, Elisabeth, The Return of King Arthur: British and American Arthurian Literature since 1800 (Arthurian Studies IX), Cambridge/Totowa, NJ 1983.

Tennyson, Alfred, The Holy Grail, in: The Poems of Tennyson, hg. v. Christopher Ricks, London III, 1987, 463-490.

Tennyson, Alfred, Königsidyllen, dt. v. H. A. Feldmann, ill. v. Gustave Doré, Berlin 1882, 2. Aufl., Hamburg 1890.

Tennyson, Emily, Lady Tennyson's Journal, hg. v. James O. Hoge, Charlottesville 1970.

Tennyson, Hallam, Alfred Lord Tennyson: A Memoir, London 1897.

Thomas, Neil, The Defence of Camelot: Ideology and Intertextuality in the ›Post Classical‹ German Romances of the Matter of Britain Cycle (Deutsche Literatur von den Anfängen bis 1700, 14), Bern 1992.

Thomas, Neil, Diu Krône and the Medieval Arthurian Cycle (Arthurian Studies 1), Woodbridge/Rochester, NY 2002.

Thornton, Alison G., Weltgeschichte und Heilsgeschichte in Albrechts von Scharfenbergs Jüngerem Titurel (Göppinger Arbeiten zur Germanistik 211), Göppingen 1977.

Traxler, Janina P., The use and abuse of the grail quest: ironic juxtaposition in the »Tristan en prose«, in: Tristania: A Journal Devoted to Tristan Studies 15, 1994, 23-31.

Trendelenburg, Gudula, Studien zum Gralraum im »Jüngeren Titurel« (Göppinger Arbeiten zur Germanistik 78), Göppingen 1972.

Tresize, Simon, The West Country as a Literary Invention, Exeter 2000.

Turner, Sharon, The History of the Anglo-Saxons, 6. Aufl., London 1836.

Turton, Godfrey, The Emperor Arthur, London 1986.

Tuve, Rosemond, Allegorical Imagery, Princeton 1966.

»Twain, Mark« (Samuel Langhorne Clemens), A Connecticut Yankee in King Arthur's Court, hg. v. Allison R. Ensor, New York/London 1987.

Two of the Saxon Chronicles parallel, hg. v. Charles Plummer, John Earle, Oxford 1892.

Uscatescu, Jorge, Fuentes árabes del Santo Griale, in: Calamo: Revista de Cultura Hispano-Arabe 13, 1987, 8-9.

The Utrecht Psalter: Picturing the Psalms of David, CD-Rom, hg. v. Kort van der Horst, Utrecht 1996.

van den Oudenrijn, M.-A., Gamaliel: Äthiopische Texte zur Pilatusliteratur (Spicilegium Friburgense 4), Freiburg 1959.

Vanhaecke, Louis, The Precious Blood at Bruges, London 1912.

Vansittart, Peter, Parsifal, London 1988.

Varagine, Iacopo de, Chronica civitatis Ianuensis, hg. v. Giovanni Monleone, Rome 1941.

Vendryes, J., Les éléments celtiques de la légende du Graal, in: Etudes celtiques 5, 1950-1951, 1-50.

Vial, Guy, Le conte du Graal: sens et unité. La première continuation: textes et contenu, Geneva 1987.

Villemarqué, Théodore de La, Contes populaires des anciens Bretons, Paris/Leipzig 1842.

Vinaver, E., The Rise of Romance, Cambridge/Totowa, NJ 1984.

Vincent, Nicholas, The Holy Blood: King Henry III and the Westminster Blood Relic, Cambridge 2001.

Waddell, P. Hately, The Parsifal of Richard Wagner at Bayreuth, 1894, Edinburgh/London 1894.

Wagemann, Anke, Wolframs von Eschenbach Parzival im 20. Jahrhundert: Untersuchungen zu Wandel und Funktion in Literatur, Theater und Film (Göppinger Arbeiten zur Germanistik 646), Göppingen 1998.

Wagner, Cosima, Die Tagebücher 1878-1883, hg. u. komm. v. Martin Gregor-Dellin/ Dietrich Mack, München/Zürich 1977.

Wagner, Richard, Gesammelte Schriften und Dichtungen, 10 Bde., hg. v. Wolfgang Golther, Berlin o. J.

Wagner, Richard, Dichtungen und Schriften: Jubiläumsausgabe in 10 Bänden, hg. v. Dieter Borchmeyer, Frankfurt am Main 1983.

Wagner, Richard, Parsifal: Texte, Materialien, Kommentare, hg. v. Attila Csampai, Hamburg 1984.

Wagner, Richard, Richard Wagner an Mathilde Wesendonck: Tagebuchblätter und Briefe 1853-1871, Leipzig 1913.

Wagner, Richard, Das braune Buch: Tagebuchaufzeichnungen 1865-1882, hg. u. kommentiert v. Joachim Bergfeld, Zürich/Freiburg 1975.

Wagner, Richard, Parsifal. Ein Bühnenweihfestspiel, London/Paris/Brüssel o. J.

Waite, Arthur Edward, Strange Houses of Sleep, London 1906.

Waite, Arthur Edward, The Hidden Church of the Holy Grail, London 1909; überarbeitete Version unter dem Titel: The Holy Grail: the Galahad Quest in Arthurian Literature, London 1933, (Nachdruck) New York 1961.

Waite, Arthur Edward, The Book of the Holy Graal, London 1921.

Waitz, Hugo, Die Fortsetzungen von Chrestiens' Perceval le Gallois nach den Pariser Handschriften, Straßburg 1890.

Wapnewski, Peter, Parzival und Parsifal oder Wolframs Held und Wagners Erlöser, in: Richard Wagner, Von der Oper zum Musikdrama, hg. v. Stefan Kunze, Bern 1978, 47-60.

Wapnewski, Peter, Wolframs Parzival: Studien zu Religiosität und Form, Heidelberg 1955.

Watson, Derek, Wagner's *Tristan und Isolde* and *Parsifal*, in: King Arthur in Music, hg. v. Richard Barber (Arthurian Studies LII), Cambridge/Rochester, NY 2002, 24.

Wechssler, Eduard, Die Sage vom Heiligen Gral, Halle 1898.

Weinraub, Eugene, J., Chrétien's Jewish Grail: a new investigation of the imagery and significance of Chrétien de Troyes's Grail episode based upon medieval Hebraic sources, Chapel Hill, NC 1976.

Welz, Dieter, Gedanken zur Genese des Gralromans, in: Acta Germanica 15, 1982, 7-15.

Westernhagen, Curt von, Richard Wagners Dresdner Bibliothek, Wiesbaden 1966.

Weston, Jessie L., Arthurian Romances unrepresented Malory's ›Morte d'Arthur‹: VI. Sir Gawain at the Grail Castle, London 1903, Nachdruck Llanerch 1995.

Weston, Jessie L., Arthurian Romances unrepresented Malory's ›Morte d'Arthur‹: VII. Sir Gawain and the Lady of Lys, London 1903, Nachdruck Llanerch 1995.

Weston, Jessie L., The Legend of Sir Perceval: Studies upon its Origin Development, and Position in the Arthurian Cycle, London 1909.

Weston Jessie L., The Quest of the Holy Grail, London 1913, Nachdruck New York 1964.

Weston, Jessie L., From Ritual to Romance, Cambridge 1920, Nachdruck New York 1957.

Weston, Jessie, L., The Romance of Perlesvaus, hg. v. Janet Grayson, Holland, MI 1988.

Westwood, Thomas, The Quest of the Sancgreall, London 1868.

White, Ralph (Hrsg.), The Rosicrucian Enlightenment Revisited, Hudson, NY 1999.

Whitman, Jon, The Body and the struggle for the soul of romance: *La Queste del Saint Graal*, in: Body and Soul in Medieval Literature, hg. v. Anna Torri, Piero Boitani, Cambridge/Rochester, NY 1999, 31-61.

Whitworth, Charles W., The sacred and the secular in Malory's Tale of the Sankgreal, in: Yearbook of English Studies 5, 1975, 19-29.

William of Tyre [Wilhelm von Tyrus], A History of Deeds done beyond the Sea, übers. v. E. A. Babcock/A.C. Krey, New York 1943.

Williams, Andrea M. L., The Adventures of the Holy Grail: A Study of La Queste del Saint Graal, Bern 2001.

Williams, Charles, War in Heaven, London 1930.

Williams, Charles, Malory and the Grail Legend, in: Dublin Review, 214.428-9, 1944, 144-153.

Williams, Charles, The Image of the City, hg. v. Anne Ridler, London/New York 1958.

Williams, Charles, Arthurian Poets: Charles Williams, Woodbridge/Rochester, NY 1991.

Williams, Charles, Lewis, C. S., Arthurian Torso, Oxford 1948.

Williams, Harry F., The Unasked Questions in the Conte del Graal, in: Medieval Perspectives 2, 1988, 292-302.

Williams, Robert, Y Seint Greal: The Holy Grail, London 1876, Nachdruck Pwllheli 1987.

Wilmotte, Maurice, Le poème du graal et ses auteurs, Paris 1930.

Wilmotte, Maurice, Le poème du Gral: Le Parzival de Wolfram d'Eschenbach et ses sources françaises, Paris 1933.

Wilson, R. M., The Lost Literature of Medieval England, London 1952.

Wittmann-Klemm, Dorothee, Studien zum Rappoltsteiner Parzival (Göppinger Arbeiten zur Germanistik 224), Göppingen 1977.

Wolf, Werner, Der Vögel Phönix und der Gral, in: Studien zur deutschen Philologie des Mittelalters Friedrich Panzer … dargebracht, hg. v. R. Kienast, Heidelberg 1950, 73-95.

Wolff, Ludwig, Das Magdeburger Gralsfest Bruns von Schoenebeck, in: Niederdeutsche Zeitschrift für Volkskunde 5, 1927, 202-216.

Wolfgang, Lenora D., Prologues to the *Perceval* and Perceval's father: the first literary critics of Chrétien were the Grail authors themselves, in: Œvres et critiques 5, 1980-1981, 81-90.

Wolfram von Eschenbach, Parzival und Titurel, (dt.) Übers. v. Karl Simrock, Stuttgart/Augsburg 1857.

Wolfram von Eschenbach, Parcival, (dt.) Übers. v. ›San-Marte‹ (Albert Schulz), 2. Aufl., Leipzig 1858.

Wolfram von Eschenbach, Parzival, hg. v. Karl Lachmann, 7. überarb. Aufl. v. Eduard Hartl, Berlin 1952.

Wolfram von Eschenbach, Parzival, (engl.) Übers. v. Helen M. Mustard, Charles E. Passage, New York 1961.

Wolfram von Eschenbach, Parzival, (engl.) Übers. v. A. T. Hatto, Harmondsworth 1980.

Wolfram von Eschenbach, Parzival (Mittelhochdt./Neuhochdt.), übers. v. Wolfgang Spiewok, 2 Bde., Stuttgart 1994.

Wolfram von Eschenbach, Parzival, nach der Ausg. Karl Lachmanns rev. und komm. v. Eberhard Nellmann, übertr. v. Dieter Kühn, 2 Bde., Frankfurt am Main 1994.

Wolfram von Eschenbach, Parzival, neuhochdt. Übers. v. Peter Knecht, Berlin/New York 1998.

Wolfram von Eschenbach, Titurel, (engl.) Übers. v. Charles E. Passage, New York 1984.

Wood, Juliette, The Holy Grail: from romance motif to modern genre, in: Folklore 111, 2000, 169-190.

Wood, Juliette, Nibbling Pilgrims and the Nanteos Cup: A Cardiganshire Legend, in: Nanteos: A Welsh House and its Families, hg. v. Gerald Morgan, Gomer 2002, 202-53.

Wrede, H., Die Fortsetzer des Gralromans Chrestiens von Troyes, Diss. Göttingen 1952.

Yamaguchi, Eriko, The Defence of Lancelot: Rossetti's Quest for »God's Graal«, in: Studies in Medievalism 4, 1992, 235-246.

Yates, Frances, The Rosicrucian Enlightenment, London/Boston 1972.

Yeats, William Butler, Autobiographie, London 1955.

Y Seint Greal, hg. u. übers. v. Robert Williams, London 1876, Nachdruck Pwllheli 1987.

Zahlten, Johann, Der »Sacro Catino« in Genua. Aufklärung über eine mittelalterliche Gralsreliquie, in: Baumstark, 1995, 121-31.

Zambon, Francesco, Robert de Boron e i segreti del Graal (Biblioteca dell' «Archivum Romanum» 189), Firenze 1984.

Zambon, Francesco, Graal et hérésie, in: Actes du XIV Congrès International Arthurien, hg. v. Charles Foulon u. a., Rennes 1985, II, 687-706.

Zambon, Francesco, Romanzo e allegoria nel medioevo, Trento 2000.

Zatloukal, Klaus, Salvaterre: Studien zu Sinn und Funktion des Gralsbereiches im ›Jüngeren Titurel‹, (Wiener Arbeiten zur germanischen Altertumskunde und Philologie 12), Wien 1978.

(verzeichnet die wichtigsten *realen Personen* und literarischen Gestalten)

Adam, Sohn des Joseph von Arimathia
252
Adhémar, Bischof von Le Puy 159
Agrestes, Herr von Camelot 98
Agrippa von Nettesheim (Cornelius A.),
Philosoph und Magier 318
Alain, Nachfolger des Josephus als
Gralshüter 99
Albrecht IV., Herzog von Bayern 222
Albrecht, Autor des »Jüngeren Titurel«
192, 209, 225, 226, 227, 228, 229,
230, 232
Alfons V., König von Aragón 195, 196
Alkuin, Theologe 174
Alphasan, König , Erbauer der Gralburg
Corbenic 99, 133
Amalarus von Metz, Liturgiker 173
Amalrich, König von Jerusalem 69
Amangons, König 54, 56
Ambrosius von Mailand, Theologe 170
Amfortas (bei Richard Wagner) 300,
302, 303, 304, 305, 306, 308, 309
Andreae, Johannes Valentin, luther.
Theologe 319
Andreas Capellanus, Minnetheoretiker
25
Anfortas, Sohn des Frimutel und Grals-
könig 115, 116, 119, 215, 222
Angaras, Widersacher Gaweins in
»Die Krone« 219
Arculf, Palästinapilger 191
Aroux, Eugène, Autor 350
Artus, König auf Avalon, Herr der
Tafelrunde 21, 24, 35, 56, 59, 64, 70,

73, 74, 75, 78, 83, 86, 90, 100, 111,
119, 132, 142, 144, 148, 165, 166,
182, 183, 216, 223, 224, 234, 235,
238, 247, 248, 253, 269
Aubray, John, englischer Antiquar des
17. Jahrhunderts 11

Baigent, Michael, Autor 345-348
Balduin V., Graf von Flandern 164
Balduin VI., Graf von Flandern 164
Balduin IX., Graf von Flandern, Kaiser
von Konstantinopel 46, 58
Balin, Gegner Garlons 245, 254, 255
Baudri de Bourgueil, Dichter 161
Baxter, Nathanael, puritanischer
Prediger 268
Beda Venerabilis, Geschichtsschreiber
153
Belakane, Königin von Sasamanc 105,
106
Berengar von Tours, Theologe 170
Berghaus, Ruth, Regisseurin 306
Bernhard von Clairvaux 185
Besant, Annie, Vorsitzende der
»Theosophischen Gesellschaft«
329
Beves, Held des Romans »Bueve de
Hanstone« 204
Birch-Hirschfeld, Adolf, Literaturwis-
senschaftler 279
Blaise, Schüler Merlins 64, 67
Blancheflor, Burgherrin 27, 35, 206
Blavatsky, Helena P., Esoterikerin 320,
322

Bledri/Bledhricus, legendarischer Über-
setzer keltischer Erzählungen 21
Bliocadran, Vater Percevals 53
Bodmer, Johann Jakob, Historiker und
Literaturtheoretiker 271, 272, 273,
275
Bors de Ganis, Vetter Lancelots 80, 81,
86, 90134, 146, 147, 185, 186
Brian von den Inseln, Widersacher des
Königs Artus 74
Brisane, Erzieherin Helenas, der T-
ochter des Königs Pelles 80
Bron, Schwager Josephs von Arimathia,
Herr der Gralsburg (s. Fischerkönig)
64, 65, 66, 67, 175
Brun von Schönebeck, Dichter 224, 225
Burgundia, Tochter des Königs Aime-
rich von Jerusalem und Zypern 58
Burne-Jones, Edward, präraffaelitischer
Künstler 316

Caesarius von Heisterbach, Autor 177,
178, 198
Celidoine, Nasciens Sohn 97
Chrétien de Troyes, altfranzösischer
Dichter 19, 20, 21, 22, 24, 25, 26, 27,
34, 35, 36, 42, 43, 44, 45, 48, 51, 52,
56, 59, 60, 65, 76, 77, 102, 105, 111,
120, 124, 125, 126, 127, 129, 131,
137, 141, 144, 145, 149, 151, 154,
176, 184, 199, 201, 203, 210, 215,
243, 245, 286
Clamadeus von den Inseln, Freier Blancheflors, Gegner Percevals 27
Condwiramurs, Geliebte Parzivals 106,
119, 120, 206
Crowley, Aleister, Esoteriker 325
Crudel, walisischer König 98
Cundrie, Hexe 111, 119 (s. a. Kundry)

Delville, Jean, symbolistischer Maler
321
Dietrich von Elsass, Graf von Flandern
162

Dinadan, Gefährte Tristans 242
Dion Fortune (Violet Firth), Schriftstellerin 335

Ector, Bruder Lancelots 51, 81, 136,
147, 256
Egusquiza, Rogelio de, symbolistischer
Künstler 321
Elsa von Brabant, Gemahlin Lohen-
grins 119, 223
Eremit/Einsiedlerkönig, Onkel Perce-
vals 38 ff., 41, 65, 73
Ermengarde, Tochter des Grafen Borell
von Barcelona 130
Escavalon, König 35
Esclabor, Vater des Palamedes 241
Etzel (Attila), Hunnenkönig 223
Eudes von Sully, Bischof von Paris 172
Evalach, Sarazenenkönig (s. Mordrains)
93, 95
Evola, Julius, Autor 339, 340

Fauriel, Claude, Literaturwissenschaft-
ler 276, 349
Feirefis, Belakanes und Gahmurets
Sohn, Parzivals Halbbruder 105, 118,
119, 242
Fischerkönig, Herr der Gralburg (s.
Bron) 28 ff., 35, 36, 38, 49, 51, 52, 70,
71, 72, 73, 75, 115, 129, 133, 176,
200, 251, 252
Flegetanis, gelehrter Heide bei Wolfram
von Eschenbach 113, 201, 205, 338
Fouqué, Friedrich Baron de la Motte,
Schriftsteller 292, 294, 295
Frimutel, Sohn Titurels 115
Füetrer, Ulrich, Dichter 222

Gadal, Antonin, südfranzösischer
Lokalhistoriker
Gahmuret, Vater Parzivals 105, 118, 204
Galahad (Galaad), Sohn Lancelots 81,
82, 84, 86, 87, 88, 89, 90, 97, 98, 99,
100, 134, 142, 146, 149, 184, 185,

186, 188, 189, 222, 234, 235, 236, 237, 238, 239, 240, 241, 249, 250, 254, 255, 261, 262, 269

Ganor, britannischer Herzog 98

Garlon, Bruder Pellehans 245

Garnier de Trainel, Bischof von Troyes 193

Gasquet, Aidan, benedktinischer Gelehrter 329

Gautier de Montbéliard, burgundischer Adliger, Gönner des Robert de Boron 58, 68

Gauvain/Gawan, Neffe von Artus, Gralsucher 35, 36, 40, 47, 48, 49, 52, 57, 70, 71, 72, 73, 78, 79, 81, 84, 111, 118, 126, 129, 132, 133, 134, 136, 137, 139, 143, 147, 182, 186, 187, 189, 200, 215, 241, 245, 247, 250

Gawein (bei Heinrich von dem Türlin), 219, 221

Gerbert de Montreuil, Verfasser der 4. Fortsetzung 44, 46, 50, 52, 57, 97, 172

Gonzalo de Berceo, kastilischer Dichter 177

Gornemans/Gurnemanz, Lehrmeister Percevals 27, 106, 110, 127 (s. a. Gurnemanz)

Gottfried von Straßburg, Dichter 103, 104, 105, 203, 205, 299

Gottsched, Johann Christoph, Literaturtheoretiker der Aufklärung 273

Gramoflans, Widersacher Gauvains 118

Gregor von Tours, Geschichtsschreiber 178

Guénon, René, französischer Autor 338, 339, 340

Guerrehet, Bruder Gauvains 48

Guillaume le Maréchal (Wilhelm der Marschall), anglonormannischer Ritter 24

Guillelmus Durantis, Liturgiker 135

Guinevere, Gemahlin des Königs Artus 25, 73, 78, 80, 86, 137, 140, 235

Guinglain, Sohn Gauvains 138

Guiot de Provins, Dichter 203, 204

Gurnemanz (bei Richard Wagner) 300, 303 (s. a. Gornemans)

Hammer-Purgstall, Joseph von, Orientalist 343, 344

Hardyng, John, Dichter 268, 269, 347

Hartmann von Aue, Dichter 103, 203, 206

Heinrich II., König von England 20

Heinrich III., König von England 196

Heinrich von Blois, Abt von Glastonbury 162

Heinrich von dem Türlin, Dichter 218, 219, 221, 225

Heinrich von Sully, Abt von Glastonbury 162

Helena (Helaine), Tochter des Königs Pelles 80

Helena, Mutter Kaiser Konstantins d.Gr. 158

Hélinand de Froidmont, Chronist 128, 129, 131

Henri de Sully, Abt von Fécamp 161, 162

Hermann, Landgraf von Thüringen 102, 103

Herzeloyde, Königin von Wales, Parzivals Mutter 106, 118, 213

Hippomidon, Anführer der Babylonier 106

Hitler, Adolf 355

Honorius Augustodunensis, Theologe 175

Hrabanus Maurus, Theologe 153

Hugo von Lusignan, König von Zypern 58

Humperdinck, Engelbert, Komponist 314

Ille, Eduard, Architekt 315, 316

Immermann, Karl Leberecht, Schriftsteller 296, 297, 298, 317

Innozenz III., Papst 173
Isaak, Sohn des Nikodemus 161
Isolde/Iseult (s. Tristan und Isolde)
Ither, Ritter am Artushof 106

Jacobus de Voragine, Hagiograph 194
Jakob II., König von Aragón 195
Jakob van Maerlant, Autor 197, 198
Jakob von Vitry, theologischer Autor
    174
Jean de Nesle, Burggraf von Brügge 68,
    69
Johann II. von Avesnes 46
Johann von Brienne, König von Jerusa-
    lem 58
Johanna, Gräfin von Flandern 45,
    46, 69
Johannes von Glastonbury, Chronist
    165, 166
Johannes, Priesterkönig 230
John of Fordun, Geschichtsschreiber 269
Joseph von Arimathia, erster Gralshüter
    59, 60, 61, 62, 63, 64, 65, 69, 81, 93,
    94, 95, 100, 127, 128, 129, 131, 139,
    151, 152, 153, 156, 159, 160, 162,
    167, 173, 174, 175, 180, 181, 196,
    197, 229, 239, 240, 252, 253, 255,
    336, 337
Josephus, Sohn des Joseph von
    Arimathia 86, 87, 90, 93, 94, 95, 96,
    98, 99, 100, 133, 134, 149, 252, 261
Judith von Flandern, Tochter des Grafen
    Balduin V. 160, 164

Kalogrenant, Lancelots Gefährte bei
    Heinrich von dem Türlin 221
Keppler, Friedrich, Arzt Richard
    Wagners 307
Keu, Seneschall am Artushof 27, 35
Keye, Seneschall am Artushof 103
Kingsford, Anna, Esoterikerin 322
Klingsor (bei Richard Wagner) 303
Klingsor, Dichter 223
König von Burg Mortal 73, 74

Kundry (bei Richard Wagner) 302, 303,
    305, 310 (s. a. Cundrie)
Kyot, angeblicher Gewährsmann Wol-
    frams von Eschenbach 112, 113, 120,
    201, 204, 279, 286

La Villemarqué, Théodore de, Literatur-
    wissenschaftler 276, 277
Lachmann, Karl, Germanist 273, 293
Lambor, ein Nachkomme Alains 99
Lancelot vom See, Held der Tafelrunde
    25, 26, 55, 73, 78, 79, 80, 81, 84, 85,
    86, 90, 91, 95, 134, 137, 147, 148,
    183, 186, 219, 235, 236, 241, 246,
    247, 248, 257, 260
Lancelot, Herzog, Onkel Lancelots vom
    See 100
Lanz von Liebenfels, Jörg, völkischer
    Esoteriker 355
Lessing, Gotthold Ephraim, Schriftsteller
    341, 342
Lionel, Bruder des Bors 186
Lohengrin, Sohn Parzivals, Herrscher
    von Brabant 119, 223, 299
Longinus, römischer Soldat bei der
    Kreuzigung Christi 152, 153, 155,
    158, 196
Loomis, Roger Sherman, Literaturwis-
    senschaftler 280, 281
Lovelich, Henry, Dichter und Übersetzer
    255, 268
Ludwig II., König von Bayern 315, 316

Machen, Arthur, Literat 324, 325
Magre, Maurice, Autor 351
Malory, Sir Thomas, Dichter 213, 218,
    252, 253, 254, 255, 256, 257, 258,
    259, 260, 261, 262, 263, 265, 270, 298
Mandach, André de, Literaturwissen-
    schaftler 287
Manessier, Verfasser der 3.Fortsetzung
    44, 45, 50, 52, 59
Maria, Gräfin von Champagne 19
Mark Twain, Schriftsteller 329, 330

Marke, König, Gemahl Iseults 235, 238
Markion, frühchristlicher Theologe 314
Martin I., König von Aragón 195
Martin, Zisterzienserabt 134
Matthäus Paris, Geschichtsschreiber
    und Hagiograph 178
Matthews, John, Autor 356, 357, 358
Merlin, Magier 64, 66, 67, 92, 247, 249
Mordrains, bekehrter Sarazenenkönig
    (s. Evalach) 95, 97, 98, 99, 133, 148,
    254
Mordred, Neffe von Artus 67
Mors de Calan, Ritter 54
Müller, Christoph Heinrich, Philologe
    271, 273

Nascien, Bruder Evalachs/Mordrains
    95, 96, 97, 98, 148
Nietzsche, Friedrich, Philosoph 304, 308
Nikodemus, Helfer des Joseph von
    Arimathia bei der Grablegung
    Christi 151, 152, 156, 161, 174, 194
Nutt, Alfred, Literaturwissenschaftler
    278, 280

Orgeluse, hochmütige Dame 118
Origenes, frühchristlicher Theologe 154

Palamedes, Sarazenenkönig 236, 237,
    238, 241, 242, 250
Paris, Paulin, Übersetzer 275
Parsifal (bei Richard Wagner) 299, 300,
    301, 302, 303, 304, 306, 308, 309,
    310, 313 (s. a. Parzival, Perceval)
Partinial, Ritter, Gegner Percevals 50,
    51
Parzival, Gralsucher (bei Wolfram von
    Eschenbach) 105, 106, 107, 110, 115,
    116, 118, 119, 120, 143, 189, 200,
    201, 204, 206, 208, 212, 214, 215,
    216, 219, 222, 229 (s. a. Parsifal,
    Perceval)
Paschasius Radbertus, Theologe, 171,
    178

Pecorin, Sohn König Amangons 55
Péladan, Joséphin (»Sâr Méradock«),
    Esoteriker 320, 312, 322, 350, 351,
    353
Pellehan (Pellam), König der Gralsburg
    95, 245, 250, 254
Pelles, König auf Burg Corbenic 79, 80,
    100
Perceval, Gralsucher 26, 27, 28 ff., 34,
    35, 36 ff., 37, 38 ff., 40, 41, 49, 50, 51,
    52, 54, 57, 65, 66, 81, 82, 86, 90, 97,
    112, 125, 126, 127, 136, 138, 142,
    143, 144, 146, 177, 180, 185, 189,
    216, 239, 240, 244, 250, 251, 252, 256
    (s. a. Parsifal, Parzival)
Pere Pasqual, Autor des »Libre de
    Gamaliel« 196
Perlesvaus, Gralsucher 70, 73, 74, 75,
    153, 167, 169, 182, 183, 244
Peter Bartholomäus, Kreuzfahrer 158,
    159
Petrus Venerabilis, Theologe 175
Philipp von Elsass, Graf von Flandern,
    Gönner Chrétiens 19, 45, 164, 176
Pierart dou Tielt, Schreiber und Illumi-
    nator 135
Potvin, Charles, Editor 275
Powell, George, Eigentümer von Nan-
    teos 332

Quinet, Edgar, Essayist 275, 276, 317

Rahn, Otto, völkischer Esoteriker und
    Gralforscher 351, 352, 353
Raimund von Toulouse, Kreuzzugsfüh-
    rer 159i
Ramsay, Andrew Michael, Freimaurer
    341, 342
Ratramnus von Corbie, Theologe 170
Renan, Ernest, Literaturkritiker und
    Publizist 277
Repanse de Schoye, Gralträgerin, Tante
    Parzivals 118, 119, 200
Richard I., Herzog der Normandie 161

Ringbom, Lars-Ivar, Wissenschaftler 282

Robert de Boron, Dichter 58, 59, 60, 62, 63, 68, 76, 77, 78, 91, 93, 98, 99, 124, 129, 131, 132, 139, 142, 153, 154, 159, 162, 165, 169, 174, 176, 180, 189, 195, 204, 205, 214, 216, 243, 275, 296, 298, 337

Robert de Clari, Kreuzzugschronist 164

Robert Grosseteste, Theologe 196

Robert, Earl von Gloucester 19

Roquebert, Michel, Historiker 285

Rosenberg, Alfred, nationalsozialistischer Ideologe 354

Rosenkreuz, Christian, angeblicher Gründer der Rosenkreuzer 319

Rubinstein, Josef, Pianist 314

San Marte (s. Schulz, Albert)

Schionatulander, Sigunes Geliebter 106, 225

Schlegel, August Wilhelm, Schriftsteller 273

Schlegel, Dorothee Caroline, Schriftstellerin, Gattin von Friedrich Schlegel 298

Schlegel, Friedrich, Schriftsteller 341, 342

Schulz, Albert (»San Marte«), Editor und Übersetzer 274, 278, 294, 344

Schwarzer Einsiedler 75

Scott, Sir Walter, Schriftsteller 291

Sharp, William (»Fiona Macleod«), Dichter 329

Signoret, Emmanuel, Herausgeber 321

Sigune, Base Parzivals 106, 110, 118, 225

Simeon, Vorfahre Galahads 86

Simrock, Karl, Philologe und Übersetzer 278, 294

Sixtus II., Papst 195

Sone, Held in »Sone de Nansay« 251

Swedenborg, Emanuel, schwedischer Naturforscher und Esoteriker 320

Syberberg, Jürgen, Filmregisseur 305

Tannhäuser, Dichter 224

Tennyson, Alfred, Schriftsteller 328

Thierry (Dietrich), Erzbischof von Besançon 58

Tholomer, Gegner Evalachs 95

Titurel 223, 225, 226, 229, 232

Titurel, erster Gralshüter, Urgroßvater Parzivals 115, 118, 208, 223, 225, 226, 229, 232

Titurison, Vater des Titurel 226

Trevrizent, Einsiedler 112, 113, 114, 115, 118, 204, 206, 207, 214, 216, 337

Triboet, Schmied 97

Tristan (und Isolde/Iseult) 234, 235, 236, 238

Tschosian, Gralträgerin 229

Tudor Pole, Wellesley, Esoteriker 329, 332

Uther Pendragon, Vater von Artus 64, 181

Vergne de Tressan, Herausgeber 273

Vergulaht, König, Gegner Gawans 111

Verlaine, Paul, Lyriker 321, 322

Vinzenz von Beauvais, Enzyklopädist 197

Wace, Dichter 59

Wagner, Richard, Komponist 273, 274, 298, 299, 300, 301, 302, 304, 305, 307, 308, 309, 310, 312, 313, 314

Wagner, Wieland, Intendant und Regisseur, Enkel von Richard Wagner 305

Waite, Arthur Edward, Esoteriker 324, 325, 326, 327, 329

Wauchier de Denain, Verfasser der 2. Fortsetzung 44, 45, 49, 50, 52

Weinraub, Eugene, Literaturwissenschaftler 285

Weißer Ritter 95

Westcott, William, Esoteriker 322

Weston, Jessie, Literaturwissenschaftlerin 284, 332, 345

Wilhelm von Malmesbury, Geschichts-
    schreiber 19, 162, 165, 167
Wilhelm von Tyrus, Kreuzzugschronist
    193
Williams, Charles, Dichter 324, 325, 327
Wilson, Robert, Regisseur 306
Wolfram von Eschenbach, Dichter 102,
    103, 104, 105, 106 111, 118, 120, 124,
    129, 142, 143, 146, 199, 200, 201,

202, 203, 204, 205, 206, 208,
209, 210, 211, 212, 213, 214, 216,
223, 230, 232, 264, 265, 282, 283,
286, 294, 299, 300, 337
Wynkyn de Worde, Drucker und
    Verleger 270

Yeats, William Butler, Schriftsteller
    324

Bildnachweis

Bayerische Staatsbibliothek, München: S. 109, 231.
Bayerische Verwaltung der Staatl. Schlösser, Gärten und Seen, München: S. 311, 313, 315.
Bildarchiv Foto Marburg, Marburg: S. 124, 157.
Bildarchiv Preußischer Kulturbesitz, Berlin: S. 293.
Böhm, Erwin, Mainz: S. 121.
Höppener, Hugo, Gralsblatt. VG Bild-Kunst, Bonn 2004: S. 323.
Medienzentrum Rheinland, Düsseldorf: S. 297.
Meese, Jonathan, »Kinski-Gral«, 2004. Öl auf Photo auf Forex. Courtesy Galerie Krinzinger, Wien, und Contemporary Fine Arts, Berlin: S. 358.
Niedersächsische Staats- und Universitätsbibliothek, Göttingen: S. 192.
Österreichische Nationalbibliothek, Wien: S. 237.
Richard-Wagner-Museum, Bayreuth: S. 303.
Stadtbibliothek/Stadtarchiv, Trier: S. 77.
Universitätsbibliothek, Heidelberg: S. 117, 199.

Danksagung

Es ist nahezu unmöglich, alle Dankesschuld abzutragen, die sich bei der Entstehung dieses Buches angehäuft hat. Ganz oben in der Liste stehen die Bibliotheken, die das häufig recht entlegene Material beschafften, das in dieses Buch Eingang gefunden hat. In erster Linie sind zu nennen die London Library, jenes unschätzbare Reservoir für alle, die darauf angewiesen sind, in Bibliotheken zu arbeiten, sodann die Cambridge University Library und die British Library.

Ganz besonders danke ich zwei Lesern des Textes, der eine ohne Spezialkenntnisse, der andere ein ausgewiesener Artusforscher; sie haben das Buch im Manuskript gelesen und mir wertvolle Hinweise geliefert. Wenn der allgemeine Leser, jenes mysteriöse Wesen, dem alle Autoren nachzujagen suchen, meiner Argumentation folgen kann, dann verdankt er dies weitgehend den treffenden Anmerkungen von Fionnuala Jervis. Linda Gowan entdeckte erhebliche Lücken in meinen Kenntnissen über den Artusstoff und lieferte höchst hilfreiche Vorschläge zum Nutzen des Buches.

Das vorliegende Buch ist aber auch das Ergebnis zahlreicher Gespräche mit Fachkollegen über Jahre, sogar Jahrzehnte hinweg. Den Gral in all seinen Erscheinungsformen überlässt man am besten jemandem, der nicht um seinen akademischen Ruf besorgt sein muss, und so erwiesen sich Hilfe und Ermunterung von Freunden und Kollegen umso wertvoller, nicht zuletzt wegen des nicht allzu gängigen Themas. Ich bin einer großen Gruppe von Wissenschaftler verpflichtet für Ratschläge zu einzelnen Themenpunkten oder für die Durchsicht des gesamten Textes oder Teilen davon. Ich hoffe, dass ich in der folgenden Aufstellung niemanden vergessen habe, da sich das Projekt doch über mehrere Jahre hingezogen hat: Norris Lacy, Derek Brewer, Ceridwen Lloyd-Morgan, Michael Lapidge, Nicolas Barker, James Carley, Bernhard Hamilton, Jim Hardin, Felicity Riddy, Tom Shippey, Maureen Boulton and Jonathan Boulton sowie Robert Dunning. Ich danke insbesondere Cyril Edwards, dessen neue Übersetzung des Parzival bald nach diesem Buch erscheinen wird, für ausführliche Gespräche über einzelne Probleme und dafür, dass ich seine neue Version des Wolframschen Werkes benutzen durfte. Auch danke ich John Marino, dessen Studie über die Gralsromane des 20. Jahrhunderts etwa zur selben Zeit erscheinen wird.

Mein Dank gebührt Will und Val Richards für eine Hilfe ganz anderer Art, nämlich für die großzügige, gastfreundliche Aufnahme im sizilianischen Racalia, wo man mir die Gunst gewährte, das Buch abseits der geschäftigen Alltagswelt vollenden zu können.

Dies ist das erste meiner Bücher mit einer Widmung; sie korrigiert ein dreißigjähriges Versäumnis.

Richard Barber, im Januar 2004